형사사건, 스스로 해결한다

편 저 : 대한형사법실무연구회

◙ 난마처럼 얽힌 형사문제를 해결하는 실마리가 여기에!!◙

대한민국 법률지식의 중심

법문 북스

머리말

　사회생활을 하다보면 사람들과 다툼도 생기고 사고도 일어나게 됩니다. 이러한 경우 예를 들어 살인사건처럼 문제가 너무도 중대한 때에는 국가가 법률로 범죄라고 규정하여 강제로 형벌을 과하는데 이러한 것을 형사사건이라 합니다.

　검찰청, 경찰서라는 곳은 누구든지 출입이 내키지 않는 곳입니다. 그러나 사람일이란 모르는 것이어서 피치 못할 경우가 생겨 형사 피의자나 아니면 참고인으로 조사를 받을 수도 있습니다. 그런 상황에 처하게 되면 자신도 모르게 위축되고 그러다 보니 제대로 준비조차 못하고 출석하여 조사를 받게 되고, 불리한 진술을 하기가 쉽습니다. 그래서 출두하기 전에 자문을 구하게 되는데 마땅히 자문을 구할 사람이나 기관도 찾기 쉽지 않을 뿐더러 효과적인 자문을 받기는 더더욱 어렵습니다.

　본서는 형사사건에 뜻하지 않게 관련이 되어 법률적 지식이 필요한 분들이 본서를 일독한 후 법률적 자문을 구할 때에 보다 도움이 되도록 기획되었습니다. 그러나 그 밖의 일반인들도 틈나는 대로 본서를 읽어둔다면 뜻밖의 상황에 처할 경우 당황하지 않고 사태를 수습하는데 도움이 될 수 있을 것입니다. 뿐만 아니라 법률을 공부하는 법학도나 실무자들도 본서를 부담 없이 일독을 하면 전공학습이나 실무해결 하는데에 일조를 할 수 있을 것이라고 생각합니다.

　우리가 실생활에서 접할 수 있는 형사사건을 주제별·문답식으로 구성하여 상황별로 대응할 수 있도록 구성된 본서가 부디 독자분들의 실생활에 많은 도움이 되었으면 합니다.

2012. 2.
편저자 드림

차　례

제1편 형사사건

제1장. 형사사건의 정의 및 용어해설 ································ 1
1. 형사사건과 수사 ·· 1
2. 용어의 정의 ·· 1
 (1) 수사기관 ·· 1
 (2) 수사의 단서 ·· 1
 (3) 고소 / 고발 ·· 2
 (4) 입 건 ·· 5
 (5) 체 포 ·· 6
 (6) 현행범인 ·· 6
 (7) 구속영장의 청구 ·· 7
 (8) 구속과 불구속 ·· 7
 (9) 구속전 피의자 심문 ······································ 7
 (10) 송 치 ··· 8
 (11) 체포와 구속의 적부심사 ································ 9
 (12) 기 소 ··· 9
 (13) 불기소 ·· 10
 (14) 기소중지 ·· 11
 (15) 보 석 ··· 12
 (16) 재 판 ··· 12
 (17) 형의 집행 ·· 13
 (18) 가석방과 형집행정지 ···································· 14
 (19) 형의실효(전과말소) ······································ 14

(20) 합 의 ·· 15
(21) 즉결심판 ·· 15

제2장. 형사사건 법률문답 ··· 19

◆ 형벌의 종류 및 차이 ··· 19
◆ 맹견을 이용하여 집행관의 강제집행행위를 방해한 때 어떤 죄로
처벌되는지? ·· 23
◆ 임의동행요구에 불응한 경우 공무집행방해죄를 구성하는지? 25
◆ 허위증언 후 사실대로 번복·증언한 경우 위증죄 ················ 27
◆ 민사소송 당사자가 선서하고 허위의 증언을 한 경우 위증죄의
주체가 될 수 있는지? ·· 29
◆ 허위사실을 진정한 경우 무고죄가 성립되는지? ················· 31
◆ 허위사실로 자기를 무고한 경우 어떤 처벌을 받게 되는지? ··· 33
◆ 무고한 경우 고소기간이 지난 것이 명백할 때에도 무고죄가 성
립되는지? ·· 35
◆ 공소시효가 완성된 것이 명백한 허위사실을 고소한 경우 무고죄
여부 ··· 37
◆ 공무원이 수 차례 출장반복의 번거로움을 피하기 위해 사전에
출장복명서를 작성한 경우의 허위공문서 등 작성죄에 해당하는
지? ··· 39
◆ 뇌물약속죄에서 뇌물목적물인 이익이 약속당시 현존하거나 가액
이 확정되어야 하는지? ·· 40
◆ 실체권리관계와 불일치한 등기 추인(追認)으로 일치된 때 공정
증서원본불실기재죄 ·· 42
◆ 소유권이전등기원인이 다르지만 실체권리관계에 부합할 때 공정
증서원본불실기재여부 ··· 44
◆ 타인이 사자(死者)명의의 문서를 작성한 경우 사문서위조 등이
성립하는지? ··· 46
◆ 위조문서를 전자복사기로 복사하여 사용한 때에도 위조문서행사
죄가 되는지? ·· 48
◆ 본명이 아닌 가명으로 수표상에 배서한 경우 유가증권위조죄가

되는지? ··· 50
◆ 망부(亡父)명의의 어음발행이 타인명의를 모용(冒用)한 어음의
위조에 해당하는지? ··· 51
◆ 위조어음을 선의취득하였으나 위조사실을 알고 타인에게 양도한
경우 형사책임 ··· 53
◆ 위조된 약속어음의 사본을 민사재판의 증거로 제출한 경우 위조
유가증권행사죄여부 ··· 54
◆ 빌려준 돈을 갚지 않을 경우 사기죄가 성립되는지? ················ 56
◆ 발행한도액을 초과한 가계수표가 부도처리된 경우에도 부정수표
단속법위반인지? ·· 58
◆ 외국으로 도피하려는 채무자를 저지하다가 상해를 입힌 경우에
도 처벌되는지? ·· 59
◆ 돈을 갚지 않을 때 채무자의 물건을 빼앗아 올 수 있는지? ··· 61
◆ 타인의 주민등록등본을 자신의 것인 양 행사한 경우 ·············· 63
◆ 타인의 주민등록증의 사진을 제거하고 자기 사진을 붙인 경우
공문서위조여부 ·· 65
◆ 타인의 운전면허증을 자신의 것처럼 제시한 경우 공문서부정행
사죄에 해당하는지? ··· 67
◆ 위임권한의 한계를 넘어서 문서를 작성한 경우 문서위조죄가 성
립되는지? ··· 69
◆ 무권대리인의 자격모용에 의한 사문서작성죄의 성립여부 ······· 71
◆ 출입금지가처분명령에 위반한 경우의 형사책임 ······················· 73
◆ 공사중지가처분집행 후 건축허가명의변경되어 공사계속한 때 공
무상비밀표시무효 ·· 75
◆ 부동산인도집행 후 다시 그 토지에 침범한 자를 처벌할 수 있는
지? ·· 77
◆ 압류물을 원래 보관장소로부터 다른 장소로 이동시킨 경우 공무
상비밀표시무효죄 ·· 79
◆ 압류경합시 일부채권자에게만 변제 후 압류유체동산 처분시 공
무상비밀표시무효죄 ··· 82
◆ 건물점유이전금지가처분집행 후 건물일부 타인에게 점유토록 한

경우 처벌여부 ……………………………………………………… 84
◆ 농촌주택 생활하수의 배수관을 막아 하수흐름을 방해한 경우 수
리방해죄가 되는지? ……………………………………………… 85
◆ 임차인이 연탄가스 중독되어 사망한 경우 임대인의 과실치사죄
가 인정되는지? …………………………………………………… 87
◆ 각각의 독립된 상해행위가 경합하여 사망의 결과가 일어난 경우
어떻게 처벌되는지? ……………………………………………… 89
◆ 여성으로 성전환수술한 남자를 성폭행한 경우 강간죄가 성립되
는지? ……………………………………………………………… 91
◆ 특수강간죄는 합의하여도 처벌되는지? ……………………… 93
◆ 단순강간으로 강간치상죄가 된 경우 특정강력범죄에 해당하는
지? ………………………………………………………………… 95
◆ 강간이 미수에 그친 경우에도 강간치상죄가 성립되는지? …… 97
◆ 말다툼하면서 사기꾼이라고 한 경우 명예훼손죄가 성립되는지?
……………………………………………………………………… 99
◆ 출판물 등에 의한 명예훼손죄는 공공의 이익을 위한 경우에도
처벌되는지? ……………………………………………………… 101
◆ 피해자를 집합적 명사로 표현한 경우에도 명예훼손죄가 성립하
는지? ……………………………………………………………… 105
◆ 컴퓨터로 작성된 A4용지의 인쇄물이 출판물등에의한명예훼손의
기타 출판물인지? ………………………………………………… 107
◆ 임대인이 명도요구하면서 식당의 영업을 방해한 경우 업무방해
죄가 되는지? ……………………………………………………… 109
◆ 순수한 예상문제를 선정하여 교습생 등에게 준 행위가 업무방해
행위인지? ………………………………………………………… 111
◆ 계약해제 후 공사중단시 도급인이 수급인소유 공사자재 옮긴 때
업무방해죄여부 …………………………………………………… 112
◆ 타인의 책상서랍을 열고 편지를 훔쳐보았을 경우 어떤 죄가 성
립되는지? ………………………………………………………… 114
◆ 퇴직한 회사에 퇴직 전 갖고 있던 열쇠로 야간에 들어간 경우
형사책임 …………………………………………………………… 115

◆ 주거침입 강간하여 상해입힌 경우 성폭력범죄처벌법위반 외에 주거침입죄가 되는지? ……………………………………………………… 116
◆ 물건을 훔치려고 타인의 주거에 침입한 즉시 도망나온 경우에도 처벌받는지? ………………………………………………………… 118
◆ 과대광고를 게재하여 침대를 판매할 경우 사기죄가 성립되는지? ………………………………………………………………………… 120
◆ 부녀를 기망하여 성행위 대가의 지급을 면한 경우 사기죄의 성립여부 ……………………………………………………………………… 122
◆ 피해자를 속여 받은 인감증명서등으로 부동산소유권이전등기한 경우 사기죄의 성립여부 ……………………………………………… 124
◆ 아들 낳는 시술을 받았으나 효과가 없었던 경우 의사의 형사책임 …………………………………………………………………………… 126
◆ 원인관계 소멸한 약속어음공정증서에 기하여 강제집행을 하는 경우 사기죄성립여부 ………………………………………………… 128
◆ 주택임대인 임대차계약체결시 임차인에게 경매진행중인 사실 알리지 아니한 경우 ………………………………………………… 130
◆ 타인의 신용카드를 훔쳐 자동인출기에서 현금을 인출한 경우 어떤 죄가 성립되는지? ……………………………………………… 132
◆ 타인신용카드를 임의로 가져 가 자동지급기에서 현금인출 후 곧바로 반환한 경우 ………………………………………………… 134
◆ 거스름돈을 실제보다 초과하여 받은 후 반환하지 않은 경우의 형사책임 …………………………………………………………… 136
◆ 매도인이 계약해제 후 임의로 목적물을 가져간 행위가 처벌되는지 ……………………………………………………………………… 138
◆ 타인의 오토바이를 잠시 사용 후 가져다 놓은 경우에도 처벌받는지? ………………………………………………………………… 139
◆ 타인의 전화를 무단 사용한 경우 절도죄가 성립하는지? …… 140
◆ 타인의 전화카드를 절취하여 전화통화에 이용한 경우 어떠한 범죄가 성립되는지 ……………………………………………………… 141
◆ 명의신탁약정이 무효인 경우에도 수탁자 부동산의 임의처분이 횡령이 되는 경우 ………………………………………………………… 143

◆ 계약명의신탁에서 명의수탁자가 목적물을 임의로 처분한 경우
   횡령죄가 되는지? ·· 146
◆ 수인이 대금분담하되 1인 명의로 부동산낙찰받은 후 그 부동산
   을 처분한 경우 ·· 149
◆ 타인금전을 위탁받아 금융기관에 자신명의예치 후 반환하지 않
   을 경우 횡령죄 여부 ·· 151
◆ 상속부동산을 혼자 점유하다가 다른 공동상속인의 상속지분을
   임의로 처분한 경우 ·· 153
◆ 채권자가 채무자로부터 차용금담보조로 받은 수표를 임의처분한
   경우 횡령죄여부 ·· 154
◆ 성매매업주가 성매매여성이 받은 성매수대금을 보관 후 분배키
   로 하고도 화대를 임의로 소비한 경우 ····················· 156
◆ 주택전세권설정계약하고 중도금받은 후 타에 근저당권설정등기
   를 경료해준 경우 ·· 158
◆ 양도담보설정자가 기존 근저당권자에게 지상권설정등기해준 경
   우 배임죄가 되는지? ·· 161
◆ 양도담보권의 실행으로 담보목적물을 부당하게 염가로 처분한
   경우 배임죄성부 ·· 163
◆ 이중으로 동산양도담보권을 설정해준 채무자에게 형사책임이 있
   는지? ·· 166
◆ 소유권유보부로 할부구매한 물품을 처분한 경우 횡령죄가 성립
   되는지? ·· 169
◆ 채권양도인이 양도통지를 하지 않고 채무자로부터 돈을 수령한
   경우 ·· 170
◆ 이중으로 임차권양도계약을 한 경우 배임죄가 성립되는지? 172
◆ 계주가 계금을 지급하지 않을 때 계주를 처벌할 수 있는지?
   ·· 174
◆ 공동임대인 중 1인이 임대보증금을 임의로 처분한 경우 어떠한
   범죄가 성립되는지? ·· 176
◆ 비신분자가 신분자와 공모하여 업무상 배임죄를 범한 경우의 비
   신분자의 처벌방법 ·· 178

◆ 불륜관계 지속의 대가로 부동산소유권이전등기 약정 후 이행 않는것이 배임죄인지? ······ 181
◆ 회사영업비밀을 사외 유출한 직원의 죄책과 그 행위로 피고인이 얻은 이익산정방법 ······ 183
◆ 물품을 구입하고 난 이후에서야 장물임을 알았을 경우에도 취득죄가 성립되는지? ······ 186
◆ 행인이 덤벼드는 개를 죽인 경우에 어떤 처벌을 받게 되는지? ······ 188
◆ 피해자를 승용차에 태운 채 하차요구를 무시하고 내리지 못하게 한 때 감금죄여부 ······ 190
◆ 감금된 특정구역 내부에서 일정한 생활의 자유를 허용한 경우에도 감금죄가 되는지? ······ 192
◆ 정식절차밟은 위임목사가 아닌 자가 하는 설교·예배를 방해한 경우 예배방해죄여부 ······ 194
◆ 즉결심판피의자를 강제로 경찰서보호실에 유치시키는 것이 불법감금죄에 해당하는지? ······ 196
◆ 감금행위가 강간죄의 수단이 된 경우, 감금죄가 별죄를 구성하는지 여부 ······ 198
◆ 지입한 굴삭기를 취거한 행위가 권리행사방해죄에 해당하는지? ······ 200
◆ 가압류건물의 소유자가 채권자의 승낙없이 그 건물을 철거한 경우 권리행사방해죄여부 ······ 202
◆ 공장근저당권설정된 기계를 이중담보제공하려고 다른 곳으로 옮긴 경우 권리방해죄여부 ······ 203
◆ 주식회사대표이사가 직무집행행위로 타인점유 회사물건을 취거한 경우 권리행사방해죄 ······ 204
◆ 허용될 수 있는 교사의 체벌이 어느 정도까지 인지? ······ 206
◆ 경찰관이 행인의 소지품을 수색한 경우 그것이 정당한 것인지? ······ 209
◆ 싸움 중에 행해진 가해행위가 정당방위에 해당할 수 있는지? ······ 211

◆ 아파트관리비가 체납된 경우 관리사무소의 단수조치가 정당행위로 될 수 있는지? ·················· 214

◆ 지압서비스가 의료법상의 의료행위에 해당되는지? ············· 218

◆ 근로자의 쟁의행위가 형법상 정당행위가 되기 위한 요건 ··· 221

◆ 노동조합원의 찬반투표 없이 한 쟁의행위는 형사처벌이 가능한지? ··················· 224

◆ 스스로 범죄를 범한 자가 긴급피난을 할 수 있는지? ············ 226

◆ 범죄행위 중 자의로 범행을 중단했을 경우에도 처벌하는지?
··············· 228

◆ 부동산경매사건에서 대가를 받고 대리로 입찰표를 작성·제출한 경우 변호사법위반인지? ··················· 230

◆ 손해사정인이 보수를 받고 사고피해자대리로 배상액의 결정화해를 주선하는 경우 변호사법위반인지? ··················· 232

◆ 변호사사무원이 선임료의 일정비율을 받기로 하고 소송사건대리를 변호사에게 알선한 경우 ··············· 234

◆ 행정사가 고소장을 업무로 작성하면 법무사법위반이 되는지?
··················· 236

◆ 컴퓨터내장프로그램을 타인이 복제한 경우 절도죄가 되는지?
··················· 238

◆ 공무원이 형사처벌을 받아 그 신분을 상실하게 되는 경우는 어떠한 경우인지? ··················· 240

◆ 근로자의 임금을 체불한 경우 명의상 대표이사도 형사책임을 지는지? ··················· 242

◆ 근로자에게 퇴사 후 14일 이후 체불임금을 지급하여 합의한 때 근로기준법위반여부 ··················· 244

◆ 임금·퇴직금을 지급할 수 없는 불가피한 사정이 인정되는 경우 근로기준법위반여부 ··················· 246

◆ 조세범처벌법상 정당사유없이 1회계연도 3회이상 체납하는 경우의 체납회수 계산기준 ··················· 248

◆ 양도인인감증명서를 받지 못해 식품위생법상 영업자지위승계신고를 하지 않은 때 ··················· 250

◆ 농지로 사용불가능한 밭을 정지하여 건축자재야적장으로 사용한
   때 농지법위반여부 ····· 253
◆ 생활한복이 저작권법의 보호대상이 되는 저작물에 해당하는지?
   ····· 255
◆ 금융기관임직원 금융기관에서 자금대출받아 타인에게 대여하여
   이자를 받은 경우 ····· 257
◆ 납세의무자가 경제적 사정으로 체납한 것이 조세범처벌법상 정
   당사유 될 수 있는지? ····· 259
◆ 졸업앨범을 통해 입수한 졸업생의 이름·주소·전화번호가 개인신
   용정보에 해당하는지? ····· 261
◆ 정신과적 증상인 외상 후 스트레스장애가 성폭력범죄의 처벌 등
   에 관한 특례법 제8조 제1항의 상해인지? ····· 264
◆ 기존채무 변제를 신규대출 형식으로 한 경우 상호저축은행법상
   대출한도규정 위반여부 ····· 266
◆ 공무원 의제되는 공사직원이 특정범죄 가중처벌 등에 관한 법률
   상 가중처벌대상 되는지? ····· 268
◆ 협동조합이 비조합원에게 자가용자동차를 제공하고 운행경비 받
   는 경우 유상운송여부 ····· 271

제3장. 소년사건 일반 ····· 273
1. 소년비행 ····· 273
2. 청소년범죄의 법적처리절차 ····· 273
3. 소년법원의 처리절차 ····· 274
4. 보호처분의 종류와 내용 ····· 275
5. 선도조건부 기소유예제도 ····· 277
6. 소년사건 문답 ····· 279
◆ 형사상 미성년자의 법적 책임 ····· 279
◆ 허용될 수 초·중등학교 교사의 체벌이 어느 정도까지 있는지?
   ····· 280
◆ 소년보호사건에서 심리기일을 통지하지 않아 보조인출석없이 고
   지한 보호처분결정 ····· 284

◆ 청소년의 동행자에게 주류를 판매한 경우에도 청소년보호법위반
  이 되는지? ·· 286
◆ 음식점운영자가 주류판매시에는 성년자들만 술 마시다가 나중에
  청소년이 합석한 경우 ··· 288
◆ 청소년보호법상 이성혼숙은 남녀 쌍방이 청소년이어야 하는지?

제4장. 교통사고 일반 ·· **293**
1. 교통사고의 정의 ·· 293
2. 형사처리절차 ··· 293
 (1) 현장 조사 ··· 293
 (2) 관련자 조사 ·· 294
 (3) 피의자의 신병 처리 ·· 294
 (4) 검찰 수사 및 처분 ··· 295
 (5) 기소, 불기소 ·· 295
 (6) 기소 후 재판까지 ··· 296
3. 형사처리기준 ··· 296
 (1) 사망사고 ·· 296
 (2) 부상사고 ·· 297
 (3) 대물사고 ·· 297
 (4) 뺑소니 사고 ·· 297
 (5) 합의와 관계없이 처벌하는 사고유형 ····································· 298
4. 뺑소니 ··· 298
 (1) 뺑소니란? ·· 298
5. 형사합의 ··· 303
6. 교통사고가 발생했을 때 ··· 305
 (1) 사고현장 보존 및 증거확보 ·· 306
 (2) 사상자 구호 및 안전조치 시행 ··· 306
 (3) 교통사고 발생사실 신고 ·· 307
 (4) 뺑소니사고를 당한 경우 ·· 307
7. 교통사고관련 문답 ·· 311
◆ 종합보험가입하고 교통사고야기한 자를 대신하여 허위진술한 경

우 범인도피죄여부 ·· 311
◆ 음주운전할 생각으로 만취후 운전하여 교통사고 일으킨 경우 심
  신장애로 인한 감경여부 ·· 314
◆ 집행명령에 의한 집행개시 후 집행불능되어도 벌금형의 시효가
  중단되는지? ··· 316
◆ 교통사고처리특례법상 예외사유 ································ 318
◆ 범칙금이란 어떤 것인지? ·· 320
◆ 연습운전면허를 받은 사람이 법령의 준수사항을 지키지 않은 경
  우 무면허운전인지? ·· 322
◆ 주차장에서의 음주운전도 도로교통법상의 음주운전에 해당하는
  지? ··· 323
◆ 도로교통법상 음주측정불응죄 성립여부 ····················· 326
◆ 호흡측정기에 의한 음주측정결과가 주취운전을 인정하는 절대적
  증거가 되는지? ·· 328
◆ 음주측정수치가 나타날 정도로 숨을 불어넣지 아니한 경우 음주
  측정불응죄 성립여부 ··· 330
◆ 대학구내의 도로상을 음주운전한 경우 도로교통법상 음주운전이
  되는지? ··· 333
◆ 손수레를 끌고 횡단보도를 건너는 자가 보행자인지? ········· 335
◆ 횡단보도상에 누워있는 사람을 충격한 경우의 형사책임 ······ 337
◆ 횡단보도상의 적색신호시에 횡단하는 자를 충격한 경우 운전자
  의 책임 ··· 340
◆ 녹색등화점멸상태시 횡단보도진입보행자 적색등화 후 사고당한
  경우 횡단보도사고여부 ·· 342
◆ 횡단보도상 사고를 발생시킨 운전자가 구속되지 않을 수도 있는
  지? ··· 344
◆ 진행차선에 나타난 장애물을 피하기 위한 경우도 중앙선침범사
  고인지? ··· 346
◆ 편도1차로에 정차한 버스 앞서기 위해 황색실선 중앙선 넘어간
  행위가 허용되는지? ·· 349
◆ 좌회전 또는 유턴하기 위해 중앙선넘어 반대차선으로 들어간 경

우 중앙선침범인지? ································ 351
◆ 가상의 경계선인 중앙선을 침범한 사고가 중앙선침범사고에 해
당하는지? ································ 353
◆ 중앙선을 넘다가 다시 넘어 오던 중 사고발생된 경우에도 중앙
선침범사고인지? ································ 355
◆ 절취한 승용차 운전하다가 그 승용차를 손괴한 때 도로교통법
제151조에 위반인지? ································ 357
◆ 교통사고피해자를 즉시 병원에 후송하였으나 신고하지 않은 때
도주운전자인지? ································ 358
◆ 교통사고 후 처에게 구호조치 등을 부탁하고 도주한 경우 가중
처벌되는지? ································ 360
◆ 교통사고 후 구호의무를 위반하고 도주한 경우의 가중처벌 362
◆ 교통사고피해자의 상해가 경미한 경우에도 구호조치 않으면 도
주차량이 되는지? ································ 365
◆ 교통사고장소에서 충돌느낌을 받고서도 확인하지 않은 경우 도
주운전죄가 되는지? ································ 367
◆ 사고자가 경찰에 의해 병원후송 후 병원에서 나와 연락하지 않
은 때의 도주운전여부 ································ 369
◆ 부상없다는 피해자와 합의 중 경적소리에 운전면허증만 교부하
고 간 경우 도주여부 ································ 371
◆ 사고현장에서 구호조치를 취하지 아니한 채 목격자인 양 행동한
때 도주운전죄여부 ································ 374
◆ 차량을 이용하여 운전을 방해한 경우 위험한 물건을 휴대하여
폭행을 가한 것인지? ································ 376
◆ 신도로 신설 후 자기소유 토지에 개설된 구도로를 폐쇄한 경우
교통방해죄여부 ································ 378
◆ 피해자를 승용차에 태운 채 하차요구를 무시하고 내리지 못하게
한 때 감금죄여부 ································ 380

제5장. 가정사건 일반 ································ 383
1. 가정사건의 정의 및 대처 ································ 383

(1) 가정사건 ··· 383

(2) 가정폭력의 유형 ·· 383

(3) 신고, 고소 ··· 384

(4) 응급조치 ··· 384

(5) 임시조치의 신청 ·· 384

(6) 사건송치 ··· 385

(7) 가정보호사건처리 ·· 385

(8) 임시조치 ··· 385

(9) 조사 · 심리 ··· 386

(10) 불처분의 결정 ··· 386

(11) 보호처분 ··· 387

(12) 배상명령 ··· 387

(13) 가특법 시행의 문제점 ···································· 387

2. 가정사건 법률문답 ··· 389

◆ 본인의 승낙없이 허위로 혼인신고를 한 경우 처벌할 수 있는지?
·· 389

◆ 가장이혼신고가 공정증서원본불실기재죄에 해당되는지? ····· 390

◆ 남편이 간통한 경우 상대방 여자만 고소하여 처벌할 수 있는지?
·· 392

◆ 사실혼관계의 당사자일방이 타인과 동거하는 경우 간통죄가 되
는지? ·· 394

◆ 간통행위 유죄된 경우 고소인을 무고죄로 고소한 피고인에게 무
고죄가 인정되는지? ··· 396

◆ 간통사실을 안 후 상간자(相姦者)로부터 각서를 받은 경우 간통
유서에 해당되는지? ·· 397

◆ 수년간 동거함을 알면서 특별한 의사표시나 행동을 하지 않은
경우 간통유서여부 ··· 399

◆ 간통죄로 고소하려면 반드시 범죄현장을 목격하여야만 하는지?
·· 401

◆ 남편이 사망한 후 시어머니에게 상해를 입힌 경우 존속상해죄가
되는지? ·· 403

◆ 의붓아버지가 의붓딸을 강간한 경우에는 어떻게 되는지? … 405
◆ 이혼소송 중 처가 남편친구에게 명예훼손문구의 서신을 동봉한
  경우 명예훼손여부 ··· 407
◆ 처가 남자를 불러들여 간통한 때 그 남자의 주거침입죄 성립여
  부 ··· 409
◆ 동거하는 삼촌소유의 전축을 훔친 경우 친족간의 범행으로 처벌
  받지 않는지? ··· 412
◆ 친구와 함께 그 친구의 할아버지의 물건을 훔친 경우 처벌되는
  지? ·· 413
◆ 친족상도례규정이 특정경제범죄 가중처벌 등에 관한 법률 위반
  죄에도 적용되는지? ·· 415
◆ 인지의 소급효(遡及效)가 친족상도례(親族相盜例)규정에도 미치
  는지 여부 ··· 418
◆ 야간공갈죄로 폭력행위 등 처벌에 관한 법률 위반으로 되는 경
  우 친족상도례 적용되는지? ··· 420
◆ 종중부동산의 명의수탁자가 그 부동산을 임의로 처분한 경우 횡
  령죄가 되는지? ·· 422
◆ 처가 타인의 자식을 출산하고도 국가유공자의 처로서 보상을 받
  은 경우 처벌여부 ··· 424
◆ 사실혼으로 인한 인척이 성폭력범죄처벌법상 사실상의 관계에
  의 한 친족인지? ·· 426
◆ 중혼적 사실혼으로 인한 인척도 성폭력범죄처벌법상 사실상의
  관계에 의한 친족인지? ··· 429

제2편 형사소송절차 및 고소고발

제1장. 고소 · 고발 ··· 431
1. 고소의 의의 ··· 431
2. 고소권을 가진 사람 ··· 431
3. 고소는 수사기관에 해야 한다. ······························ 431

4. 고소를 하는 방식은 제한이 없다. ·· 431
5. 적법한 고소가 있으면 ··· 432
6. 친고죄 ··· 432
7. 고 발 ··· 433
8. 무고죄 ··· 433
9. 고소에 앞서 생각할 일 ··· 434

제2장. 형사소송절차 ··· **435**
1. 형사 재판절차 ··· 435
 (1) 인정신문 ··· 435
 (2) 사실심리절차 ·· 435
 (3) 판결선고절차 ·· 437

제3장. 법률문답 ·· **439**
◆ 검사 구형보다 더 높은 형을 선고할 수 있는지? ····················· 439
◆ 집행유예기간중의 집행유예판결시 피고인 석방되는지? ········· 440
◆ 집행유예기간중의 집행유예 판결도 가능한지? ······················ 442
◆ 형사고소사건의 처리기간은 얼마나 되는지? ·························· 444
◆ 고소인이 관련수사기록을 어느 범위까지 열람·등사할 수 있는지?
 ·· 446
◆ 가해자에게 합의해준 것이 고소취소가 되는지? ····················· 449
◆ 친고죄의 피해자인 미성년자가 고소취소한 때 법정대리인이 고
 소할 수 있는지? ·· 452
◆ 형사고소도 대리인이 할 수 있는지? ······································ 455
◆ 간통고소 후 이혼청구소송만을 취하할 경우의 법적 효력 ··· 457
◆ 간통죄의 제1심 판결선고 후 이혼심판청구를 취하한 경우 그 효
 력은 어떻게 되는지? ·· 458
◆ 협의이혼 후 이혼 전의 간통행위에 대하여 고소할 수 있는지?
 ·· 461
◆ 송달불능으로 이혼소송이 각하된 경우 간통죄로 고소한 사건은
 어떻게 되는지? ·· 463

◆ 성폭력범죄인 강간죄의 경우에도 고소가능기간이 6개월인지?
.... 465
◆ 강간고소사건에 대한 검찰의 무혐의결정이 있은 경우 간통죄의
고소기간 기산점 467
◆ 아동·청소년의 성보호에 관한 법률상의 청소년에 대한 강간 및
강제추행죄가 친고죄인지? 469
◆ 강간고소하여 합의 후 강간고소만 취하하고 폭행·협박만을 처벌
할 수 있는지? 471
◆ 친고죄나 반의사불벌죄가 아닌 범죄에 대하여 고소취하한 경우
그 효력 473
◆ 친고죄의 고소불가분의 원칙을 규정한 규정이 반의사불벌죄에도
준용되는지? 475
◆ 실형선고를 집행유예선고로 잘못 듣고 항소기간을 도과한 때 상
소권회복청구가능한지? 477
◆ 폭행사건으로 구속되었을 경우 최장구속수사기간은 얼마나 되는
지? 479
◆ 구속된 피의자 또는 피고인이 석방될 수 있는 것은 어떤 경우인
지? 481
◆ 구속된 피의자가 석방되어 조사 및 재판을 받을 수 있는 구속적
부심사청구의 절차 483
◆ 구속·기소된 피고인이 석방되어 재판을 받을 수 있는 보석절차
.... 485
◆ 보석으로 석방된 경우 사업상 지방에 내려가도 문제가 없는지?
.... 487
◆ 보석 후 입원치료중 도주한 경우 보석의 효력이 어떻게 되는지?
.... 489
◆ 보석 후 실형이 선고되자 도주한 때 보석보증금의 처리는 어떻
게 되는지? 490
◆ 집행유예기간 중에 다시 죄를 범한 피고인에 대한 보석도 가능
할 수 있는지? 492
◆ 긴급체포되어 수사기관에서 석방한 후 구속영장에 의하여 다시

　　구속된 경우 위법여부 ································· 494
◈ 유치장 수용자에 대한 신체검사의 범위에 알몸신체검사도 허용
　　되는지? ································· 496
◈ 친국선변호인의 선임절차 ································· 499
◈ 공동피고인간에 이해상반되는 사건에 동일한 국선변호인이 선정
　　된 경우 구제방법 ································· 501
◈ 형사피해자가 공판정에서 진술할 권리가 있는지? ··········· 503
◈ 사망한 피해자의 부모가 형사소송법상 피해자진술권 보장되는
　　피해자에 해당되는지? ································· 505
◈ 한번 발부 받은 압수·수색영장으로 재차 압수수색 할 수 있는지?
　　································· 508
◈ 조사과정의 허위진술로 벌금형을 받았을 때 정식재판에서 진술
　　번복 가능여부 ································· 509
◈ 즉결심판을 받은 후 피해자가 사망한 경우 다시 처벌받게 되는
　　지? ································· 511
◈ 행형법상의 징벌을 받은 자에 대한 형사처벌이 일사부재리의 원
　　칙에 위반되는지? ································· 514
◈ 실형선고 피고인에게 항소심이 집행유예·사회봉사명령 함께 부과
　　시 불이익변경여부 ································· 516
◈ 벌금형은 감경되었으나 노역장유치환산금액이 낮아진 경우 불이
　　익변경금지위배여부 ································· 518
◈ 심신상실을 이유로 무죄판결 확정된 경우 독립하여 치료감호청
　　구를 할 수 있는지? ································· 520
◈ 피의자가 타인의 성명 등을 모용(冒用)한 경우의 형사소송은 어
　　떻게 되는지? ································· 522
◈ 즉결심판받은 피고인이 정식재판청구한 경우에도 국선변호인선
　　정이 가능한지? ································· 525
◈ 형사재판에서 증인이 증언을 거부할 수 있는지? ··········· 527
◈ 사법경찰관리의 수사단계에서의 자백을 유죄증거로 사용할 수
　　없도록 하는 방법 ································· 529
◈ 사법경찰관리가 작성한 조서와 검사가 작성한 조서의 법적 효력

의 차이 ··· 531
◆ 경찰관의 대질신문과정에서 피해자가 피고인의 자백사실을 진술
한 경우 그 증거능력 ··· 534
◆ 수사기관이 피의자신문을 하면서 피의자에게 진술거부권을 고지
하지 아니한 경우 ··· 537
◆ 피고인이 검사작성조서에 대하여 간인·서명·무인 인정하나 진술
내용 다투는 경우 ··· 538
◆ 사인이 피고인과 제3자와의 대화를 비밀녹음한 경우 녹음테이프
검증조서의 증거능력 ··· 540
◆ 개인이 제3자와의 대화내용을 비밀녹음한 경우 그 녹음테이프의
진술부분 증거능력 ··· 542
◆ 고소인이 피고인과의 통화를 피고인 몰래 녹음한 녹음테이프의
검증조서의 증거능력 ··· 544
◆ 전문진술이 기재된 수사기관 작성의 조서에 대한 증거능력 547
◆ 유아도 증언능력이 인정될 수 있는지? ····························· 549
◆ 검사가 법정에서 증언한 증언내용을 번복시키는 것으로 작성한
진술조서의 증거능력 ··· 551
◆ 검사작성 공동피고인에 대한 조서를 그 공동피고인이 인정한 경
우 증거능력여부 ··· 555
◆ 공동피고인아닌 공범에 대한 검사작성 피의자신문조서등본에 증
거능력이 인정되는지? ··· 556
◆ 거짓말탐지기의 검사결과가 증거능력이 인정되는지? ········ 558
◆ 병원에 보관중인 피의자 혈액을 음주측정에 이용한 경우 그 증
거능력이 인정되는지? ··· 560
◆ 무인장비에 의하여 제한속도위반차량의 차량번호 등을 촬영한
사진의 증거능력유무 ··· 562
◆ 형사재판에서 피고인이 출석하지 않은 상태에서도 형이 선고될
수 있는지? ··· 564
◆ 실형복역 중 지병이 악화된 경우 형의 집행정지를 받을 수 있는
지? ··· 567
◆ 2건의 징역형을 선고받은 때 형의 집행순서 및 가석방의 적용여

부 ·· 569
◆ 선박임차인이 밀수죄로 실형을 선고받으면서 선박몰수판결이 난
   경우 ··· 571
◆ 사건과 관련이 없는 물건을 압수당한 경우 압수물환부 및 압수
   의 취소청구 ··· 573
◆ 피고인 이외의 제3자 소유의 물건에 대하여 몰수를 선고한 판결
   의 효력 ··· 575
◆ 수사단계 소유권포기한 압수물 몰수형이 선고되지 않은 경우 반
   환 청구가능한지? ·· 578
◆ 형의 집행과 구속영장집행이 경합하고 있는 경우 미결구금일수
   의 본형에 산입가능한지? ·· 581
◆ 형사사건의 항소절차와 상고절차는 어떻게 되는지? ············ 583
◆ 미성년자가 법정대리인인 부모의 동의없이 항소취하할 수 있는
   지? ··· 586
◆ 피고인이 상소권을 포기한 후 변호인이 상소를 제기할 수 있는
   지? ··· 587
◆ 항소이유서제출기간 경과 후 국선변호인선정됨으로써 항소이유
   서제출기간 도과한 경우 ··· 589
◆ 약식명령에 대하여 불복할 경우에는 어떻게 하여야 하는지?
   ··· 592
◆ 말다툼 중 폭행당하였는데 오히려 벌금예납고지를 받은 경우 어
   떻게 하여야 하는지? ··· 594
◆ 가정법원 소년부송치시 보호자가 지도·감독할 수 있도록 하는 위
   탁변경신청 ··· 596
◆ 소년사건의 보호처분도 전과에 해당하는지? ····················· 598
◆ 판결선고시 성년이 된 경우 소년법 제60조 2항의 감경을 받을
   수 있는지? ··· 600
◆ 부정기형을 받은 소년범의 항소심판결시 성년이 되면 정기형을
   선고받는지? ·· 602
◆ 소년법상의 보호처분 받은 사건과 동일사건에 대하여 다시 공소
   를 제기할 수 있는지? ·· 604

◆ 형사재판절차에서 상해로 인한 치료비를 받을 수 있는지? … 605
◆ 구속된 형사피고인이 무죄판결을 받은 경우 형사보상을 받을 수 있는지? ……………………………………………………… 608
◆ 폭행으로 사망하였으나 가해자들을 알 수 없는 경우 범죄피해자 구조제도는? ……………………………………………… 610
◆ 친고죄 공범 1인 제1심판결선고 후 제1심판결선고 전 타공범자에 대한 고소취소가부 ……………………………………… 612
◆ 위드마크공식에 의한 운전시점의 혈중알코올농도 산출결과 형사사건에서의 증명력여부 ………………………………… 614
◆ 불기소처분의 종류에는 어떤 것이 있는지? …………………… 619
◆ 검사의 불기소처분에 대하여 고소인이 불복할 수 있는 방법은 어떤 것인지? ………………………………………………… 622
◆ 피고소인이 기소중지되면 그 사건은 어떻게 되는지? ……… 624
◆ 기소중지자도 출국할 수 있는지? ……………………………… 625
◆ 검사의 기소중지처분이 공소시효를 정지시키는 효력이 있는지? ……………………………………………………………… 627
◆ 사기죄의 공소시효는 어느 정도 되는지? …………………… 629
◆ 소송사기미수죄의 공소시효의 기산점인 범죄행위의 종료시기는 어느 시점인지? ………………………………………………… 632
◆ 범죄증명없어 공범이 무죄판결받은 경우 진범(眞犯)에게 공소시효정지의 효력여부 ……………………………………… 635
◆ 무혐의불기소처분이 위법하더라도 기소유예사건이라고 인정되는 경우 재정신청기각가부 ……………………………… 637
◆ 재소자가 소정기간내 교도관에게 재정신청서제출했으나 기간내 검사장에게 도달않은 경우 ……………………………… 640

제1편 형사사건

제1장. 형사사건의 정의 및 용어해설

1. 형사사건과 수사

　사회생활을 하다보면 사람간에 다툼도 생기고 사고도 일어나게 됩니다. 그래서 이해관계가 얽혀 원만한 타협이 이루어지지 않게 되면 사람들은 재판을 걸어 시비를 가리게 되는데 이를 민사사건이라 하며 모든 문제의 원칙적인 해결방법인 것입니다.

　그러나 예를들어 살인사건처럼 어떤 종류의 문제는 너무나 중대하기 때문에 개인들끼리 해결을 하도록 놓아둘 수 없는 것이 있습니다. 이런 문제는 국가가 법률로 범죄라고 규정하여 강제로 형벌을 부과하는데 이러한 것을 형사사건이라 합니다.

　수사란 이러한 형사사건을 조사하는 절차를 말하는 것입니다.

2. 용어의 정의

　(1) 수사기관

　　가. 검사 - 모든 수사의 최종 책임자는 검사입니다. 범죄가 성립되는지, 어떤 처분을 해야 하는지를 결정하는 것은 매우 어렵고 중요하므로 판사와 동등한 자격 및 능력을 갖춘 검사를 책임자로 한 것입니다.

　　나. 사법경찰관리 - 사법경찰관리는 검사의 지휘를 받아 수사를 합니다. 사법경찰관리에는 일반형사사건을 취급하는 일반사법경찰관리와 철도공안·산림·소방·해사 등 특별한 사항만 수사할 수 있는 특별사법경찰관리가 있습니다.

　(2) 수사의 단서

수사기관이 수사를 개시하는 단서에는 제한이 없습니다. 고소·고발처럼 범죄신고를 받거나 풍문이나 신문기사를 보고 시작하거나 우연히 목격하고 수사를 개시 할 수도 있습니다.

수사기관은 범죄의 혐의가 있다고 인정되는 때는 범인, 범죄사실과 증거를 수사하여야 합니다. 그러나 범죄의 혐의가 없거나 범죄가 되더라도 처벌할 수 없음이 명백한 때에는 수사를 할 수 없습니다.

(3) 고소 / 고발

1) 고 소

가. 고소의 의의 – 범죄의 피해자 등 고소권을 가진 사람이 수사기관에 대하여 범죄사실을 신고하여 범인을 처벌해 달라고 요구하는 것입니다. 단순히 피해신고를 하는 것과는 다릅니다.

나. 고소권을 가진 사람 – 모든 범죄의 피해자와 피해자가 무능력자인 경우의 법정대리인 그리고 피해자가 사망한 경우의 배우자, 직계친족, 형제자매입니다. 다만 자기나 배우자의 직계존속즉 부모나 시부모, 장인, 장모 등은 원칙적으로 고소할 수 없으나 예외적으로 직계존속으로부터 성폭력을 당했을 경우에는 직계존속이라도 고소할 수 있습니다.

다. 고소는 수사기관에 해야 한다. – 대통령이나 국무총리, 국회의장, 대법원장, 법무부장관 등 수사기관이 아닌 고위공직자에게 고소장을 제출하는 것은 해당 수사기관으로 고소장이 전달되기는 하나 전달되기까지 상당한 기간이 소요되므로 그만큼 수사가 지연되어 고소인에게 손해가 되고 불필요한 국가의 일만 만드는 것이 됩니다.

라. 고소를 하는 방식은 제한이 없다. – 직접 수사기관에 출석하여 구두로 고소할 수도 있고 고소장을 작성하여 제출할 수도 있습니다. 고소장은 일정한 양식이 없고 고소인과 피고소인의 인적사항, 그리고 피해를 입은 내용, 처벌을 원한다는 뜻만 들어 있으면 반드시 무슨 죄에 해당하는지 밝힐 필요는 없습니다. 다만 피해사실 등의 내용이 무엇인지 알 수 있을 정도로 가능한 명

확하고 특정되어야 합니다. 그러나 가명이나 허무인 또는 다른 사람의 명의를 도용하여 고소해서는 안됩니다. 그렇게 되면 피고소인만 수사기관에 불려다니면서 근거없이 조사를 받는 불이익을 입게 되므로 수사기관은 수사를 중단하고 사건을 종결할 수 있습니다.

마. 적법한 고소가 있으면 — 고소인은 수사기관에 출석하여 고소사실을 진술할 권리가 있고 수사에 협조할 의무도 있습니다. 또 검사가 고소사건을 불기소처분하게 되면 그 처분 통지를 받을 권리가 있고 불기소처분의 사유를 알고 싶으면 알려달라고 요구할 수 있으며, 불기소처분에 불만이 있으면 상급 고등검찰청과 대검찰청에 항고 및 재항고를 할 수 있습니다. 그 외 특별한 범죄에 대하여는 재정신청도 할 수 있습니다.

바. 친고죄 — 범죄 중에는 피해자의 명예나 입장을 고려하여 고소가 없으면 처벌할 수 없는 죄가 있는데 그것을 친고죄라 합니다. 강간죄, 간통죄, 모욕죄 등이 그것입니다. 친고죄는 범인을 알게 된 날로부터 6개월이 지나면 고소를 할 수 없습니다. 다만 "성폭력범죄의 처벌 등에 관한 특례법"상의 친고죄는 범인을 알게 된 날로부터 1년이 지나면 고소할 수 없습니다. 그리고 한번 고소를 취소하면 다시 고소할 수 없고, 1심의 판결이 선고된 후에는 고소를 취소하더라도 소용이 없습니다. 그리고 공범이 있는 경우에는 고소인 마음대로 일부만 고소하거나 취소할 수 없고, 공범 전부에게 고소와 취소를 하여야 합니다.

특히 간통죄의 경우에는 배우자에게 이혼소송을 제기하거나 혼인이 해소된 후에만 고소를 할 수 있고, 이혼하기로 일단 합의한 후에 간통한 것은 고소할 수 없습니다.

친고죄와 달리 고소가 없어도 처벌할 수 있으나 피해자가 처벌을 원하지 않는다는 의사를 표시하면 처벌할 수 없는 죄가 있는데 명예훼손죄, 폭행죄 등이 그것입니다. 처벌을 원하지 않는 의사표시는 친고죄의 고소취소와 같은 효력이 있습니다.

2) 고 발

가. 고발 – 범죄의 피해자나 고소권자가 아닌 제3자가 수사기관에 대하여 범죄사실을 신고하여 범인을 처벌해 달라는 의사표시를 고발이라고 하는데 형사소송절차에서는 대체로 고소와 그 취급을 같이 합니다.

나. 무고죄 – 고소인은 있는 사실 그대로 신고하여야 합니다. 허위의 사실을 신고하는 것은 국가기관을 속여 죄없는 사람을 억울하게 처벌받게 하는 것이므로 피해자에게 큰 고통을 줄 뿐만 아니라 억울하게 벌을 받은 사람이 국가를 원망하게 되어 결국 국가의 기강마저 흔들리게 되므로 무고죄는 엄벌로 다스리고 있습니다. 흔히 고소장에 상대방을 나쁜 사람으로 표현하기 위하여 자신의 피해사실과 관계가 없는 사실을 근거없이 과장되게 표현하는 고소인들이 있는데 이는 옳지 않은 일일 뿐 아니라 잘못하면 그 때문에 무고죄에 해당될 수가 있습니다. 예를들면, 소문난 사기꾼이라든지, 노름꾼으로 사회의 지탄을 받는다든지 하는 등의 표현입니다. 또 수사기관에서 불기소처분이 내려졌다거나 국가기관에서 법률상 들어줄 수 없다고 판정이 된 문제에 관하여 고소인 자신이 그와 다른 견해를 가지고 있다 하여 자기의 뜻을 관철하고자 같은 내용의 고소나 진정을 수없이 제기하는 것도 무고죄에 해당될 가능성이 많은 것입니다.

다. 고소 · 고발 관련 각종 서류

ㄱ. 고소장 · 고소취하장

고소장은 일정한 양식이 없고, 고소인과 피고소인의 인적 사항, 피해를 입은 내용, 처벌을 원한다는 뜻만 들어 있으면 반드시 무슨 죄에 해당하는지 밝힐 필요는 없습니다. 다만 피해사실 등의 내용이 무엇인지 알 수 있을 정도로 가능한 한 명확하고 특정되어야 합니다.

ㄴ. 고소취하장

고소취하장 역시 일정한 양식은 없으나, 고소인과 피고소인 및 피고소인을 고소한 날짜와 고소내용을 적은후 고소취하

사유를 적은후에, 날짜와 고소인의 성명과 날인한후에 제출하면 됩니다.

고 소 취 하 장

고 소 인 :
피고소인 :

　본 고소인은 00년 0월 0일 피고소인을 0 0죄로 귀경찰서에 고소하였는 바, 피 고소인이 자기의 잘못을 반성하고 사죄할 뿐 아니라 피해도 변제 하였으므로 고소를 취소합니다.

0 0년 0 월 0 일
위 고소인 0 0 0 印

ㄷ. 고소(고발)장 접수증명원 양식

　고소(고발)장을 접수한 사실을 증명하는 서류로서 관할 검찰청 사건과 또는 사건계에 서면, 우편, 전화로 신청할 수 있습니다.

ㄹ. 고소고발사건처분결과증명원 양식

　불기소처분에 관한 사실증명을 청구한 경우에 교부하는 사건의 처분결과증명서로서 관할 검찰청 사건과 또는 사건계에 서면, 우편, 전화로 청구할 수 있습니다.

ㅁ. 공소부제기이유고지청구서

　고소(고발)있는 사건을 불기소처분한 경우 그 이유를 고지할 것을 청구하는 서류로서 관할 검찰청 사건과 또는 사건계에 서면, 우편, 전화로 청구할 수 있습니다.

(4) 입 건

수사기관이 수사를 개시하여 형사사건으로 되는 것을 입건한다고 하며, 이와같이 입건이 되어 수사대상이 되면 형사소송법상 '피의자'가 되는 것입니다. 그런데 우리는 가끔 용의자라는 말과 내사라는 말을 듣게 됩니다. 아직 범죄의 혐의는 뚜렷하지 않아 정식으로 입건하기에는 부족하지만 진정이나 투서가 있다든가 또는 진정 등이 없더라도 조사를 해 볼 필요가 있는 경우에는 정식입건을 하지 않고 내부적으로 조사를 할 때가 있습니다. 이를 흔히 내사라고 하는데 내사를 할 때에는 내사사건부에 기재함은 물론입니다. 그리고 예컨대 살인사건이 났다고 할 때 범인이 아닌가 하는 상당한 의심이 가는 자가 있으나 범인이라는 뚜렷한 혐의가 아직 발견되지 않은 경우 흔히 그 자를 용의자라고 부릅니다. 이에 대하여 조사가 더 진행되어 범죄의 혐의가 인정됨으로써 정식으로 입건되면 그때부터는 위에서 말한대로 그 자는 피의자의 신분이 되는 것입니다.

(5) 체 포

입건된 피의자가 죄를 범하였다고 의심할 만한 상당한 이유가 있고 정당한 이유없이 출석요구에 응하지 아니하거나 응하지 아니할 우려가 있는 때에는 피의자를 체포할 수 있습니다. 체포를 하기 위하여는 원칙적으로 판사가 발부한 체포영장이 있어야 하며, 사법경찰관이 피의자를 체포하기 위하여는 먼저 검사에게 체포영장을 신청하면 검사는 판사에게 청구하여 체포영장을 발부받게 되는데, 명백히 체포의 필요가 인정되지 아니하는 경우에는 검사나 판사는 체포영장을 기각할 수 있습니다.

다만, 수사기관은 범죄가 무겁고 긴급한 사정이 있어 판사의 체포영장을 발급받을 여유가 없을 때에는 그 사유를 알리고 영장없이 피의자를 체포할 수 있는데 이를 긴급체포라 합니다. 사법경찰관이 피의자를 긴급체포한 경우에는 즉시 검사의 승인을 얻어야 합니다.

(6) 현행범인

범죄의 실행중이거나 실행의 직후인 자를 현행범인이라 하는데, 현행범인은 누구든지 영장없이 체포할 수 있습니다. 수사기관이 아닌 자가 현행범인을 체포한 때에는 즉시 수사기관에 인도하여야 합니다.

(7) 구속영장의 청구

체포 또는 긴급체포한 피의자를 구속하고자 할 때에는 체포한 때부터 48시간이내에 판사에게 구속영장을 청구하여야 하며, 그 기간이내에 구속영장을 청구하지 아니하거나(영장에 의한 체포 또는 현행범인 체포의 경우) 구속영장을 발부받지 못한 때(긴급체포의 경우)에는 피의자를 즉시 석방하여야 합니다.

(8) 구속과 불구속

수사기관은 수사를 한 결과 범죄가 무겁고 죄질이 나쁘며 일정한 주거가 없거나 도망 또는 증거인멸의 염려가 있는 경우에는 피의자를 구속 할 수 있습니다. 구속을 하기 위하여는 증거가 있어야 함은 물론 반드시 판사가 발부한 구속영장이 있어야 합니다. 구속영장의 청구절차 및 방법은 체포영장의 경우와 같으며, 상당한 이유가 있는 경우에는 검사나 판사는 영장을 기각할 수 있습니다.

(9) 구속전 피의자 심문

수사기관에서 피의자의 범죄혐의 유무를 조사하여 피의자가 죄를 범하였다고 의심할 만한 상당한 이유가 있고 도망이나 증거인멸의 우려가 있는 경우에는 법원에 구속영장을 청구하여 판사가 발부한 구속영장에 의하여 피의자를 구속하게 됩니다.

이 경우 피의자는 수사 과정에서 변명의 기회를 가지게 되는 것은 물론이고 1997. 1. 1. 부터는 형사소송법 개정에 따라 구속여부가 결정되기 전에 판사 앞에서 변명의 기회를 가질 수 있게 되었는데 이 제도가 바로 구속전 피의자심문제도입니다.

피의자들 중 현행범인이나 체포영장, 긴급체포의 방식으로 수사기관에 체포된 피의자는 위와 같은 구속전 피의자심문을 신청할 수 있는 권리가 있고, 피의자의 변호인, 법정대리인, 배우자, 직계존속, 형제자매, 가족이나 동거인 또는 고용인은 피의자와 별도로 구속전 피의자심문을 신청할 수 있는 권리가 있습니다.

피의자들중 현행범인이나 체포영장, 긴급체포의 방식으로 수사기관에 체포된 피의자는 위와 같은 구속전 피의자심문을 신청할 수 있는 권리가 있고, 피의자의 변호인, 법정대리인, 배우자, 직계존속, 형제자매, 가족이나 동거인 또는 고용인은 피의자와 별도로 구속전 피의자심문을 신청할 수 있는 권리가 있습니다. 다만, 피의자나 변호인등의 신청이 있는 경우에도 판사가 반드시 피의자를 심문하여야 하는 것은 아니며 피의자를 심문하지 않아도 구속여부를 결정할 수 있다고 판단되는 사안에 대하여는 신청이 있는 경우에도 심문을 실시하지 아니한 채 구속영장을 발부할 수도 있습니다.

또한 피의자가 체포되지 아니한 상태에서 구속영장이 청구되는 경우에는 피의자나 변호인, 가족 등에게 심문 신청권을 부여하지 않고 판사가 직권으로 심문실시 여부를 결정하여 심문이 필요하다고 판단되는 사안에 대하여 심문을 실시합니다. 피의자가 체포되지 아니한 상태에서 구속여부를 결정하는 것이기 때문에 따로 심문신청권을 부여하지 않는 것입니다. 이 경우 판사가 심문을 실시하고자 할 때에는 피의자의 심문을 위하여 심문을 위한 구인영장을 발부하여 피의자를 법원에 구인한 후 심문을 실시합니다.

(10) 송 치

형사사건화된 모든 사건은 사건의 크고 작음에 구별이 없이 검사만이 수사를 종결할 수 있습니다. 그러므로 사법경찰관은 그가 수사한 모든 형사사건에 대하여 기록과 증거물을, 그리고 구속한 경우에는 피의자를 검찰청으로 보내야 하는데 이를 송치한다고 합니다. 일반인 중에는 간혹 경찰서에서 조사를 받고 다 끝났는데 검찰청에서 또 부르는 것은 무슨 까닭인가라고 묻는 경우가 있는데, 그것은 검사만이 수사를 종결할 수 있는 권한이 있다는 것을 이해하지 못하였기 때문입니다. 그리고 사법경찰관은 송치할 때 그동안 수사한 결과를 종합하여 사법경찰관으로서의 의견(예컨대 기소, 불기소 또는 기소중지, 무혐의 등)을 붙여서 송치하는데 이를 송치의견이라고 합니다. 이 의견은 검사가 수사를 종결하는데 참고가 되지만 그 의견에 기속되는 것은 아닙니다. 검사는 그 책임하에 사건에 대하여 종국결정을 하여야 합니다.

(11) 체포와 구속의 적부심사

일단 영장에 의하여 수사기관에 체포 또는 구속되었다고 하더라도 피의자는 적부심사절차에 따라 다시 법원으로 부터 체포 또는 구속의 적부(適否)여부를 심사 받을 수가 있습니다. 이 절차에서 체포 또는 구속이 부당하다고 하여 법원이 석방을 명하면 피의자는 즉시 석방되며, 이에 대하여 검사는 항고를 하지 못합니다.

체포 또는 구속적부심의 청구는 피의자 본인이나 변호인은 물론 배우자, 직계친족, 형제자매, 가족, 나아가 동거인이나 고용주도 피의자를 위하여 청구할 수 있습니다.

체포 또는 구속적부심은 사건이 경찰에 있는가 검찰에 있는가를 가리지 아니하고, 검사가 법원에 기소를 하기 전이면 청구할 수 있다는 점에서 기소된 피고인에 대하여 인정되는 보석제도와 다릅니다.

체포 또는 구속적부심을 청구받은 법원은 지체없이 구속된 피의자를 심문하고 증거를 조사하여 결정을 하여야 하는데, 청구권자 아닌 자가 청구하거나 동일한 영장에 대하여 재청구한 때, 수사방해의 목적이 분명한 때 등에는 청구를 기각할 수 있으며, 이에 대하여 피의자는 항고하지 못합니다.

개정된 형사소송법은 구속의 적부심사를 청구받은 피의자에 대하여도 피의자의 출석을 보증할 만한 보증금의 납입을 조건으로 석방을 명하는 피의자보석제도를 채택하였는바, 석방의 요건·집행절차등은 후술하는 보석의 경우와 거의 동일합니다.

(12) 기 소

1) 기소란?

검사는 사법경찰관으로부터 송치받은 사건이나 직접 인지 등으로 수사한 사건에 대하여 피의자가 재판을 받음이 마땅하다고 판단되는 경우에는 이를 법원에 회부하게 되는데 이를 공소제기 즉 기소한다고 하며, 검사에 의하여 기소된 사람을 피고인이라 합니다.

2) 약식기소

그런데 검사가 피의자에 대하여 징역형이나 금고형에 처하는 것보다 벌금형에 처함이 상당하다고 생각되는 경우에는 기소와 동시에 법원에 대하여 벌금형에 처해 달라는 뜻의 약식명령을 청구할 수 있는데 이를 약식기소라고 합니다. 따라서 구속된 사람에 대하여 검사가 약식기소를 하는 경우에는 석방을 하여야 한다. 이 경우 판사는 공판절차를 거치지 않고 수사기록만으로 재판을 하게 됩니다. 그러나 판사는 약식절차에 의하는 것이 불가능 또는 부적당하다고 생각하는 경우에는 정식재판에 회부하여 공판을 열어 재판을 할 수도 있습니다. 피고인이나 검사는 판사의 약식명령에 대하여 불복이 있으면 7일 내에 정식재판을 청구할 수 있습니다.

3) 벌금의 예납

그리고 실무상으로는 검사는 약식기소를 할 때 구형에 해당하는 벌금 상당액을 피고인으로부터 미리 예납을 받고 있는데 예납한 피고인은 약식명령에 기재된 벌금을 다시 납부할 필요는 없습니다.

(13) 불기소

1) 불기소란?

검사가 사건을 수사한 결과 재판에 회부하지 않는 것이 상당하다고 판단되는 경우에는 기소를 하지 않고 사건을 종결하는데 이를 불기소처분이라고 합니다. 불기소처분으로 중요한 것은 기소유예와 무혐의 처분이 있습니다.

2) 기소유예

기소유예는 죄는 인정되지만 피의자의 연령이나 성행, 환경, 피해자에 대한 관계, 범행의 동기나 수단, 범행 후의 정황등을 참작하여 기소를 하여 전과자를 만드는 것보다는 다시한번 성실한 삶의 기회를 주기 위하여 검사가 기소를 하지 않고 용서해 주는 것을 말합니다. 그리고 검찰실무에서는 '선도조건부기소유예제도'를 많이 활용하고 있는데 이는 선도위원이 피의자를 선도하여 앞으로 재범하지 않는다는 조건으로 검사가 기소를 유예하는 것인데 이 제도의 실시 결과 재범율이 무척 낮아져 좋은 성과를 얻고 있습니다. 그런데 기소유예에 대하여 한가지 알아 둘 것은, 한번 기소유예를 하면 특별한 사정이 없으면 다시 같은 죄로 기소를 하지 않지만 만약 기소유예 후에 또 죄를 저질렀다고 하는 경우 등의 사성이 있으면 검사는 기소유예 처분한 범죄에 대하여 새로 기소를 할 수 있다는 점입니다. 그리고 이는 무혐의에 대하여도 마찬가지로 만약 새로운 증거가 발견된다면 검사는 기소를 할 수 있습니다.

고소, 고발의 각하처분은 무익한 고소, 고발의 남용, 남발에 의한 피고소, 피고발인의 인권침해를 방지하고 고소·고발인의 권익을 합리적으로 보호조정하기 위한 제도로 고소인 또는 고발인의 진술이나 고소장 또는 고발장에 의하여도 처벌할 수 없음이 명백한 고소, 고발사건의 경우에는 검사는 피고소, 피고발인을 소환 조사하지도 아니하고 각하 결정할 수 있습니다.

3) 무혐의 처분

무혐의 처분은 법률전문가인 검사가 수사한 결과 범죄를 인정할 만한 증거가 없는 경우에 피의자의 무고함을 최종적으로 판단하는 처분입니다. 또 민사상의 채무불이행에 해당되어 무혐의 처분을 한 경우에는 형사상 범죄가 성립되지 않는 것을 의미할 뿐이지 민사상의 채무까지 면해주는 것이 아님을 주의할 필요가 있습니다.

(14) 기소중지

1) 기소중지

피의자의 소재불명 등의 사유로 인하여 수사를 종결할 수 없는 경우에 그 사유가 해소될 때까지 행하는 처분으로서 장래에 그 사유가 해소되면 반드시 다시 수사하여 처분을 할 것을 예정하고 있는 점에 그 특색이 있습니다(피의자의 소재불명을 사유로 하여 기소중지결정이 있는 경우 원칙적으로 지명수배를 하게 됩니다).

2) 참고인 중지

검사가 사건을 수사한 후 참고인·고소인·고발인 또는 같은 사건의

다른 피의자의 소재불명으로 수사를 종결할 수 없는 경우에 그 사유
가 해소될 때까지 행하는 처분입니다.

(15) 보 석

검사에 의하여 구속기소된 경우에는 피고인은 재판을 담당하고 있는
법원에 보증금을 납부할 것을 조건으로 석방하여 줄 것을 청구할 수
있는데 이를 보석이라고 합니다. 보석보증금은 현금으로 납부하지 않고
보석보증보험증권을 첨부한 보증서로써 대신할 수 있습니다. 이와 같은
보석은 기소 후에 청구하는 점에서 기소전에 청구하는 구속적부심과
다르나 보증금의 납부를 조건으로 석방하는 점에서 피의자보석제도와
유사합니다.

보석은 피고인은 물론 변호인과 피고인의 법정대리인, 배우자, 직계
친족, 형제자매도 청구할 수 있으며 법원은 보석을 결정함에 있어서 미
리 검사의 의견을 물어야 하지만 그 의견에 구애받지 않고 자유로이
결정할 수 있습니다. 다만 피고인이 사형, 무기 또는 장기 10년 이상의
징역이나 금고에 해당하는 죄를 범하였거나, 피해자나 당해 사건의 재
판에 필요한 사실을 알고 있다고 인정되는자 또는 그 친족의 생명·신체
나 재산에 해를 가하거나 가할 염려가 있다고 믿을만한 충분한 이유가
있는 때에는 보석을 허가하지 않습니다. 법원은 피고인의 자력정도와
범죄의 성질, 증거 등을 고려하여 상당한 보증금을 납부할 것과 주거를
제한하는 등의 조건을 붙이는 것이 보통입니다.

또 보석은 피고인 등의 청구가 없더라도 법원이 직권으로 허가하는
경우도 있습니다.

(16) 재 판

검사가 기소한 사건에 대하여 법원은 공판을 열어 재판을 하게 됩니
다. 그러나 검사가 약식기소한 사건에 대하여는 공판을 열지 않고 기록
만으로 재판을 하지만 전술한 바와 같이 판사가 정식재판을 할 필요가
있다고 생각하면 사건을 정식재판에 회부할 수도 있습니다.

1) 공 판

공판은 보통 법원에 마련된 공판정에서 공개리에 진행이 됩니다. 이 재판에서 피고인은 자기의 억울함이나 정당함을 주장할 수 있고 또 변호인의 도움을 받을 수 있습니다.

2) 유죄의 판결

심리결과 피고인의 죄가 인정되면 판사는 유죄의 판결을 하는데 정상에 따라 실형을 선고하는 수도 있고 집행유예를 붙여주는 경우도 있으며 정상이 특히 참작될 때는 선고유예를 하는 수도 있습니다. 집행유예는 형(예컨대 징역 1년)을 선고하면서 일정 기간 그 형의 집행을 미루어 두었다가 그 기간동안 재범을 하지 않고 착실히 살면 형의 선고를 실효시켜 아예 집행을 하지 않는 것이며, 선고유예는 형의 선고자체를 미루어 두었다가 일정기간 무사히 경과하면 면소(免訴)된 것으로 간주하는 것입니다.

3) 무죄의 판결

기소한 사건에 대하여 유죄로 인정할 증거가 없으면 판사는 무죄를 선고합니다.

4) 형사보상

구속되었다가 법원에서 무죄의 판결을 받거나, 검사로부터 불기소처분(기소유예 처분은 제외함)을 받은 사람중 범인이 아닌 것이 명백한 사람 및 처음부터 잘못 구속된 사람은 형사보상법에 따라 구속에 대한 보상을 청구할 수 있습니다.

5) 재판의 관할

재판은 사건에 따라 판사 한사람이 하기도 하고 판사 3인으로 구성된 합의부에서 하기도 하는데 원칙으로 단기 1년 이상의 징역에 해당하는 사건은 합의부의 관할입니다. 단독판사가 한 재판에 대하여는 지방법원의 항소부, 합의부에서 한 재판에 대하여는 고등법원에 각 항소를 할 수 있고 이에 대하여는 다시 대법원에 각 상고할 수 있습니다.

(17) 형의 집행

법원의 판결에 의하여 선고된 형은 검사의 지휘에 의하여 집행하는데 징역이나 금고형은 교도소에서 집행합니다. 그리고 벌금은 판결 확정일로부터 30일 이내에 납부하여야 하며 벌금을 납부하지 않는 경우에는 1일 이상 3년 이내의 범위에서 노역장에 유치하게 되므로 스스로 납부하여 불이익을 면해야 할 것입니다.

(18) 가석방과 형집행정지

징역 또는 금고의 형의 집행중에 있는 자 가운데 복역성적이 양호하고 뉘우침이 있는 때에는 무기에 있어서는 20년, 유기에 있어서는 형기의 3분의 1을 경과한 후에 행정처분으로 가석방을 할 수 있습니다.

가석방의 기간은 무기형에 있어서는 10년으로 하고, 유기형에 있어서는 남은 형기로 하되, 그 기간은 10년을 초과할 수 없습니다. 가석방된자는 가석방 기간중 보호관찰을 받습니다.

그러나 가석방 중에 행실이 나쁘거나 다시 죄를 저지르면 가석방이 취소 또는 실효되어 남은 형기를 마저 복역하여야 합니다.

그리고 예를들면 형의 집행으로 생명을 보전할 수가 없거나 잉태 후 6개월 이상인 때 또는 연령이 70세 이상인 때 기타 중대한 사유가 있으면 검사는 형집행을 정지시키고 석방할 수도 있습니다.

(19) 형의실효(전과말소)

징역 또는 금고의 집행을 종료하거나 집행이 면제된 자가 피해자의 손해를 보상하고 자격정지 이상의 형을 받음이 없이 7년을 경과한 때에는 본인이 신청을 하면 재판의 실효를 선고 받을 수 있습니다. 그러나 일반인들은 이 신청절차 등을 모르고 있기 때문에 정부는 "형의실효등에관한법률"을 제정하여 형의 집행을 종료 또는 면제 받은 후 일정기간동안 자격정지 이상의 죄를 저지르지 않은 경우에는 자동적으로 형을 실효시키도록 하였습니다. 그 기간은 3년을 초과하는 징역 또는 금고는 10년, 3년이하의 징역 또는 금고는 5년, 벌금은 2년이고 다만 구류나 과료는 형의 집행을 종료하거나 그 집행이 면제된 때에 그 즉시 실효됩니다.

(20) 합 의

범죄를 저질러 남에게 피해를 입히면 적절히 피해를 보상해 주고 합의를 하는 것이 사람의 도리입니다. 따라서 형사사건 처리과정에서 검사나 판사는 피의자나 피고인에게 합의를 권유하고 또 합의를 하면 이를 참작하여 가벼운 처분이나 판결을 하는 것이 관례입니다. 그러나 피해보상은 근본적으로 민사문제이므로 형사사건에서 참고가 될 뿐이고 수사기관이나 법원에서 강요할 수는 없는 것이므로 가해자가 검사나 판사의 권유에 따라 적절한 피해보상을 하지 아니하는 경우에는 민사재판을 통하여 해결할 수 밖에 없습니다. 어떤 피해자들은 수사기관이나 법원에서 피해보상도 받아주지 않고 형사사건을 처리한다는 이유로 각종 민원을 제기하는 사례가 있는데 법제도의 취지를 잘 이해하여야 할 것입니다. 다만 일정한 형사사건의 경우에는 배상명령을 신청하여 민사문제까지 처리되는 수도 있습니다.

형사사건의 피해자는 재판부에 대하여 범인을 엄벌해 달라거나 선처해 달라는 등의 의견을 진술하고 싶을 때가 많습니다. 형사소송법에서는 피해자의 신청이 있으면 법원에서는 특별한 경우 외에는 피해자를 증인으로 채택하여 의견을 진술할 기회를 주도록 하고 있습니다.

(21) 즉결심판

1) 즉결심판이란?

경미한 범죄사건에 대하여는 정식수사와 재판을 거치지 않고 간략하고 신속한 절차로 처벌을 마침으로써 법원과 검찰의 부담을 줄이고 당사자에게도 편의를 주려는 제도입니다.

2) 즉결심판의 대상

20만원 이하의 벌금, 구류, 과료에 처할 경미한 범죄로서, 중요한 것을 예로 들면 다음과 같습니다.

ㄱ. 행정법규위반 사건 : 도로교통법상의 자동차주정차금지위반, 향토예비군설치법상의 예비군훈련불참자 등

ㄴ. 형법위반 사건 : 폭행죄 등

ㄷ. 허위신고, 무임승차 등 50개 항목의 경범죄처벌법위반사범 등

3) 처리절차

즉결심판은 경찰서장이 법원에 청구합니다. 이를 위한 사전조치로서는 다음과 같은 것이 있습니다.

ㄱ. 보호처리 : 주거와 신원이 확실하지 않고, 석방하면 형집행에 지장이 있다고 판단되는 경우에는 즉결심판회부시까지 경찰서에 보호합니다.

ㄴ. 비보호처리 : 보호처리의 필요가 없는 경우는 출석지시서를 발부하여 바로 석방하고 본인이 나중에 법정에 가서 재판을 받도록 합니다. 불출석재판도 있습니다.

ㄷ. 통고처분 : 경범죄처벌법이나 도로교통법을 위반한 사항중 일정한 범칙행위에 대하여는 먼저 범칙금을 납부하도록 통고처분하고, 위반자가 그 범칙금을 기일내에 납부하지 아니할 때에 비로소 즉결심판을 청구하게 됩니다.

ㄹ. 훈계방면 : 범죄사실이 가볍고, 피해자가 없으며 잘못을 뉘우치는 경우에는 지서장, 파출소장 또는 경찰서장이 훈계하고 방면할 수 있습니다.

4) 심판절차

ㄱ. 즉결심판은 판사의 주재하에 경찰서가 아닌 공개된 법정에서 열린다. 피고인이 출석하는 것이 원칙이지만 벌금·과료를 선고하는 경우나 피고인이 불출석 심판을 청구하여 법원이 이를 허가한 경우에는 불출석재판도 합니다.

ㄴ. 판사는 피고인에게 사건내용을 알려주고 변명의 기회도 주며, 피고인은 변호사를 선임할 수도 있지만, 신속·간편한 심리를 위하여 경찰의 조서만을 증거로 삼아 유죄를 선고할 수도 있습니다.

ㄹ. 판사는 보통 구류, 과료 또는 벌금형을 선고하지만 즉결심판을 할 수 없거나 즉결심판절차에 의하여 심판함이 적당하지 아니하다고 인정할 때에는 즉결심판의 청구를 기각하도록 하고 있

습니다. 청구기각된 사건은 경찰서장이 지체없이 검찰에 송치하여 일반의 형사절차에 따라 처리됩니다.

5) 정식재판의 청구

즉결심판에 불복이 있는 피고인은 선고일로부터 7일 이내에 정식재판청구서를 경찰서장에게 제출하면 정식재판을 받을 수 있게 됩니다

6) 형의 집행

ㄱ. 즉결심판이 확정되면 확정판결과 같은 효력이 있게 되며 형의 집행은 보통 경찰서장이 하고 검사에게 보고합니다.

ㄴ. 벌금은 20만원 이하이고, 과료는 2,000원 이상 50,000원 미만인데 경찰서장에게 납입하며 구류는 1일 이상 30일 미만으로서 보통 경찰서 유치장에서 집행하나 검사의 지휘하에 교도소에서 집행하는 경우도 있습니다.

제2장. 형사사건 법률문답

◆ 형벌의 종류 및 차이

> **질문 ➡** 형벌에는 어떠한 종류가 있으며, 그 차이점에 대해서 상세히
> 알고자 합니다.

답변 ➡ 형법 제41조에 형벌의 종류로 ①사형, ②징역, ③금고, ④
자격상실, ⑤자격정지, ⑥벌금, ⑦구류, ⑧과료, ⑨몰수의
9가지를 두고 있으며(형법 제41조), 형의 무겁고 가벼움도
이 순서에 의합니다(형법 제50조).

1) 사 형

사형은 수형자의 생명을 박탈하는 것을 내용으로 하는 생명형이며,
가장 중한 형벌입니다. 그 집행방법은 교수형이 원칙이나 군인인 경우
총살형에 처할 수도 있습니다.

현행 형법상 사형을 과할 수 있는 범죄로는 여적죄를 비롯하여 내
란죄, 외환죄, 간첩죄, 폭발물사용죄, 방화치사상죄, 음용수혼독치사상
죄, 살인죄, 강도살인·치사죄 및 해상강도살인·치사강간죄 등입니다(형
법 제87조, 제92조, 제93조, 제98조, 제119조, 제164조, 제194조, 제
250조, 제338조, 제340조).

형벌제도로서 사형을 존치할 것인가 아니면 폐지할 것인가에 대하
여 논쟁이 있으며, 사형을 폐지한 국가(포르투칼, 스위스, 독일, 오스
트리아, 영국, 스페인, 프랑스 등 서구의 여러 나라, 미국의 일부 주,
남미의 여러 나라)도 많이 있습니다.

2) 징 역

수형자를 형무소 내에 구치하여 정역(강제노동)에 복무하게 하는

형벌로서(형법 제67조), 수형자의 신체적 자유를 박탈하는 것을 내용으로 한다는 의미에서 금고 및 구류와 같이 자유형이라고 합니다. 징역에는 무기와 유기의 2종이 있고, 무기는 종신형을 말하며, 유기는 1월이상 30년 이하이고, 유기징역에 형을 가중하는 때에는 최고 50년까지로 될 수 있습니다(형법 제42조).

3) 금 고

수형자를 형무소에 구치하고 자유를 박탈하는 점에서 징역과 같으나, 정역에 복무하지 않는 점에서 징역과 다릅니다. 금고에 있어서도 무기와 유기가 있으며, 그 기간은 징역형과 같습니다. 금고는 주로 과실범 및 정치상의 확신범과 같은 비파렴치성 범죄자에게 과하고 있습니다. 금고수형자에게 징역을 과하지 않는 것은 노동경시사상에 근거를 둔 것으로 금고라는 형벌을 폐지 또는 자유형(징역, 금고, 구류)을 단일형벌로 인정하자는 주장도 있습니다.

4) 자격상실

수형자에게 일정한 형의 선고가 있으면 그 형의 효력으로서 당연히 일정한 자격이 상실되는 형벌입니다. 범죄인의 일정한 자격을 박탈하는 의미에서 자격정지형과 더불어 명예형 또는 자격형이라고 합니다. 형법상 자격이 상실되는 경우로써 형법 제43조 제1항에 사형, 무기징역 또는 무기금고의 판결을 받은 경우이며, 상실되는 자격은 ① 공무원이 되는 자격, ② 공법상의 선거권과 피선거권, ③ 법률로 요건을 정한 공법상의 업무에 관한 자격, ④ 법인의 이사, 감사 또는 지배인 기타 법인의 업무에 관한 검사역이나 재산관리인이 되는 자격입니다.

5) 자격정지

수형자의 일정한 자격을 일정한 기간 정지시키는 경우로 현행 형법상 범죄의 성질에 따라 선택형 또는 병과형으로 하고 있습니다. 유기징역 또는 유기금고의 판결을 받은자는 그 형의 집행이 종료하거나 면제될 때까지 자격상실의 내용 중 ①, ②, ③의 자격이 당연 정지됨니다. 판결선고에 기하여 다른 형과 선택형으로 되어 있을 때 단독으로 과할 수 있고, 다른 형에 병과할 수 있는 경우 병과형으로 과(科)할 수 있습니다.

자격정지기간은 1년 이상 15년 이하로 하고 그 기산점으로 유기징역 또는 유기금고에 자격정지를 병과 하였을 경우 징역 또는 금고의 집행을 종료하거나 면제된 날로부터 정지기간을 기산하고, 자격정지가 선택형인 경우(단독으로 과할 경우) 판결이 확정된 날로부터 기산합니다.

6) 벌 금

범죄인에 대하여 일정액의 금전을 박탈하는 형벌로 과료 및 몰수와 더불어 재산형이라고 합니다. 형법 제45조에 "벌금은 50,000원 이상으로 한다. 다만, 감경하는 경우에는 50,000원 미만으로 할 수 있다."라고 규정하고 있습니다. 벌금은 판결확정일로부터 30일 이내에 납입하여야 하며, 벌금을 납입하지 아니한 자는 1일 이상 3년 이하 노역장에 유치하여 작업에 복무하게 하는데 이를 환형유치라고 합니다.

7) 구 류

금고와 같으나 그 기간이 1일 이상 30일 미만이라는 점이 다릅니다(형법 제46조). 구류는 형법에서는 아주 예외적인 경우에만 적용되며(형법 제266조 과실상해죄), 주로 경범죄에 과하고 있습니다(경범죄처벌법상의 경범죄 등). 교도소에 구치하는 것이 원칙이나 실제로는 경찰서의 유치장에 구금하는 경우가 많습니다.

8) 과 료

벌금과 같으나 그 금액이 2천원 이상 5만원 미만으로, 판결확정일로부터 30일 이내에 납입하여야 하며, 납입하지 아니한 자는 1일 이상 30일 미만의 기간 노역장에 유치하여 작업에 복무하게 합니다.

9) 몰 수

몰수는 원칙적으로 위에서 언급한 다른 형에 부가하여 과하는 형벌로서, 범죄행위와 관계있는 일정한 물건을 박탈하여 국고에 귀속시키는 처분입니다. 몰수에는 필요적 몰수와 임의적 몰수가 있는데 임의적 몰수가 원칙입니다. 몰수할 수 있는 물건으로는 ① 범죄행위에 제공하였거나 제공하려고 한 물건, ② 범죄행위로 인하여 생(生)하였거나 이로 인하여 취득한 물건, ③, ① 또는 ②의 대가로 취득한 물건으로서 범인 이외의 자의 소유에 속하지 아니하거나 범죄 후 범인 이외의 자가 정을 알면서 취득한 물건의 전부 또는 일부입니다. 몰수하기 불가능한 경우 그 가액을 추징합니다(형법 제48조 제1항, 제2항).

◆ 맹견을 이용하여 집행관의 강제집행행위를 방해한 때 어떤 죄로 처벌되는지?

질문 ➡ 저는 판결문을 소지한 채권자로서 채무자의 가재도구 등을 강제집행하기 위하여 집행관과 함께 그의 거주지를 찾아갔습니다. 신분증과 판결문을 제시하며 유체동산을 압류하러 왔다고 하였더니 채무자는 저와 집행관에게 폭언을 하며 당장 돌아가지 않으면 맹견을 풀어놓겠다며 개 줄을 풀려고 하였습니다. 이에 집행관과 저는 으르렁거리는 맹견의 위세에 굴복하여 재산을 압류하지 못하고 돌아왔는데, 이 경우 채무자를 처벌할 수 있는지요?

답변 ➡   집행관에 대한 유형력의 행사로 볼 수 있으므로 공무집행방해죄가 성립된다고 할 것입니다.

형법 제136조 제1항에 의하면 "직무를 집행하는 공무원에 대하여 폭행 또는 협박한 자는 5년 이하의 징역 또는 1,000만원 이하의 벌금에 처한다."라고 규정하고 있습니다.

이와 같은 공무집행방해죄는 국가 또는 지방자치단체의 적법한 공무수행의 보장을 위한 것으로서 비교적 엄하게 처벌하고 있습니다. 관련 판례를 보면 형법 제136조 제1항 소정의 공무집행방해죄에 있어서 「직무를 집행하는」 이라 함은 공무원이 직무수행에 직접 필요한 행위를 현실적으로 행하고 있는 때만을 가리키는 것이 아니라 공무원이 직무수행을 위하여 근무중인 상태에 있는 때를 포괄한다 할 것이고(대법원 1999. 9. 21. 선고 99도 383 판결), 공무집행방해죄에 있어서의 「폭행」 이라 함 은 공무원에 대한 직접적인 유형력의 행사뿐만 아니라 간접적인 유형력의 행사도 포함하는 것이며(대법원

1998. 5. 12. 선고 98도662 판결), 협박은 생명, 신체 등에 해악을 고지하는 행위로서 상대방이 반드시 공포감을 느껴야 하는 것은 아니라고 하였습니다. 그런데 집행관은 국가와 근로계약을 체결한 공무원은 아니지만 재판의 집행, 서류의 송달, 기타 법령에 정한 사무를 수행할 경우에는 공무를 수행하는 공무원으로 간주된다 하겠습니다. 그리고 집행관이 그 직무를 집행함에 있어 집행대상이 된 사실에 대하여 착오가 있는 경우에 관하여도 판례는 "공무집행의 대상이 된 사실에 관하여 착오가 있 었더라도 일응 그 행위가 공무원의 적법한 행위라고 인 정할 수 있는 경우는 형법 제136조의 공무집행에 해당된다."라고 하였습니다(대법원 1961. 8. 26. 선고 60도852 판결). 위 사안의 경우 집행관이 신분증과 판결문을 채무자에게 제시하며 유체동산을 압류하려 한 것은 민사 집행법 등에 규정된 집행관의 집행행위로서 적법한 공무수행인바, 채무자가 이를 저지하기 위해 맹견을 풀어 놓으려고 한 것은 집행관에 대한 유형력의 행사로 볼 수 있으므로 공무집행방해죄가 성립된다고 할 것입니다.

◈ 임의동행요구에 불응한 경우 공무집행방해죄를 구성하는지?

질문 ➡ 저는 경찰관으로부터 임의동행을 요구받았으나 이에 응하지 않고 반항하자 경찰관은 저에게 공무집행을 방해한다고 하였습니다. 저의 행위가 공무집행방해죄에 해당하는지요?

답변 ➡ 영장의 제시 없는 경찰관의 임의동행요구에 응하지 아니한 것만으로는 공무집행방해죄가 성립되지 않을 것입니다.

경찰관직무집행법 제3조에 의하면 경찰관은 수상한 거동 기타 주위의 사정을 합리적으로 판단하여 어떠한 죄를 범하였거나 범하려 하고 있다고 의심할 만한 상당한 이유가 있는 자 또는 이미 행하여진 범죄나 행하여지려고 하는 범죄행위에 관하여 그 사실을 안다고 인정되는 자를 정지시켜 질문할 수 있고, 그 장소에서 질문을 하는 것이 당해인에게 불리하거나 교통의 방해가 된다고 인정되는 때에는 질문하기 위하여 부근의 경찰서·지서·파출소 또는 출장소(지방해양경찰관서를 포함한다)에 동행할 것을 요구할 수 있으며, 이 경우 당해인은 경찰관의 동행요구를 거절할 수 있다고 규정하고 있습니다. 판례도 "임의동행은 상대방의 동의 또는 승낙을 그 요건으로 하는 것이므로 경찰관으로부터 임의동행요구를 받은 경우 상대방은 이를 거절할 수 있을 뿐만 아니라 임의동행 후 언제든지 경찰관서에서 퇴거할 자유가 있다 할 것이고, 경찰관직무집행법 제3조 제6항이 임의동행 한 경우 당해인을 6시간을 초과하여 경찰관서에 머물게 할 수 없다고 규정하고 있다고 하여 그 규정이 임의동행한 자를 6시간 동안 경찰관서에 구금하는 것을 허용하는 것은 아니다."라고 하였습니다(대법원 1997. 8. 22. 선고97도1240 판결).

이와 같이 형사소송법에 정해진 구속영장, 체포영장 등에 의한 연행이 아닌 임의동행은 그 의사에 반하여 강요될 수는 없는 것입니다.

관련 판례를 보면 "경찰관이 임의동행을 요구하며 손목을 잡고 뒤로 꺾어 올리는 등으로 제압하자 거기에서 벗어나려고 몸싸움을 하는 과정에서 경찰관에게 경미한 상해를 입힌 경우 위법성이 결여된 행위라고 본 사례"가 있으며 (형법 제20조, 제21조, 대법원 1999. 12. 28. 선고 98도 138 판결), "일반적으로 형법 제136조가 규정하는 공무집행방해죄는 공무원의 직무집행이 적법한 경우에 한하여 성립하는 것이고 여기서 적법한 공무집행이라고 함은 그 행위가 공무원의 추상적 권한에 속할 뿐 아니라 구체적 직무집행에 관한 법률상 요건과 방식을 갖춘 경우를 가리키는 것이므로, 이러한 적법성이 결여된 직무행위를 하는 공무원에 대항하여 폭행을 가하였다고 하더라도 이를 공무집행방해죄로 다스릴 수는 없고, 비록 사법경찰관 등이 피의자에 대한 구속영장을 소지하였다 하더라도 피의자를 체포하기 위해서는 체포 당시에 피의자에 대한 범죄사실의 요지, 구속의 이유와 변호인을 선임할 수 있음을 말하고 변명할 기회를 준 후가 아니면 체포할 수 없고, 이와 같은 절차를 밟지 아니한 채 실력으로 연행하려 하였다면 적법한 공무집행으로 볼 수 없다."라고 하였습니다(대법원 1996. 12. 23. 선고 96도2673 판결, 1991. 5. 10. 선고 91도453 판결).

귀하의 경우에는 어느 경우에 해당하는지 불명확하여 정확한 답변이 곤란하지만, 일응 영장의 제시 없는 경찰관의 임의동행요구에 응하지 아니한 것만으로는 공무집행방해죄가 성립되지 않을 것입니다.

◈ 허위증언 후 사실대로 번복·증언한 경우 위증죄

질문 ➡ 김갑돌은 이을남이 최병수를 폭행하는 것을 목격하였으나 형사 재판정에서 증인선서를 한 후 증언하면서 이을남의 보복을 걱정하여 이을남과 최병수가 언쟁만 했을 뿐 폭행하지는 않았다고 진술하였습니다. 그러나 증인신문을 마치기 전에 위 진술은 사실과 다르며 이을남이 최병수를 폭행하는 것을 보았다고 번복하여 증언하였습니다. 이 경우 앞에 진술한 허위증언에 대해서 위증죄가 성립되는지요?

답변 ➡ 증언의 전체내용을 토대로 위증여부를 판단할 때 위증죄가 성립되지 않는다 할 것입니다.

위증죄는 법정에서 선서한 증인이 그가 알고 있는 특정 내용에 대해 그 기억에 반하는 진술을 하는 경우 성립하는바, 형법 제152조에 의하면 "법률에 의하여 선서한 증인이 허위의 진술을 한 때에는 5년 이하의 징역 또는 1천만원 이하의 벌금에 처한다."라고 규정하고 있습니다.

위증죄에 관련된 판례를 보면 "증인의 증언이 기억에 반하는 허위진술인지 여부는 그 증언의 단편적인 구절에 구애될 것이 아니라 당해 신문절차에 있어서의 증언 전체를 일체로 파악하여 판단하여야 할 것이고, 증언의 전체적 취지가 객관적 사실과 일치되고 그것이 기억에 반하는 공술이 아니라면 사소한 부분에 관하여 기억과 불일치하더라도 그것이 신문취지의 몰이해 또는 착오에 인한 것이라면 위증이 될 수 없다."라고 하였으며(대법원 1996. 3. 12. 선고 95도2864 판결)," 증인의 증언은 그 전부를 일체로 관찰·판단하는 것이므로 선서한 증인이 일단 기억에 반하는 허위의 진술을 하였더라도 그 신문이 끝나기 전에 그 진술을 철회·시정한 경우 위증이 되지 아니한다."라고 하였습니다(대법원 1993. 12. 7. 선고 93도2510 판결).

따라서 위 사안의 경우 1차로 허위의 진술을 하였으나 증인신문이 끝나기 전에 이를 정정하고 새로이 그가 알고 있는 사실대로 진술하였으므로 증언의 전체내용을 토대로 위증여부를 판단할 때 위증죄가 성립되지 않는다 할 것입니다.

◈ 민사소송 당사자가 선서하고 허위의 증언을 한 경우 위증죄의 주
체가 될 수 있는지?

질문 ➡ 저는 김갑돌을 상대로 대여금청구의 소송을 제기하였고, 그 변
론과정에서 피고인 김갑돌에 대한 당사자신문을 신청하였는데,
김갑돌은 허위의 사실을 진술하였습니다. 이 경우 김갑돌을 위
증죄로 처벌할 수 있는지요?

답변 ➡ 허위의 진술을 하였다고 하여도 위증죄가 성립되지는
않을 것입니다.

형법 제152조 제1항에서는 "법률에 의하여 선서한 증인
이 허위의 진술을 한 때에는 5년 이하의 징역 또는 1
천만원 이하의 벌금에 처한다."라고 규정하고 있습니다.
그리고 민사소송법 제367조에서는 "법원은 직권으로 또
는 당사자의 신청에 따라 당사자 본인을 신문할 수 있
다. 이 경우 당사자에게 선서를 하게 하여야 한다."라고
규정하고 있으며, 민사소송법 제369조에서 "당사자가
정당한 사유 없이 출석하지 아니하거나 선서 또는 진
술을 거부한 때에는 법원은 신문사항에 관한 상대방의
주장을 진실한 것으로 인정할 수 있다."라고 규정하고
있습니다.

여기서 당사자 본인이 선서를 하고 당사자신문의 과정에
서 허위의 사실을 진술할 경우 위증죄가 성립될 수 있는
지 문제됩니다.

그런데 판례를 보면, "민사소송의 당사자는 증인능력이
없으므로 증인으로 선서하고 증언하였다고 하더라도 위
증죄의 주체가 될 수 없고, 이러한 법리는 민사소송에서
의 당사자인 법인의 대표자의 경우에도 마찬가지로 적용

된다."라고 하였습니다(대법원 1998. 3. 10. 선고 97도 1168 판결).

그러므로 위 사안에서 김갑돌이 허위의 진술을 하였다고 하여도 위증죄가 성립되지는 않을 것입니다. 다만, 민사소송법 제370조 제1항에서 "선서한 당사자가 거짓 진술을 한 때에는 법원은 결정으로 500만원 이하의 과태료에 처한다."라고 규정하고 있으므로 이러한 과태료의 처분을 받을 수는 있을 것입니다. 또한, 당사자신문의 경우에는 선서를 할 때 위증의 경고 대신에 허위진술의 제재를 경고하여야 합니다.

◆ 허위사실을 진정한 경우 무고죄가 성립되는지?

> **질문 ➡** 저와 영업상 경쟁관계에 있는 이웃 다방주인 김갑돌은 제가 세무서직원에게 정기적으로 뇌물을 건네므로 세금을 적게 낸다며 근거 없는 허위사실을 관할경찰서장에게 진정하였습니다. 이런 경우 김갑돌을 처벌할 수 있는지요?

답변 ➡ 형사처분을 받게 할 목적으로 공무원에 대하여 허위사실을 진정한 것이라면 무고죄가 성립될 수 있을 것입니다.

무고죄(誣告罪)는 타인으로 하여금 형사처분 또는 징계처분을 받게 할 목적으로 공무소 또는 공무원에 대하여 허위의 사실을 신고함으로써 성립하는 범죄를 말합니다 (형법 제156조).

허위의 사실을 신고하는 것은 국가기관을 속여 죄 없는 사람을 억울하게 처벌받게 하는 것이므로 피해자에게 큰 고통을 줄뿐만 아니라 억울하게 처벌받은 경우, 피해자는 국가를 원망하게 되어 국가기강마저 흔들리게 되므로 무고죄는 10년 이하의 징역 또는 1,500만원 이하의 벌금에 처하도록 하고 있습니다.

관련 판례에서 "무고죄는 타인으로 하여금 형사처분 또는 징계처분을 받게 할 목적으로 공무소 또는 공무원에 대하여 허위의 사실을 신고하는 때에 성립하는 것인데, 여기에서 허위사실의 신고라 함은 신고사실이 객관적 사실에 반한다는 것을 확정적이거나 미필적으로 인식하고 신고하는 것을 말하는 것으로서, 설령 고소사실이 객관적 사실에 반하는 허위의 것이라 할지라도 그 허위성에 대한 인식이 없을 때에는 무고에 대한 고의가 없고, 고소내용이 터무니없는 허위사실이 아니고 사실에 기초하여 그 정황을 다소 과장한데 지나지 아니한 경우에는 무고죄가 성립하지 아니한다."라고 하였습니다(대법원 1998. 9. 8. 선고 98도1949 판결).

이와 같이 무고죄에 있어서 범의(犯意)는 반드시 확정적 고의임을 요하지 아니하고 미필적 고의로서도 족하다 할 것이므로, 무고죄는 신고자가 진실하다는 확신 없는 사실을 신고함으로써 성립하고 그 신고사실이 허위라는 것을 확신함을 필요로 하지 않습니다(대법원 1997. 3. 28. 선고 96도2417 판결).

또한, 무고죄의 성립요건에 있어서 그 신고의 방법은 자진하여 사실을 고지하는 한 구두에 의하건 서면에 의하건 또는 고소·고발의 형식에 의하건 혹은 기명에 의하건 익명에 의하건 또 자기명의에 의하건 타인명의에 의하건 불문하며, 또한 「공무소 또는 공무원」이라 함은 형사처분 또는 징계처분을 할 수 있는 권한을 가지고 있는 상당관서 또는 보조자를 말합니다. 예컨대, 경찰 또는 검사와 같은 수사기관 및 그 보조자인 사법경찰리도 포함됩니다. 징계처분을 받게 할 목적인 경우에는 임명권 및 감독권이 있는 소속장관 또는 상관 등입니다.

따라서 위 사안의 경우 귀하에 대한 김갑돌의 행위는 귀하로 하여금 형사처분을 받게 할 목적으로 공무원에 대하여 허위사실을 진정한 것이라면 무고죄가 성립될 수 있을 것입니다(대법원 1984. 5. 15. 선고 84도125 판결, 1991. 12. 13. 선고 91도2127 판결).

◆ 허위사실로 자기를 무고한 경우 어떤 처벌을 받게 되는지?

질문 ➡ 김갑돌은 금융기관에서의 신용대출과 사채를 얻어 중소건설 업체를 확장하던 중 사업부진으로 사채를 갚지 못하였습니다. 사채업자의 빚 독촉을 견디다 못한 김갑돌은 차라리 교도소에 들어가 있는 것이 편할 것이라 판단하고는 자신이 신문에 보도된 강도사건의 범인이라고 경찰서에 허위신고를 하였습니다. 이 경우 김갑돌은 어떤 죄로 처벌되는지요?

답변 ➡ 무고죄로 처벌되지는 않지만 범인은닉죄로 처벌받을 수 있습니다.

위 사안은 사채업자의 변제독촉을 견디다 못해 스스로 형사처분을 받기 위하여 허위로 경찰서에 강도사건의 범인이 자신이라고 허위사실을 신고한 김갑돌의 자기무고행위도 무고죄로 처벌되는가의 문제입니다.

형법 제156조의 무고죄는 타인으로 하여금 형사처분 또는 징계처분을 받게 할 목적으로 공무소 또는 공무원에 대하여 허위로 사실을 신고함으로써 성립하는 범죄로 현행 형법상 타인에 대해서만 무고죄를 인정하고 있습니다.

따라서 김갑돌의 자기무고행위는 형법 제156조 소정의 무고죄의 구성요건에 해당하지 않는다고 할 것입니다.

다만, 김갑돌의 자기무고행위는 경범죄처벌법 제1조제5호의 있지 아니한 범죄 또는 재해의 사실을 공무원에게 거짓으로 신고한 경우에 해당될 것인지가 문제될 수 있을 듯하며, 이에 해당된다면 10만원 이하의 벌금, 구류 또는 과료의 형으로 처벌받게 될 것입니다. 그러나 판례를 보면, "범인 아닌 자가 수사기관에서 범인임을 자처하고 허위사실을 진술하여 진범의 체포와 발견에 지장을 초래하게 한 행위는 범인은닉죄에 해당한다."라고 하였으므로 (대법원 1996. 6. 14. 선고 96도1016 판결), 김갑돌의 자기무고행위가 강도사건의 범인의 체포와 발견에 지장을 초래할 의도로 이루어진 것이라면 범인은닉죄로 처벌받을 수도 있습니다.

◆ 무고한 경우 고소기간이 지난 것이 명백할 때에도 무고죄가 성립되는
지?

질문 ➡초등학교 교사인 제 여동생은 3년 전 건설회사 직원인 남편의
장기 지방출장기간 중 부인이 있는 동료교사 甲과 약 두 달간
불륜관계를 맺었다가 甲이 다른 학교로 전근가면서 관계를 끊
은 사실이 있습니다. 그런데 최근 이 사실을 안 甲의 부인은
여동생 남편에게 그 사실을 알렸고 흥분한 여동생 남편이 이를
추궁하자 여동생은 강간당했다고 허위의 주장을 하며 경찰서에
고소장을 접수하였습니다. 조사결과 합의에 의한 불륜관계로
밝혀지자 담당 경찰관은 제 여동생을 무고죄로 입건하겠다고
하는데, 이 경우 무고죄로 처벌받는지요?

답변 ➡　　무고죄는 성립되지 않을 것으로 보여집니다.

　　귀하의 여동생이 甲이 형사처분을 받도록 할 목적으로
허위의 사실을 신고한 잘못은 크나 그렇다고 꼭 무고죄가
성립하는 것은 아닙니다. 강간죄는 친고죄로서 범인을 알
게 된 날로부터 1년을 경과하면 고소할 수 없습니다(형사
소송법 제230조 제1항, 성폭력범죄의 처벌 등에 관한 특
례법 제18조).

　　그런데 귀하의 여동생은 甲과 성관계를 맺은 날로부터 약
3년이 지난 후 강간당했다며 고소를 제기한 것이고, 이는
명백히 친고죄의 고소기간이 지난 후 고소한 것이어서 이
러한 경우 수사기관은 甲이 실제로 강간했다고 하더라도
甲을 처벌할 수는 없는 것입니다.

　　그렇다면 귀하의 여동생이 허위의 사실임을 알고도 경찰서
에 고소한 것이 무고죄가 성립될 수 있는지 문제됩니다.

　　무고죄에 관하여 형법 제156조에 의하면 "타인으로 하여
금 형사처분 또는 징계처분을 받게 할 목적으로 공무소

또는 공무원에 대하여 허위의 사실을 신고한 자는 10년 이하의 징역 또는 1천 500만원 이하의 벌금에 처한다."라고 규정하고 있으며, 위 사안과 관련된 판례를 보면 "타인으로 하여금 형사처분을 받게 할 목적으로 공무소에 대하여 허위의 사실을 신고하였다고 하더라도, 그 사실이 친고죄로서 그에 대한 고소기간이 경과하여 공소를 제기할 수 없음이 그 신고내용 자체에 의하여 분명한 때에는 당해 국가기관의 직무를 그르치게 할 위험이 없으므로 이러한 경우에는 무고죄는 성립하지 아니한다."라고 하였습니다(대법원 1998. 4. 14. 선고 98도150 판결).

따라서 귀하의 여동생에 있어서도 무고죄는 성립되지 않을 것으로 보여집니다.

◆ 공소시효가 완성된 것이 명백한 허위사실을 고소한 경우 무고죄여
　부

질문 ➡ 김갑돌은 이을녀에게 돈을 대여하고 이을녀가 작성·교부한 차
용증을 근거로 6년 전부터 대여금의 청구를 하였으나, 이을녀
는 차일피일 미루기만 하다가 최근에는 그 차용증을 김갑돌이
위조하여 대여금을 청구한다고 사문서위조죄로 형사고소 하였
는바, 이 경우 이을녀는 무고죄로 처벌되지 않는지요?

답변 ➡　사문서를 위조하였다는 것이 명백히 드러난 경우라면 무
고죄는 성립되지 않을 것으로 보입니다.

형법 제231조에서는 "행사할 목적으로 권리·의무 또는 사
실증명에 관한 타인의 문서 또는 도화를 위조 또는 변조
한 자는 5년 이하의 징역 또는 1천만원 이하의 벌금에 처
한다."라고 규정하고 있으며, 형사소송법 제249조 제1항
제4호는 장기 10년 미만의 징역 또는 금고에 해당하는
범죄에는 5년의 경과로 공소시효가 완성된다고 규정하고
있으므로 사문서위조죄의 공소시효기간은 5년입니다. 그
런데 공소시효의 기산점은 범죄행위의 종료시점부터 시효
가 진행되므로(형사소송법 제252조 제1항), 위 사안에서
김갑돌이 주장하는 이을녀의 현금보관증 위조행위는 6년
전에 행하여졌다고 하므로 그 고소내용만으로도 공소시효
기간이 경과되었음이 명백하게 드러나는 경우인데, 이러
한 경우 김갑돌에게 무고죄를 인정할 수 있을 것인지 문
제됩니다.

형법 제156조에서는 무고죄에 관하여 "타인으로 하여금
형사처분 또는 징계처분을 받게 할 목적으로 공무소 또는
공무원에 대하여 허위의 사실을 신고한 자는 10년 이하의

징역 또는 1,500만원 이하의 벌금에 처한다."라고 규정하고 있는데, 판례를 보면 "객관적으로 고소사실에 대한 공소시효가 완성되었더라도 고소를 제기하면서 마치 공소시효가 완성되지 아니한 것처럼 고소한 경우에는 국가기관의 직무를 그르칠 염려가 있으므로 무고죄를 구성한다." 라고 하였으나(대법원 1995. 12. 5. 선고 95도1908 판결), "타인으로 하여금 형사처분을 받게 할 목적으로 공무소에 대하여 허위사실을 신고하였다고 하더라도, 신고된 범죄사실에 대한 공소시효가 완성되었음이 신고내용 자체에 의하여 분명한 경우에는 형사처분의 대상이 되지 않는 것이므로 무고죄가 성립하지 아니한다."라고 하였으며(대법원 1994. 2. 8. 선고 93도3445 판결), "허위사실을 신고한 경우라도 그 사실이 사면되어 공소권이 소멸된 것이 분명한 때에는 무고죄는 성립되지 아니한다."라고 하였습니다(대법원 1970. 3. 24. 선고 69도2330 판결).

따라서 위 사안에서 이을녀의 행위에 관하여 고소내용에 6년 전에 사문서를 위조하였다는 것이 명백히 드러난 경우라면 무고죄는 성립되지 않을 것으로 보입니다.

◆ 공무원이 수 차례 출장반복의 번거로움을 피하기 위해 사전에 출장복명서를 작성한 경우의 허위공문서 등 작성죄에 해당하는지?

질문 ➡ 김갑돌은 공무원으로서 보상건축물에 대한 구조, 면적 및 소유권관계 등을 확인하기 위하여 출장을 하여야 하는데, 여러 차례의 출장반복의 번거로움을 회피하고 민원사무를 신속히 처리한다는 방침에 따라 사전에 출장조사 한 다음 출장조사내용이 변동 없다는 확신하에 출장복명서를 작성하고, 다만 그 출장일자를 작성일자로 기재하였습니다. 이 경우 김갑돌은 허위공문서 등 작성죄에 해당되는지요?

답변 ➡   허위공문서작성죄의 범의가 없었다고 볼 수 있을 듯합니다.

형법 제227조(허위공문서작성 등)에서는 "공무원이 행사할 목적으로 그 직무에 관하여 문서 또는 도화를 허위로 작성하거나 변개(變改)한 때에는 7년 이하의 징역 또는 2천만원 이하의 벌금에 처한다."라고 규정하고 있습니다.

그러므로 위 사안에서 김갑돌이 사전에 출장복명서를 작성하여 그 작성일자는 출장일자로 기재한 행위가 허위공문서작성죄에 해당되는지 문제됩니다.

이에 관하여 판례를 보면, "공무원이 여러 차례의 출장반복의 번거로움을 회피하고 민원사무를 신속히 처리한다는 방침에 따라 사전에 출장조사 한 다음 출장조사내용이 변동 없다는 확신하에 출장복명서를 작성하고, 다만 그 출장일자를 작성일자로 기재한 것이라면 허위공문서작성의 범의(犯意)가 있었다고 볼 수 없다."라고 하였습니다(대법원 2001. 1. 5. 선고 99도4101 판결, 1983. 12. 27. 선고 82도3141 판결).

따라서 위 사안에서도 김갑돌은 허위공문서작성죄의 범의가 없었다고 볼 수 있을 듯합니다.

◆ 뇌물약속죄에서 뇌물목적물인 이익이 약속당시 현존하거나 가액이
  확정되어야 하는지?

질문 ➡ 군(軍)간부인 김갑돌은 그 소유 경기도 소재 토지를 수년 동안
이나 처분하려고 노력을 하였으나 매수하려는 사람이 없어 이를
처분하지 못하고 있었고 한편, 전역 이후를 생각하여 수도권 일
대에서 전원주택지를 부하 이을남을 통하여 알아보고 있었는데,
이러한 사정을 전해들은 최병수의 처남인 박정인이 이을남에게
김갑돌의 경기도 소재 토지 183평과 자신의 인천 소재 토지 중
4,000평을 교환하여 줄 테니 김갑돌에게 건의하여 매제인 최병수
가 진급되도록 도와달라는 부탁을 하였고, 이을남은 이를 김갑돌
에게 보고하였으며 김갑돌은 처분이 되지 않던 경기도 소재 토
지를 처분함과 동시에 인천 소재 토지가 앞으로 인근에 다리가
건설되고 개발이 되면 값이 많이 오를 것이라는 말에 호감을 가
졌고 또한 서울로 다니기도 편할 것으로 생각하여 부하 이을남
을 통하여 위와 같은 교환계약을 체결하였습니다. 감정인 작성의
감정서에 의하면 김갑돌 소유인 경기도 소재 토지의 시가가 최
병수 소유의 인천 소재 토지보다 더 높이 평가되었는바, 이 경우
김갑돌에게 형법상 뇌물죄 등이 성립되는지요?

답변 ➡ 뇌물약속죄가 성립한다고 보아야 할 것입니다.

형법 제129조에 의하면 "공무원 또는 중재인이 그 직무
에 관하여 뇌물을 수수, 요구 또는 약속한 때에는 5년 이
하의 징역 또는 10년 이하의 자격정지에 처한다."라고 규
정하고 있으며, 뇌물죄에 관하여 판례를 보면 "뇌물죄는
직무집행의 공정과 직무행위의 불가매수성을 그의 보호법
익으로 하고 있으므로 뇌물성은 의무위반행위의 유무와
청탁의 유무 등을 가리지 아니하는 것이며, 따라서 과거
에 담당하였거나 장래 담당할 직무 그 자체뿐만 아니라
그 직무와 밀접한 관계가 있는 행위 또는 관례상이나 사
실상 소관하는 직무행위 및 결정권자를 보좌하거나 영향

을 줄 수 있는 직무행위도 포함되며, 뇌물의 내용인 이익이라 함은 금전, 물품 기타의 재산적 이익뿐만 아니라 사람의 수요 욕망을 충족시키기에 족한 일체의 유형·무형의 이익을 포함하는 것이다."라고 하였습니다(대법원 2001. 1. 5. 선고 2000도4714 판결).

또한, "공무원이 수수한 금원이 직무와 대가관계가 있는 부당한 이익으로서 뇌물에 해당하는지 여부는 당해 공무원의 직무내용, 직무와 이익제공자와의 관계, 쌍방 간에 특수한 사적인 친분관계가 존재하는지 여부, 이익의 다과, 이익을 수수한 경위와 시기 등의 제반 사정을 참작하여 결정하여야 할 것이고, 뇌물죄가 직무집행의 공정과 이에 대한 사회의 신뢰를 그 보호법익으로 하고 있음에 비추어 볼 때 공무원이 금원을 수수하는 것으로 인하여 사회일반으로부터 직무집행의 공정성을 의심받게 되는지의 여부도 하나의 판단기준이 된다. 뇌물약속죄에 있어서 뇌물의 목적물인 이익은 약속 당시에 현존할 필요는 없고 약속 당시에 예기할 수 있는 것이라도 무방하며, 뇌물의 목적물이 이익인 경우에는 그 가액이 확정되어 있지 않아도 뇌물약속죄가 성립하는 데는 영향이 없다."라고 하였습니다(대법원 2001. 9. 18. 선고 2000도5438 판결).

따라서 위 사안의 경우 설사 김갑돌 소유 토지의 시가가 최병수 소유 토지의 시가보다 비싸다고 하더라도 김갑돌은 오랫동안 처분을 하지 못하고 있던 부동산을 처분하는 한편, 매수를 희망하였던 전원주택지로 앞으로 개발이 되면 가격이 많이 상승할 토지를 매수하게 되는 무형의 이익을 얻었다고 볼 수 있을 것이므로, 만약 김갑돌이 직무에 관하여 이와 같은 이익을 얻었다면 김갑돌에 대하여 뇌물약속죄가 성립한다고 보아야 할 것입니다.

◆ 실체권리관계와 불일치한 등기 추인(追認)으로 일치된 때 공정증
  서원본불실기재죄

질문 ➡김갑돌은 이을녀 소유 토지를 매수하기로 협의하는 과정에서
그 토지가 매수되면 신축할 건물의 허가를 미리 받아 두어야
한다고 하면서 토지사용승낙에 필요하다고 인감증명 등을 교부
받아간 후 그것을 기화로 그 토지의 소유권을 甲의 명의로 이
전등기 하였습니다. 그러나 그 후 乙과 매매가 성립되었으나
甲이 인접되어 있는 乙의 다른 토지를 침범하여 건물을 축조
하는 문제가 발생되어 乙이 승낙을 받지 않고 소유권이전등기
한 사실을 들어 공정증서원본불실기재 등으로 고소한다고 합니
다. 이 경우 甲에게 공정증서원본불실기재죄가 인정될 수 있는
지요?

답변 ➡   공정증서원본불실기재죄 등이 문제될 것으로 보입니다.

형법 제228조 제1항에서는 "공무원에 대하여 허위신고를
하여 공정증서원본 또는 이와 동일한 전자기록 등 특수매체
기록에 불실의 사실을 기재 또는 기록하게 한 자는 5년 이
하의 징역 또는 1,000만원 이하의 벌금에 처한다."라고 규정
하고 있습니다.

위 사안에 있어서 김갑돌의 행위에 대하여 구체적으로 사
문서위조 등의 문제소지가 엿보이나 그에 관한 부분은 별
론으로 하고 공정증서원본불실기재죄의 성립여부에 관하
여 판례를 살펴보면, "소유권이전등기가 절차상 하자가 있
거나 등기원인이 실제와 다르다 하더라도 그 등기가 실체
적 권리관계에 부합하게 하기 위한 것이거나 실체적 권리
관계에 부합하는 유효한 등기인 경우에는 공정증서원본불
실기재 및 동행사죄가 성립되지 않는다고 할 것이나, 이는
소유권이전등기 경료 당시를 기준으로 그 등기가 실체권
리관계에 부합하여 유효한 경우에 한정되는 것이고, 소유

권이전등기 경료 당시에는 실체권리관계에 부합하지 아니한 등기인 경우에는 사후에 이해관계인들의 동의(同意) 또는 추인(追認) 등의 사정으로 실체권리관계에 부합하게 된다 하더라도 공정증서원본불실기재 및 동행사죄의 성립에는 아무런 영향이 없다."라고 하였으며(대법원 1998. 4. 14. 선고 98도16 판결), "사문서위조나 공정증서원본불실기재가 성립한 후, 사후에 피해자의 동의 또는 추인 등의 사정으로 문서에 기재된 대로 효과의 승인을 받거나, 등기가 실체적 권리관계에 부합하게 되었다 하더라도, 이미 성립한 범죄에는 아무런 영향이 없다."라고 하였습니다(대법원 1999. 5. 14. 선고 99도202 판결).

따라서 위 사안에서 김갑돌이 이을녀의 승낙 없이 위 토지의 소유권이전등기를 신청한 행위는 공정증서원본불실기재죄 등이 문제될 것으로 보입니다.

◆ 소유권이전등기원인이 다르지만 실체권리관계에 부합할 때 공정증
　서원본불실기재여부

질문 ➡ 김갑돌은 그의 아버지인 김부자로부터 토지를 증여 받았으나, 소유권이전등기를 하면서 등기원인을 매매로 하여 소유권이전등기를 하였습니다. 이 경우 김갑돌이 공정증서원본불실기재죄가 성립되는지요?

답변 ➡　공정증서원본불실기재죄 및 동행사죄가 성립된다고 할 수는 없을 것으로 보입니다.

　　　　　형법 제228조 제1항에서는 "공무원에 대하여 허위신고를 하여 공정증서 원본 또는 이와 동일한 전자기록 등 특수 매체기록에 불실의 사실을 기재 또는 기록하게 한 자는 5년 이하의 징역 또는 1천만원 이하의 벌금에 처한다."라고 규정하고 있으며, 형법 제229조에서는 "제225조 내지 제228조의 죄에 의하여 만들어진 문서, 도화, 전자기록등 특수매체기록, 공정증서원본, 면허증, 허가증, 등록증 또는 여권을 행사한 자는 그 각 죄에 정한 형(刑)에 처한다."라고 규정하고 있습니다.

　　　　　그런데 위 사안에서 김갑돌은 위 토지의 원인이 증여였음에도 부동산소유권이전등기의 등기원인을 증여가 아닌 매매로 하여 이전등기 하였으므로, 이러한 경우에도 공정증서원본불실기재 및 동행사죄가 성립되는지 문제됩니다.

　　　　　이에 관련된 판례를 보면, "소유권이전등기가 절차상 하자가 있거나 등기원인이 실제와 다르다 하더라도 그 등기가 실체적 권리관계에 부합하게 하기 위한 것이거나, 실체적 권리관계에 부합하는 유효한 등기인 경우에는 공

정증서원본불실기재 및 동행사죄가 성립되지 않는다고
할 것이나, 이는 소유권이전등기 경료 당시를 기준으로
그 등기가 실체권리관계에 부합하여 유효한 경우에 한정
되는 것이다."라고 하였습니다(대법원 1998. 4. 14. 선고
98도16 판결, 2000. 3. 24. 선고 98도105 판결).

그렇다면 위 사안에서 김갑돌이 소유권이전등기의 등기
원인을 증여가 아닌 매매로 하여 등기신청을 한 것만으
로는 조세범처벌법위반여부는 별론으로 하고, 공정증서
원본불실기재죄 및 동행사죄가 성립된다고 할 수는 없을
것으로 보입니다.

◆ 타인이 사자(死者)명의의 문서를 작성한 경우 사문서위조 등이 성립하는지?

질문 ➡ 김갑돌은 아버지 김부자가 사망한 후 사망신고가 되지 않고 있음을 이용하여 김부자 소유의 부동산에 대한 김부자 사망 후의 일자로 매매계약서 및 위임장을 작성하여 김갑돌의 명의로 부동산소유권이전등기를 하였는바, 이 경우 김갑돌에게 사문서위조 및 그 행사 등의 책임을 물을 수 있는지요?

답변 ➡   사문서위조 및 그 행사의 죄가 성립되지는 않고, 공정증서원본불실기재죄 등이 문제될 것으로 보입니다.

형법 제231조에서는 "행사할 목적으로 권리·의무 또는 사실증명에 관한 타인의 문서 또는 도화를 위조 또는 변조한 자는 5년 이하의 징역 또는 1,000만원 이하의 벌금에 처한다."라고 규정하고 있으며, 형법 제234조에서는 "제231조 내지 제233조의 죄에 의하여 만들어진 문서, 도화 또는 전자기록 등 특수매체기록을 행사한 자는 그 각 죄에 정한 형(刑)에 처한다."라고 규정하고 있습니다.

그런데 사망자 명의의 문서를 작성하여 행사한 경우 사문서위조죄와 그 행사의 죄가 성립되는지에 관하여 판례를 보면, "사망자 명의로 된 문서라고 할지라도 그 문서의 작성일자가 명의자의 생존중의 날짜로 된 경우 일반인으로 하여금 사망자가 생존 중에 작성한 것으로 오신(誤信)케 할 우려가 있으므로, 비록 시간적으로 피해자의 사망 이후에 피해자 명의의 문서를 위조하고 이를 행사한 것이라 하더라도 사문서위조죄와 동행사죄가 성립한다."라고 하였습니다(대법원 1993. 9. 28. 선고 93도2143 판결, 1997. 7. 25. 선고 97도605 판결).

따라서 위 사안에서 김갑돌은 김부자의 사망 후의 일자로 매매계약서 및 위임장을 작성하여 행사하였으므로 사문서위조 및 그 행사의 죄가 성립되지는 않을 것으로 보입니다.

다만, 형법 제228조 제1항에서 "공무원에 대하여 허위신고를 하여 공정증서 원본 또는 이와 동일한 전자기록 등 특수매체기록에 불실의 사실을 기재 또는 기록하게 한 자는 5년 이하의 징역 또는 1,000만원 이하의 벌금에 처한다."라고 규정하고 있으며, 형법 제229조에서 "제225조 내지 제228조의 죄에 의하여 만들어진 문서, 도화, 전자기록 등 특수매체기록, 공정증서원본, 면허증, 허가증, 등록증 또는 여권을 행사한 자는 그 각 죄에 정한 형에 처한다."라고 규정하고 있으므로 김갑돌이 등기공무원에게 허위의 신고를 하여 불실의 등기부가 작성되도록 한 부분에 대하여는 위 규정에 의하여 공정증서원본불실기재죄 등이 문제될 것으로 보입니다.

◆ 위조문서를 전자복사기로 복사하여 사용한 때에도 위조문서행사죄
　가 되는지?

질문 ➡ 저는 김갑돌 소유 부동산을 매수하면서 김갑돌의 대리인이라고
　　주장하는 이을남과 계약하고 계약금을 지급하였습니다. 계약당
　　시 이을남은 전자복사기로 복사한 김갑돌의 대리인 위임장사본
　　을 제시하였는데, 계약체결 후 김갑돌에게 확인해보니 김갑돌
　　은 이을남에게 위 부동산매각을 위임한 사실도 대리권을 준 사
　　실도 없다고 합니다. 저는 계약금을 가로챈 이을남을 고소하려
　　는데 이을남이 위임장을 복사하여 제시한 행위가 위조문서행사
　　죄에 해당하는지요?

답변 ➡　　사문서위조 및 위조사문서행사죄에 해당하게 되어 처벌
　　받을 것으로 보여집니다.

　　복사기로 복사한 문서가 문서에 관한 죄의 문서에 해당되
　　는지에 관하여 종전의 판례는 문서에 관한 죄에 있어서의
　　문서는 작성명의인의 의사가 표시된 물체 그 자체를 의미하
　　는 것이고, 사본이나 등본은 그 인증이 없는 한 문서에 관
　　한 죄의 행위객체인 문서에 해당되지 않는다고 하여 사본의
　　문서성을 부인하였으나, 이후 이를 변경하여 복사기나 사진
　　기, 모사전송기 등을 사용하여 기계적인 방법에 의하여 복
　　사한 문서인 이른바 복사문서는 사본이라고 하더라도 문서
　　위조죄 및 동 행사죄의 객체인 문서에 해당한다고 하였습니
　　다(대법원 1989. 9. 12. 선고 87도506 판결).

　　그리고 1996년 7월 1일부터 시행된 현행형법 제225조,
　　제231조, 제237조의2에 의하면 행사할 목적으로 공무원
　　또는 공무소의 문서 또는 도화를 위조 또는 변조한 자는
　　10년 이하의 징역에 처하고, 행사할 목적으로 권리·의무
　　또는 사실증명에 관한 타인의 문서 또는 도화를 위조 또

는 변조한 자는 5년 이하의 징역 또는 1,000만원 이하의 벌금에 처한다고 규정하고 있으며, 이 경우에 있어서 전자복사기, 모사전송기 기타 이와 유사한 기기를 사용하여 복사한 문서 또는 도화의 사본도 문서 또는 도화로 본다고 규정하고 있습니다.

따라서 위 사안에서 이을남의 행위는 사문서위조 및 위조사문서행사죄에 해당하게 되어 처벌받을 것으로 보여집니다.

◈ 본명이 아닌 가명으로 수표상에 배서한 경우 유가증권위조죄가 되는
    지?

질문 ➡ 저는 본명이 마음에 들지 않아 이름을 바꾸어 거래상 사용하고
있습니다. 수표상에 가명으로 배서할 경우 유가증권위조죄 등
이 문제될 수 있는지요?

답변 ➡   평소에도 거래상 사용하던 가명을 수표에 기재하였다면
유가증권위조 등의 문제는 발생하지 않을 것으로 보여
집니다.

여기서 문제되는 것은 본명이 아닌 가명으로 수표상 행
위를 하였을 경우 이것을 자신의 수표행위로 볼 것이냐,
아니면 타인의 명의를 모용(冒用)하여 수표상의 권리·의무
에 관한 기재를 위조한 것이라고 볼 것이냐에 따라서 유
가증권위조죄의 성립여부가 결정될 것입니다.

그런데 판례는 "수표에 기재되어야 할 수표행위자의 명칭
은 반드시 수표행위자의 본명에 한하는 것은 아니고, 상호·
별명 등 그 밖의 거래상 본인을 가리키는 것으로 인식되
는 칭호라면 어느 것이나 모두 가능하다고 볼 것이므로,
비록 그 칭호가 본명이 아니더라도 통상 그 명칭을 자기
를 표시하는 것으로 거래상 사용하여 그것이 그 행위자를
지칭하는 것으로 인식되어 온 경우에는 그것을 수표상으
로도 자기를 표시하는 칭호로 사용할 수 있다."라고 하였
습니다(대법원 1996. 5. 10. 선고 96도527 판결).

그러므로 위 사안의 경우에도 전혀 한 번도 사용하지 않
은 이름을 수표에 기재하는 경우가 아니고 평소에도 거래
상 사용하던 가명을 수표에 기재하였다면 유가증권위조
등의 문제는 발생하지 않을 것으로 보여집니다.

◆ 망부(亡父)명의의 어음발행이 타인명의를 모용(冒用)한 어음의 위조에 해당하는지?

질문 ➡ 김갑돌은 아버지와 제과업을 함께 운영하면서 아버지명의로 개설된 당좌계정을 이용하여 거래상 아버지명의의 약속어음을 발행하여 오던 중 아버지가 사망한 후에도 수년간 아버지의 명의로 된 어음을 발행하여 지급기일 내에 결재되었으나, 그 후 사업이 어려워져 발행된 어음이 부도처리되었는바, 그 때까지 김갑돌이 위와 같이 망부(亡父)명의의 약속어음을 발행하여 결재하고 있음을 잘 알고 있던 이을남이 지금에 이르러서는 김갑돌을 유가증권위조죄로 고발하겠다고 합니다. 이 경우 김갑돌이 유가증권위조죄로 처벌받게 되는지요?

답변 ➡   유가증권위조죄로 처벌할 수는 없을 것으로 보입니다.

형법 제215조에서는 "행사할 목적으로 타인의 자격을 모용(冒用)하여 유가증권을 작성하거나 유가증권의 권리 또는 의무에 관한 사항을 기재한 자는 10년 이하의 징역에 처한다."라고 규정하고 있습니다.

그러므로 귀하가 사망한 아버지의 명의로 약속어음을 발행하고 결재해 오다가 부도처리된 경우 유가증권위조죄의 성립여부에 관하여 판례를 보면, "어음에 기재되어야 할 어음행위자의 명칭은 반드시 어음행위자의 본명에 한하는 것은 아니고 상호, 별명 그 밖의 거래상 본인을 가리키는 것으로 인식되는 칭호라면 어느 것이나 다 가능하다고 볼 것이므로, 비록 그 칭호가 타인의 명칭이라도 통상 그 명칭은 자기를 표시하는 것으로 거래상 사용하여 그것이 그 행위자를 지칭하는 것으로 인식되어 온 경우에는 그것을 어음상으로도 자기를 표시하는 칭호로 사용할 수 있다 할 것이므로, 피고인이 그 망부(亡父)의 사망 후 그의 명의

를 거래상 자기를 표시하는 명칭으로 사용하여 온 경우에
는 피고인에 의한 망부 명의의 어음발행은 피고인 자신의
어음행위라고 볼 것이고 이를 가리켜 타인의 명의를 모용
(冒用)하여 어음을 위조한 것이라고 할 수 없다."라고 하
였습니다(대법원 1982. 9. 28. 선고 82도296 판결).

따라서 위 사안의 김갑돌이 사망한 아버지의 명의로 약속
어음을 발행하고 결재해왔으며, 이을남도 그러한 사정을
잘 알고 있었다면 김갑돌을 유가증권위조죄로 처벌할 수
는 없을 것으로 보입니다.

◆ 위조어음을 선의취득하였으나 위조사실을 알고 타인에게 양도한 경우 형사책임

질문 ➡ 저는 김갑돌로부터 물품대금으로 약속어음을 받았으나 확인해 보니 위조어음이었습니다. 그러나 저는 억울하므로 모르는 척 하고 이를 배서하여 이을남에게 양도하려고 하는데, 이 경우 어떠한 처벌을 받게 되는지요?

답변 ➡ 위조임을 알고 이를 행사·교부한 경우에는 형법 제217 조에 의한 위조유가증권행사죄가 성립될 수 있습니다.

유가증권은 재산권을 나타내는 증권이며, 이 권리의 행 사 또는 이전을 함에는 그 증권의 소지를 필요로 합니 다. 위조통화라든가 위조의 어음수표 등을 그런 줄 모 르고 수취한 자가 나중에 위조임을 알았을 때, 그 손해 를 면하기 위해 타인에게 행사하는 것은 동정의 여지가 있다고 하겠습니다.

그러나 형법 제217조에 의하면 위조, 변조, 작성 또는 허 위 기재한 유가증권을 행사하거나 행사할 목적으로 수입 또는 수출한 자는 10년 이하의 징역에 처한다고 규정하 고 있습니다.

그러므로 위조의 유가증권을 수취한 자가 나중에 그것이 위조임을 알고 이를 행사교부한 경우에는 형법 제217 조에 의한 위조유가증권행사죄가 성립될 수 있습니다.

따라서 귀하가 위조된 어음에 이를 알고 배서하여 이을 남에게 양도를 하게 되면 귀하는 형사처벌을 받게 됨을 명심해야 할 것입니다.

◆ 위조된 약속어음의 사본을 민사재판의 증거로 제출한 경우 위조유
  가증권행사죄여부

질문 ➡ 김갑돌은 이을남으로부터 미리 받아둔 백지 약속어음 1매에 김
  갑돌과 이을남이 합의한 금액을 초과하여 금액을 함부로 기재
  하여 위조한 후, 그 약속어음을 전자복사기로 복사한 사본을
  김갑돌이 이을남을 상대로 제기한 대여금청구사건의 증거로 첨
  부하여 제출하였습니다. 이 경우 김갑돌의 위와 같은 행위가
  유가증권위조죄 이외에 위조유가증권행사죄에도 해당되는지요?

답변 ➡ 유가증권위조죄, 소송사기죄의 미수 등의 성립여부는 별
  론으로 하고 위조유가증권행사죄의 책임을 물을 수는
  없을 것으로 보입니다.

  유가증권위조죄에 관하여 형법 제214조에서는 "① 행사
  할 목적으로 대한민국 또는 외국의 공채증서 기타 유가증
  권을 위조 또는 변조한 자는 10년 이하의 징역에 처한다.
  ② 행사할 목적으로 유가증권의 권리의무에 관한 기재를
  위조 또는 변조한 자도 전항의 형과 같다."라고 규정하고
  있으며, 위조유가증권행사죄에 관하여 형법 제217조에서
  는 "위조, 변조, 작성 또는 허위기재한 전3조 기재의 유가
  증권을 행사하거나 행사할 목적으로 수입 또는 수출한 자
  는 10년 이하의 징역에 처한다."라고 규정하고 있습니다.

  그런데 위 사안에서 김갑돌이 이을남으로부터 교부받은
  백지 약속어음에 대하여 약정된 보충권의 범위를 넘어
  금액을 기재한 것이 유가증권위조죄가 되는지에 관하여
  판례를 보면, "어음취득자로 하여금 후일 어음요건을
  보충시키기 위하여 미완성으로 발행된 이른바, 백지어
  음에 대하여 취득자가 발행자와의 합의에 의하여 정해

진 보충권의 한도을 넘어 보충을 한 경우에는 발행인의 서명날인 있는 기존의 약속어음 용지를 이용하여 새로운 약속어음을 발행하는 것에 해당하는 것이므로 위와 같은 보충권의 남용행위는 유가증권위조죄을 구성하는 것이다."라고 하였습니다(대법원 1972. 6. 13. 선고 72도 897 판결, 1989. 12. 12. 선고 89도1264 판결).

그렇다면 김갑돌이 위와 같이 위조한 약속어음의 복사본을 민사재판의 증거로 제출한 경우 그것이 위조유가증권행사죄에 해당되는지 관련 판례를 보면, "위조유가증권행사죄에 있어서의 유가증권이라 함은 위조된 유가증권의 원본을 말하는 것이지, 전자복사기 등을 사용하여 기계적으로 복사한 사본은 이에 해당하지 않는다."라고 하였습니다(대법원 1998. 2. 13. 선고 97도2922 판결).

따라서 위 사안에서 김갑돌이 위조된 위 약속어음 원본을 제시한 바가 없다면, 유가증권위조죄, 소송사기죄의 미수 등의 성립여부는 별론으로 하고 위조유가증권행사죄의 책임을 물을 수는 없을 것으로 보입니다.

◆ 빌려준 돈을 갚지 않을 경우 사기죄가 성립되는지?

질문 ➡ 저는 3년 전부터 김갑순에게 그 남편의 사업자금명목으로 수
차례에 걸쳐 1,500만원을 빌려주었습니다. 차용시 김갑순은 남
편의 건축사업이 잘 되면 이자는 물론 아파트분양까지 책임지
겠다고 하여 믿고 빌려주었는데, 이제 와서는 건축경기가 좋지
않아 파산위기에 처해 있으니 마음대로 하라고 합니다. 이 경
우 사기죄가 성립되는지요?

답변 ➡   당초부터 변제할 의사나 능력 없이 금전을 차용한 경우
에만 형사상 사기죄가 문제될 것입니다.

사기죄는 타인을 기망하여 착오에 빠지게 하고 그 처분행
위로 재산적 이득을 얻음으로써 성립하는 죄입니다(형법
제347조). 이 경우의 「기망(欺罔)」이라 함은 널리 재산상
의 거래관계에 있어서 서로 지켜야 할 신의성실의 의무를
져버리는 것을 말합니다.

관련 판례를 보면 "차용금 편취에 의한 사기죄의 성립여
부는 차용당시를 기준으로 판단하여야 하므로, 피고인이
차용당시에는 변제할 의사와 능력이 있었다면 그 후에
차용사실을 전면 부인하면서 변제를 거부한다고 하더라
도 이는 단순한 민사상의 채무불이행에 불과할 뿐 형사
상 사기죄가 성립한다고 할 수 없고, 한편 사기죄의 주관
적 구성요건인 편취의 범의(고의)의 존부는 피고인이 자
백하지 아니하는 한 범행 전후의 피고인의 재력, 환경,
범행의 내용, 거래의 이행과정, 피해자와의 관계 등과 같
은 객관적인 사정을 종합하여 판단하여야 하고(대법원
1996. 3. 26. 선고 95도3034 판결), 또한 금전차용에 있
어서 단순히 차용금의 진실한 용도를 말하지 않은 것
만으로 사기죄가 된다고 할 수는 없으나, 이미 많은 부채

의 누적으로 변제능력이나 의사마저 극히 의심스러운 상황에 처하고서도 이러한 사실을 숨긴 채 피해자들에게 사업에의 투자로 큰 이익을 볼 수 있다고 속어 금전을 차용한 후 이를 주로 상환이 급박해진 기존채무변제를 위한 용도에 사용한 사실이 인정된다면 금전차용에 있어서 편취의 범의가 있었다고 볼 수 있다(대법원 1993. 1. 15. 선고 92도2588 판결)."라고 하였습니다. 즉 당초부터 변제할 의사와 능력의 여부에 따라서 결론이 달라질 것입니다.

따라서 귀하의 경우에도 김갑순이 당초부터 변제할 의사나 능력 없이 귀하에게 금전을 차용한 경우에만 형사상 사기죄가 문제될 것이며, 김갑순의 그러한 고의는 김갑순이 자백하지 아니하는 한 차용당시의 김갑순의 재력, 환경, 차용금의 사용내용 등과 같은 객관적인 사정을 종합하여 판단해보아야 할 것입니다.

◈ 발행한도액을 초과한 가계수표가 부도처리된 경우에도 부정수표단
   속법위반인지?

질문 ➡ 발행한도액이 100만원 이하로 기재되어 있는 가계수표를 액면금
500만원이라고 기재하여 발행하였는데, 위 수표가 부도처리되었
을 경우에도 부정수표단속법위반으로 처벌되는지요?

답변 ➡   발행한도액을 초과하여 발행된 가계수표도 부정수표단속
법에 규정된 수표라고 할 수 있을 것이므로 부도처리되
었다면 형사책임을 면할 수 없을 것입니다.

부정수표단속법 제2조 제2항에서는 수표를 발행하거나
작성한 자가 수표를 발행한 후에 예금부족·거래정지처 분
이나 수표계약의 해제 또는 해지로 인하여 제시기일에 지
급되지 아니하게 한 때에는 5년 이하의 징역 또는 수표금
액의 10배 이하의 벌금에 처한다고 규정하고 있습니다.

그런데 위 사안과 관련된 판례를 보면 "가계수표용지에 부
동문자로 인쇄되어 있는 30만원 이하 등의 문언은 지급은
행이 사전에 발행인과의 사이에 체결한 수표계약의 일부내
용을 제3자가 알 수 있도록 수표문면에 기재한 것에 지나
지 않는다 할 것인데, 한편 수표법 제3조 단서에 의하면
수표지급에 관한 수표계약에 위반하여 수표를 발행한 경우
에도 수표로서의 효력에는 영향을 미치지 아니하므로, 위
발행한도액을 초과하여 발행한 가계수표도 수표로서의 효
력에 아무런 영향이 없다."라고 하였습니다(대법원 1995.
11. 24. 선고 95도1663 판결).

따라서 위 사안에서와 같이 발행한도액을 초과하여 발행
된 가계수표도 부정수표단속법에 규정된 수표라고 할 수
있을 것이므로 부도처리되었다면 형사책임을 면할 수 없
을 것입니다.

◆ 외국으로 도피하려는 채무자를 저지하다가 상해를 입힌 경우에도 처벌되는지?

질문 ➡저는 김갑돌에게 3,000만원을 빌려주었는데, 김갑돌은 변제기일이 지나도록 원금은 물론 이자도 지급하지 않고 있습니다. 그런데 저는 어제 해외로 도피하려고 공항에서 출국하려는 김갑돌을 붙잡아 경찰서로 끌고 가려 했으나, 김갑돌이 완강히 저항하여 어쩔 수 없이 김갑돌에게 전치 1주의 상해를 입혔습니다. 이 경우에 제가 상해죄 등으로 처벌받게 되는지요?

답변 ➡   상당성의 정도를 벗어나는 과잉자구행위가 아니므로 처벌받지 않을것으로 보입니다.

아무리 정당한 권리라 하더라도 법적 절차에 따라 이를 해결하는 것이 원칙입니다. 그러나 시간이 촉박하고 권리행사의 실효를 거둘 수 없는 경우에까지 절차적 원칙을 관철한다면 사실상 권리확보가 불가능한 경우가 있게 될 것입니다.

형법 제23조에 의하면 법정절차에 의하여 청구권을 보전하기 불가능한 경우에 그 청구권의 실행불능 또는 현저한 실행곤란을 피하기 위한 행위는 상당한 이유가 있는 때에는 벌하지 아니하고 이러한 행위가 그 정도를 초과한 때에는 정황에 의하여 형을 감경(減輕) 또는 면제할 수 있다고 규정하고 있습니다.

이와 같은 경우는 자력구제(自力救濟) 또는 자구행위(自救行爲)라 하여 일정한 요건하에 있어서는 위법성이 배제되므로 채권자의 입장에서는 민·형사책임을 면제받을 수 있습니다. 그러므로 위 사안에서 귀하의 행위는 김갑돌이 해외로 도피할 경우 권리실현에 상당한 어려움이 예상된다 할 것이므로 이러한 자구행위로 볼 수 있을 여지도 있을 것입니다. 다만, 자구행위가 지나쳐 그 상당성의 정도를 벗어난 과잉자구행위(過剩自救行爲)가 되는 경우에는 위법성이 조각되지 않고 처벌을 받게 될 것입니다.

◆ 돈을 갚지 않을 때 채무자의 물건을 빼앗아 올 수 있는지?

질문 ➡ 채무자가 빌려간 돈을 갚지 않아 그의 재산을 무단으로 빼앗아 온 경우 법적으로 문제가 되는지요?

답변 ➡   채권자가 채무자 모르게 그의 물건을 가져오면 절도죄가 되고, 채무자가 가져가지 못하게 하는데도 강제로 가져오 면 강도죄가 됩니다.

형법 제23조에 의하면 법정절차에 의하여 청구권을 보전 하기 불능한 경우에 그 청구권의 실행불능 또는 현저한 실행곤란을 피하기 위한 행위는 상당한 이유가 있는 때 에는 벌하지 아니하고, 이러한 행위가 그 정도를 초과한 때에는 정황에 의하여 형을 감경(감경) 또는 면제할 수 있다고 규정하고 있으며, 민법 제209조에서 "점유자는 그 점유를 부정하게 침입하여 빼앗을 경우 또는 방해하 는 행위에 대하여 자력으로 이를 방위할 수 있고, 점유 물이 침입 당해 빼앗겼을 경우에 부동산일 때에는 점유 자는 빼앗긴 후 즉시 가해자를 배제하여 이를 탈환할 수 있으며, 동산일 때에는 점유자는 현장에서 또는 추적하여 가해자로부터 이를 탈환할 수 있다."라고 규정하고 있습 니다.

이와 같이 오늘날에는 자기의 권리를 자력으로 실현시키 는 것은 극히 예외적으로 민법상의 점유자에게만 자력구 제를 인정하는 경우를 제외하고는 허용되지 않는다 하겠 습니다.

그러므로 채권자가 채무자 모르게 그의 물건을 가져오면 절도죄가 되고, 채무자가 가져가지 못하게 하는데도 강제로 가져오면 강도죄가 됩니다. 채무자가 돈을 갚을 능력이 있으면서도 빚을 갚지 않고 미루기만 하는 경우 채권자 측에서 간혹 홧김에 상대방의 물건을 가져와서 그 결과 형사상 처벌을 받는 경우를 보게 되는데, 이는 새로운 불법사실을 유발하는 행위가 될 수 있습니다. 판례도 "피고인이 피해자에게 석고를 납품한 대금을 받지 못하고 있던 중 피해자가 화랑을 폐쇄하고 도주하자, 피고인이 야간에 폐쇄된 화랑의 베니어판 문을 미리 준비한 드라이버로 뜯어내고 피해자의 물건을 몰래 가지고 나왔다면, 위와 같은 피고인의 강제적 채권추심 내지 이를 목적으로 하는 물품의 취거행위(取去行爲)를 형법 제23조 소정의 자구행위라고 볼 수 없다."라고 하였습니다(대법원 1984. 12. 26. 선고 84도2582, 84감도397 판결).

따라서 채무자의 소행이 괘씸하더라도 대여금청구소송 등 적법한 절차에 의하여 차용금을 반환 받도록 하여야 합니다.

◆ 타인의 주민등록등본을 자신의 것인 양 행사한 경우

질문 ➡ 김갑돌이 저의 주민등록등본을 발급 받아 마치 자신의 것인 양 행사하며 다니고 있습니다. 이 경우 김갑돌을 처벌할 수 있는지요?

답변 ➡　공문서부정행사죄에 해당하지 않는다고 할 것입니다.

주민등록등본은 공문서이므로 김갑돌의 행위가 형법 제230조에서 규정하고 있는 공문서부정행사죄에 해당하는지를 검토해보아야 할 것입니다.

공문서부정행사죄란 사용권자와 용도가 특정되어 작성된 공문서 또는 공도화를 사용권한이 없는 자가 사용권한이 있는 것처럼 가장하여 부정한 목적으로 행사하거나 또는 권한 있는 자라도 정당한 용법에 반하여 부정하게 행사하는 경우에 성립되는 것입니다(대법원 1998. 8. 21. 선고 98도1701 판결).

그런데 판례를 보면 "주민등록등본은 시장, 군수 또는 구청장이 주민의 성명, 주소, 성별, 생년월일, 세대주와의 관계 등 주민등록법 소정의 주민등록사항이 기재된 개인별, 세대별 주민등록표의 기재내용 그대로를 인증하여 사본, 교부하는 문서로서 그 사용권한자가 특정되어 있다고 할 수 없고 그 용도도 다양하며 반드시 본인이나 세대원만이 사용할 수 있는 것이 아니므로(주민등록법 제18조 제2항의 규정에 의하면, 주민등록등본의 교부신청은 본인 및 세대원뿐만 아니라 공무상 필요한 경우나 관계법령에 의한 소송, 비송사건, 경매목적 수행상 필요한 경우 기타 대통령령이 정하는 경우에는 제3자도 할 수 있도록 되어있음), 타인의 주민등록등본을 그와 아무

런 관련 없는 사람이 마치 자신의 것인 것처럼 행사하
였다고 하더라도 공문서부정행사죄는 성립되지 아니한
다."라고 하였습니다 (대법원 1999. 5. 14. 선고 99도
206 판결).

따라서 위 사안에서 김갑돌의 행위는 공문서부정행사죄
에 해당하지 않는다고 할 것입니다. 다만 김갑돌이 귀하
의 주민등록등본을 가지고 있는 것을 기화로 이를 사용
하여 귀하 명의의 임대차계약을 맺는 등의 행위를 한다
면 사문서위조 등의 죄는 성립할 수 있을 것입니다.

◆ 타인의 주민등록증의 사진을 제거하고 자기 사진을 붙인 경우 공문서위조여부

질문 ➡ 김갑돌은 이을남이 분실한 주민등록증을 습득하여 그 주민등록증의 사진을 제거하고 자기의 사진을 붙여 사용하다가 적발되었는바, 이 경우 김갑돌의 위와 같은 행위가 공문서위조 등의 죄에 해당하는지요?

답변 ➡ 공문서위조 및 동행사의 죄가 성립될 것으로 보입니다.

형법 제225조에서는 "행사할 목적으로 공무원 또는 공무소의 문서 또는 도화를 위조 또는 변조한 자는 10년 이하의 징역에 처한다."라고 규정하고 있으며, 형법 제229조에서는 "제225조 내지 제228조의 죄에 의하여 만들어진 문서, 도화, 전자기록 등 특수매체기록, 공정증서원본, 면허증, 허가증, 등록증 또는 여권을 행사한 자는 그 각 죄에 정한 형(刑)에 처한다."라고 규정하고 있습니다.

타인의 주민등록증에 붙어있는 사진을 떼어내고 자기의 사진을 붙인 행위가 공문서위조죄를 구성하는지에 관한 판례를 보면, "피고인이 행사할 목적으로 타인의 주민등록증에 붙어있는 사진을 떼어내고 그 자리에 피고인의 사진을 붙였다면 이는 기존 공문서의 본질적 또는 중요부분에 변경을 가하여 새로운 증명력을 가지는 별개의 공문서를 작성한 경우에 해당하므로 공문서위조죄를 구성한다."라고 하였습니다(대법원 1991. 9. 10. 선고 91도1610 판결). 또한, "형법 제237조의2에 따라 전자복사기, 모사전송기 기타 이와 유사한 기기를 사용하여 복사한 문서의 사본도 문서원본과 동일한 의미를 가지는 문서로

서 이를 다시 복사한 문서의 재사본도 문서위조죄 및 동
행사죄의 객체인 문서에 해당한다 할 것이고, 진정한 문
서의 사본을 전자복사기를 이용하여 복사하면서 일부 조
작을 가하여 그 사본내용과 전혀 다르게 만드는 행위는
공공의 신용을 해할 우려가 있는 별개의 문서사본을 창
출하는 행위로서 문서위조행위에 해당하고, 타인의 주민
등록증사본의 사진란에 피고인의 사진을 붙여 복사하여
행사한 행위가 공문서위조죄 및 동행사죄에 해당한다."라
고 한 사례가 있습니다(대법원 2000. 9. 5. 선고 2000도
2855 판결).

따라서 위 사안에서 김갑돌은 공문서위조 및 동행사의
죄가 성립될 것으로 보입니다.

참고로 "자신의 주민등록증 비닐커버 위에 검은색 볼펜을
사용하여 주민등록번호 전부를 덧 기재하고 투명테이프
를 붙이는 방법으로 주민등록번호 중 출생연도를 나타내
는 「71」을 「70」으로 고친 사안에서, 변조행위가 공문
서 자체에 변경을 가한 것이 아니며, 그 변조방법이 조잡
하여 공문서에 대한 공공의 위험을 초래할 정도에 이르
지 못하였다."는 이유로 공문서변조의 점에 대하여 무죄
를 선고한 원심판결을 수긍한 사례가 있습니다(대법원
1997. 3. 28. 선고 97도30 판결).

◆ 타인의 운전면허증을 자신의 것처럼 제시한 경우 공문서부정행사
  죄에 해당하는지?

질문 ➡ 김갑돌은 이을녀의 운전면허증을 습득하여 휴대하고 물건을 구
입함에 있어서 신분확인을 위해 주민등록증의 제시를 요구받고
그 운전면허증을 제시하였는바, 이 경우 김갑돌에게 공문서부
정행사죄가 성립되는지요?

답변 ➡ 공문서부정행사죄가 성립될 것으로 보입니다.

형법 제230조에서는 "공무원 또는 공무소의 문서 또는
도화를 부정행사한 자는 2년 이하의 징역이나 금고 또는
500만원 이하의 벌금에 처한다."라고 규정하고 있습니다.

타인의 운전면허증을 제시한 경우 공문서부정행사죄의 성
립여부에 관한 판례를 보면, "운전면허증은 운전면허를 받
은 사람이 운전면허시험에 합격하여 자동차의 운전이 허
락된 사람임을 증명하는 공문서로서, 운전면허증에 표시된
사람이 바로 그 사람이라는「자격증명」과 이를 지니고
있으면서 내보이는 사람이 바로 그 사람이라는「동일인증
명」의 기능을 동시에 가지고 있으므로, 운전면허증을 제
시한 행위에 있어 동일인증명의 측면은 도외시하고, 그 사
용목적이 자격증명으로만 한정되어 있다고 해석하는 것은
합리성이 없고, 인감증명법, 공직선거법 등 여러 법령에
의한 신분확인절차에서도 운전면허증은 신분증명서의 하
나로 인정되고 있으며, 주민등록법 자체도 주민등록증이
원칙적인 신분증명서이지만, 다른 문서의 신분증명서로서
의 기능을 예상하고 있으며 한편, 우리 사회에서 운전면허
증을 발급받을 수 있는 연령의 사람들 중 절반 이상이 운
전면허증을 가지고 있고, 특히 경제활동에 종사하는 사람

들의 경우에는 그 비율이 훨씬 더 이를 앞지르고 있으며, 금융기관과의 거래에 있어서도 운전면허증에 의한 실명확인이 인정되고 있는 등 현실적으로 운전면허증은 주민등록증과 대등한 신분증명서로 널리 사용되고 있으므로 제3자로부터 신분확인을 위하여 신분증명서의 제시를 요구받고 다른 사람의 운전면허증을 제시한 행위는 그 사용목적에 따른 행사로서 공문서부정행사죄에 해당한다고 보는 것이 옳다."라고 하면서(대법원 2001. 4. 19. 선고 2000도1985 전원합의체 판결), 이동전화를 구입하면서 신분증 제시를 요구받자 타인의 운전면허증을 자신의 것인 양 제시한 경우 공문서부정행사죄에 해당하지 않는다는 판결(대법원 2000. 2. 11.선고, 99도1237 판결) 등을 변경하였습니다.

따라서 위 사안에 있어서 김갑돌이 운전면허증을 제시한 행위가 운전면허시험에 합격하여 자동차의 운전이 허락된 자임을 증명하는 것과 관련이 없고, 단순히 신분확인을 위하여 제시한 경우라도 공문서부정행사죄가 성립될 것으로 보입니다.

◆ 위임권한의 한계를 넘어서 문서를 작성한 경우 문서위조죄가 성립되는지?

질문 ➡ 김갑돌은 은행으로부터 700만원을 빌리기로 하면서 저에게 이를 위임하여 저는 김갑돌이 서명·날인한 백지의 대출신청서 및 영수증을 받았습니다. 그러나 저는 차용금액을 1,500만원으로 기입하여 위 대출신청서 및 영수증을 작성하였습니다. 이 경우 저의 행위가 문서위조죄에 해당되는지요?

답변 ➡   문서위조죄가 성립한다고 할 것입니다.

타인으로부터 문서작성을 위임받았으나 그 위임된 권한을 초월하여 내용을 기재한 경우 사문서위조죄가 성립되는지에 관한 판례는 "사문서위조죄는 작성권한 없는 자가 타인의 명의를 모용(冒用)하여 문서를 작성함으로써 성립하는 것인바, 타인으로부터 그 명의의 문서 작성을 위임받은 경우에도 위임된 권한을 초월(超越)하여 내용을 기재함으로써 명의자의 의사에 반하는 사문서를 작성하는 것은 작성권한을 일탈(逸脫)한 것으로서 사문서위조죄에 해당한다."라고 하였습니다(대법원 1997. 3. 28. 선고 96도3191 판결).

따라서 귀하가 김갑돌로부터 700만원의 차용위임을 받고 금액 등의 사항이 기재되지 아니한 백지의 대출신청서 및 영수증에 각기 날인을 받은 다음 귀하가 대출신청서 및 영수증에 각각 1,500만원과 주소, 성명, 작성연월일 등을 기입하여 대출을 받았다면 대출신청서 및 영수증에 김갑돌이 스스로 날인하였다 하더라도 이는 어디까지나 700만원에 한하는 것이지, 귀하가 임의로 작성한 1,500만원의 차용 및 영수를 하는 것이 아닌 만큼 귀하에게도 문서위조죄가 성립한다고 할 것입니다.

다만, 이 경우 문서위조죄(형법 제231조)로 처벌할 것이 아니라 자격모용에 의한 사문서작성죄(형법 제232조)로 처벌하여야 한다는 견해도 있으나, 양 죄의 법정형이 5년 이하의 징역 또는 1,000만원 이하의 벌금으로 같으므로 이를 굳이 구별할 필요는 없다고 할 것입니다.

◆ 무권대리인의 자격모용에 의한 사문서작성죄의 성립여부

질문 ➡ 저는 교통사고로 수개월간 입원치료를 받고 퇴원한 후 가해차량이 가입한 보험회사에 찾아가 손해배상금을 달라고 요청하였으나, 보험회사에서는 형이 저의 대리인으로 작성한 합의서를 보여주며 보험금도 형에게 주었다고 하였습니다. 저는 형에게 보험회사에 가서 보험금액 등을 알아보라고만 하였는데, 형은 저의 대리인 자격으로 합의서 작성 및 합의금을 수령하여 임의로 소비하였습니다. 이 경우 합의서 작성에 관하여 형에게 형사책임을 물을 수 있는지요?

답변 ➡ 문서위조죄로 처벌할수 있습니다.

형법 제232조에 의하면 행사할 목적으로 타인의 자격을 모용(冒用)하여 권리·의무 또는 사실증명에 관한 문서 또는 도화를 작성한 자는 5년 이하의 징역 또는 1,000만원 이하의 벌금에 처한다고 규정하고 있습니다.

귀하의 질문내용을 보면 아무런 대리권도 없는 형이 귀하의 대리자격을 사칭하여 합의서를 작성하였다는 것으로서, 이 경우 합의서의 작성명의인을 귀하로 합의서를 작성하였다면 문서위조가 될 것이나, 형이 대리인자격으로 귀하 명의의 문서를 대신 작성하였으므로 자격모용에 의한 문서작성죄의 책임이 있다고 할 것입니다(형법 제231조, 제232조).

다만, 자격모용사문서작성죄가 성립하기 위해서는 행사할 목적 이외에 정당한 대표권이나 대리권이 없음을 알고도 마치 대표권이나 대리권이 있는 것처럼 가장하여 타인의 자격을 모용한다는 인식 즉 범의(犯意)가 있어야 할 것이므로(대법원 1996. 7. 12. 선고 93도2628 판결), 이를 입증하여야 합니다.

또한, 대리권이 있다고 하더라도 그 권한 이외의 사항에 관하여 대리권자 명의의 문서를 작성하는 경우와 권한을 단순히 보조하는 자가 권한 있는 자의 대리자격을 모용하여 권한 있는 자 명의의 문서를 작성하는 경우도 이에 해당합니다.

◆ 출입금지가처분명령에 위반한 경우의 형사책임

> **질문 ➡** 저는 3년 전 김갑돌으로부터 토지 1,000평을 매수하여 소유권
> 이전등기를 하였으나 김갑돌에게 2년 동안 임대하여 사용토록
> 하였습니다. 임대차계약기간이 만료되어 토지인도를 요구하자
> 김갑돌은 자신이 매도한 가격에 다시 매수하겠다고 하여 저는
> 이를 거절하였는데도 토지인도를 거부하며 농작물 재배준비를
> 하고 있습니다. 이에 저는 법원에 김갑돌의 출입을 금지하는
> 가처분신청을 하여 출입금지가처분결정을 받았고 위 토지 위에
> 김갑돌의 출입을 금지한다는 취지의 내용이 기재된 표지판을
> 세웠습니다. 그러나 김갑돌과 그의 처는 위 금지표시를 무시하
> 고 토지에 드나들며 경작하고 있는데 이 경우 이들을 형사처벌
> 할 수 있는지요?

답변 ➡   김갑돌은 공무상비밀표시무효죄에 해당하나 김갑돌의 처
는 처벌되지 않습니다.

위 사안에서 김갑돌의 행위가 공무상비밀표시무효죄(형법
제140조)에 해당하는지의 여부와 김갑돌에 대한 출입금지
가처분명령의 효력이 김갑돌의 처(妻)에게도 미치는지의 문
제라고 하겠습니다.

형법 제140조 제1항을 살펴보면 공무상비밀표시무효죄는
공무원이 그 직무에 관하여 실시한 봉인 또는 압류 기타
강제처분의 표시를 은닉 또는 손상하거나 기타 방법으로
그 효용을 해함으로써 성립하게 됩니다.

여기서 기타의 방법으로 효용을 해한다고 함은 봉인 기타
강제처분의 표시를 물질적으로 파괴하지 않고 사실상 효력
을 상실할 수 있게 하는 것을 말하며, 김갑돌이 공무원이
그 직무에 관하여 실시한 출입금지가처분명령을 무시하고
출입금지 된 토지에 들어갔다면 그 가처분명령의 효력을
사실상 상실시킨 것이 되어 본 죄가 성립하게 됩니다.

한편, 김갑돌의 처의 행위에 대하여 판례는 "남편을 채무
자로 한 출입금지가처분명령의 효력은 그 처에게는 미치
지 아니하므로, 그 처가 이를 무시하고 출입금지 된 밭에
들어가 작업을 한 경우에 공무원이 그 직무에 관하여 실
시한 강제처분표시의 효용을 해한 것이라고 할 수 없다."
라고 하고 있으므로(대법원 1979. 2. 13. 선고 77도1455
판결), 김갑돌의 처는 본죄에 해당하지 않게 되어 아무런
처벌도 받지 않을 것입니다.

◆ 공사중지가처분집행 후 건축허가명의변경되어 공사계속한 때 공무
상비밀표시무효

질문 ➡ 김갑돌은 이을남이 이웃토지에 건물을 신축하면서 김갑돌의 토
지를 침범하였으므로 공사중지가처분결정을 받아 집행하였으나
이을남은 건축허가명의를 최병수에게 변경해주었고, 최병수가
공사를 다시 재개하였으므로 이 경우 최병수를 처벌할 수 없는
지요?

답변 ➡ 책임을 물을 수는 없을 것으로 보입니다.

형법 제140조 제1항에서는 "공무원이 그 직무에 관하여
실시한 봉인 또는 압류 기타 강제처분의 표시를 손상 또
는 은닉하거나 기타 방법으로 그 효용을 해한 자는 5년
이하의 징역 또는 700만원 이하의 벌금에 처한다."라고
규정하고 있습니다.

공무상비밀표시무효죄가 성립하기 위해서는 행위 당시에
강제처분의 표시가 현존할 것을 요합니다(대법원 1997.
3. 11. 선고 96도2801 판결). 따라서 공사중지가처분명령
의 주문에 「집행관은 위 명령의 취지를 공시하기 위하여
적당한 조치를 취하여야 한다.」 라는 공시명령이 있었고,
채권자의 신청에 의하여 집행관이 그 공시명령을 집행하
여 공시한 경우 그 공시를 무시하고 공사를 계속하였다면
공무상비밀표시무효죄가 문제될 수 있을 것입니다.

그런데 관련 판례를 보면, "제3자가 법원으로부터 받은 건
축공사중지명령의 가처분집행은 어디까지나 甲회사에 대
하여 부작위 명령을 집행한데 불과한 것이므로, 그 가처
분집행이 완료된 뒤 피고인이 본 건 시공중인 건축허가명
의를 자기가 대표이사로 있는 乙회사로 변경하여 위 가처

분집행을 그대로 둔 채 그 건축공사를 계속하였다는 사실 자체만으로는 위와 같은 내용의 가처분집행표시의 효용을 해한 것이라고는 할 수 없으므로 형법 제140조 제1항 소정의 공무상비밀표시무효죄가 성립하지 아니한다."라고 하였습니다(대법원 1976. 7. 27. 선고 74도1896 판결).

따라서 위 사안에 있어서도 이을남이나 최병수에 대하여 공무상비밀표시무효죄의 책임을 물을 수는 없을 것으로 보입니다.

◈ 부동산인도집행 후 다시 그 토지에 침범한 자를 처벌할 수 있는 지?

질문➡김갑돌은 이을남이 김갑돌의 토지를 무단으로 점유하여 비닐하우스를 축조하여 사용하고 있으므로 그 비닐하우스의 철거 및 토지인도청구의 소송을 제기하여 승소 후 강제집행 하여 토지를 인도 받았는데, 이을남이 다시 그 토지에 들어가 천막을 치고 거주하고 있으므로 이에 대하여 이을남을 처벌할 수 없는지요?

답변 ➡   형법 제140조의2 부동산강제집행효용침해죄가 문제될 수 있을 것입니다.

종전에는 부동산의 인도집행이 완료된 후 다시 그 부동산을 점유한 자에 대하여 공무상비밀표시무효죄로 처벌할 수 없었습니다. 즉, 형법 제140조의2의 부동산강제집행효용침해죄가 신설되기 이전의 판례를 보면, "집달관(현재는 집행관)이 채무자 겸 소유자의 건물에 대한 점유를 해제하고 이를 채권자에게 인도한 후 채무자의 출입을 봉쇄하기 위하여 출입문을 판자로 막아둔 것을 채무자가 이를 뜯어내고 그 건물에 들어갔다 하더라도 이는 강제집행이 완결된 후의 행위로서 채권자들의 점유를 침범하는 것은 별론으로 하고 공무상비밀표시무효죄에 해당하지는 않는다."라고 하였습니다(대법원 1985. 7. 23. 선고 85도1092 판결). 따라서 건물의 경우에는 주거침입죄로 문제삼아 볼 수도 있을 것이지만, 토지의 경우에는 마땅히 처벌할 규정이 없었습니다. 그러므로 1995년 12월 29일 형법개정으로 제140조의2 부동산강제집행효용침해죄를 신설하였는바, 그 규정을 보면 "강제집행으로 명도 또는 인도된 부동산에 침입하거나 기타 방법으로 강제집행의 효용을 해한 자는 5년 이하의 징역 또는 700만원 이하의 벌금에 처한다."라고 규정하였습니다.

따라서 위 사안의 이을남은 형법 제140조의2 부동산강제집행효용침해죄가 문제될 수 있을 것입니다.

◆ 압류물을 원래 보관장소로부터 다른 장소로 이동시킨 경우 공무상
비밀표시무효죄

질문 ➡ 김갑돌은 이을녀에 대한 대여금채권을 지급 받기 위하여 승소
판결을 받아 이을녀의 유체동산을 압류하였습니다. 그러나 이
을녀는 김갑돌이나 집행관에게 아무런 통지도 없이 이사를 하
면서 압류된 유체동산을 옮겼습니다. 이 경우 이을녀를 형사처
벌 할 수 있는지요?

답변 ➡   이사하면서 압류물을 이전한 것은 공무상비밀표시무효죄
가 문제될 것입니다.

유체동산의 압류에 있어서 채권자의 승낙이 있거나 운반
이 곤란한 때에는 집행관은 압류물을 채무자에게 보관하
게 할 수 있고, 이 때에는 봉인(封印) 기타의 방법으로
압류물임을 명확히 하여야 합니다(민사집행법 제189조
제1항 단서). 규정체계상 이러한 압류방법은 예외적인 압
류방법이지만, 실무상으로는 채무자보관이 오히려 일반적
인 압류방법으로 사용되고 있습니다. 그런데 이러한 경우
채무자가 이사 등을 위하여 부득이 압류물의 보관장소를
변경하고자 할 때에는 그 사유를 집행관에게 신고하여 승
인을 받아야 합니다.

그러나 이러한 신고 없이 압류물의 보관장소를 이전한 경
우 판례를 보면, "압류물을 채권자나 집달관(현재는 집행
관임) 몰래 원래의 보관장소로부터 상당한 거리에 있는
다른 장소로 이동시킨 경우에는 설사 그것이 집행을 면탈
(免脱)할 목적으로 한 것이 아니라 하여도 객관적으로 집
행을 현저히 곤란하게 한 것이 되어 형법 제140조 제1항
소정의 「기타의 방법으로 그 효용을 해한」 경우에 해당된
다."라고 하였습니다(대법원 1986. 3. 25. 선고 86도69

판결, 1992. 5. 26. 선고 91도894 판결).

따라서 위 사안에서 이을녀가 비록 강제집행을 면탈할 목적으로 한 것이 아니라 할지라도 집행관에게 신고하여 승인을 받지 않고 이사하면서 압류물을 이전한 것은 공무상비밀표시무효죄가 문제될 것입니다.

참고로 공무원이 실시한 봉인 등의 표시에 절차상 또는 실체상의 하자가 있으나 객관적·일반적으로 그것이 공무원이 그 직무에 관하여 실시한 봉인 등으로 인정할 수 있는 상태에 있는 경우에 관하여 판례를 보면, "공무원이 그 직권을 남용하여 위법하게 실시한 봉인 또는 압류 기타 강제처분의 표시임이 명백하여 법률상 당연무효 또는 부존재라고 볼 수 있는 경우에는 그 봉인 등의 표시는 공무상비밀표시무효죄의 객체가 되지 아니하여 이를 손상 또는 은닉하거나 기타 방법으로 그 효용을 해한다 하더라도 공무상비밀표시무효죄가 성립하지 아니한다 할 것이지만, 공무원이 실시한 봉인 등의 표시에 절차상 또는 실체상의 하자가 있다고 하더라도 객관적·일반적으로 그것이 공무원이 그 직무에 관하여 실시한 봉인 등으로 인정할 수 있는 상태에 있다면 적법한 절차에 의하여 취소되지 아니하는 한 공무상표시무효죄의 객체로 되고, 유체동산의 가압류집행에 있어 그 가압류공시서의 기재에 다소의 흠이 있으나 그 기재내용을 전체적으로 보면 그 가압류목적물이 특정되었다고 인정할 수 있는 경우에는 그 가압류가 유효하다."라고 하였습니다(대법원 2001. 1. 16. 선고 2000도1757 판결). 또한 "공무원이 그 직무에 관하여 실시한 봉인 등의 표시를 손상 또는 은닉 기타의 방법으로 그 효용을 해함에 있어서 그 봉인 등의 표시가 법률상 효력이 없

다고 믿은 것은 법규의 해석을 잘못하여 행위의 위법성을
인식하지 못한 것이라고 할 것이므로, 그와 같이 믿은 데
에 정당한 이유가 없는 이상, 그와 같이 믿었다는 시정만
으로는 공무상비밀표시무효죄의 죄책을 면할 수 없다고
할 것이다."라고 하였습니다(대법원 2000. 4. 21. 선고
99도5563 판결).

◆ 압류경합시 일부채권자에게만 변제 후 압류유체동산 처분시 공무
  상비밀표시무효죄

질문 ➡ 김갑돌은 채권자 이을남·최병수·박정인에 의하여 유체동산
을 압류 당하였는데, 그 중 최초의 압류채권자이고 채권이 가
장 많은 이을남의 채무를 변제하였고, 최병수·박정인의 채무
는 많지 않아서 개의치 않아도 되는 줄 알고 압류된 유체동산
을 처분하였는바, 이 경우에도 김갑돌이 처벌받게 되는지요?

답변 ➡   김갑돌은 공무상비밀표시무효죄의 책임을 면하기 어려울
것으로 보입니다.

형법 제140조 제1항은 "공무원이 그 직무에 관하여 실시
한 봉인 또는 압류 기타 강제처분의 표시를 손상 또는
은닉하거나 기타 방법으로 그 효용을 해한 자는 5년 이
하의 징역 또는 700만원 이하의 벌금에 처한다."라고 규
정하고 있습니다.

그리고 압류가 경합된 경우에 한 채권자에게만 변제하고
압류된 유체동산을 처분한 경우에 공무상비밀표시무효죄
가 성립되는지에 관하여 판례를 보면, "채권자 甲에 의하
여 압류된 피고인 소유 유체동산에 대하여 다시 채권자
乙에 의하여 조사절차가 취하여진 경우에는 乙에 대한
관계에 있어서도 압류의 효력이 미친다고 할 것이니, 피
고인이 甲에 대한 채무를 변제하였다하여도 그 압류가
해제되지 아니하는 한 압류상태에 있다고 할 것이니, 甲
에 대한 변제사실만 가지고는 압류의 효력이 없다고 할
수 없고, 이를 처분한 피고인에게 공무상비밀표시무효에
관한 범의(犯意)가 없었다고도 할 수 없다."라고 하였으
며(대법원 1981. 10. 13. 선고 80도1441 판결), 또한 "

공무원이 그 직무에 관하여 실시한 봉인 등의 표시를 손
상 또는 은닉 기타의 방법으로 그 효용을 해함에 있어서
그 봉인 등의 표시가 법률상 효력이 없다고 믿은 것은
법규의 해석을 잘못하여 행위의 위법성을 인식하지 못한
것이라고 할 것이므로, 그와 같이 믿은데에 정당한 이유
가 없는 이상, 그와 같이 믿었다는 사정만으로는 공무상
비밀표시무효죄의 죄책을 면할 수 없다고 할 것이다."라
고 하였습니다(대법원 2000. 4. 21. 선고 99도5563 판
결).

따라서 위 사안에서 김갑돌은 공무상비밀표시무효죄의
책임을 면하기 어려울 것으로 보입니다.

참고로 합의가 성립되었으나 가압류집행이 취소되지 아니
한 경우 공무상비밀표시무효죄의 성립여부에 관한 판례를
보면, "채권자가 채무자소유의 동산을 가압류한 후 그 본
안사건에 관한 합의가 성립되어 그 가압류물건을 인수하
기로 하고 담보취소까지 된 경우에 있어서 가압류취소절
차를 거침이 없이 가압류목적물건을 가져간 경우 공무상
비밀표시무효의 범의(犯意)가 있다고는 할 수 없다."라고
하였지만(대법원 1972. 11. 14. 선고 72도1248 판결), "
유체동산 가압류결정에 대하여 그 취소처분이 없는 이상
채권자와 채무자간에 그 채권변제에 관한 합의나 그 집행
을 취소하겠다는 합의가 있었다는 것만으로는 가압류결정
집행의 효력이 소멸될 수 없다."라고 하였습니다(대법원
1972. 8. 29. 선고 72도1603 판결).

◈ 건물점유이전금지가처분집행 후 건물일부 타인에게 점유토록 한
   경우 처벌여부

질문 ➡️김갑돌은 이을녀에게 점포를 임대하였다가 월 임차료가 수개월
연체되어 이을녀를 상대로 그 점포의 점유이전금지가처분결정
을 받아 집행하였는데, 이을녀는 무단으로 그 건물의 일부를
최병수에게 전대하였습니다. 이 경우 이을녀를 공무상비밀표시
무효죄로 처벌할 수 있는지요?

답변 ➡️ 공무상비밀표시무효죄가 문제될 것으로 보입니다.

형법 제140조 제1항은 공무상비밀표시무효죄에 관하여 "
공무원이 그 직무에 관하여 실시한 봉인 또는 압류 기타
강제처분의 표시를 손상 또는 은닉하거나 기타 방법으로
그 효용을 해한 자는 5년 이하의 징역 또는 700만원이하
의 벌금에 처한다."라고 규정하고 있습니다.

그리고 판례를 보면, "건물점유이전금지의 가처분집행 후
다른 사람을 건물 일부에 점유케 하였다면 집달리(현행 집
행관)가 가처분집행 한 강제처분의 표시의 효력을 해한 것
이라 할 것이다."라고 하였습니다(대법원 1972. 9. 12. 선
고 72도1441 판결). 또한, "직접점유자에 대한 점유이전금
지가처분결정이 집행된 후 그 피신청인인 직접점유자가 가
처분 목적물의 간접점유자에게 그 점유를 이전한 경우에는
그 가처분표시의 효용을 해한 것이 된다."라고 하였습니다
(대법원 1980. 12. 23.선고, 80도1963 판결).

따라서 위 사안의 이을녀는 공무상비밀표시무효죄가 문제
될 것으로 보입니다.

◆ 농촌주택 생활하수의 배수관을 막아 하수흐름을 방해한 경우 수리
　방해죄가 되는지?

질문 ➡ 김갑돌은 그의 토지의 사용에 방해가 된다는 이유로 이을남의
농촌주택에서 배출되는 생활하수의 배수관을 토사로 막아 하수
가 흐르지 못하도록 하였습니다. 이 경우 김갑돌을 형법상 수
리방해죄로 문제삼을 수 있는지요?

답변 ➡　수리방해죄에 해당된다고 하기는 어려울 것으로 보입니다.

　　　　수리방해죄에 관하여 형법 제184조에서는 "제방을 결궤
(決潰)하거나 수문을 파괴하거나 기타 방법으로 수리를
방해한 자는 5년 이하의 징역 또는 700만원 이하의 벌금
에 처한다."라고 규정하고 있습니다.

　　　　위 사안과 관련된 판례를 보면, "형법 제184조는「제방을
결궤(決潰, 무너뜨림)하거나 수문을 파괴하거나 기타 방법
으로 수리를 방해」하는 것을 구성요건으로 하여 수리방
해죄를 규정하고 있는바, 여기서 수리(水利)라 함은, 관개
용·목축용·발전이나 수차 등의 동력용·상수도의 원천용 등
널리 물이라는 천연자원을 사람의 생활에 유익하게 사용
하는 것을 가리키고(다만, 형법 제185조의 교통방해죄 또
는 형법 제195조의 수도불통죄의 경우 등 다른 규정에 의
하여 보호되는 형태의 물의 이용은 제외될 것이다.), 수리
를 방해한다 함은 제방을 무너뜨리거나 수문을 파괴하는
등 위 조문에 예시된 것을 포함하여 저수시설, 유수로(流
水路)나 송·인수시설 또는 이들에 부설된 여러 수리용 장
치를 손괴·변경하거나 효용을 해침으로써 수리에 지장을
일으키는 행위를 가리키며, 나아가 수리방해죄는 타인의
수리권을 보호법익으로 하므로 수리방해죄가 성립하기 위

해서는 법령, 계약 또는 관습 등에 의하여 타인의 권리에
속한다고 인정될 수 있는 물의 이용을 방해하는 것이어야
한다. 원천 내지 자원으로서의 물의 이용이 아니라, 하수
나 폐수 등 이용이 끝난 물을 배수로를 통하여 내려보내
는 것은 형법 제184조 소정의 수리에 해당한다고 할 수
없고, 그러한 배수 또는 하수처리를 방해하는 행위는, 특
히 그 배수가 수리용의 인수(引水)와 밀접하게 연결되어
있어서 그 배수의 방해가 직접 인수에까지 지장을 초래한
다는 등의 특수한 경우가 아닌 한, 수리방해죄의 대상이
될 수 없다."라고 하면서 "농촌주택에서 배출되는 생활하
수의 배수관(소형 PVC관)을 토사로 막아 하수가 내려가
지 못하게 한 경우, 수리방해죄에 해당하지 아니한다."라
고 하였습니다(대법원 2001. 6. 26. 선고 2001도404 판
결).

따라서 위 사안에서 김갑돌의 행위가 수리방해죄에 해당
된다고 하기는 어려울 것으로 보입니다.

◈ 임차인이 연탄가스 중독되어 사망한 경우 임대인의 과실치사죄가 인정되는지?

질문 ➡ 김갑돌은 저의 집에 이사온 지 20일 되어 연탄가스중독으로 사망하였고, 김갑돌의 처와 자녀는 병원에서 치료를 받아 회복되었습니다. 경찰은 가스배출기의 고장과 문틈으로 가스가 스며들어 사람이 죽었으니 집주인에게 책임이 있다는 말을 하는데, 이 경우 저에게 형사책임이 있는지요?

답변 ➡ 커다란 하자등 특별한 사정이 없다면 임대인인 귀하에게 책임이 있다하기 어려울 것입니다.

위와 같은 경우 임대인에게 과실이 있는지를 판단함에 있어서 임대차목적물상의 하자(결함)의 정도가 그 목적물을 사용할 수 없을 정도의 파손상태라고 볼 수 없다든지, 반드시 임대인에게 수선의무가 있는 대규모의 것이라고 볼 수 없어 임차인의 통상의 수선 및 관리의무에 속한다고 보여지는 경우에는 그 하자로 인하여 가스중독사가 발생하였다고 하더라도 임대인에게 과실이 있다고 할 수 없을 것입니다.

그러나 이러한 판단에 있어서는 단순히 하자자체의 상태만을 고려할 것이 아니라 그 목적물의 구조 및 전반적인 노후화상태 등을 아울러 참작하여 과연 대규모적인 방법에 의한 수선이 요구되는지를 판단하여야 할 것이며, 이러한 대규모의 수선여부가 분명하지 아니한 경우에는 임대차 전후의 임대차목적물의 상태 내지 하자로 인한 위험성의 징후여부와 평소 임대인 또는 임차인이 하자상태를 알고 있었는지 및 발견가능성여부, 임차인의 수선요구여부 및 이에 대한 임대인의 조치여부 등을 종합적으로 고려하여 임대인의 과실유무를 판단하여야 할 것입니다(대법원 1993. 9. 10. 선고 93도196 판결).

따라서 위 사안의 경우에도 연탄가스 중독사고의 원인인 연탄가스가 방으로 스며들 정도로 틈이 크거나 이를 수리하려면 상당히 대규모의 것이었다는 등의 사정이 없다면 임대인인 귀하에게 책임이 있다하기 어려울 것입니다.

참고로 판례는 "부엌과 창고, 홀로 통하는 방문이 상단부의 문틈과 벽 사이에 약 1.2cm 내지 2cm나 벌어져 있고 그 문틈과 문자체 사이에도 두 군데나 0.5cm의 틈이 있는 정도의 흠은 통상 세입자가 수리하거나 관리할 의무의 범위에 속하는 것이어서 세입자가 위 틈으로 스며든 연탄가스에 중독되어 사망하더라도 집주인에게 과실치사책임을 물을 수 없다."라고 하였습니다(대법원 1986. 7. 8. 선고 86도383 판결).

◆ 각각의 독립된 상해행위가 경합하여 사망의 결과가 일어난 경우
  어떻게 처벌되는지?

질문 ➡ 저는 친구가 술집에서 종업원을 심하게 때리는 것을 말린 후에
집에 돌아와 생각해보니 상대방이 나이도 어린데다가 말리는
저에게까지 욕설 등을 한 것이 자꾸 떠올라 1시간 후에 다시
그 술집에 돌아가 치료중인 상대방을 넘어뜨리고 발길로 머리
를 몇번 가격하였습니다. 그런데 상대방은 그 일이 있은 때로
부터 일주일 후에 사망하였습니다. 이 경우에 친구의 상해로
사망했을 가능성이 훨씬 많은데, 저는 어떤 죄로 처벌되는지
요?

답변 ➡   상해치사의 원인 된 행위가 귀하에게 있지 않다는 입증
       을 하지 못하는 한, 공동정범으로 처벌될 가능성이 많다
       고 하겠습니다.

       독립행위의 경합에 관하여 형법 제19조에서는 "동시(同
       時) 또는 이시(異時)의 독립행위가 경합한 경우에 그 결
       과발생의 원인 된 행위가 판명되지 아니한 때에는 각 행
       위를 미수범으로 처벌한다."라고 규정하고 있으며, 동시범
       에 관하여 형법 제263조에서는 "독립행위가 경합하여 상
       해의 결과를 발생하게 한 경우에 있어서 원인된 행위가
       판명되지 아니한 때에는 공동정범의 예에 의한다."라고
       규정하고 있습니다. 여기서 동시범이란 2인 이상의 자가
       상호간에 공동의 범행결의 없이 동일객체에 대하여 동시
       또는 이시에 각자 범죄를 실행하는 경우를 말합니다. 그
       리고 동시범의 특례가 인정되기 위해서는 첫째로 독립행
       위의 경합이 있어야 합니다. 즉 2인 이상의 행위가 서로
       의사연락 없이 동시 또는 이시에 동일객체에 대하여 행해
       져야 합니다. 둘째로 상해의 결과발생이 필요합니다. 상해
       의 결과는 상해행위에 의한 것이건 폭행행위에 의한 것이

건 불문합니다. 셋째로 원인행위가 불분명해야 합니다. 누구의 행위가 원인이 되어 상해의 결과가 발생하였는지 그 인과관계의 증명이 불가능하여야 합니다.

그런데 독립행위의 경합에 관하여 판례를 보면, "2인 이상이 상호의사의 연락이 없이 동시에 범죄구성요건에 해당하는 행위를 하였을 때에는 원칙적으로 각인(各人)에 대하여 그 죄를 논하여야 하나, 그 결과발생의 원인이 된 행위가 분명하지 아니한 때에는 각 행위자를 미수범으로 처벌하고(독립행위의 경합), 이 독립행위가 경합하여 특히 상해의 경우에는 공동정범의 예에 따라 처단(동시범)하는 것이므로, 상호의사의 연락이 있어 공동정범이 성립한다면, 독립행위경합 등의 문제는 아예 제기될 여지가 없다."라고 하였습니다(대법원 1997. 11. 28. 선고 97도1740 판결).

그리고 동시범의 특례규정의 적용범위에 대하여 살펴보면, 상해죄나 폭행치상죄의 경우에는 당연히 적용되며, 상해치사죄나 폭행치사죄에 관하여도 적용되는지에 대하여 판례는 "이시의 독립된 상해행위가 경합하여 사망의 결과가 일어난 경우에 그 원인된 행위가 판명되지 아니한 때에는 공동정범의 예에 의하여야 한다."라고 하여 동시범의 특례규정이 상해치사죄나 폭행치사죄에 관하여도 적용되는 것으로 보고 있습니다(대법원 1981. 3. 10. 선고 80도3321 판결).

따라서 귀하의 경우에는 결과(상해치사)의 원인 된 행위가 귀하에게 있지 않다는 입증을 하지 못하는 한, 상해치사의 공동정범으로 처벌될 가능성이 많다고 하겠습니다.

◆ 여성으로 성전환수술한 남자를 성폭행한 경우 강간죄가 성립되는
지?

질문 ➡ 이을녀는 남자였으나 성전환수술을 하여 여성으로 된 자로서
김갑돌이 이을녀를 성폭행 한 경우 김갑돌을 강간죄로 처벌할
수 있는지요?

답변 ➡　강간죄가 적용될 것입니다.

형법 제297조는 "폭행 또는 협박으로 부녀를 강간한 자는
3년 이상의 유기징역에 처한다."라고 규정하고 있습니다.
즉, 형법 제297조는 「폭행 또는 협박으로 부녀를 강간한
자」라고 하여 객체를 부녀에 한정하고 있고, 위 규정에
서 부녀란 성년·미성년, 기혼·미혼을 불문하며 곧 여자를
가리키는 것입니다.

기존의 판례를 보면, "피해자가 어릴 때부터 정신적으로
여성에의 성귀속감을 느껴왔고 성전환수술로 인하여 남성
으로서의 내·외부성기의 특징을 더 이상 보이지 않게 되었
으며, 남성으로서의 성격도 대부분 상실하여 외견상 여성
으로서의 체형을 갖추고 성격도 여성화되어 개인적으로
여성으로서의 생활을 영위해가고 있다 할지라도, 기본적
요소인 성염색체구성이나 본래의 내·외부성기의 구조, 정
상적인 남자로서 생활기간, 성전환수술경위·시기 및 수술
후에도 여성으로서의 생식능력은 없는 점, 그리고 이에
대한 사회일반인의 평가와 태도 등 여러 요소를 종합적으
로 고려하여 보면 사회통념상 여자로 볼 수는 없다."라고
하였습니다(대법원 1996. 6. 11. 선고 96도791 판결).

그러나 사람의 성을 성염색체와 이에 따른 생식기·성기 등
생물학적인 요소에 따라 결정하여 왔으나 근래에 와서는

생물학적인 요소뿐 아니라 개인이 스스로 인식하는 남성 또는 여성으로의 귀속감 및 개인이 남성 또는 여성으로서 적합하다고 사회적으로 승인된 행동·태도·성격적 특징 등의 성역할을 수행하는 측면, 즉 정신적·사회적 요소들 역시 사람의 성을 결정하는 요소 중의 하나로 인정받게 되었으므로, 성의 결정에 있어 생물학적 요소와 정신적·사회적 요소를 종합적으로 고려하여야 한다 할 것이므로, 성전환자는 출생시와는 달리 전환된 성이 법률적으로도 그 성전환자의 성이라고 할 수 있습니다(대법원 2006. 6. 22. 자 2004스42 전원합의체 결정).

개인생활이나 사회생활에서도 여성으로 인식되며, 사회통념상 여성으로 인정되는 성전환자를 여성으로 인식하고 강간행위를 하였다면 성전환자는 강간죄의 객체인 부녀로 인정되었다고 할 것이므로 강간죄가 성립됩니다(대법원 2009. 9. 10. 선고 2009도3580 판결).

◆ 특수강간죄는 합의하여도 처벌되는지?

질문 ➡ 저의 동생은 친구와 함께 동네 어자를 밤중에 강간하였습니다. 동생은 현재 구속되었고 저의 가족들은 피해자와 합의를 하려고 합니다. 합의를 하면 처벌받지 않는지요?

답변 ➡ 합의가 되어 고소가 취소된다 하더라도 정상이 참작되어 형이 감경(減輕)될 수 있을 뿐입니다(형법 제53조).

형법 제297조에 의하면 폭행 또는 협박으로 부녀를 강간한 자는 3년 이상의 유기징역에 처한다고 규정하고 있는 바, 이러한 단순강간죄는 고소가 있어야 공소를 제기할 수 있는 친고죄로서 고소가 없으면 처벌할 수가 없고 일단 고소가 제기된 경우라도 제1심 판결선고 전까지 고소가 취소되면 역시 처벌할 수 없습니다(형법 제306조, 형사소송법 제232조 제1항, 제327조 제5호).

그러나 성폭력범죄의 처벌 등에 관한 특례법 제4조(특수강간 등) 제1항에서는 "흉기나 그 밖의 위험한 물건을 지닌 채 또는 2명 이상이 합동하여 형법 제297조(강간)의 죄를 범한 사람은 무기징역 또는 5년 이상의 징역에 처한다."라고 규정하고 있으며, 성폭력범죄의 처벌 등에 관한 특례법 제15조에서는 친고죄의 관하여 규정하면서 특수강간에 대하여는 친고죄임을 규정하고 있지 않습니다. 그리고 판례도 "성폭력범죄의처벌및피해자보호등에관한법률 제15조는 「제11조, 제13조 및 제14조의 죄는 고소가 있어야 공소를 제기할 수 있다.」라고 규정하고 친고죄에 관한 규정을 두고 있으므로 그 외에는 비친고죄로 해석할 수 있다."라고 하였습니다(대법원 2001. 6. 15.선고, 2001도1017 판결).

그런데 위 사안에서 귀하 동생의 경우에는 2인 이상이 함께 죄를 범하였으므로 성폭력범죄의 처벌 등에 관한 특례법 제4조 제1항의 「흉기나 그 밖의 위험한 물건을 지닌 채 또는 2명 이상이 합동하여 강간한 경우」에 해당하여 친고죄가 아닙니다.

그러므로 귀하 동생의 경우에는 합의가 되어 고소가 취소된다 하더라도 단지 그 정상이 참작되어 형이 감경(減輕)될 수 있을 뿐입니다(형법 제53조).

참고로 성폭력범죄의 처벌 등에 관한 특례법 제4조 제1항의 합동범이 성립하기 위한 요건에 관하여 판례를 보면, "성폭력범죄의처벌및피해자보호등에관한법률 제6조 제1항의 2인 이상이 합동하여 형법 제297조의 죄를 범함으로써 특수강간죄가 성립하기 위하여는 주관적 요건으로서의 공모와 객관적 요건으로서의 실행행위의 분담이 있어야 하는바, 그 공모는 법률상 어떠한 정형을 요구하는 것이 아니어서 공범자 상호간에 직접 또는 간접으로 범죄의 공동가공의사가 암묵리에 상통하여도 되고 반드시 사전에 모의과정이 있어야 하는 것이 아니며, 그 실행행위는 시간적으로나 장소적으로 협동관계에 있다고 볼 정도에 이르면 된다."라고 하였습니다(대법원 1998. 2. 27. 선고 97도1757 판결).

◆ 단순강간으로 강간치상죄가 된 경우 특정강력범죄에 해당하는지?

질문 ➡ 김갑돌은 7년 전 흉기 등 위험한 물건을 휴대하거나 2인 이상
이 합동하여 범한 것은 아니지만 이을녀를 강간하여 전치 3주
의 상해를 입혀 강간치상죄로 실형을 선고받아 형의 집행을 받
았는데, 최근 다시 최병미를 강간하여 역시 강간치상죄를 범하
였습니다. 김갑돌은 최병미에게 사죄하고 손해를 배상한 후 합
의를 하였으므로 이러한 경우 집행유예가 가능한지요?

답변 ➡ 특정강력범죄의처벌에관한특례법 제5조에 의하여 집행유
예를 선고받을 수는 없을 것으로 보입니다.

　　단순 강간행위에 의하여 강간치사상죄가 된 경우 특정강
력범죄의처벌에관한특례법 제2조 제1항 제3호 소정의
「특정강력범죄」에 해당하는지에 관한 판례를 보면, "특
정강력범죄의처벌에관한특례법 제2조 제1항 제3호 소정
의 「특정강력범죄」라 함은 「형법 제32장의 정조에 관한
죄 중 흉기 기타 위험한 물건을 휴대하거나 2인 이상이
합동하여 범한 제297조(강간), 제298조(강제추행), 제
299조(준강간·준강제추행), 제300조(미수범), 제305조
(미성년자에 대한 간음·추행)의 죄 및 제301조(강간등에
의한치사상)의 죄」라고 규정하고 있어 형법 제301조의
죄를 앞서의 형법 제297조 내지 제300조, 제305조의 각
죄와 분리하여 규정하고 있고, 형법 제297조 내지 제300
조, 제305조의 각 죄는 모두 친고죄인 반면 형법 제301
조는 친고죄가 아닌 점 및 그 각 조문의 배열순서로 보
아, 「흉기 기타 위험한 물건을 휴대하거나 2인 이상이 합
동하여 범한」이라는 요건은 형법 제297조 내지 제300
조, 제305조의 각 죄에만 필요하고, 형법 제301조에는 필

요하지 아니한 것으로 해석함이 상당하므로, 형법 제301
조 소정의 강간치사상의 행위가 흉기 기타 위험한 물건을
휴대하거나 2인 이상이 합동하여 저질러진 경우뿐만 아니
라 단순 강간행위에 의하여 저질러진 경우라 하더라도,
그 범죄행위에 의하여 일단 상해 또는 사망이라는 중한
결과가 발생하면 그 강간치사상의 죄(형법 제301조의
죄)는 특정강력범죄의 처벌에 관한 특례법 제2조 제1항
제3호 소정의 특정강력범죄에 해당하는 것으로 보아야 한
다."라고 하였습니다(대법원 1996. 9. 20. 선고 96도1893
판결).

따라서 단순 강간행위에 의하여 범해진 강간치상죄는 위
특례법상의 특정강력범죄에 해당하여 위 특례법의 적용을
받게 될 것입니다.

그런데 특정강력범죄의 처벌에 관한 특례법 제3조는 "특
정강력범죄로 형(形)을 선고받고 그 집행이 끝나거나 면
제된 후 3년 이내에 다시 특정강력범죄를 범한 경우에는
그 죄에 대하여 정하여진 형의 장기(長期) 및 단기(短期)
의 2배까지 가중한다."라고 규정하고 있으며, 같은 법 제5
조는 "특정강력범죄로 형을 선고받고 그 집행이 끝나거나
면제된 후 10년이 지나지 아니한 사람이 다시 특정강력범
죄를 범한 경우에는 형의 집행을 유예하지 못한다."라고
규정하고 있습니다.

따라서 김갑돌이 종전의 강간치상죄로 형을 마치고 7년여
가 되었으므로 누범가중은 되지 않는다고 하더라도 특정
강력범죄의 처벌에 관한 특례법 제5조에 의하여 집행유예
를 선고받을 수는 없을 것으로 보입니다.

◆ 강간이 미수에 그친 경우에도 강간치상죄가 성립되는지?

질문 ➡ 김갑돌은 술을 마신 후 귀가 중 실수로 지나가는 동네 여자 이을녀를 폭행한 후 강간하려고 하다가 양심의 가책을 느껴 행위를 중지하고 이을녀를 귀가시켰습니다. 그런데 이을녀는 얼굴과 팔 등에 찰과상과 갈비뼈가 부러지는 등의 상해를 입고 김갑돌을 강간죄로 고소하였으며, 현재 강간치상죄로 구속기소된 상태입니다. 실제로 강간행위를 완성하지 아니하고 자의에 의하여 그 행위를 중단하였음에도 강간죄치상죄가 성립되는지요?

답변 ➡ 강간치상죄로 처벌될 가능성이 크다고 하겠습니다.

결과적 가중범이란 고의에 의한 기본범죄에 의하여 행위자가 예견하지 못했던 중한 결과가 발생한 경우에 그 형이 가중되는 범죄를 말합니다. 이는 중한 결과가 고의적인 기본범죄에 전형적으로 내포된 잠재적인 위험의 실현이라는 점에서 단순한 과실범보다 행위반가치가 크기 때문에 같은 결과를 실현한 경우보다 가중처벌 하는 것입니다. 이러한 결과적 가중범이 성립되기 위해서는 첫째로 고의의 기본범죄가 성립하여야 하는데, 기본범죄는 미수기수를 불문합니다. 따라서 기본범죄가 미수에 그친 때에도 결과적 가중범이 성립합니다. 판례도 "강간이 미수에 그친 경우라도 그 수단이 된 폭행에 의하여 피해자가 피해를 입었으면 강간치상죄가 성립하는 것이며, 미수에 그친 것이 피고인의 자의로 실행에 착수한 행위를 중지한 경우이든 실행에 착수하여 행위를 종료하지 못한 경우이든 가리지 않는다."라고 하여(대법원 1988. 11. 8. 선고 88도1628 판결 : 1999. 4. 9.선고, 99도519 판결), 기본범죄의 미수에 의하여 중한 결과가 발생한 경우에는 결과

적 가중범의 기수가 성립한다고 하고 있습니다. 둘째로
중한 결과가 발생하여야 합니다. 중한 결과는 과실에 의
한 경우가 대부분이지만, 부진정결과적 가중범의 경우에
는 고의에 의해서도 발생할 수 있습니다. 셋째로 행위와
결과사이에 인과관계가 인정되어야 하며 인과관계가 인정
된 후 중한 결과를 행위자에게 객관적으로 귀속시킬 수
있어야 합니다. 마지막으로 중한 결과에 대한 예견가능성
이 인정되어야 합니다(대법원 1984. 12. 11. 선고 84도
2183 판결, 1985. 4. 23. 선고 85도303 판결, 1982. 1.
12. 선고 81도1811 판결).

따라서 위 사안에서 김갑돌은 기본범죄인 강간죄가 비록
그의 자의에 의하여 중지되었다고 하여도 상해의 중한 결
과가 발생한 경우에 해당하므로, 강간치상죄로 처벌될 가
능성이 크다고 하겠습니다.

◈ 말다툼하면서 사기꾼이라고 한 경우 명예훼손죄가 성립되는지?

질문 ➡ 저는 동생의 교통사고로 병원에서 가해자측과 합의를 보려는 과정에서 상대방이 먼저 욕설을 하기에 이에 대응하여 「사기꾼」이라고 말하였습니다. 가해자는 저를 명예훼손죄로 고소한다고 하는데, 그 정도의 말로도 명예훼손죄가 성립되는지요?

답변 ➡   명예훼손죄라기 보다는 모욕죄가 문제될 것으로 보입니다.

형법 제307조에 의한 명예훼손죄의 구성요건을 보면 「공연히 사실(또는 허위사실)을 적시하여 사람의 명예를 훼손한 자」로 되어 있는바, 여기서 「공연히」라는 의미는 불특정 또는 다수인이 인식할 수 있는 상태에 있음을 의미하고 반드시 인식할 것을 요하지는 않습니다.

또한, 불특정인인 경우에는 수의 다소를 묻지 않고 다수인인 경우에는 그 다수인이 특정되어 있다 하더라도 관계없습니다.

판례는 "명예훼손죄의 구성요건인 공연성은 불특정 또는 다수인이 인식할 수 있는 상태를 의미하고, 비록 개별적으로 한 사람에 대하여 사실을 유포하였다고 하더라도 그로부터 불특정 또는 다수인에게 전파될 가능성이 있다면 공연성의 요건을 충족하지만, 이와 달리 전파될 가능성이 없다면 특정한 한 사람에 대한 사실의 유포는 공연성을 결한다."라고 하였습니다(대법원 2000. 5. 16. 선고 99도5622 판결).

그리고 「사실의 적시」란 사람의 사회적 가치 내지 평가를 저하시키는데 충분한 사실을 지적하는 것을 말하고 반드시 악한 행위, 추행을 지적할 것을 요하지 않고 널리 사회적 가치를 해할 만한 사실이면 되지만 경제적 가치를 저하시키는 것은 신용훼손죄가 성립되므로 제외되며, 특정인의 가치가 침해될 주장이 될 수 있을 정도로 구체적일 것이 요구되고 또한 피해자가 특정될 것이 필요합니다. 단순한 모욕적인 추상적 가치판단은 모욕죄를 구성할 뿐입니다.

그러므로 「사기꾼」 등의 말은 가치판단인 동시에 사실의 주장이 될 수도 있어 명예훼손죄에 해당될 수도 있지만, 단순한 「도둑놈, 사기꾼」 등의 모욕적인 말은 명예훼손에 해당하지 않고 모욕죄에 해당합니다.

따라서 귀하의 경우에는 거기에 있었던 사람의 수가 다수였다면 명예훼손죄라기보다는 모욕죄가 문제될 것으로 보입니다.

◆ 출판물 등에 의한 명예훼손죄는 공공의 이익을 위한 경우에도 처
  벌되는지?

질문 ➡ 저는 지방의 조그만 신문사의 기자입니다. 우리 지방에서 유명
한 기업을 운영하며 겉으로는 덕망 있는 자선사업가로 행세하
고 있지만 사실은 근로자들의 임금을 착취하는 등 나쁜 일을
서슴치 않고 있어 그 사람의 이름을 거론하며 비판하는 보도기
사를 얼마 전에 기사화한 사실이 있습니다. 저는 단순히 사회
에 경종을 울리려고 한 것인데, 상대방은 저를 출판물에 의한
명예훼손혐의로 고소하겠다고 합니다. 이 신문기사가 제가 처
벌받을 사유가 되는지요?

답변 ➡   위법성이 조각될 수 있을 것입니다.

출판물에 의한 명예훼손죄는 「사람을 비방할 목적으로」
신문, 잡지, 라디오, 기타 출판물에 의하여 「공연히」 「사
실을 적시하여」 사람의 명예를 훼손하는 죄입니다(형법
제309조 제1항). 이는 비방의 목적이라는 주관적 요소와
출판물에 의하므로 명예를 훼손할 가능성이 크다는 객관
적 요소 때문에 제307조의 명예훼손죄보다 형이 가중됩
니다. 그런데 형법 제307조 제1항의 명예훼손행위는 진실
한 사실로서 오로지 공공의 이익에 관한 것인 때에는 위
법성이 조각되나(형법 제310조), 형법 제309조 제1항의
출판물 등에 의한 명예훼손행위가 성립하려면 「비방할 목
적」으로 본죄를 저질러야 하므로 출판물에 의한 명예훼
손행위가 성립하면 형법 제310조가 적용될 여지가 없습
니다(대법원 1999. 9. 3. 선고 98도3150 판결).

그런데 관련 판례를 보면, "형법 제309조 제1항 소정의
「사람을 비방할 목적」이란 가해의 의사 내지 목적을 요
하는 것으로서 「공공의 이익을 위한 것」과는 행위자의

주관적 의도의 방향에 있어 「서로 상반되는 관계」에 있다고 할 것이므로, 형법 제310조의 공공의 이익에 관한 때에는 처벌하지 아니한다는 규정은 사람을 비방할 목적이 있어야 하는 형법 제309조 제1항 소정의 행위에 대하여는 적용되지 아니하고, 그 목적을 필요로 하지 않는 형법 제307조 제1항의 행위에 한하여 적용되는 것이고, 반면에 적시한 사실이 공공의 이익에 관한 것인 경우에는 특별한 사정이 없는 한 비방목적은 부인된다고 봄이 상당하므로 이와 같은 경우에는 형법 제307조 제1항 소정의 명예훼손죄의 성립여부가 문제될 수 있고 이에 대하여는 다시 형법 제310조에 의한 위법성조각여부가 문제로 될 수 있다."라고 하였습니다(대법원 1998. 10. 9. 선고 97도158 판결).

또한, "신문 등 언론매체의 어떠한 표현행위가 명예훼손과 관련하여 문제가 되는 경우 그 표현이 사실을 적시하는 것인가, 아니면 단순히 의견 또는 논평을 표명하는 것인가, 또는 의견 또는 논평을 표명하는 것이라면 그와 동시에 묵시적으로라도 그 전제가 되는 사실을 적시하고 있는 것인가 그렇지 아니한가의 구별은, 당해 기사의 객관적인 내용과 아울러 일반의 독자가 보통의 주의로 기사를 접하는 방법을 전제로 기사에 사용된 어휘의 통상적인 의미, 기사의 전체적인 흐름, 문구의 연결방법 등을 기준으로 판단하여야 하고, 여기에다가 당해 기사가 게재된 보다 넓은 문맥이나 배경이 되는 사회적 흐름 등도 함께 고려하여야 하며, 공연히 사실을 적시하여 사람의 명예를 훼손한 행위가 처벌되지 않기 위해서는 적시된 사실이 객관적으로 볼 때 공공의 이익에 관한 것으로서 행위자도 공공의 이익을 위하여 그 사실을 적시한 것이어야 될 뿐만 아니라, 그 적시된 사실이 진실한 것이거나 적어도 행위자가 그 사실을 진실한 것으로 믿었고, 또 그렇게 믿을 만한 상당한 이유가 있어야 하는 것인바, 여기에서 「진실한 사실」이란 그 내용전체의 취지를 살펴볼 때 중요한 부분이 객관적 사실과 합치되는 사실이라는 의미로서 세부(細部)에 있어 진실과 약간 차이가 나거나 다소 과장된 표현이 있더라도 무방한 것이며, 나아가 「공공의 이익」에는 널리 국가사회 기타 일반 다수인의 이익에 관한 것뿐만 아니라 특정한 사회집단이나 그 구성원 전체의 관심과 이익에 관한 것도 포함되는 것으로서, 적시된 사실이 공공의 이익에 관한 것인지 여부는 당해 적시사실의 내용과 성질, 당해 사실의 공표가 이루어진 상대방의 범위, 그 표현의 방법 등 그 표현자체에 관한 제반 사정을 감안함과 동시에 그 표현에 의하여 훼손되거나 훼손될 수 있는 명예의 침해정도 등을 비교·고려하여 결정하여야 하고, 행위자의 주요한 동기 내지 목적이 공공의 이익을 위한 것이라면 부수적으로 다른 사익적 목적이나 동기가 내포되어 있더라도 형법 제310조의 적용을 배제할 수 없고, 형법 제309조 소정의 「사람을 비방할 목적」이란 가해의 의사 내지 목적을 요하는 것으로서 공공의 이익을 위한 것과는 행위자의 주관적 의도의 방향에 있어 서로 상반되는 관계에 있다고 할 것이므로, 적시한 사실이 공공의 이익에 관한 것인 때에는 특별한 사정이 없는 한 비방의 목적은 부인된다."라고 하였습니다(대법원 2000. 2. 25. 선고 98도2188 판결).

따라서 귀하가 게재한 기사의 내용이 진실한 사실이고 사회에 경종을 울려 피해를 방지하도록 하자는 취지, 즉 공익을 위한 것이고 타인을 비방할 목적이 없었다면 비록 그 방법이 출판물에 의하였다고 하여도 출판물에 의한 명예훼손죄의 구성요건에 해당하는 것이 아니라 형법 제307조 제1항의 명예훼손죄의 구성요건에 해당되고 그렇다면 형법 제310조 "제307조 제1항의 행위가 진실한 사실로서 오로지 공공의 이익에 관한 때는 처벌하지 아니한다."는 규정이 적용되어 위법성이 조각될 수 있을 것입니다.

그리고 본죄는 피해자의 명시한 의사에 반하여 공소를 제기할 수 없는 반의사불벌죄이므로 상대방과 원만히 합의하여 해결함도 좋을 것입니다(형법 제312조).

◆ 피해자를 집합적 명사로 표현한 경우에도 명예훼손죄가 성립하는지?

질문 ➡️ 학부형인 김갑돌은 학부형들 다수가 모인 자리에서 지구중학교의 교총동지회소속 교사들이 학생들을 선동하여 무단하교 하도록 하였다는 허위의 사실을 말하였습니다. 이러한 경우 교총동지회소속 교사 중 1인인 박정인이 김갑돌을 명예훼손죄로 문제 삼을 수 있는지요?

답변 ➡️ 명예훼손되었다고 보아야 할 것으로 보입니다.

형법 제307조 제1항은 "공연히 사실을 적시하여 사람의 명예를 훼손한 자는 2년 이하의 징역이나 금고 또는 500만원이하의 벌금에 처한다."라고 규정하고 있으며, 같은 조 제2항은 "공연히 허위의 사실을 적시하여 사람의 명예를 훼손한 자는 5년 이하의 징역, 10년 이하의 자격정지 또는 1,000만원 이하의 벌금에 처한다."라고 규정하고 있습니다.

명예훼손죄는 어떤 특정한 사람 또는 인격을 보유하는 단체 등 피해자가 특정한 것일 때 성립하는데(대법원 1960. 11. 16. 선고 4293형상244 판결), 피해자를 집합적으로 표현한 경우에도 명예훼손죄가 성립하는지에 관한 판례를 보면, "명예훼손죄는 어떤 특정한 사람 또는 인격을 보유하는 단체에 대하여 그 명예를 훼손함으로써 성립하는 것이므로 그 피해자는 특정한 것임을 요하고, 다만 서울시민 또는 경기도민이라 함과 같은 막연한 표시에 의해서는 명예훼손죄를 구성하지 아니한다 할 것이지만, 집합적 명사를 쓴 경우에도 그것에 의하여 그 범위에 속하는 특정인을 가리키는 것이 명백하면, 이를 각자의 명예를 훼손하는 행위라고 볼 수 있다."라고 하였습니다(대법원 2000. 10.

10. 선고 99도5407 판결).

따라서 위 사안에 있어서도 피해자를 교총동지회소속 교
사라고 집합적으로 표현하였지만, 교총동지회의 집단의
규모가 비교적 작고 그 구성원이 특정되어 있다면 김갑돌
이 교총동지회소속 교사들에 대한 허위의 사실을 적시함
으로써 교총동지회소속 교사들 모두에 대한 명예가 훼손
되었다고 할 것이고, 교총동지회소속 교사인 박정인의 명
예 역시 훼손되었다고 보아야 할 것으로 보입니다.

◆ 컴퓨터로 작성된 A4용지의 인쇄물이 출판물등에의한명예훼손의 기타 출판물인지?

질문 ➡️ 김갑돌은 허위의 사실을 들어 이을남을 비방하는 내용의 인쇄물(컴퓨터의 워드프로세서로 작성되어 프린트된 A4용지 5쪽 분량의 인쇄물)을 직장 내에서 다량 배포하였습니다. 이러한 경우 김갑돌의 위와 같은 행위가 출판물 등에 의한 명예훼손죄가 될 수 있는지요?

답변 ➡️ 출판물 등에 의한 명예훼손죄가 성립되지는 않을 것으로 보입니다.

형법 제307조에서는 "① 공연히 사실을 적시하여 사람의 명예를 훼손한 자는 2년 이하의 징역이나 금고 또는 500만원이하의 벌금에 처한다. ② 공연히 허위의 사실을 적시하여 사람의 명예를 훼손한 자는 5년 이하의 징역, 10년 이하의 자격정지 또는 1,000만원 이하의 벌금에 처한다."라고 규정하고 있으며, 형법 제309조에서는 "① 사람을 비방할 목적으로 신문, 잡지 또는 라디오 기타 출판물에 의하여 제307조 제1항의 죄를 범한 자는 3년 이하의 징역이나 금고 또는 700만원 이하의 벌금에 처한다. ② 제1항의 방법으로 제307조 제2항의 죄를 범한 자는 7년 이하의 징역, 10년 이하의 자격정지 또는 1,500만원의 벌금에 처한다."라고 규정하고 있습니다. 또한, 형법 제310조는 "제307조 제1항의 행위가 진실한 사실로서 오로지 공공의 이익에 관한 때에는 처벌하지 아니한다."라고 규정하고 있습니다.

이처럼 명예훼손죄와 출판물 등에 의한 명예훼손죄는 그 형량이 다르고, 형법 제310조에 의한 위법성조각사유도 출판물 등에 의한 명예훼손죄에는 그 적용이 없습니다.

그런데 형법 제309조의 「기타 출판물」과 관련된 판례를 보면, "형법이 출판물 등에 의한 명예훼손죄를 일반 명예훼손죄보다 중벌 하는 이유는 사실적시의 방법으로서의 출판물 등의 이용이 그 성질상 다수인이 견문할 수 있는 높은 전파성과 신뢰성 및 장기간의 보존가능성 등 피해자에 대한 법익침해의 정도가 더욱 크다는 데 있는 점에 비추어 보면, 형법 제309조 제1항 소정의 「기타 출판물」에 해당한다고 하기 위해서는 그것이 등록·출판된 제본인쇄물이나 제작물은 아니라고 할지라도 적어도 그와 같은 정도의 효용과 기능을 가지고 사실상 출판물로 유통·통용될 수 있는 외관을 가진 인쇄물로 볼 수 있어야 한다."라고 하면서 컴퓨터 워드프로세서로 작성되어 프린트된 A4용지 7쪽 분량의 인쇄물이 형법 제309조 제1항 소정의 「기타 출판물」에 해당하지 않는다고 본 사례가 있습니다(대법원 2000. 2. 11. 선고 99도3048 판결, 1998. 10. 9. 선고 97도158 판결).

따라서 위 사안에서 김갑돌의 행위도 명예훼손죄가 문제되는 것은 별론으로 하고, 출판물 등에 의한 명예훼손죄가 성립되지는 않을 것으로 보입니다.

◆ 임대인이 명도요구하면서 식당의 영업을 방해한 경우 업무방해죄가 되는지?

> **질문 ➡** 저는 김갑돌의 건물을 임차한 이을녀로부터 건물주의 동의 없이 건물을 전차(轉借)하여 2년간 식당을 운영하고 있으며 지금까지 아무 말 없던 건물주 김갑돌이 임차인 이을녀와 3년 간의 임대기간이 만료되었으니 건물을 명도 하여 달라고 요구하였습니다. 저는 다른 건물을 물색할 때까지 1개월 간만 여유를 달라고 사정하였으나 김갑돌은 그 날 저녁 식당내의 의자와 탁자 등을 모두 들어낸 후 새로 만들어온 열쇠로 식당문을 잠궈 영업을 하지 못하게 하여 많은 피해를 보았습니다. 이 경우 제가 건물주 김갑돌을 고소하여 형사처벌을 받게 할 수는 없는지요?

답변 ➡   임대인은 업무방해죄에 의하여 처벌을 받게 될 것입니다.

업무방해죄에 대하여 형법 제314조는 허위의 사실을 유포하거나 기타 위계 또는 위력으로써 사람의 업무를 방해한 자는 5년 이하의 징역 또는 1,500만원 이하의 벌금에 처한다고 규정하고 있습니다.

위 규정에서의 「업무」 라 함은 공무집행방해죄로 처벌할 수 있도록 별도로 규정(형법 제136조)한 공무를 제외한 그 외의 직업(정신적이거나 경제적이거나를 불문하고 널리 사람이 그 생활상의 지위에 기하여 계속적으로 종사하는 사무나 사업을 의미하는 것으로 주된 업무뿐만 아니라 이와 밀접·불가분한 관계에 있는 부수적인 업무도 포함하는 것)으로 해석할 수 있습니다.

귀하가 임대인인 건물주 김갑돌의 승낙 없이 그 임차인으로부터 위 식당건물을 전차(轉借)하였기 때문에 그 전대차로써 임대인에게 대항할 수 없다고 하더라도(민법 제629조 제1항), 전차인인 귀하가 불법침탈 등의 방법에 의하여 위 식당건물의 점유를 개시한 것이 아니고 2년 간 평온하게 식당영업을 하면서 점유를 계속하여 온 이상, 김갑돌로서는 마땅히 정당한 소송절차에 의하여 점유를 회복하여야 할 것입니다. 그런데 김갑돌이 그 임차인과의 임대기간이 만료되었다는 사유만으로 귀하소유의 의자, 탁자 등을 들어내고 새로 만들어온 열쇠로 식당문을 잠궈 영업을 하지 못하게 한 행위는 결코 사회상규에 위배되지 않는 정당한 행위이거나 자구행위에 해당한다고 볼 수 없다고 할 것이므로(대법원 1986. 12. 23. 선고 86도1372 판결), 건물주 김갑돌은 업무방해죄에 의하여 처벌을 받게 될 것입니다.

◈ 순수한 예상문제를 선정하여 교습생 등에게 준 행위가 업무방해
　행위인지?

질문 ➡ 김갑돌은 학원을 경영하는 자로서 교습생들이 재학하는 미래사
립고등학교의 교재를 입수하여 출제가 예상되는 중간고사 예상
문제를 선정하여 교습생들에게 교부하였습니다. 그런데 그 예
상문제가 상당수 출제되었습니다. 이러한 경우 김갑돌의 위와
같은 행위가 미래사립고등학교 출제위원회의 업무를 방해한 것
이 되는지요?

답변 ➡ 　업무방해죄가 성립된다고 하기 어려울 것으로 보입니다.

　형법 제314조에서는 허위의 사실을 유포하거나 기타 위
계 또는 위력으로써 사람의 업무를 방해한 자는 5년 이하
의 징역 또는 1,500만원 이하의 벌금에 처한다고 규정하
고 있습니다.

　그런데 순수한 예상문제를 선정하여 수험생이나 그 교습
자에게 주는 행위가 시험실시업무를 방해하는 행위인지에
관한 판례를 보면, "객관적으로 보아 당해 출제교사가 출
제할 것이라고 예측되는 순수한 예상문제를 선정하여 수
험생이나 그 교습자에게 주는 행위를 가지고 시험실시업
무를 방해하는 행위라고 할 수는 없다."라고 하였습니다
(대법원 1999. 12. 10. 선고 99도3487 판결).

　따라서 김갑돌이 순수한 예상문제를 교습생들에게 교부한
행위만으로는 업무방해죄가 성립된다고 하기 어려울 것으
로 보입니다.

◆ 계약해제 후 공사중단시 도급인이 수급인소유 공사자재 옮긴 때
　　업무방해죄여부

질문 ➡ 김갑돌은 이을남에게 건물신축공사를 도급하였다가 이을남의 도급계약위반으로 인하여 상당기간을 정하여 계약이행을 촉구하였으나 응하지 않으므로 계약을 해제하였으나, 이을남은 공사현장에 그의 소유인 건축자재를 그대로 방치해 두어 김갑돌이 직접 공사를 하려고 하여도 할 수 없으므로 이을남 소유 건축자재를 일정한 장소로 옮겼습니다. 그런데 이을남은 김갑돌을 업무방해죄로 고소하겠다고 하는바, 이 경우 업무방해죄가 성립되는지요?)

답변 ➡　공사업무를 방해하였다고 할 수 없을 것으로 보입니다.

형법 제314조에서는 허위의 사실을 유포하거나 기타 위계 또는 위력으로써 사람의 업무를 방해한 자는 5년 이하의 징역 또는 1,500만원 이하의 벌금에 처한다고 규정하고 있습니다.

그런데 위 사안과 유사한 경우에 대한 판례를 보면, "도급인의 공사계약해제가 적법하고 수급인이 스스로 공사를 중단한 상태에서 도급인이 공사현장에 남아 있는 수급인 소유의 공사자재 등을 다른 곳에 옮겨 놓았다고 하여 도급인이 수급인의 공사업무를 방해한 것으로 볼 수는 없다."라고 하였습니다(대법원 1999. 1. 29. 선고 98도3240 판결).

그리고 수급인의 이행지체로 인한 도급계약의 해제에 관하여 판례를 보면, "공사도급계약에 있어서 수급인의 공사중단이나 공사지연으로 인하여 약정된 공사기한내의 공사완공이 불가능하다는 것이 명백하여진 경우에는 도급인은 그 공사기한이 도래하기 전이라도 계약을 해제할 수 있지

만, 그에 앞서 수급인에 대하여 위 공사기한으로부터 상
당한 기간 내에 완공할 것을 최고하여야 하고, 다만 예외
저으로 수급인이 미리 이행하지 아니한 의사를 표시한 때
에는 위와 같은 최고 없이도 계약을 해제할 수 있다."라고
하였습니다(대법원 1996. 10. 25. 선고 96다21393 판
결).

따라서 위 사안에서 이을남이 이행지체를 하여 김갑돌이
상당기간 내에 이행할 것을 최고하였음에도 이행을 하지
않아서 계약을 해제한 것이라면 김갑돌의 도급계약해제는
적법한 것으로 보아야 할 것이며, 그러한 상태에서 이을
남이 스스로 공사를 중단한 채 건축자재를 방치해두고 있
었다면 김갑돌이 공사의 계속을 위하여 이을남 소유의 건
축자재를 옮겼다면 김갑돌에게 이을남의 공사업무를 방해
하였다고 할 수 없을 것으로 보입니다.

◆ 타인의 책상서랍을 열고 편지를 훔쳐보았을 경우 어떤 죄가 성립되는
지?

질문 ➡ 국제무역회사 총무과에 근무하는 남자직원 이을남은 동료직원
들이 퇴근한 후 혼자 남아 동료 여직원 최병미의 잠겨있는 책
상서랍을 열고 남자친구로부터 받은 편지 등을 훔쳐보았습니
다. 이 경우 형법상 어떤 죄에 해당되는지요?

답변 ➡   비밀침해죄가 성립된다 하겠습니다.

비밀침해죄에 관하여 형법 제316조는 "봉함(封緘) 기타
비밀장치한 사람의 신서(信書), 문서 또는 도서를 개봉
(開封)한 자는 3년 이하의 징역이나 금고 또는 300만원
이하의 벌금에 처한다."라고 규정하고 있습니다.

비밀침해죄에 있어서 신서란 「특정인으로부터 다른 특정
인에게 의사를 전달하는 문서」를 말하므로, 여기서의 편
지도 일종의 신서에 해당된다고 볼 수 있습니다.

봉투 등을 뜯지 않고 단순히 내용을 그냥 육안으로 불빛
에 투시해보는 것은 위 규정의 「개봉」에 해당되지 않으
나 투시기 등의 기술적 수단을 이용한 경우는 비밀침해죄
로 처벌받을 수 있으며, 책상서랍에 잠금장치가 되어 있
지 않았을 경우라 해도 편지가 봉함되어 있는 것을 뜯어
읽어보는 행위는 위 죄가 성립됩니다.

따라서 위 사안에서 타인의 잠금장치된 책상서랍을 열고
편지를 훔쳐 본 이을남의 행위는 비밀침해죄가 성립된다
하겠습니다.

다만, 비밀침해죄는 친고죄(親告罪)이므로 피해자 최병미
또는 최병미의 남자친구의 고소가 있어야 처벌이 가능합
니다(형법 제318조).

◆ 퇴직한 회사에 퇴직 전 갖고 있던 열쇠로 야간에 들어간 경우 형사
  책임

질문 ➡ 저는 국제무역주식회사 경리담당대리로 근무하며 회사의 자재
구입대금을 일시 사용하였다는 이유로 경위서를 작성하였고 그
며칠 후 인사위원회로부터 해고처분을 받았습니다. 그런데 그
경위서가 다른 회사에 취업하는데 악영향을 미칠까 두려운데,
제가 회사를 그만두면서 반납하지 않고 갖고 나온 사무실 열쇠
를 이용하여 야간에 몰래 들어가 그 경위서를 가지고 나온다면
저에게는 무슨 죄가 적용되는지요?

답변 ➡ 결론부터 말하자면 귀하의 행위는 야간주거침입절도죄의
적용을 받게 될 것입니다(형법 제330조).

귀하가 회사에 계속 재직중인 자라면 회사로 볼 때 귀하
가 야간에 사적으로 열쇠를 이용하여 회사에 들어가는 것
에 대하여 하등의 이의를 달지는 않을 것입니다. 물론 회
사에 재직중일지라도 회사의 물건을 훔칠 의도로 들어갔
다면 야간주거침입절도죄가 성립합니다.

그런데 현재 귀하는 회사의 직원이 아니므로 회사사무실
에 승낙 없이 들어가는 것은 바로 회사주거권의 침해가
되며, 이런 경우 주거침입죄가 성립합니다. 또한, 귀하가
회사에 제출한 경위서는 귀하가 자필로 써서 회사에 제출
하였다고 하지만 이미 그 경위서는 회사의 소유이지 귀하
의 소유가 아니라 할 것입니다. 그렇기 때문에 회사의 의
사에 반하여 그것을 몰래 가져온다면 절도죄가 성립하게
됩니다.

귀하의 이러한 2개의 행위가 결합하여서 적용되는 법규가
형법 제330조의 야간주거침입절도죄인 것입니다. 그러므
로 귀하는 그러한 행동을 자제하여야 할 것입니다.

◆ 주거침입 강간하여 상해입힌 경우 성폭력범죄처벌법위반 외에 주
거침입죄가 되는지?

질문 ➡ 김갑돌은 주간에 아파트의 문이 열린 것을 이용하여 이을남의
주거에 침입하여 이을남의 처를 강간하고 이을남의 처에게 전
치 3주의 상해를 입혔는바, 이러한 경우 김갑돌이 성폭력범죄
의 처벌 등에 관한 특례법 제5조 제1항 위반죄로 처벌받
는 이외에 주거침입죄는 인정되지 않는지요?

답변 ➡ 별도로 주거침입죄가 성립되지는 않을 것으로 보입니다.

위 사안과 관련된 형법규정을 살펴보면, 성폭력범죄의 처
벌 등에 관한 특례법(약칭 성폭력범죄처벌법) 제3조 제1
항에서는 형법 제319조 제1항(주거침입죄)의 죄를 범한
자가 형법 제297조(강간)의 죄를 범한 때에는 무기 또는
5년 이상의 징역에 처한다고 규정하고 있으며, 성폭력범
죄의 처벌 등에 관한 특례법 제8조 제1항은 제3조 제1항
의 죄를 범한 자가 사람을 상해하거나 상해에 이르게 한
때에는 무기 또는 10년 이상의 징역에 처한다고 규정하고
있습니다.

주거에 침입하여 피해자를 강간하고 상해를 입힌 경우 폭
력범죄의 처벌 등에 관한 특례법 제8조 제1항의 위반죄
이외에 별개로 주거침입죄가 성립되는지에 관하여 판례를
살펴보면, "성폭력범죄의처벌및피해자보호등에관한법률 제
5조 제1항은 형법 제319조 제1항의 죄를 범한 자가 강간
의 죄를 범한 경우를 규정하고 있고, 성폭력범죄의처벌및
피해자보호등에관한법률 제9조 제1항은 성폭력범죄의처벌
및피해자보호등에관한법률 제5조 제1항의 죄와 성폭력범
죄의처벌및피해자보호등에관한법률 제6조의 죄에 대한 결
과적 가중범을 동일한 구성요건에 규정하고 있으므로, 피

해자의 방안에 침입하여 식칼로 위협하여 반항을 억압한 다음 피해자를 강간하여 상해를 입히게 한 피고인의 행위는 그 전체가 포괄하여 성폭력범죄의처벌및피해자보호등에관한법률 제9조 제1항의 죄를 구성할 뿐이지, 그 중 주거침입의 행위가 나머지 행위와 별도로 주거침입죄를 구성한다고는 볼 수 없다."라고 하였습니다(대법원 1999. 4. 23. 선고 99도354 판결).

그러므로 위 사안에서도 김갑돌은 폭력범죄의 처벌 등에 관한 특례법 제8조 제1항 위반으로 처벌될 것이지만, 별도로 주거침입죄가 성립되지는 않을 것으로 보입니다.

◆ 물건을 훔치려고 타인의 주거에 침입한 즉시 도망나온 경우에도 처벌받는지?

> **질문** ➡️ 저의 아들은 나쁜 친구들과 어울려 다니던 중 대문이 열려 있는 남의 집에 물건을 훔치려고 들어가다가 마당에서 주인에게 들켜 도망쳐 나왔다고 합니다. 아무런 일이 없을 줄 알았는데 경찰관이 와서 제 아들을 연행해갔습니다. 아무런 피해를 주지 않았는데 이 경우에도 죄가 되는지요?

답변 ➡️ 주거침입행위가 주간에 이루어졌다면 주거침입죄로만 처벌받게 될 것으로 보여집니다.

귀하의 아들이 남의 집에 물건을 훔치려고 들어 간 것은 그 자체로도 형법상의 주거침입죄에 해당합니다(형법 제319조 제1항).

여기서 남의 집에 물건을 훔치려고 들어간 행위에 대해 절도죄가 성립되느냐가 문제인데, 위 사안에서 주거침입행위가 야간에 이루어졌다면 바로 절도죄의 실행에 착수하였다고 할 수 있습니다. 야간주거침입절도죄의 실행의 착수시기와 관련하여 판례를 보면, "야간에 타인의 재물을 절취할 목적으로 주거에 침입한 경우에는 주거에 침입한 단계에서 이미 실행에 착수한 것이라고 볼 것이다."라고 하였습니다(대법원 1984. 12. 26. 선고 84도2433 판결). 다만, 절도의 결과가 발생하지 않았으므로 야간주거침입절도죄의 미수범으로 처벌받게 될 것입니다(형법 제342조).

그러나 주간에 절도의 목적으로 타인의 주거에 침입한 경우에 절도죄의 실행의 착수시기에 관한 판례를 보면, "절도죄의 실행의 착수시기는 재물에 대한 타인의 사실상의 지배를 침해하는 데에 밀접한 행위를 개시한 때라고 보아야 하므로, 야간이 아닌 주간에 절도의 목적으로 타인의 주거에 침입하였다고 하여도 아직 절취한 물건의 물색행위를 시작하기 전이라면 주거침입죄만 성립할 뿐 절도죄의 실행에 착수한 것으로 볼 수 없는 것이어서 절도미수죄는 성립하지 않는다."라고 하였으며(대법원 1992. 9. 8. 선고 92도1650 판결), 절도의 목적으로 피해자의 집 현관을 통하여 그 집 마루 위에 올라서서 창고문 쪽으로 향하다가 피해자에게 발각·체포되었다면 아직 절도행위의 실행에 착수하였다고 볼 수 없다."라고 하였습니다(대법원 1986. 10. 28. 선고 86도1753 판결).

따라서 주거침입행위가 주간에 이루어졌다면 귀하의 아들은 주거침입죄로만 처벌받게 될 것으로 보여집니다.

◈ 과대광고를 게재하여 침대를 판매할 경우 사기죄가 성립되는지?

질문 ➡ 저는 인체공학적으로 설계되어 신경통환자에게 특히 효과가 있다는 신문광고를 보고 백화점에서 미국주식회사 침대를 400만원에 구입하였습니다. 그 후 신문에서 위 침대가 "인체공학적으로 설계되어 있으나 그 외 특징적인 것이 없어 70만원 상당의 보통침대와 다를 것이 없다."라는 기사를 읽었습니다. 이 경우 미국주식회사를 사기죄로 고소할 수 있는지요?

답변 ➡　　형법 제347조의 사기죄의 구성요건에 해당된다고도 볼 여지도 있으므로 사기죄로 고소해볼 수 있을 것입니다.

　　일상생활에 있어서 상인이 상품을 판매할 때 상품의 광고선전에 다소의 과장이 수반되는 것은 일반적 현상이므로, 사회생활에 있어서 일반적으로 시인되는 정도의 선전이나 광고는 경범죄처벌법 제1조 제11호(허위광고), 약사법 제63조(과대광고 등의 금지)의 규율대상은 될지언정 사기죄는 성립되지 않는다고 할 것입니다. 즉 사회생활에 있어서 일반적으로 시인되는 정도의 선전·광고이냐에 대해서 상거래관행이나 신의성실의 원칙을 그 판단기준으로 삼고 있습니다.

　　판례도 "사기죄의 요건으로서의 기망(欺罔)은 널리 재산상의 거래관계에 있어서 서로 지켜야 할 신의와 성실의 의무를 저버리는 모든 적극적 및 소극적 행위로서 사람으로 하여금 착오를 일으키게 하는 것을 말하며, 사기죄의 본질은 기망에 의한 재물이나 재산상 이익의 취득에 있고, 상대방에게 현실적으로 재산상 손해가 발생함을 그 요건으로 하지 아니하는바, 일반적으로 상품의 선전광고에 있어 다소의 과장, 허위가 수반되는 것은 그것이 일반 상거래의 관행과 신의칙에 비추어 시인될 수 있는 한 기망성이 결여된다고 하겠으나 거래에 있어서 중요한 사항에 관하여 구체적 사신을 거래상 신의성실의 의무에 비추어 비난받을 정도의 방법으로 허위로 고지한 경우에는 과장, 허위광고의 한계를 넘어 사기죄의 기망행위에 해당한다."라고 하였습니다(대법원 1997. 9. 9. 선고 97도1561 판결).

따라서 신문보도가 사실이라면 인체공학적으로 설계되어 특히 "신경통환자에게 효험이 있다."는 과대광고를 통하여 고객인 귀하에게 시가 70만원 상당의 침대를 400만원에 판매한 사실은 사회생활에 있어서 신의성실의 원칙에 비추어 볼 때 일반적으로 시인될 수 있을 정도의 과대광고라 보기 어렵고, 더구나 신경통환자에게 효험이 있다는 부분은 거래상 중요한 사항이므로 이와 같은 허위의 광고를 통하여 고객을 유혹한 것은 비난받아 마땅한바, 모든 사정을 종합해 볼 때 기망에 해당된다고 할 수 있어 형법 제347조의 사기죄의 구성요건에 해당된다고도 볼 여지도 있으므로 사기죄로 고소해볼 수 있을 것입니다.

◆ 부녀를 기망하여 성행위 대가의 지급을 면한 경우 사기죄의 성립
  여부

질문 ➡ 김갑순은 대가를 지불 받기로 하고 이을남과 성행위를 하였습
니다. 그런데 이을남은 지불하기로 약정한 대가를 단 한푼도
지급하지 않았는데, 위와 같이 부녀가 상대방으로부터 금품이
나 재산상 이익을 받을 것으로 약속하고 성행위를 하는 약속
자체는 선량한 풍속 기타 사회질서에 위반한 사항을 내용으로
하는 법률행위로서 무효가 되어 그 대가의 지급을 청구할 수
없다고 합니다. 이 경우 이을남을 사기죄로 처벌받도록 할 수
도 없는지요?

답변 ➡ 김갑순은 이을남을 사기죄로 고소하여 볼 수 있을 것으로
보입니다.

사기죄에 관하여 형법 제347조 제1항에서는 "사람을 기망
하여 재물의 교부를 받거나 재산상의 이익을 취득한 자는
10년 이하의 징역 또는 2천만원 이하의 벌금에 처한다."
라고 규정하고 있습니다.

그런데 반사회질서의 법률행위에 관하여 민법 제103조에
서는 "선량한 풍속 기타 사회질서에 위반한 사항을 내용
으로 하는 법률행위는 무효로 한다."라고 규정하고 있으
며, 특정인을 상대로 금품 기타 재산상의 이익을 받거나
받을 것을 약속하고 성행위를 하는 것은 선량한 풍속 기
타 사회질서에 위반한 사항을 내용으로 하는 법률행위에
해당되어 무효라고 할 것이므로, 위 사안에서도 김갑순의
위와 같은 행위는 무효가 될 것입니다.

그러므로 김갑순이 이을남을 상대로 민사상 위와 같은 성
행위의 대가를 청구할 수는 없을 것으로 보이는바, 그렇다
면 이을남을 사기죄로 처벌할 수도 없는지 문제됩니다.

이와 관련된 판례를 보면, "일반적으로 부녀와의 성행위
자체는 경제적으로 평가할 수 없고, 부녀가 상대방으로부
터 금품이나 재산상 이익을 받을 것으로 약속하고 성행위
를 하는 약속 자체는 선량한 풍속 기타 사회질서에 위반
한 사항을 내용으로 하는 법률행위로서 무효이지만, 사기
죄의 객체가 되는 재산상의 이익이 반드시 사법상 보호되
는 경제적 이익만을 의미하지 아니하고, 부녀가 금품 등
을 받을 것을 전제로 성행위를 하는 경우 그 행위의 대가
는 사기죄의 객체인 경제적 이익에 해당하므로, 부녀를
기망하여 성행위 대가의 지급을 면하는 경우 사기죄가 성
립된다."라고 하였습니다(대법원 2001. 10. 23. 선고
2001도2991 판결).

따라서 위 사안에서 김갑순은 이을남을 사기죄로 고소하
여 볼 수 있을 것으로 보입니다.

◆ 피해자를 속여 받은 인감증명서등으로 부동산소유권이전등기한 경우 사기죄의 성립여부

> **질문 ➡** 김갑돌은 이을녀로부터 토지를 매수하기로 계약을 체결한 후 계약금 및 중도금을 지급하고 나머지 잔금을 지급하지 않은 상태에서 이을녀에게 형질변경 및 건축허가를 받는 데에 반드시 필요하니 부동산매도용인감증명서 및 확인서면을 자신에게 건네주면 위 용도로만 사용하겠다고 거짓말하여, 이에 속은 이을녀로부터 즉석에서 부동산매도용인감증명서 및 등기의무자본인확인서면을 교부받은 후 이를 이용하여 김갑돌 명의로 위 토지의 소유권이전등기를 경료하였습니다. 이 경우 김갑돌을 사기죄로 처벌할 수 있는지요?

답변 ➡   사기죄를 범하였다고 할 수는 없을 것으로 보입니다.

사기죄에 관하여 형법 제347조 제1항에서는 "사람을 기망하여 재물의 교부를 받거나 재산상의 이익을 취득한 자는 10년 이하의 징역 또는 2천만원 이하의 벌금에 처한다."라고 규정하고 있습니다.

그런데 위 사안과 관련된 판례를 보면, "사기죄는 타인을 기망하여 착오에 빠뜨리고 그로 인한 처분행위로 재물의 교부를 받거나 재산상의 이익을 취득한 때에 성립하는 것이므로, 피고인이 피해자에게 부동산매도용인감증명 및 등기의무자본인확인서면의 진실한 용도를 속이고 그 서류들을 교부받아 피고인 등 명의로 위 부동산에 관한 소유권이전등기를 경료하였다 하여도 피해자의 위 부동산에 관한 처분행위가 있었다고 할 수 없을 것이고, 따라서 사기죄를 구성하지 않는다."라고 하였습니다(대법원 2001. 7. 13. 선고 2001도1289 판결, 1990. 2. 27. 선고 89도335 판결).

그렇다면 위 사안에서도 김갑돌이 단순히 이을녀를 속여 교부받은 인감증명서 등으로 등기소요서류를 작성하여 피해지소유의 부동산에 관한 소유권이전등기를 마친 것만으로는 다른 범죄의 성립여부는 별론으로 하고 김갑돌이 사기죄를 범하였다고 할 수는 없을 것으로 보입니다.

◆ 아들 낳는 시술을 받았으나 효과가 없었던 경우 의사의 형사책임

질문 ➡ 저는 3대 독자인 남편과 혼인하여 3명의 딸을 두고 있어 아들 낳기를 고심하던 중 김갑돌이 운영하는 병원에서 시술을 받으면 아들을 낳을 수 있다는 소문을 들었습니다. 저는 김갑돌의 병원에 찾아가 김갑돌에게 "아들을 낳고 싶다."라고 하면서 김갑돌로부터 일련의 시술과 처방을 받고 의료수가 및 약값 명목으로 금원을 지불하였으나 아무런 효과가 없었습니다. 이 경우 김갑돌에게 형사상 죄책을 물을 수 있는지요?

답변 ➡ 사기죄가 성립할 수 있을 것으로 생각됩니다.

만약 김갑돌이 재물을 편취할 목적으로 귀하를 기망(欺罔)하여 시술을 받게 하고 돈을 받았다면 사기죄가 성립할 수 있습니다.

사기죄의 요건으로서의 기망은 널리 재산상의 거래관계에 있어 서로 지켜야 할 신의와 성실의 의무를 저버리는 모든 적극적 또는 소극적 행위를 말하는 것이고 이러한 소극적 행위로서의 부작위에 의한 기망은 법률상 고지의무 있는 자가 일정한 사실에 관하여 상대방이 착오에 빠져 있음을 알면서도 이를 고지하지 아니함을 말하는 것으로서 일반거래의 경험칙상 상대방이 그 사실을 알았더라면 당해 법률행위를 하지 않았을 것이 명백한 경우에는 신의칙(信義則)에 비추어 그 사실을 고지할 법률상 의무가 인정된다 할 것입니다(대법원 1998. 4. 14. 선고 98도231 판결, 1998. 12. 8. 선고 98도3263 판결, 1999. 2. 12. 선고 98도3549 판결).

이러한 취지에서 본다면 김갑돌이 자신이 운영하는 병원에 내원한 피해자들에게 아들을 낳는 방법이라고 하여 시행한 일련의 시술과 처방 전체가 아들 낳기에 필요한 것처럼 사실과 달리 설명하거나 위 병원에 내원할 때에 이

미 김갑돌로부터 어떠한 시술을 받으면 아들을 낳을 수 있을 것이라는 착오에 빠져 있는 피해자들에게 사실대로 설명하지 아니한 채 마치 그 시술 등의 전체가 아들을 낳기에 필요한 것처럼 시술 등을 행하고 피해자들로부터 의료수가 및 약값 명목으로 금원을 수령하였다면, 설사 김갑돌이 피해자들에게 아들을 갖기 위하여 부부관계를 할 시기와 그 전에 취하여야 할 조치 등에 관하여 피해자들에게 설명한 내용이 의학상 허위라고 단정할 수 없는 부분이 포함되어 있다 하더라도, 김갑돌이 직접 피해자들에게 그 시술 등의 전체가 아들 낳기에 필요한 것처럼 거짓말을 한 경우에 이러한 김갑돌의 행위가 피해자들로 하여금 그 시술 등의 효과와 원리에 관하여 착오에 빠뜨려 김갑돌로부터 아들 낳기 시술을 받도록 하는 것으로서 기망행위에 해당함은 물론이고, 위 병원에 내원할 당시 이미 착오에 빠져있는 피해자들의 경우에도 만일 김갑돌이 사실대로 고지하였다면 그들이 김갑돌로부터 그와 같은 시술을 받지 아니하였을 것임이 명백한 경우 김갑돌로서는 그들에게 우선 시술의 효과와 원리에 관하여 사실대로 고지하여야 할 법률상 의무가 있다고 할 것임에도 불구하고, 피해자들이 착오에 빠져있음을 알면서도 이를 고지하지 아니한 채 마치 위와 같은 시술행위 전체가 아들을 낳을 수 있도록 하는 시술인 것처럼 가장하여 같은 시술을 한 것은 고지할 사실을 묵비(黙秘)함으로써 피해자들을 기망한 행위에 해당한다 할 것입니다(대법원 2000. 1. 28. 선고 99도2884 판결).

따라서 위 사안과 같은 경우 김갑돌은 형사상 사기죄가 성립할 수 있을 것으로 생각됩니다.

◆ 원인관계 소멸한 약속어음공정증서에 기하여 강제집행을 하는 경우 사기죄성립여부

질문 ➡ 김갑돌은 이을녀로부터 600만원을 차용하면서 약속어음공정증서를 작성·교부하였고, 그 이후 그 돈을 모두 변제하였으나, 위 공정증서를 회수하지 않았습니다. 그런데 이을녀는 위 공정증서에 기하여 김갑돌의 유체동산에 압류를 하였으므로 김갑돌은 청구이의의 소를 제기하여 승소 후 강제집행이 취소되도록 하였습니다. 이 경우 이을녀에게 형사책임을 물을 수는 없는지요?

답변 ➡ 재산상 이득을 취득하지는 못하였으므로 사기죄의 미수가 성립되었다고 할 것입니다.

형법 제347조 제1항에서는 "사람을 기망(欺罔)하여 재물의 교부를 받거나 재산상의 이익을 취득한 자는 10년 이하의 징역 또는 2,000만원 이하의 벌금에 처한다."라고 규정하고 있습니다.

그런데 원인관계가 소멸한 약속어음공정증서에 기하여 강제집행을 하는 경우 사기죄가 성립될 수 있는지에 관한 판례를 보면, "채무자가 강제집행을 승낙한 취지의 기재가 있는 약속어음공정증서에 있어서 그 약속어음의 원인관계가 소멸하였음에도 불구하고, 약속어음공정증서정본을 소지하고 있음을 기화로 이를 근거로 하여 강제집행을 하였다면 사기죄를 구성한다."라고 하였습니다(대법원 1999. 12. 10. 선고 99도2213 판결). 이것은 채무가 소멸되었음에도 판결정본을 소지하고 있음을 기화로 그 판결정본을 근거로 강제집행을 한 경우에도 동일합니다(대법원 1992. 12. 22. 선고 92도2218 판결, 1988. 4. 12. 선고 87도2394 판결).

그런데 형법 제352조는 사기죄의 미수범도 처벌한다고 규정하고 있으며, 사기죄는 사람을 기망하여 착오에 빠뜨리게 하고 그로 인히여 재물의 교부 기타 재산적 처분행위를 하도록 하여 재물을 취득하거나 재산상의 이익을 취득하고 또는 제3자로 하여금 이를 취득케 함으로써 성립하는 것이고, 따라서 사기죄의 완성에는 기망의 결과 재물의 점유가 이전되거나 또는 재산상의 이익이 취득되는 것을 요한다 할 것인데(대법원 1982. 4. 13. 선고 80도2667 판결), 위 사안에서 이을녀는 김갑돌의 청구이의의 소송에서 패소하여 강제집행이 취소됨으로 인하여 재산상 이득을 취득하지는 못하였으므로 사기죄의 미수가 성립되었다고 할 것입니다.

◆ 주택임대인 임대차계약체결시 임차인에게 경매진행중인 사실 알리지 아니한 경우

질문 ➡️ 김갑돌은 이을남에게 주택을 임대하면서 이을남이 등기부를 열람해보지 않았음을 알고 그 주택이 이미 경매진행 중인 사실을 알리지 않고 임대차계약을 체결하였습니다. 그 후 이을남이 등기부를 열람해본 후 항의하자 김갑돌은 이을남이 등기부를 확인 또는 열람할 수 있었기 때문에 경매진행 중인 사실을 알릴 필요가 없었다고 항변하고 있습니다. 이 경우 김갑돌에게 형사책임을 물을 수 있는지요?

답변 ➡️ 사기죄가 문제될 수 있을 것으로 보입니다.

형법 제347조에서는 사기죄에 관하여 "① 사람을 기망(欺罔)하여 재물의 교부를 받거나 재산상의 이익을 취득한 자는 10년 이하의 징역 또는 2,000만원 이하의 벌금에 처한다. ② 전항의 방법으로 제3자로 하여금 재물의 교부를 받게 하거나 재산상의 이익을 취득하게 한 때에도 전항의 형과 같다."라고 규정하고 있습니다.

그런데 관련 판례를 보면, "사기죄의 요건으로서의 기망은 널리 재산상의 거래관계에 있어 서로 지켜야 할 신의와 성실의 의무를 저버리는 모든 적극적 또는 소극적 행위를 말하는 것이고, 이러한 소극적 행위로서의 부작위에 의한 기망은 법률상 고지의무 있는 자가 일정한 사실에 관하여 상대방이 착오에 빠져 있음을 알면서도 이를 고지하지 아니함을 말하는 것으로서, 일반거래의 경험칙상(經驗則上) 상대방이 그 사실을 알았더라면 당해 법률행위를 하지 않았을 것이 명백한 경우에는 신의칙(信義則)에 비추어 그 사실을 고지할 법률상 의무가 인정되는 것이다."라고 하였으며(대법원 1997. 9. 26. 선고 96도2531 판결, 1996. 7.

30. 선고 96도1081 판결, 1984. 9. 25. 선고 84도882 판결), "피해자가 임대차계약 당시 임차할 여관건물에 관하여 법원의 경매개시결정에 따른 경매절차가 이미 진행중인 사실을 알았더라면 그 건물에 관한 임대차계약을 체결하지 않았을 것임이 명백한 이상, 피고인은 신의칙상(信義則上) 피해자에게 이를 고지할 의무가 있다 할 것이고, 피해자 스스로 그 건물에 관한 등기부를 확인 또는 열람하는 것이 가능하다고 하여 결론을 달리 할 것은 아니다."라고 하여 사기죄의 성립을 인정한 판례가 있습니다(대법원 1998. 12. 8. 선고 98도3263 판결).

그러므로 위 사안에 있어서도 김갑돌은 사기죄가 문제될 수 있을 것으로 보입니다.

◈ 타인의 신용카드를 훔쳐 자동인출기에서 현금을 인출한 경우 어떤
  죄가 성립되는지?

질문 ➡ 김갑돌은 이을남의 주거에 침입한 후 이을남의 신용카드를 훔
쳐 현금인출기에서 50만원을 인출하였습니다. 이 경우 김갑돌
은 어떤 죄로 처벌받게 되는지요?

답변 ➡   주거침입죄와 절도죄, 여신전문금융업법위반죄 등으로 처
      벌받을 수 있을 것입니다.

      위 사안에 있어서 김갑돌의 행위에 대한 죄를 주거를 침
      입해 몰래 신용카드를 훔친 행위와 그 신용카드로 현금인
      출기에서 50만원을 인출한 행위로 나누어 검토해볼 수 있
      습니다.

      첫째, 이을남의 주거에 침입하여 신용카드를 훔쳤으므로
      주거침입죄와 절도죄가 성립된다 하겠습니다.

      둘째, 신용카드로 현금인출기에서 50만원을 인출한 행위
      에 대하여 판례를 살펴보면, "신용카드회원이 대금결제를
      위하여 가맹점에 신용카드를 제시하고 매출표에 서명하는
      일련의 행위뿐 아니라 신용카드를 현금인출기에 주입하고
      비밀번호를 조작하여 현금서비스를 제공받는 일련의 행위
      도 신용카드의 본래용도에 따라 사용하는 것으로 보아야
      한다."라고 하였습니다.

      또한 "신용카드업법 제25조 제1항(현행 여신전문금융업법
      제70조 제1항) 소정의 부정사용이라 함은 도난·분실 또는
      위조·변조된 신용카드를 진정한 카드로서 신용카드의 본래
      의 용법에 따라 사용하는 경우를 말하는 것이므로, 절취한
      신용카드를 현금인출기에 주입하고 비밀번호를 조작하여
      현금서비스를 제공받으려는 일련의 행위는 그 부정사용의

개념에 포함된다."라고 하였습니다.

그리고 "피해자명의의 신용카드를 부정사용 하여 현금자동인출기에서 현금을 인출하고 그 현금을 취득까지 한 행위는 신용카드업법 제25조 제1항(현행 여신전문금융업법 제70조 제1항)의 부정사용죄에 해당할 뿐 아니라 그 현금을 취득함으로써 현금자동인출기 관리자의 의사에 반하여 그의 지배를 배제하고 그 현금을 자기의 지배하에 옮겨 놓는 것이 되므로 별도로 절도죄를 구성하고 위 양 죄의 관계는 그 보호법익이나 행위태양이 전혀 달라 실체적 경합관계에 있는 것으로 보아야 한다."라고 하였습니다(대법원 1995. 7. 28. 선고 95도997 판결).

그러므로 김갑돌은 주거침입죄와 절도죄, 여신전문금융업법위반죄 등으로 처벌받을 수 있을 것입니다.

◆ 타인신용카드를 임의로 가져 가 자동지급기에서 현금인출 후 곧바로 반환한 경우

질문 ➡ 김갑돌은 이을남의 신용카드를 임의로 가지고 가서 현금자동지급기에서 현금 50만원을 인출한 후 그 신용카드는 곧바로 이을남에게 반환하였습니다. 이러한 경우 김갑돌에 대하여 여신전문금융업법위반죄 이외에 절도죄가 성립되는지요?

답변 ➡ 절도죄의 책임을 묻기는 어려울 것으로 보입니다.

여신전문금융업법 제70조 제1항 제3호는 "분실하거나 도난당한 신용카드나 직불카드를 판매하거나 사용한 자는 7년 이하의 징역 또는 5,000만원 이하의 벌금에 처한다."라고 규정하고 있습니다. 그리고 판례는 "여신전문금융업법 제70조 제1항 제3호는 분실 또는 도난 된 신용카드를 사용한 자를 처벌하도록 규정하고 있는데, 여기서 분실 또는 도난 된 신용카드라 함은 소유자 또는 점유자의 의사에 기하지 않고 그의 점유를 이탈하거나 그의 의사에 반하여 점유가 배제된 신용카드를 가리키는 것으로서, 소유자 또는 점유자의 점유를 이탈한 신용카드를 취득하거나 그 점유를 배제하는 행위를 한 자가 반드시 유죄의 처벌을 받을 것을 요하지 아니한다."라고 하였습니다(대법원 1999. 7. 9. 선고 99도857 판결).

따라서 위 사안에서 김갑돌은 여신전문금융업법 제70조 제1항 제3호 위반죄가 문제될 것으로 보입니다.

다음으로 위 사안과 같은 경우에도 신용카드의 절도죄가 성립될 수 있는지에 관하여 판례를 보면, "타인의 재물을 점유자의 승낙 없이 무단 사용하는 경우에 있어서 그 사용으로 인하여 물건 자체가 가지는 경제적 가치가 상당한

정도로 소모되거나 또는 사용 후 그 재물을 본래 있었던 장소가 아닌 다른 장소에 버리거나 곧 반환하지 아니하고 장시간 점유하고 있는 것과 같은 때에는 그 소유권 또는 본권을 침해할 의사가 있다고 보아 불법영득의 의사를 인정할 수 있을 것이나, 그렇지 않고 그 사용으로 인한 가치의 소모가 무시할 수 있을 정도로 경미하고, 또한 사용 후 곧 반환한 것과 같은 때에는 그 소유권 또는 본권을 침해할 의사가 있다고 할 수 없어 불법영득의 의사가 있다고 인정할 수 없고, 신용카드업자가 발행한 신용카드는 이를 소지함으로써 신용구매가 가능하고 금융의 편의를 받을 수 있다는 점에서 경제적 가치가 있다 하더라도, 그 자체에 경제적 가치가 화체(化體)되어 있거나 특정의 재산권을 표창하는 유가증권이라고 볼 수 없고, 단지 신용카드회원이 그 제시를 통하여 신용카드회원이라는 사실을 증명하거나 현금자동지급기 등에 주입하는 등의 방법으로 신용카드업자로부터 서비스를 받을 수 있는 증표로서의 가치를 갖는 것이어서, 이를 사용하여 현금자동지급기에서 현금을 인출하였다 하더라도 신용카드 자체가 가지는 경제적 가치가 인출된 예금액만큼 소모되었다고 할 수 없으므로, 이를 일시 사용하고 곧 반환한 경우에는 불법영득의 의사가 없다."라고 하였으며(대법원 1999. 7. 9. 선고 99도857 판결), "피해자로부터 지갑을 잠시 건네받아 임의로 지갑에서 현금카드를 꺼내어 현금자동인출기에서 현금을 인출하고 곧바로 피해자에게 현금카드를 반환한 경우, 현금카드에 대한 불법영득의사가 없다."라고 본 사례도 있습니다(대법원 1998. 11. 10. 선고 98도2642 판결).

따라서 위 사안에서 김갑돌에 대하여 절도죄의 책임을 묻기는 어려울 것으로 보입니다.

◆ 거스름돈을 실제보다 초과하여 받은 후 반환하지 않은 경우의 형사
  책임

질문 ➡ 저는 의류상가에서 옷 한 벌을 산 후 점원의 착각으로 2만원
을 더 거슬러 받았으나 그 사실을 집에 돌아와서 알게 되었습
니다. 저는 재수가 좋은 날이라 생각하고 다음 날 친구에게 이
야기했더니 친구는 저의 행위가 위법행위라고 하는데 그 말이
맞는지요?

답변 ➡   점유이탈물횡령죄에 해당된다고 할 수 있을 것입니다.

형법 제360조는 "유실물, 표류물 또는 타인의 점유를 이탈
한 재물을 횡령한 자는 1년 이하의 징역이나 300만원 이
하의 벌금 또는 과료에 처한다."라고 규정하고 있습니다.

그런데 실제로 지급하여야 할 거스름돈보다 많이 지급된
경우에 그것을 알고서도 반환하지 않은 행위가 어떠한 범
죄를 구성하느냐에 관하여는 논란이 있는바, 이를 보면
다음과 같습니다.

첫째, 계산착오로 거스름돈이 더 교부된 것을 즉시 알았으
나 그것을 반환하지 않고 취득한 경우 교부자의 착오를
이용하여 초과하여 지급된 사실을 알려 줄 의무를 위반한
부작위로 인한 사기죄가 된다고 보는 견해와 교부자의 착
오의 이용은 있으나 초과 지급된 사실을 말해 줄 의무가
없기 때문에 부작위에 의한 기망이라고 볼 수 없어 사기
죄가 되지 않고 점유이탈물횡령죄가 성립된다는 견해가
있습니다.

둘째, 초과하여 지급된 거스름돈을 수령한 후 다소 시간이
경과된 후 그 사실을 안 경우에는 점유이탈물횡령죄가 성
립될 수 있습니다.

셋째, 거스름돈이 실제보다 초과하여 지급된 사실을 교부자의 통고로 뒤에 알았으나 거짓말로 부인한 경우에는 거짓말이 기망행위이고 이에 의하여 청구권을 포기하였다면 처분행위가 인정되어 사기죄가 성립된다고 볼 수 있습니다.

따라서 위 사안의 경우에는 거스름돈이 과도하게 지급된 사실을 집에 와서야 알았으므로 귀하는 의류판매자의 점유를 이탈한 2만원을 횡령한 것이 되어 점유이탈물횡령죄에 해당된다고 할 수 있을 것입니다.

◆ 매도인이 계약해제 후 임의로 목적물을 가져간 행위가 처벌되는지

질문 ➡ 저는 미제전자제품 대리점에서 TV, 냉장고, 비디오 등 150여만
원 상당의 가전제품을 외상으로 구입하였으나 남편의 사업실패
로 약속날짜에 그 대금을 지급하지 못하였습니다. 대리점 주인
이 물품대금을 갚지 않으면 판매한 가전제품을 도로 찾아가겠
다고 하여 저는 사정이 좋아지는 대로 곧 갚겠다고 하였습니
다. 그러나 며칠 후 그는 저희 집에 마음대로 들어와 구입한
가전제품을 모두 가져갔습니다. 이 경우 미제전자제품대리점을
처벌할 수 있는지요?

답변 ➡   대리점 주인의 그 행위는 절도행위에 해당되어 절도죄에
의하여 처벌받게 될 것입니다.

미제전자제품 대리점 주인이 물품대금의 청구에 응하지 않
는 채무자인 귀하에게 대금을 갚지 않으니 물건을 도로 찾
아가겠다고 한 것은 바로 채무불이행을 이유로 채무자인
귀하와의 외상매매계약을 해제한 것이라 볼 수 있습니다.

그러나 절도란 타인이 점유하는 재물을 빼앗아 가는 행위,
즉 점유자의 의사에 의하지 아니하고 그 점유를 취득하는
행위로서 절도행위의 객체는 점유라 할 것입니다. 그러므
로 귀하와의 외상매매계약에 대한 해제가 있고 그 외상매
매물품의 반환청구권이 위 전자제품 대리점 주인에게 있
다고 하여도 위 대리점 주인이 귀하의 승낙을 받지 않고
위 물품을 가져갔다면 그 물품에 대한 반환청구권이 대리
점 주인에게 있었다고 하여도 대리점 주인의 그 행위는
절도행위에 해당되어 절도죄에 의하여 처벌받게 될 것입
니다(대법원 1973. 2. 28. 선고 72도2538 판결).

◆ 타인의 오토바이를 잠시 사용 후 가져다 놓은 경우에도 처벌받는 지?

질문 ➡ 저는 길가에 세워 둔 타인의 오토바이를 잠시 사용한 후 반환 할 생각으로 소유자의 승낙 없이 1시간 사용 후 오토바이를 본래 있었던 장소에서 10미터 떨어진 길가에 세워놓았습니다. 이 경우 형사상 처벌되는지요?

답변 ➡ 형법 제331조의2에 의한 자동차등불법사용죄로 처벌될 수 있다고 하겠습니다.

타인의 재물을 소유자 내지 점유자의 승낙 없이 임의로 가져가 일시적으로 사용한 후 반환하는 사용절도의 처벌에 대해 우리나라의 통설과 판례는 절도죄의 성립에 불법영득의 의사(재물 또는 가치에 대하여 소유권자에 유사한 지배를 행사하여 소유권자를 계속 배제하고, 재물의 본래 용도에 따라 이용·처분하기 위해 일정기간 이를 자기의 재산으로 편입시킬 의사)가 필요하다고 하므로, 이에 따르면 목적물을 단지 일시 사용할 뿐 그것을 계속 사용함으로써 소유권을 배제하는 데까지 이르는 것이 아닌 사용절도는 절도죄가 아니라고 하였습니다.

그러나 1996년 7월 1일부터 시행된 현행형법 제331조의 2(자동차등불법사용)에서는 "권리자의 동의 없이 타인의 자동차, 선박, 항공기, 또는 원동기장치자전거를 일시 사용한 자는 3년 이하의 징역, 500만원 이하의 벌금, 구류, 과료에 처한다."라고 규정하고 있습니다.

따라서 귀하의 경우에도 위 형법 제331조의2에 의한 자동차등불법사용죄로 처벌될 수 있다고 하겠습니다.

◆ 타인의 전화를 무단 사용한 경우 절도죄가 성립하는지?

질문 ➡ 저는 김갑돌의 집에 세 들어 살던 중 김갑돌이 현관문에 대하여 잠금장치를 하지 않고 외출한 때 김갑돌의 집에 들어가 해외에 있는 친척에게 전화를 하여 김갑돌로 하여금 상당한 액수의 전화료를 부담하게 하였습니다. 제가 절도죄로 처벌될 수 있는지요?

답변 ➡ 절도죄로 다스릴 수 없습니다.

귀하가 주거침입죄로 처벌받는 것은 별론으로 하고, 甲의 전화기를 무단으로 사용한 것으로는 절도죄가 성립하지 않습니다.

판례를 보면 "전화통화를 한 행위는 전기통신사업자가 그가 갖추고 있는 통신선로, 전화교환기 등 전기통신설비를 이용하고 전기의 성질을 과학적으로 응용한 기술을 사용하여 전화가입자에게 음향의 송수신이 가능하도록 하여 줌으로써 상대방과의 통신을 매개하여 주는 역무, 즉 전기통신사업자에 의하여 가능하게 된 전화기의 음향송수신 기능을 부당하게 이용하는 것으로, 이러한 내용의 역무는 무형적인 이익에 불과하고 물리적 관리의 대상이 될 수 없어 재물이 아니라고 할 것이므로 절도죄의 객체가 되지 아니한다."라고 하였습니다(대법원 1998. 6. 23.선고, 98도700 판결).

이러한 위의 판례를 보면 절도죄는 타인의 「재물」을 절취한 경우에 성립하는 것이고 「재물」이란 「유체물 및 전기 기타 관리할 수 있는 자연력」을 의미하는 것인데(민법 제98조, 형법 제346조), 귀하가 허락 없이 사용한 것은 전기통신사업자가 제공하는 서비스이기 때문에 절도죄로 다스릴 수 없다는 취지로 이해할 수 있을 것입니다.

◈ 타인의 전화카드를 절취하여 전화통화에 이용한 경우 어떠한 범죄
　 가 성립되는지

질문 ➡김갑돌은 이을남의 케이티(KT)전화카드(한국통신의 후불식 통
　　　신카드)를 훔쳐 그 카드를 공중전화에 넣고 사용하는 방법으로
　　　전화통화를 하였습니다. 김갑돌의 위와 같은 행위가 절도죄가
　　　성립되는 이외에 어떠한 범죄가 성립되는지요?

답변 ➡ 　형법 제236조에서 규정하는 사문서부정행사죄가 성립될
　　　수 있을 것으로 보입니다.

　　　사문서부정행사죄에 관하여 형법 제236조에서는 "권리·의
　　　무 또는 사실증명에 관한 타인의 문서 또는 도화를 부정
　　　행사한 자는 1년 이하의 징역이나 금고 또는 300만원 이
　　　하의 벌금에 처한다."라고 규정하고 있습니다.

　　　그런데 케이티(KT)전화카드 자체는 그 카드번호를 부여
　　　받은 사람이 한국전기통신공사의 전화카드 회원이라는 사
　　　실을 증명하는 사문서에 해당하지만, 위 사안에서 김갑돌
　　　이 전화카드를 공중전화에 넣어 사용한 것은 그 사문서부
　　　분을 사용한 것이 아니고 단지 카드의 뒷면에 부착된 자
　　　기띠 부분을 사용한 것이므로 김갑돌의 위와 같은 행위가
　　　사문서부정행사죄에 해당되는지 문제됩니다.

　　　이에 관하여 판례를 보면, "사용자에 관한 각종 정보가 전
　　　자기록 되어 있는 자기띠가 카드번호와 카드발행자 등이
　　　문자로 인쇄된 플라스틱 카드에 부착되어 있는 전화카드
　　　의 경우 그 자기띠 부분은 카드의 나머지 부분과 불가분
　　　적으로 결합되어 전체가 하나의 문서를 구성하므로, 전화
　　　카드를 공중전화기에 넣어 사용하는 경우 비록 전화기가
　　　전화카드로부터 판독할 수 있는 부분은 자기띠 부분에 수

록된 전자기록에 한정된다고 할지라도, 전화카드 전체가 하나의 문서로서 사용된 것으로 보아야 하고 그 자기띠 부분만 사용된 것으로 볼 수는 없으므로 절취한 전화카드를 공중전화기에 넣어 사용한 것은 권리의무에 관한 타인의 사문서를 부정행사한 경우에 해당한다."라고 하였습니다(대법원 2002. 6. 25. 선고 2002도461 판결).

따라서 위 사안에서도 김갑돌의 위와 같은 행위는 절도죄가 성립되는 이외에 형법 제236조에서 규정하는 사문서부정행사죄가 성립될 수 있을 것으로 보입니다.

참고로 위 사안에서 김갑돌의 위와 같은 행위가 편의시설부정이용의 죄에 해당될 수 있는 것이 아닌가의 의문이 있을 수 있으나, 판례를 보면 "형법 제348조의2에서 규정하는 편의시설부정이용의 죄는 부정한 방법으로 대가를 지급하지 아니하고 자동판매기, 공중전화 기타 유료자동설비를 이용하여 재물 또는 재산상의 이익을 취득하는 행위를 범죄구성요건으로 하고 있는데, 타인의 전화카드(한국통신의 후불식 통신카드)를 절취하여 전화통화에 이용한 경우에는 통신카드서비스 이용계약을 한 피해자가 그 통신요금을 납부할 책임을 부담하게 되므로, 이러한 경우에는 피고인이 「대가를 지급하지 아니하고」 공중전화를 이용한 경우에 해당한다고 볼 수 없어 편의시설부정이용의 죄를 구성하지 않는다."라고 하였습니다(대법원 2001. 9. 25. 선고 2001도3625 판결).

◆ 명의신탁약정이 무효인 경우에도 수탁자 부동산의 임의처분이 횡령이 되는 경우

질문 ➡ 김갑돌은 부동산실권리자명의등기에관한법률 시행 전에 이을남의 토지를 임차하여 건물을 신축하였으나 그 소유권보존등기는 이을남명의로 해두었는데, 위 법이 정한 유예기간 내에 실명등기를 하지 못하였습니다. 그런데 이을남은 그 토지와 함께 건물을 최병수에게 매도하였습니다. 이 경우 이을남을 횡령죄로 처벌할 수 있는지요?

답변 ➡ 횡령죄로 처벌됩니다.

형법 제355조 제1항에서는 횡령죄에 관하여 "타인의 재물을 보관하는 자가 그 재물을 횡령하거나 그 반환을 거부한 때에는 5년 이하의 징역 또는 1,500만원 이하의 벌금에 처한다."라고 규정하고 있습니다.

그런데 부동산실권리자명의등기에관한법률(약칭 부동산실명법) 제4조에서는 "① 명의신탁약정은 무효로 한다. ② 명의신탁약정에 따른 등기로 이루어진 부동산에 관한 물권변동은 무효로 한다. 다만, 부동산에 관한 물권을 취득하기 위한 계약에서 명의수탁자가 어느 한쪽 당사자가 되고 상대방 당사자는 명의신탁약정이 있다는 사실을 알지 못한 경우에는 그러하지 아니하다. ③ 제1항 및 제2항의 무효는 제3자에게 대항하지 못한다."라고 규정하고 있습니다. 그리고 부동산실명법 제11조 제1항 본문은 "법률 제4944호 부동산실권리자명의등기에관한법률 시행 전에 명의신탁약정에 따라 부동산에 관한 물권을 명의수탁자의 명의로 등기하거나 등기하도록 한 명의신탁자(이하 "기존명의신탁자"라 한다)는 법률 제4944호 부동산실권리자명의등기에관한법률 시행일부터 1년의 기간(이하 "유예기

간"이라 한다) 이내에 실명등기하여야 한다."라고 규정하
고 있으며, 부동산실명법 제12조 제1항은 "제11조에 규정
된 기간 이내에 실명등기 또는 매각처분 등을 하지 아니
한 경우 그 기간이 지난 날 이후의 명의신탁약정 등의 효
력에 관하여는 제4조를 적용한다."라고 규정하고 있습니
다.

위 사안에서 김갑돌과 이을남간의 위 건물에 대한 명의신
탁의 효력을 살펴보면, 유예기간내에 실명등기를 하지 않
았으므로 위 명의신탁약정 및 등기는 무효가 될 것입니다.
따라서 김갑돌이 이을남에 대하여 명의신탁해지를 원인으
로 하는 소유권이전등기청구를 할 수는 없었을 것 이지만,
김갑돌과 이을남사이의 명의신탁약정과 명의수탁자명의등
기가 무효로 되어 위 부동산의 소유권은 김갑돌에게 귀속
될 것이므로, 이을남이 동의하였다면 김갑돌로부터 이을남
에게로의 소유권이전등기말소등기신청을 할 수 있었고, 이
을남이 그러한 말소등기에 협력해주지 않았을 경우 귀하
는 이을남을 상대로 소유권에 대한 방해배제청구권을 행
사하여 이을남 명의로의 소유권이전등기의 말소를 청구할
수 있었을 것이며, 또한, 「진정한 등기명의의 회복을 위한
소유권이전등기청구」 는 자기 명의로 소유권을 표상 하는
등기가 되어 있었거나, 법률에 의하여 소유권을 취득한 진
정한 소유자가 그 등기명의를 회복하기 위한 방법으로 그
소유권에 기하여 현재의 등기명의인을 상대로 진정한 등
기명의의 회복을 원인으로 한 소유권이전등기절차의 이행
을 구하는 것이므로(대법원 1998. 10. 23. 선고 98다
35266 판결, 1997. 3. 11. 선고 96다47142 판결), 김갑
돌은 이을남을 상대로 진정한 등기명의의 회복을 위한 소
유권이전등기청구를 할 수 있었을 것으로 보입니다.

그렇다면 위 사안에서 위 건물에 대한 명의신탁이 무효라고 하여도 이을남은 김갑돌의 재물을 보관하는 자의 지위에 있었음에도 불구하고 위 건물을 임의로 최○○에게 처분하였으므로 횡령죄가 성립된다고 할 것입니다.

판례도 부동산실명법 시행 전에 부동산 소유자로부터 명의신탁 받은 자가 부동산실명법이 정한 유예기간 이내에 실명등기를 하지 않은 상태에서 임의로 처분한 경우 횡령죄의 성립여부에 관하여 "부동산을 소유자로부터 명의수탁 받은 자가 이를 임의로 처분하였다면 명의신탁자에 대한 횡령죄가 성립하며, 그 명의신탁이 부동산실권리자명의등기에관한법률 시행 전에 이루어졌고 같은 법이 정한 유예기간 이내에 실명등기를 하지 아니함으로써 그 명의신탁약정 및 이에 따라 행하여진 등기에 의한 물권변동이 무효로 된 후에 처분행위가 이루어졌다고 하여 달리 볼 것이 아니다."라고 하였으며(대법원 2000. 2. 22. 선고 99도5227 판결), "신탁자가 그 소유명의로 되어 있던 부동산을 수탁자에게 명의신탁 하였는데, 수탁자가 임의로 그 부동산에 관하여 근저당권을 설정하였다면 신탁자에 대한 횡령죄가 성립하고, 그 명의신탁이 부동산실권리자명의등기에관한법률 시행 이후에 이루어진 것이라고 하여 달리 볼 것은 아니다."라고 하였습니다(대법원 1999. 10. 12. 선고 99도3170 판결, 2001. 11. 27. 선고 2000도3463 판결).

◆ 계약명의신탁에서 명의수탁자가 목적물을 임의로 처분한 경우 횡령죄가 되는지?

질문 ➡ 저는 2008년 9월 20일 김갑돌외 9인과 함께 태백시 소재 임야를 매수하면서 김갑돌 단독명의로 하기로 약정한 후 김갑돌은 소유자 이을남과 매매대금 3억 4천만원으로 하여 매매계약을 체결하고 2008년 10월 25일 김갑돌 단독명의로 이전등기를 마쳤습니다. 위 계약 당시 김갑돌이 단독으로 위 임야를 매수하는 것으로 계약을 체결하였고 소유자 이을남도 김갑돌이 단독으로 매수하는 것으로 알았습니다. 그런데 김갑돌은 2009년 6월 19일 저를 비롯한 나머지 9인의 동의도 얻지 않고 본인을 채무자로 하여 가나은행에 채권한도액 4억원인 근저당권을 설정하였는데, 이 경우 김갑돌을 횡령죄로 고소할 수 있는지요?

답변 ➡ 횡령죄가 되지 않는다고 할 것입니다.

위 사안의 경우는 귀하와 김갑돌 등이 공동으로 매수하되 편의상 김갑돌 단독명의로 매매계약을 체결하기로 한 것으로써 소위「계약명의신탁」에 해당하는 것이라 하겠습니다.

횡령죄는 타인의 재물을 보관하는 자가 그 재물을 횡령하는 경우에 성립하는 범죄입니다(형법 제355조 제1항). 따라서 위의 경우 명의수탁자인 김갑돌이 명의신탁자인 귀하를 비롯한 실질적인 공동매수인들의 재물을 보관하는 자인지가 쟁점이라고 할 것입니다.

부동산실권리자명의등기에관한법률(약칭 부동산실명법) 제4조 제1항 및 제2항 본문에 의하면 원칙적으로 명의신탁약정은 무효이며, 또한 그 명의신탁약정에 따라 행하여진 등기에 의한 부동산에 관한 물권변동도 무효가 됩니다. 다만, 부동산실명법 제4조 제2항 단서에 의하면 부동산에 관한 물권을 취득하기 위한 계약에서 명의수탁자가 그 일방 당사자가 되고 그 타방 당사자는 명의신탁약정이 있다는 사실을 알지 못하는 경우에는 그 물권변동은 유효하게 된다고 규정하고 있습니다.

따라서 귀하의 경우 일단 명의신탁약정은 무효이나 그 약정을 알지 못하는 소유자와 명의수탁자인 김갑돌 사이의 물권변동은 유효하다고 할 것입니다.

판례도 "횡령죄는 타인의 재물을 보관하는 자가 그 재물을 횡령하는 경우에 성립하는 범죄인바, 부동산실권리자명의등기에관한법률 제2조 제1호 및 제4조의 규정에 의하면, 신탁자와 수탁자가 명의신탁약정을 맺고, 이에 따라 수탁자가 당사자가 되어 명의신탁약정이 있다는 사실을 알지 못하는 소유자와 사이에서 부동산에 관한 매매계약을 체결한 후 그 매매계약에 기하여 당해 부동산의 소유권이전등기를 수탁자 명의로 경료한 경우에는, 그 소유권이전등기에 의한 당해 부동산에 관한 물권변동은 유효하고, 한편 신탁자와 수탁자 사이의 명의신탁약정은 무효이므로, 결국 수탁자는 전소유자인 매도인 뿐만 아니라 신탁자에 대한 관계에서도 유효하게 당해 부동산의 소유권을 취득한 것으로 보아야 할 것이고, 따라서 그 수탁자는 타인의 재물을 보관하는 자라고 볼 수 없다."라고 하였습니다(대법원 2000. 3. 24. 선고 98도4347 판결).

결과적으로 수탁자 김갑돌은 전소유자인 매도인 뿐만 아니라 신탁자에 대한 관계에서도 유효하게 당해 임야의 소유권을 취득한 것이라고 보아야 할 것이므로, 김갑돌은 귀하를 비롯한 다른 명의신탁자의 재물이 아닌 자신이 단독명의로 유효하게 소유권을 취득한 재물을 처분한 것이 되므로, 위의 경우에 김갑돌의 처분행위는 횡령죄가 되지 않는다고 할 것입니다.

참고로 위 명의신탁약정은 무효이므로 귀하 등은 김갑돌에 대하여 민사적으로 명의신탁약정에 의한 이전등기 청구도 할 수 없습니다.

그러나 만약 전소유자인 매도인이 위 명의신탁약정 사실을 알고 있는 경우에는 앞서 본 부동산실명법의 취지에 따라 수탁자 앞으로의 물권변동이 무효로 되기 때문에 소유권은 원소유자에게 복귀하게 됩니다. 그 결과 명의수탁자의 임의처분행위는 원소유자에 대한 관계에서 횡령죄가 성립한다고 보아야 할 것입니다.

◆ 수인이 대금분담하되 1인 명의로 부동산낙찰받은 후 그 부동산을
　처분한 경우

질문 ➡ 김갑돌은 이을남과 함께 부동산을 낙찰 받기로 하였지만 대금
은 균분으로 분담하기로 하고, 명의는 이을남을 명의자로 하여
그 부동산을 낙찰 받은 후 이을남명의로 소유권이전등기까지
마쳤습니다. 그런데 이을남은 위 부동산을 임의로 처분하였고
김갑돌은 이을남을 횡령죄로 고소한다고 하는데, 이 경우 이을
남을 횡령죄로 처벌할 수 있는지요?

답변 ➡　횡령죄로 처벌할 수는 없을 것으로 보입니다.

형법 제355조 제1항에서는 횡령죄에 관하여 "타인의 재물
을 보관하는 자가 그 재물을 횡령하거나 그 반환을 거부
한 때에는 5년 이하의 징역 또는 1,500만원 이하의 벌금
에 처한다."라고 규정하고 있습니다.

그런데 부동산 입찰절차에서 수인이 대금을 분담하되 그
중 1인 명의로 낙찰 받기로 약정하여 그에 따라 낙찰이
이루어진 후 그 명의인이 임의로 그 부동산을 처분한 경
우 그 처분행위가 횡령죄를 구성하는지에 관하여 판례를
보면, "부동산의 경매절차에서 경매목적 부동산을 경락 받
은 경락인(경매절차 매수인)이 실질적인 권리자가 아니라
단순히 타인을 위하여 그 명의만을 빌려준 것에 불과하다
하더라도 그 경매절차에서 경락인(경매절차 매수인)으로
취급되는 자는 어디까지나 명의차용자인 타인이 아니라
그 명의인일 뿐이므로, 경매목적 부동산의 소유권은 경락
대금(매각대금)을 실질적으로 부담한 자가 누구인가와 상
관없이 그 명의인이 적법하게 취득한다."라고 하였으며(대
법원 2000. 4. 7. 선고 99다15863 등 판결), "부동산입찰
절차에서 수인이 대금을 분담하되 그 중 1인 명의로 낙찰

받기로 약정하여 그에 따라 낙찰이 이루어진 경우, 그 입
찰절차에서 낙찰인(경매절차 매수인)의 지위에 서게 되는
사람은 어디까지나 그 명의인이므로 입찰목적부동산의 소
유권은 경락대금(매각대금)을 실질적으로 부담한 자가 누
구인가와 상관없이 그 명의인이 취득한다 할 것이므로,
그 부동산은 횡령죄의 객체인 타인의 재물이라고 볼 수
없어 명의인이 이를 임의로 처분하더라도 횡령죄를 구성
하지 않는다."라고 하였습니다(대법원 2000. 9. 8. 선고
2000도258 판결).

따라서 위 사안에서 이을남을 횡령죄로 처벌할 수는 없을
것으로 보입니다.

◆ 타인금전을 위탁받아 금융기관에 자신명의예치 후 반환하지 않을 경우 횡령죄 여부

질문 ➡ 김갑돌은 거동이 불편한 노인으로서 은행에 가기가 어려워 평소에 잘 알고 지내는 이을남에게 밭을 판 대금 2,000만원을 이을남의 명의로 입금하였다가 김갑돌이 원할 때 인출해달라고 부탁하였고, 이을남도 그에 응하여 위 돈을 이을남의 명의로 은행에 입금해두었습니다. 그런데 김갑돌이 갑자기 사망하고 김갑돌의 상속인 김병수가 이을남에게 위 돈의 반환을 요구하자 이을남은 특별한 이유도 없이 위 돈의 반환을 거부하고 있습니다. 이 경우 이을남을 처벌할 수 있는지요?

답변 ➡ 특별한 사유 없이 반환을 거부한다면 횡령죄가 성립될 수 있을 것으로 보입니다.

횡령죄는 타인의 재물을 보관하는 자가 그 재물을 횡령하거나 그 반환을 거부한 때에 성립하고 5년 이하의 징역 또는 1,500만원 이하의 벌금에 처하게 됩니다(형법 제355조 제1항).

그런데 관련 판례를 보면, "횡령죄에 있어서 보관이라 함은 재물이 사실상 지배하에 있는 경우뿐만 아니라 법률상의 지배·처분이 가능한 상태를 모두 가리키는 것으로 타인의 금전을 위탁받아 보관하는 자는 보관방법으로 이를 은행 등의 금융기관에 예치한 경우에도 보관자의 지위를 갖는 것이고, 타인의 금전을 위탁받아 보관하는 자가 보관방법으로 금융기관에 자신의 명의로 예치한 경우, 금융실명거래및비밀보장에관한긴급재정경제명령(1997. 12. 31. 폐지, 현재는 금융실명거래및비밀보장에관한법률로 규정되어 있음)이 시행된 이후 금융기관으로서는 특별한 사정이 없는 한 실명확인을 한 예금명의자만을 예금주로 인정할

수 밖에 없으므로 수탁자명의의 예금에 입금된 금전은 수
탁자만이 법률상 지배·처분할 수 있을 뿐이고 위탁자로서
는 위 예금의 예금주가 자신이라고 주장할 수는 없으나,
그렇다고 하여 보관을 위탁받은 위 금전이 수탁자소유로
된다거나 위탁자가 위 금전의 반환을 구할 수 없는 것은
아니므로 수탁자가 이를 함부로 인출하여 소비하거나 또
는 위탁자로부터 반환요구를 받았음에도 이를 영득(領得)
할 의사로 반환을 거부하는 경우에는 횡령죄가 성립한다."
라고 하였습니다(대법원 2000. 8. 18. 선고 2000도1856
판결).

따라서 위 사안에서도 이을남이 특별한 사유 없이 김갑돌
의 상속인 김병수에게 위 돈의 반환을 거부한다면 횡령죄
가 성립될 수 있을 것으로 보입니다.

◆ 상속부동산을 혼자 점유하다가 다른 공동상속인의 상속지분을 임
  의로 처분한 경우

질문 ➡ 김갑돌은 공동상속재산인 토지를 혼자 점유하고 있던 중 다른
공동상속인의 동의를 받지 않고서도 동의를 받은 것처럼 속여
이을남에게 매도키로 하는 계약을 체결하고 그 대금을 모두 수
령하였습니다. 이 경우 다른 공동상속인이 김갑돌을 횡령죄로
고소하여 처벌할 수 있는지요?

답변 ➡ 다른 공동상속인에 대한 횡령의 죄로 처벌하기는 어려울
것으로 보입니다.

횡령죄는 타인의 재물을 보관하는 자가 그 재물을 횡령하
거나 그 반환을 거부한 때에 성립하고 5년 이하의 징역
또는 1,500만원 이하의 벌금에 처하게 됩니다(형법 제
355조 제1항).

그런데 위 사안에 있어서 김갑돌이 타인의 재물을 보관하
는 자의 지위에 있는지가 문제되는바, 판례를 보면, "부동
산에 관한 횡령죄에 있어서 타인의 재물을 보관하는 자의
지위는 동산의 경우와는 달리 부동산에 대한 점유의 여부
가 아니라 부동산을 제3자에게 유효하게 처분할 수 있는
권능의 유무에 따라 결정하여야 하므로, 부동산을 공동으
로 상속한 자들 중 1인이 부동산을 혼자 점유하던 중 다
른 공동상속인의 상속지분을 임의로 처분하여도 그에게는
그 처분권능이 없어 횡령죄가 성립하지 아니한다."라고 하
였습니다(대법원 2000. 4. 11. 선고 2000도565 판결).

따라서 위 사안에서 김갑돌의 위와 같은 행위가 이을남에
대하여 사기죄가 성립될 수 있을 것인지는 별론으로 하고,
김갑돌을 다른 공동상속인에 대한 횡령의 죄로 처벌하기
는 어려울 것으로 보입니다.

◆ 채권자가 채무자로부터 차용금담보조로 받은 수표를 임의처분한
경우 횡령죄여부

질문 ➡ 김갑돌은 이을남로부터 300만원을 차용하면서 그 담보조로
100만원권 가게수표 5장을 별도로 교부하였고 그 수표는 차용
금이 변제되면 반환하기로 하였는데, 이을남은 변제기가 남아
있는 데도 불구하고 위 가게수표를 제3자에게 교부하여 김갑돌
은 예기치 않게 수표부도가 되었습니다. 이 경우 이을남에게
횡령죄의 책임을 물을 수 있는지요?

답변 ➡ 민사상 손해배상책임을 부담하여야 함은 별론으로 하고,
형사상 횡령죄의 책임을 지지는 않을 것으로 보입니다.

횡령죄는 타인의 재물을 보관하는 자가 그 재물을 횡령하
거나 그 반환을 거부한 때에 성립하고 5년 이하의 징역
또는 1,500만원 이하의 벌금에 처하게 됩니다(형법 제
355조 제1항).

그런데 채권자가 채무자로부터 차용금에 대한 담보로 교
부받아 보관 중인 수표를 임의처분한 경우 횡령죄가 성립
되는지에 관하여 판례를 보면, "채권자가 그 채권의 지급
을 담보하기 위하여 채무자로부터 수표를 발행·교부받아
이를 소지한 경우에는, 단순히 보관의 위탁관계에 따라
수표를 소지하고 있는 경우와는 달리 그 수표상의 권리가
채권자에게 유효하게 귀속되고, 채권자와 채무자 사이의
수표반환에 관한 약정은 원인관계상의 인적항변사유에 불
과하므로, 채권자는 횡령죄의 주체인 타인의 재물을 보관
하는 자의 지위에 있다고 볼 수 없다."라고 하였습니다(대
법원 2000. 2. 11. 선고 99도4979 판결, 2000. 3. 24. 선
고 99도5684 판결).

따라서 위 사안에서 이을남은 김갑돌에게 민사상 손해배

상책임을 부담하여야 함은 별론으로 하고, 형사상 횡령죄의 책임을 지지는 않을 것으로 보입니다.

참고로 어음의 경우에도 "매도인이 매수인으로부터 지급받아야 할 부동산의 매매잔대금의 지급을 담보(확보)하기 위하여 매수인으로부터 약속어음을 발행·교부받아 소지한 것이라면 그 어음상의 권리는 적법하게 매도인에게 귀속되었다 할 것이고, 매도인과 매수인 사이의 위 어음반환조건은 그들 사이의 단순한 채권적 약정에 불과하므로, 위 매도인을 횡령죄의 주체인 타인의 재물을 보관하는 자의 지위에 있다고 볼 수 없다."라고 하였습니다(대법원 1988. 1. 19. 선고 87도2078 판결).

◆ 성매매업주가 성매매여성이 받은 성매수대금을 보관 후 분배키로 하고도 화대를 임의로 소비한 경우

질문 ➡성매매업주 김갑돌은 성매매여성 이을녀가 성매수대금으로 받은 금원을 교부받아 보관하였다가 월말에 분배하기로 하고 이을녀로부터 교부받은 금원을 임의로 소비하였습니다. 이 경우 김갑돌을 횡령죄로 처벌할 수 있는지요?

답변 ➡ 횡령죄의 책임을 면하기 어려울 것으로 보입니다.

횡령죄는 타인의 재물을 보관하는 자가 그 재물을 횡령하거나 그 반환을 거부한 때에 성립하고 5년 이하의 징역 또는 1,500만원 이하의 벌금에 처하게 됩니다(형법 제355조 제1항). 그런데 민법 제746조에서는 불법원인급여에 관하여 "불법의 원인으로 인하여 재산을 급여하거나 노무를 제공한 때에는 그 이익의 반환을 청구하지 못한다. 그러나 그 불법원인이 수익자에게만 있는 때에는 그러하지 아니하다."라고 규정하고 있습니다.

그러므로 불법원인급여와 횡령죄에 관련 판례를 보면, "민법 제746조에 의하면, 불법의 원인으로 인한 급여가 있고, 그 불법원인이 급여자에게 있는 경우에는 수익자에게 불법원인이 있는지 여부, 수익자의 불법원인의 정도, 그 불법성이 급여자의 그것보다 큰지 여부를 막론하고 급여자는 불법원인급여의 반환을 구할 수 없는 것이 원칙이나, 수익자의 불법성이 급여자의 그것보다 현저히 큰 데 반하여 급여자의 불법성은 미약한 경우에도 급여자의 반환청구가 허용되지 않는다면 공평에 반하고 신의성실의 원칙에도 어긋나므로, 이러한 경우에는 민법 제746조 본문의 적용이 배제되어 급여자의 반환청구는 허용되고, 포주가

윤락녀와 사이에 윤락녀가 받은 화대를 포주가 보관하였다가 절반씩 분배하기로 약정하고도 보관중인 화대를 임의로 소비한 경우, 포주와 윤락녀의 사회적 지위, 약정에 이르게 된 경위와 약정의 구체적 내용, 급여의 성격 등을 종합해볼 때 포주의 불법성이 윤락녀의 불법성보다 현저히 크므로 화대의 소유권이 여전히 윤락녀에게 속하므로 횡령죄를 구성한다."라고 한 사례가 있습니다(대법원 1999. 9. 17. 선고 98도2036 판결).

따라서 위 사안에서도 성매매업주 김갑돌은 횡령죄의 책임을 면하기 어려울 것으로 보입니다.

◆ 주택전세권설정계약하고 중도금받은 후 타에 근저당권설정등기를
경료해준 경우

질문 ➡️ 김갑돌은 이을남소유 주택에 전세금 5,000만원에 전세 들기로
하고 전세권설정계약을 체결하였으며, 계약금 및 중도금까지
지급하였으나, 이을남은 최병수에게 김갑돌이 잔금을 치르고
입주하기 전에 위 주택 및 대지(시가 1억원 정도)에 채권최고
액 9,000만원인 근저당권을 설정해주었습니다. 이 경우 이을남
이 배임죄로 처벌될 수 있는지요?

답변 ➡️ 배임죄가 문제될 것으로 보입니다.

형법 제355조 제2항에서는 배임죄에 관하여 "타인의 사무
를 처리하는 자가 그 임무에 위배하는 행위로써 재산상의
이익을 취득하거나 제3자로 하여금 이를 취득하게 하여 본
인에게 손해를 가한 때에도 5년 이하의 징역 또는 1,500만
원 이하의 벌금에 처한다."라고 규정하고 있습니다.

그런데 관련 판례를 보면, "배임죄에 있어서 손해란 현실
적인 손해가 발생한 경우뿐만 아니라 재산상의 위험이 발
생된 경우도 포함되므로, 피해자와 주택에 대한 전세권설
정계약을 맺고 전세금의 중도금까지 지급 받고도 임의로
타(他)에 근저당권설정등기를 경료해줌으로써 전세금반환
채무에 대한 담보능력상실의 위험이 발생되었다고 보여진
다면 위 등기경료행위는 배임죄를 구성한다."라고 하였으
며(대법원 1993. 9. 28. 선고 93도2206 판결), "피고인이
김갑돌에게 전세권설정등기를 할 의무 있음에도 불구하고
그 임무에 위배하여 채권자 이을남에게 채무담보를 위한
가등기를 경료하였다면 그때 김갑돌에 대한 전세권설정을
위태롭게 한 상태를 야기시켜 그와 같은 손해를 가하였다
할 것이므로 배임죄가 성립된다."라고 하였습니다(대법원

1975. 7. 8. 선고 74도1635 판결).

여기서 전세권설정의무를 부담하는 자가 제3자에게 근저당권을 설정하여 준 경우, 그러한 행위가 모두 배임죄가 되는 것은 아니며, 전세금반환채무에 대한 담보능력상실의 위험이 발생되었다고 보여지는 경우에만 배임죄가 성립될 것인바, 그러한 행위가 배임죄에 해당하는지 여부를 판단하기 위해서는 근저당권설정 당시 그 부동산의 시가 및 선순위담보권의 피담보채권액을 계산하여 그 행위로 인하여 당해 부동산의 담보가치가 상실되었는지를 따져 보아야 합니다(대법원 2002. 1. 11. 선고 2001도5790 판결). 판례를 보면, "피고인이 금 180,000,000원의 1번 근저당권설정등기가 되어 있는 토지와 건물 중 건물에 대하여만 피해자와 전세계약을 체결하면서 전세금 130,000,000원의 전세권설정등기를 하여 주기로 하고서도 그 등기를 하지 아니한 채 위 토지와 건물에 대하여 제3자에게 금 270,000,000원의 2번 근저당권설정등기를 경료함으로써 건물의 전세권자인 피해자에게 위 전세금상당의 손해를 입혔다는 내용의 공소범죄사실을 심리함에 있어서, 피해자에게 손해를 입혔는지의 여부는 피고인이 2번 근저당권설정등기를 한 당시의 건물의 담보가치가 얼마나 되는가 하는 점을 밝혀 그 손해의 발생여부를 판단하여야 할 것인데도 불구하고, 원심이 그로부터 9개월이 지난 후의 위 토지와 건물의 시가합계액만을 심리한 다음 위 2번 근저당권설정등기에 의하여 피고인의 피해자에 대한 전세금반환채무의 담보능력을 상실하였다고 볼 수 없다고 판단한 것은 배임죄에 있어서의 손해에 관한 법리오해와 심리미진의 위법이 있다고 할 것이다."라고 하였습니다(대법원 1990. 4. 24. 선고 89도2281 판결).

따라서 위 사안에서 이을남이 김갑돌로부터 전세금의 중
도금까지 지급 받은 상태에서 전세목적물인 주택 및 그
대지에 제3자인 최병수에게 채권최고액이 다액인 근저당
권을 설정해주었고, 그로 인하여 김갑돌의 전세권의 담보
가치가 손상되었다면 이을남은 배임죄가 문제될 것으로
보입니다.

◈ 양도담보설정자가 기존 근저당권자에게 지상권설정등기해준 경우 배임죄가 되는지?

> **질문 ➡** 김갑돌은 이을남으로부터 금전을 차용하고 그 담보조로 이을남에게 김갑돌소유 부동산의 소유권이전등기를 해주기로 하였는데, 위 부동산에 이미 1번 근저당권을 설정한 최병수가 위 소유권이전등기가 되기 전에 지상권을 설정해달라고 요청하여 이미 근저당권이 설정되어 있는 상태이므로 별문제가 없을 것으로 생각하고 최병수에게 지상권설정등기를 해주었습니다. 그런데 이을남은 대여금이 지급되고 위 부동산의 소유권이전등기를 해주기로 약정한 이후에 이을남의 동의 없이 임의로 선순위 근저당권자에게 지상권을 설정해준 것은 형사처벌대상이 된다고 하면서 고소하겠다고 합니다. 이을남의 주장이 타당한지요?

답변 ➡   채권에 대한 담보가치의 감소를 발생시킨 것으로 배임죄의 문제소지가 있을 것으로 보입니다.

형법 제355조 제2항에서는 배임죄에 관하여 "타인의 사무를 처리하는 자가 그 임무에 위배하는 행위로써 재산상의 이익을 취득하거나 제3자로 하여금 이를 취득하게 하여 본인에게 손해를 가한 때에도 5년 이하의 징역 또는 1,500만원 이하의 벌금에 처한다."라고 규정하고 있습니다.

그런데 관련 판례를 살펴보면, "배임죄에 있어서 손해란 현실적인 손해가 발생한 경우뿐만 아니라 재산상의 위험이 발생된 경우도 포함되므로, 자신의 채권자와 부동산양도담보설정계약을 체결한 피고인이 그 소유권이전등기 경료 전에 임의로 기존의 근저당권자인 제3자에게 지상권설정등기를 경료하여 준 경우, 그 지상권설정이 새로운 채무부담행위에 기한 것이 아니라 기존의 저당권자가 가지는 채권을 저당권과 함께 담보하는 의미밖에 없다고 하더

라도 이로써 양도담보권자의 채권에 대한 담보능력감소의
위험이 발생한 이상 배임죄를 구성한다."라고 하였습니다
(대법원 1997. 6. 24. 선고 96도1218 판결).

따라서 위 사안에서 김갑돌이 최병수에게 지상권을 설정해
준 행위는 이을남의 채권에 대한 담보가치의 감소를 발생
시킨 것으로 배임죄의 문제소지가 있을 것으로 보입니다.

참고로 양도담보권자가 변제기전에 담보부동산에 관하여
제3자 앞으로 가등기를 하여 준 경우 배임죄가 성립되는
지에 관하여 판례를 보면, "배임죄에 있어서 재산상 손해
를 가한 때라 함은 현실적인 손해를 가한 경우뿐만 아니
라 재산상 손해발생의 위험을 초래한 경우도 포함되는바,
채권담보의 목적으로 부동산의 소유권이전등기를 넘겨받
은 채권자는 채무자가 변제기일까지 그 채무를 변제하면
그 등기를 환원하여 줄 의무가 있는 것이므로, 그 변제기
일 이전에 그 임무에 위배하여 제3자에게 소유권이전청구
권의 보전을 위한 가등기를 하여 주었다면 설사 그 때문
에 채권자의 환매권을 종국적으로 상실케 하는 것은 아니
라고 하더라도 그 담보가치 상당의 실해가 발생할 위험을
초래한 것이 되므로 비록 채무자가 변제기일까지 채무를
변제하지 아니하였더라도 배임죄의 성립에는 아무런 영향
이 없다."라고 하였습니다(대법원 1989. 11. 28. 선고 89
도1309 판결).

◆ 양도담보권의 실행으로 담보목적물을 부당하게 염가로 처분한 경
  우 배임죄성부

질문 ➡ 김갑돌은 이을남으로부터 3,500만원을 차용하고 그 담보조로
이을남에게 김갑돌소유 부동산의 소유권이전등기를 해주면서
추후 김갑돌이 채무를 모두 변제하면 그 소유권을 반환하기로
하였습니다. 그런데 이을남은 채무의 변제기가 지나자 위 부동
산을 시가보다 훨씬 헐값으로 처분하였습니다. 이 경우 이을남
에게 배임죄의 책임을 물을 수 있는지요?

답변 ➡ 배임죄가 성립되지는 않을 것으로 보입니다.

가등기담보등에관한법률에 의하면 양도담보의 경우 채권
자가 담보계약에 의한 담보권을 실행하여 그 담보목적부
동산의 소유권을 취득하기 위해서는 그 채권의 변제기후
에 청산금의 평가액을 채무자 등에게 통지하고, 그 통지
가 채무자 등에게 도달한 날로부터 2월의 청산기간이 경
과하여야 하고, 청산금이 없다고 인정되는 때에는 그 뜻
을 통지하여야 하며, 채권자는 위 통지 당시의 목적부동
산의 가액에서 그 채권액을 공제한 금액(청산금)을 채무
자 등에게 지급하여야 하고(목적부동산에 선순위담보권
등의 권리가 있을 때에는 그 채권액을 계산함에 있어서
선순위담보 등에 의하여 담보된 채권액을 포함), 채권자
는 담보부동산에 관하여 이미 소유권이전등기가 경료된
경우에는 청산기간경과 후 청산금을 채무자 등에게 지급
한 때에 목적부동산의 소유권을 취득하며, 담보가등기가
경료된 경우에는 청산기간이 경과하여야 그 가등기에 기
한 본등기를 청구할 수 있습니다(가등기담보등에관한법률
제3조, 제4조).

그런데 양도담보권의 실행으로 담보목적물을 부당하게 염

가로 처분한 경우 배임죄가 성립되는지에 관하여 판례를
보면, "양도담보권자가 변제기 경과 후에 담보권을 실행하
기 위하여 담보목적물을 처분하는 행위는 담보계약에 따
라 양도담보권자에게 주어진 권능이어서 자기의 사무처리
에 속하는 것이지 타인인 채무자, 설정자의 사무처리에 속
하는 것이라고 볼 수 없으므로 양도담보권자가 담보권을
실행하기 위하여 담보목적물을 처분함에 있어 시가에 따
른 적절한 처분을 하여야 할 의무는 담보계약상의 민사책
임·의무이고 그와 같은 형법상의 의무가 있는 것이 아니므
로 그에 위반한 경우 배임죄가 성립된다고 볼 수 없다."라
고 하였으며(대법원 1997. 12. 23. 선고 97도2430 판결,
1989. 10. 24. 선고 87도126 판결), 양도담보권자의 정산
의무불이행의 경우 배임죄가 성립되는지에 관하여 판례를
보면, "양도담보가 처분정산형의 경우이건 귀속정산형의
경우이건 간에 담보권자가 변제기 경과 후에 담보권을 실
행하여 그 환가대금 또는 평가액을 채권원리금과 담보권
실행비용 등의 변제에 충당하고 환가대금 또는 평가액의
나머지가 있어 이를 담보제공자에게 반환할 의무는 담보
계약에 따라 부담하는 자신의 정산의무이므로, 그 의무를
이행하는 사무는 곧 자기의 사무처리에 속하는 것이라 할
것이고 이를 부동산매매에 있어서의 매도인의 등기의무와
같이 타인인 채무자의 사무처리에 속하는 것이라고 볼 수
는 없어 그 정산의무를 이행하지 아니한 소위는 배임죄를
구성하지 않는다."라고 하였습니다(대법원 1985. 11. 26.
선고 85도1493 전원합의체 판결).

따라서 위 사안에서 이을남이 변제기 후에 양도담보목적
물인 부동산을 시가보다 헐값에 처분하였다고 하여도 배
임죄가 성립되지는 않을 것으로 보입니다.

참고로 양도담보권자와 채무자 사이에 변제할 채무액에
관하여 다툼이 있는 상태에서 양도담보권자가 그 채무가
잔존한 것으로 믿고 담보부동산을 처분한 경우 횡령죄의
범의유무에 관하여 판례는 "양도담보권자와 채무자 사이
에 변제할 채무액에 관하여 다툼이 있었다면 채무가 잔존
한 것으로 믿고 담보부동산을 처분한 양도담보권자에게
위 부동산에 관한 횡령의 범의가 있다고 볼 수 없고, 그
가 담보부동산을 처분한 후 정산의무를 이행하지 아니한
것만으로는 범죄행위가 되지 아니한다."라고 하였습니다
(대법원 1992. 7. 14. 선고 92도279 판결).

◈ 이중으로 동산양도담보권을 설정해준 채무자에게 형사책임이 있는
   지?

질문 ➡ 저는 김갑돌에게 1,000만원을 빌려주면서 그 소유의 공장 내
기계 10여종에 대하여 점유개정의 방법으로 양도담보계약을 체
결하고 공증까지 받아두었습니다. 그런데 그 후 김갑돌은 이을
남에게 위 기계를 다시 양도담보로 제공하면서 인도하였고, 이
을남은 이를 타인에게 처분하였다고 합니다. 이러한 경우 김갑
돌의 이중양도담보계약행위를 형사처벌 할 수는 없는지요?

답변 ➡   배임죄의 형사책임 여지가 있다고 볼 수 있을 것입니다.

김갑돌이 귀하에게 양도담보물로 제공한 공장기계를 이을
남에게 다시 양도담보로 제공하여 이을남이 이를 처분하
였다면, 귀하로서는 이을남에 대하여 귀하의 양도담보권
을 침해한 위법이 있음을 이유로 손해배상청구를 할 수
있을 것입니다.

그러나 이와는 별개로 김갑돌의 이중양도담보계약체결행
위가 형사상 다투어 볼 수 있는지 문제됩니다.

이에 관하여 판례를 살펴보면, "피고인이 그 소유의 에어
콘 등을 피해자에게 양도담보로 제공하고 점유개정의 방
법으로 점유하고 있다가 다시 이를 제3자에게 양도담보로
제공하고 역시 점유개정의 방법으로 점유를 계속한 경우
뒤의 양도담보권자인 제3자는 처음의 담보권자인 피해자
에 대하여 배타적으로 자기의 담보권을 주장할 수 없으므
로 위와 같이 이중으로 양도담보제공이 된 것만으로는 처
음의 양도담보권자에게 담보권의 상실이나 담보가치의 감
소 등 손해가 발생한 것으로 볼 수 없으니 배임죄를 구성
하지 않는다."라고 하였습니다(대법원 1990. 2. 13. 선고

89도1931 판결, 1989. 4. 11. 선고 88도1586판결).

그러나 "금전채권을 담보하기 위하여 채무자 소유의 동산에 관하여 이른바 약한 의미의 양도담보가 설정되어 채무자가 그 동산을 점유하는 경우, 동산의 소유권은 신탁적으로 채권자에게 이전됨에 불과하여 채권자와 채무자간의 대내적 관계에서 채무자는 의연 소유권을 보유하게 되나, 채권자인 양도담보권자가 담보의 목적을 달성할 수 있도록 이를 보관할 의무를 지게 되어 부당히 이를 처분하거나 멸실, 훼손 기타 담보가치를 감소케 하는 행위가 금지된다 할 것이므로 채무자인 양도담보설정자는 채권자에 대하여 채권담보의 약정에 따른 그의 사무를 처리하는 자의 지위에 있게 된다 할 것이고, 채무자가 양도담보된 동산을 처분하는 등 부당히 그 담보가치를 감소시키는 행위를 한 경우에는 형법상 배임죄가 성립된다."라고 하였으며(대법원 1983. 3. 8. 선고 82도1829 판결, 1989. 7. 25. 선고 89도350 판결), 배임죄에 있어서 손해란 현실적인 손해가 발생한 경우뿐만 아니라 재산상의 위험이 발생된 경우도 포함되므로, 자신의 채권자와 부동산양도담보설정계약을 체결한 피고인이 그 소유권이전등기 경료전에 임의로 기존의 근저당권자인 제3자에게 지상권설정등기를 경료하여준 경우, 그 지상권설정이 새로운 채무부담행위에 기한 것이 아니라 기존의 저당권자가 가지는 채권을 저당권과 함께 담보하는 의미밖에 없다고 하더라도 이로써 양도담보권자의 채권에 대한 담보능력감소의 위험이 발생한 이상 배임죄를 구성한다."라고 한 바 있습니다(대법원 1997. 6. 24. 선고 96도1218 판결).

그렇다면 위 사안에서 김갑돌은 위 기계를 단순히 이중으로 양도담보로 제공한 정도를 넘어 이을남에게 인도하여 이를 처분되도록 한 경우이므로, 배임죄의 형사책임 여지가 있다고 볼 수 있을 것입니다.

◈ 소유권유보부로 할부구매한 물품을 처분한 경우 횡령죄가 성립되는
    지?

질문 ➡저는 5개월 전 컴퓨터 1대를 대리점에서 10개월 할부로 구입
하였으나 한달 전 사정이 생겨 이를 중고시장에 팔았습니다.
그런데 할부대금을 2회 연체하자 대리점에서는 컴퓨터의 반환
을 요구하다가 컴퓨터를 팔아버린 것을 알고는 횡령죄로 고소
하겠다고 합니다. 이 경우 할부대금의 변제 이외에 형사책임까
지도 성립하는지요?

답변 ➡   횡령죄에 해당될 수도 있을 것입니다.

횡령죄는 타인의 재물을 보관하는 자가 그 재물을 횡령하
거나 그 반환을 거부한 때에 성립됩니다(형법 제355조
제1항).

여기에서 할부구매 한 물품을 사용하는 자를 「타인의 재
물을 보관하는 자」로 볼 수 있느냐가 문제되는데, 일반적
으로 할부판매의 경우 할부대금을 완납하기 전까지는 그
물품의 소유권이 판매자에게 유보되어 있다고 보고 있습
니다. 즉, 할부구매물품을 점유·사용하고 있는 자는 그 대
금완납 전까지는 물품보관자의 지위에 있다고 할 것입니
다.

다만, 할부구매계약상 소유권까지도 매수인에게 이전하는
것으로 되어 있을 경우에는 그 소유권은 매수인에게 있고
매수인은 할부대금의 지급의무만 있는 것입니다.

따라서 이러한 반대의 약정이 없는 한 귀하가 할부대금을
완납하기 전에 위 물품을 처분하였다면 귀하의 컴퓨터 판
매행위는 횡령죄에 해당될 수도 있는 것입니다. 이 경우
사후에 할부대금잔액을 완납하더라도 이미 성립한 횡령죄
에는 영향을 주지 못한다 할 것입니다.

◆ 채권양도인이 양도통지를 하지 않고 채무자로부터 돈을 수령한 경우

질문 ➡ 저는 김갑돌로부터 받을 돈이 있어 김갑돌이 이을남에 대하여 가지고 있는 보증금반환채권을 양수 받았습니다. 그런데 김갑돌은 이을남에게 양도통지도 하지 않은 채 이을남으로부터 보증금을 반환 받아 이를 개인용도로 사용하였습니다. 이 경우 김갑돌은 어떤 죄로 처벌받게 되는지요?

답변 ➡   횡령죄로 처벌받을 수 있을 것입니다

채권양도는 채권을 하나의 재화로 다루어 이를 처분하는 계약으로서 채권 자체가 그 동일성을 잃지 아니한 채 양도인으로부터 양수인에게로 바로 이전하고, 이 경우 양수인으로서는 채권자의 지위를 확보하여 채무자로부터 유효하게 채권의 변제를 받는 것을 목적하고 있는 것인데, 민법은 채무자와 제3자에 대한 대항요건으로서 채무자에 대한 통지 또는 채무자의 양도에 대한 승낙을 요구하고 채무자에 대한 통지의 권능을 양도인에게만 부여하고 있으므로(민법 제450조), 양도인은 채무자에게 채권양도통지를 하거나 채무자로부터 채권양도의 승낙을 받음으로써 양수인으로 하여금 채무자에 대한 대항요건을 갖출 수 있도록 해줄 의무를 부담하게 됩니다.

귀하의 경우와 같이 양도인의 채권양도의 통지를 하기 전에 채무자로부터 채권을 추심 하여 금전을 수령한 경우, 민사적으로는 아직 대항요건을 갖추지 아니한 이상 이을남이 김갑돌에 대하여 한 변제는 유효하고, 그 결과 귀하에게 귀속되었던 채권은 소멸하게 되어 귀하는 이을남으로부터 채권을 추심 할 수는 없다고 하겠습니다.

이 경우 형사적으로는 이미 채권을 양도하여 그 채권에 관한 한 아무런 권한도 가지지 아니하는 김갑돌이 귀하에게 귀속된 채권에 대한 변제로서 수령한 것이라고 보아야 할 것입니다.

즉, 김갑돌은 채권양도의 당연한 귀결로서 그 금전을 자신의 것으로 수령할 수는 없는 것이고 오로지 귀하에게 전달해주기 위해서만 수령할 수 있을 뿐이어서 김갑돌이 수령한 금전은 김갑돌과 귀하의 사이에서 귀하의 소유에 속하고 김갑돌은 이를 귀하를 위하여 보관하는 관계에 있다고 보아야 할 것입니다(대법원 1999. 4. 15. 선고 97도666 전원합의체 판결).

그러므로 김갑돌이 위 금전을 임의로 사용하였을 경우에는 타인의 물건을 보관하는 자가 그 재물을 횡령한 경우에 해당하여 횡령죄를 구성한다 할 것입니다(형법 제355조 제1항).

◆ 이중으로 임차권양도계약을 한 경우 배임죄가 성립되는지?

질문 ➡ 저는 점포의 임차인 김갑돌로부터 임차권을 양도받는 계약을 체결하고 당일 계약금과 중도금 3,000만원을 지급하였습니다. 그러나 위 임차권양도계약을 맺은 8일 뒤 김갑돌은 이을남과 보증금 4,000만원에 다시 임차권양도계약을 맺고 현재는 이을남에게 이미 점포를 인도하였습니다. 제가 김갑돌에게 항의하자 그는 계약금의 배액을 상환하고 중도금도 물어주면 될 것이 아니냐고 말하고 있습니다. 부동산 매수의 경우에 매도인이 중도금을 지급 받고 이중양도하면 배임죄가 되는 것으로 알고 있는데, 김갑돌을 배임죄로 고소할 수 있는지요?

답변 ➡   형사상의 처벌을 받지 않을 것으로 생각됩니다.

배임죄란 타인의 사무를 처리하는 자가 그 임무에 위배하는 행위에 의하여 재산상의 이익을 취득하거나 제3자로 하여금 이를 취득하게 하여 그 타인에게 손해를 가함으로써 성립하는 죄입니다.

여기에서 그 「타인의 사무를 처리하는 자」란 양자간의 신임관계에 기초를 두고 타인의 재산관리에 관한 사무를 대행하거나 타인재산의 보전행위에 협력하는 자의 경우 등을 가리키고, 「임무에 위배하는 행위」라 함은 당해 사무의 내용, 성질 등 구체적 상황에 비추어 법률의 규정, 계약의 내용 또는 신의성실의 원칙상 당연히 할 것으로 기대되는 행위를 하지 않거나 당연히 하지 않아야 할 것으로 기대되는 행위를 함으로써 본인에 대한 신임관계를 저버리는 일체의 행위를 포함하는 것입니다.

부동산의 소유권 등 물권이 넘어가는 즉, 배타적인 권리의 변동과 관계되는 행위에 있어서는 위와 같은 타인의 사무를 처리하는 자와 그 임무에 위배되는 행위를 폭넓게 인정하여 배임죄의 성립을 인정하는 것이 판례의 경향입니다.

하지만 채권의 변동은 부동산소유권 등과 달리 그것이 존재함을 외부인이 알기가 힘들고, 이전도 쉽게 이루어지고 있어 배임죄를 인정하기 어려운 경우가 더 많습니다.

관련 판례를 보면 "양도계약을 체결한 뒤 계약금과 중도금까지 받았다 하더라도 잔금을 수령함과 동시에 양수인에게 점포를 명도 하여 줄 의무는 양도계약에 따르는 민사상의 채무에 지나지 아니할 뿐만 아니라 이를 타인의 사무로 볼 수 없으므로, 비록 양도인이 위 임차권을 2중으로 양도하였다 하더라도 배임죄를 구성하지 않는다."라고 하였습니다(대법원 1986. 9. 23. 선고 86도811 판결, 1990. 9. 25. 선고 90도1216 판결, 1991. 12. 10. 선고 91도2184 판결).

따라서 임차권을 이중양도 한 임차인은 배임죄에 해당되지 않을 것으로 생각되어 귀하가 김갑돌을 고소하더라도 김갑돌은 형사상의 처벌을 받지 않을 것으로 생각됩니다.

◆ 계주가 계금을 지급하지 않을 때 계주를 처벌할 수 있는지?

질문 ➡ 저는 김갑돌이 운영하는 계에 가입하여 불입금을 성실히 납부
해오던 중 며칠 전 곗날에는 제가 계금을 지급 받기로 결정되
었습니다. 그런데 계주는 저에게 계불입금을 성실하게 납입하
지 않을 우려가 있다며 계금을 지급해주지 않고 금융기관에 예
금을 해버렸습니다. 제가 계주에게 계금을 지급하여 줄 것을
요구하자 계주는 전혀 근거 없는 변명을 늘어놓으며 계금을 지
급하지 않고 있는데, 이 경우 계주를 처벌할 수 없는지요?

답변 ➡ 형사상 배임죄의 책임을 지게 됩니다.

계주는 계원들과의 약정에 따라 지정된 곗날에 계원으로
부터 월 불입금을 징수하여 지정된 계원에게 이를 지급할
의무가 있으며, 계주의 이러한 의무는 계주 자신의 사무
임과 동시에 타인인 계원들의 사무를 처리하는 것도 된다
하겠습니다.

따라서 계주가 계원들로부터 월 불입금을 모두 징수하였
음에도 불구하고 그 의무에 위배하여 정당한 사유없이 이
를 지정된 계원에게 지급하지 아니하였다면 다른 특별한
사정이 없는 한, 그 지정된 계원에 대한 관계에 있어서
배임죄를 구성하게 됩니다(대법원 1995. 9. 29. 선고 95
도1176 판결, 1994. 3. 8. 선고 93도2221 판결).

귀하가 계불입금을 성실하게 납입하여 왔음에도 불구하고
김갑돌이 주관적으로 귀하에게 계불입금을 성실하게 납입
하지 아니할 우려가 있다고 판단하여 계금을 지급하지 않
는 행위는 정당한 사유가 될 수 없을 것입니다. 정당한
사유가 있는지 여부는 계주가 주관적으로 판단하는 것이
아니라 객관적으로 그러한 사유가 있어야 하는 것입니다.

그러므로 김갑돌은 형사상 배임죄의 책임을 지게 될 뿐만
아니라 민사상 귀하에게 계금을 지급할 의무가 있으므로
귀하는 민사상 김갑돌을 상대로 계금지급청구의 소를 제
기할 수도 있을 것입니다.

◆ 공동임대인 중 1인이 임대보증금을 임의로 처분한 경우 어떠한 범죄가 성립되는지?

질문 ➡김갑돌과 이을남은 공동으로 소유하는 건물을 최병수에게 공동임대인으로서 공동으로 임대하면서 최병수로부터 지급 받은 임대보증금을 김갑돌이 보관하기로 하였습니다. 그런데 김갑돌은 이을남의 사전동의나 사후 승낙 없이 위 임대보증금을 김갑돌 자신의 채무변제에 유용하였습니다. 이 경우 김갑돌의 위와 같은 행위는 어떠한 범죄가 성립되는지요?

답변 ➡   횡령죄가 성립될 수 있을 것으로 보입니다.

형법 제355조 제1항에서는 "타인의 재물을 보관하는 자가 그 재물을 횡령하거나 그 반환을 거부한 때에는 5년 이하의 징역 또는 1천 500만원 이하의 벌금에 처한다."라고 규정하고 있습니다.

그런데 건물의 공유자가 공동으로 건물을 임대하고 보증금을 수령한 경우 보증금반환채무의 성질에 관하여 판례를 보면, "건물의 공유자가 공동으로 건물을 임대하고 보증금을 수령한 경우 특별한 사정이 없는 한 그 임대는 각자 공유지분을 임대한 것이 아니고 임대목적물을 다수의 당사자로서 공동으로 임대한 것이고, 그 보증금반환채무는 성질상 불가분채무에 해당된다고 보아야 할 것이다."라고 하였습니다(대법원 1998. 12. 8.선고, 98다43137 판결).

그리고 공동임대인 중 1인이 임대보증금을 임의로 처분한 경우 어떠한 범죄가 성립되는지에 관하여 판례를 보면, "피고인 甲과 乙이 임대목적물을 공동으로 임대한 것이라면 그 보증금반환채무는 성질상 불가분채무에 해당하므로, 위 임대보증금 잔금은 이를 정산하기까지는 피고인 甲과

乙의 공동소유에 귀속한다고 할 것이고, 공동소유자 1인에 불과한 피고인 甲이 乙의 승낙 없이 위 임대보증금 잔금을 임의로 처분하였다면 횡령죄가 성립한다."라고 하였습니다(대법원 2001. 10. 30. 선고 2001도2095 판결).

따라서 위 사안에서도 김갑돌이 공동임대보증금을 공동임대인 이을남의 승낙없이 임의로 자기의 채무변제에 유용하였다면 횡령죄가 성립될 수 있을 것으로 보입니다.

◆ 비신분자가 신분자와 공모하여 업무상 배임죄를 범한 경우의 비신
분자의 처벌방법

질문 ➡김갑돌은 국제아파트하자보수추진위원회 총무로서 하자보수시
공업자를 선정하여 하자보수계약을 체결함에 있어서 건설업자
최병수와 공모하여 시공업자 미제건설을 선정하여 이중계약서
를 작성하여 그 차액을 리베이트로 지급 받아 위 아파트주민들
에게 위 차액상당의 손해를 가하였습니다. 이 경우 김갑돌과
최병수 모두를 업무상배임죄로 처벌할 수 있는지요?

답변 ➡   김갑돌은 업무상배임죄로, 최병수는 단순배임죄로 처벌되
게 될 것으로 보입니다.

형법 제355조에서는 "① 타인의 재물을 보관하는 자가 그
재물을 횡령하거나 그 반환을 거부한 때에는 5년 이하의
징역 또는 1천500만원 이하의 벌금에 처한다. ② 타인의
사무를 처리하는 자가 그 임무에 위배하는 행위로써 재산
상의 이익을 취득하거나 제3자로 하여금 이를 취득하게
하여 본인에게 손해를 가한 때에도 전항의 형과 같다."라
고 규정하고 있으며, 형법 제356조에서는 "업무상의 임무
에 위배하여 제355조의 죄를 범한 자는 10년 이하의 징
역 또는 3천만원 이하의 벌금에 처한다."라고 규정하여
업무상 배임죄는 단순배임죄에 비하여 형량이 무겁습니
다.

그리고 형법 제33조 단서에서는 "신분관계로 인하여 성립
될 범죄에 가공한 행위는 신분관계가 없는 자에게도 전3
조(공동정범, 교사범, 종범)의 규정을 적용한다. 단 신분
관계로 인하여 형의 경중이 있는 경우에는 중한 형(刑)으
로 벌하지 아니한다."라고 규정하고 있습니다.

그러므로 위 사안에서 김갑돌은 위 아파트주민들의 하자

보수공사를 위하여 도급계약을 체결하는 사무를 처리하는
업무에 종사하는 사람이지만, 최병수는 그와 같은 업무에
종사하는 사람이 아니므로 최병수에 대하여는 어떠한 범
죄로 처벌하여야 하는지 문제됩니다.

그런데 위 사안과 관련된 판례를 보면, "업무상배임죄는
업무상 타인의 사무를 처리하는 지위에 있는 사람이 그
임무에 위배하는 행위로써 재산상의 이익을 취득하거나
제3자로 하여금 이를 취득하게 하여 본인에게 손해를 가
한 때에 성립하는 것으로서, 이는 타인의 사무를 처리하는
지위라는 점에서 보면 신분관계로 인하여 성립될 범죄이
고, 업무상 타인의 사무를 처리하는 지위라는 점에서 보면
단순배임죄에 대한 가중규정으로서 신분관계로 인하여 형
의 경중이 있는 경우라고 할 것이므로, 그와 같은 신분관
계가 없는 자가 그러한 신분관계가 있는 자와 공모하여
업무상배임죄를 저질렀다면 그러한 신분관계가 없는 자에
대하여는 형법 제33조 단서에 의하여 단순배임죄에 정하
는 형으로 처단하여야 할 것이다."라고 하였습니다.

또한, "업무상배임죄는 위태범(危殆犯)으로서 그 성립을
위하여 현실로 본인에게 재산상 손해가 발생할 것까지 요
하는 것은 아니므로, 타인을 위하여 도급계약을 체결할
임무가 있는 자가 부당하게 높은 가격으로 도급계약을 체
결하여 타인에게 부당하게 많은 채무를 부담하게 하였다
면 그로써 곧바로 업무상배임죄가 성립하고, 그 이후에
타인이 현실로 채무를 이행하였는지 여부는 업무상배임죄
의 성립과는 관계가 없다 할 것이고, 그 경우 배임액은
도급계약의 도급금액 전액에서 정당한 도급금액을 공제한
금액으로 보아야 한다."라고 하였습니다(대법원 1999. 4.
27. 선고 99도883 판결).

따라서 위 사안에서 김갑돌은 업무상배임죄로, 최병수는

단순배임죄로 처벌되게 될 것으로 보입니다.

◆ 불륜관계 지속의 대가로 부동산소유권이전등기 약정 후 이행 않는
것이 배임죄인지?

질문 ➡ 유부남인 김갑돌은 그의 내연의 처 이을녀와 불륜관계를 지속
하는 대가로 토지의 소유권을 이전해주기로 약정하였습니다.
그런데 김갑돌은 그 소유권이전등기를 해주지 않았습니다. 이
경우 김갑돌을 배임죄로 처벌할 수 있는지요?

답변 ➡   배임죄가 문제되지는 않을 것으로 보입니다.

형법 제355조 제2항에서는 타인의 사무를 처리하는 자가
그 임무에 위배하는 행위로써 재산상의 이익을 취득하거
나 제3자로 하여금 이를 취득하게 하여 본인에게 손해를
가한 때에는 5년 이하의 징역 또는 1천500만원 이하의
벌금에 처한다고 규정하고 있습니다.

그런데 민법 제103조에서는 반사회질서의 법률행위에 관
하여 "선량한 풍속 기타 사회질서에 위반한 사항을 내용
으로 하는 법률행위는 무효로 한다."라고 규정하고 있습
니다.

그러므로 위 사안에서 김갑돌이 이을녀에게 불륜관계를
지속하는 대가로 부동산에 관한 소유권이전등기를 경료해
주기로 한 약정은 반사회질서의 법률행위로 볼 수 있을
것이므로, 이러한 약정을 이행하지 않은 경우 배임죄로
처벌할 수 있는지 문제됩니다.

이에 관하여 판례를 보면, "내연의 처와의 불륜관계를 지
속하는 대가로서 부동산에 관한 소유권이전등기를 경료해
주기로 약정한 경우, 위 부동산 증여계약은 선량한 풍속
과 사회질서에 반하는 것으로 무효이어서 위 증여로 인한
소유권이전등기의무가 인정되지 아니하는 이상, 동인이

타인의 사무를 처리하는 자에 해당한다고 볼 수 없어 비록 위 등기의무를 이행하지 않는다 하더라도 배임죄를 구성하지 않는다."라고 하였습니다(대법원 1986. 9. 9. 선고 86도1382 판결).

따라서 위 사안에서 김갑돌도 배임죄가 문제되지는 않을 것으로 보입니다.

◆ 회사영업비밀을 사외 유출한 직원의 죄책과 그 행위로 피고인이
얻은 이익산정방법

질문 ➡ 김갑돌은 국제주식회사에 입사하면서 회사의 영업비밀을 사외
로 유출하지 않을 것을 서약하였음에도 불구하고 경제적인 대
가를 얻기 위하여 경쟁업체에 영업비밀인 설계도면을 유출하는
행위를 하였습니다. 이 경우 김갑돌이 업무상 배임죄에 해당된
다면 영업비밀의 유출로 인한 손해액은 어떻게 산정 하여야 하
는지요?

답변 ➡ 회사의 영업비밀인 설계도면 등의 자료를 취득함으로써
얻은 이익은 그 자료가 가지는 재산가치 상당이며, 또한
부정경쟁방지 및 영업비밀보호에 관한 법률 위반죄가 성
립될 것으로 보입니다.

형법 제356조에서는 "업무상의 임무에 위배하여 제355조
의 죄를 범한 자는 10년 이하의 징역 또는 3천만원 이하
의 벌금에 처한다."라고 규정하고 있습니다.

경쟁업체에 영업비밀을 유출한 행위가 업무상배임죄에 해
당하는지에 관하여 판례를 보면, "영업비밀이라 함은 일
반적으로 알려져 있지 아니하고 독립된 경제적 가치를 가
지며, 상당한 노력에 의하여 비밀로 유지·관리된 생산방
법, 판매방법 기타 영업활동에 유용한 기술상 또는 경영
상의 정보를 말하고, 영업비밀의 보유자인 회사가 직원들
에게 비밀유지의 의무를 부과하는 등 기술정보를 엄격하
게 관리하는 이상, 역설계가 가능하고 그에 의하여 기술
정보의 획득이 가능하더라도, 그러한 사정만으로 그 기술
정보를 영업비밀로 보는 데에 지장이 있다고 볼 수 없다."
라고 하면서, "배임죄는 타인의 사무를 처리하는 자가 그
임무에 위배하는 행위로써 재산상 이익을 취득하거나 제3

자로 하여금 이를 취득하게 하여 본인에게 손해를 가함으로써 성립하는바, 이 경우 그 임무에 위배하는 행위라 함은 사무의 내용, 성질 등 구체적 상황에 비추어 법률의 규정, 계약의 내용 혹은 신의칙상 당연히 할 것으로 기대되는 행위를 하지 않거나 당연히 하지 않아야 할 것으로 기대되는 행위를 함으로써 본인과 사이의 신임관계를 저버리는 일체의 행위를 포함하는 것이므로, 기업의 영업비밀을 사외로 유출하지 않을 것을 서약한 회사의 직원이 경제적인 대가를 얻기 위하여 경쟁업체에 영업비밀을 유출하는 행위는 피해자와의 신임관계를 저버리는 행위로서 업무상배임죄를 구성하고, 영업비밀을 취득함으로써 얻는 이익은 그 영업비밀이 가지는 재산가치 상당이고, 그 재산가치는 그 영업비밀을 가지고 경쟁사 등 다른 업체에서 제품을 만들 경우, 그 영업비밀로 인하여 기술개발에 소요되는 비용이 감소되는 경우의 그 감소분 상당과 나아가 그 영업비밀을 이용하여 제품생산에까지 발전시킬 경우 제품판매이익 중 그 영업비밀이 제공되지 않았을 경우의 차액 상당으로서 그러한 가치를 감안하여 시장경제원리에 의하여 형성될 시장교환가격이다."라고 하였습니다(대법원 1999. 3. 12. 선고 98도4704 판결, 2001. 1. 19. 선고 2000도2914 판결).

그리고 부정경쟁방지 및 영업비밀보호에 관한 법률 제2조 제2호에서는 "「영업비밀」이라 함은 공연히 알려져 있지 아니하고 독립된 경제적 가치를 가지는 것으로서, 상당한 노력에 의하여 비밀로 유지된 생산방법·판매방법 기타 영업활동에 유용한 기술상 또는 경영상의 정보를 말한다."라고 규정하고 있으며, 부정경쟁방지 및 영업비밀보호에 관한 법률 제18조에서는 "부정한 이익을 얻거나 기업에 손해를 입힐 목적으로 그 기업에 유용한 영업비밀을 취득·사용 하거나 제3자에게 누설한 자는 5년 이하의 징역 또는 그 재산상 이득액의 2배 이상 10배 이하에 상당하는 벌금에 처한다."라고 규정하고 있습니다.

따라서 위 사안에서 김갑돌은 업무상 배임죄가 성립될 것 으로 보이고, 김갑돌이 국제주식회사의 영업비밀인 설계도 면 등의 자료를 취득함으로써 얻은 이익은 그 자료가 가 지는 재산가치 상당이며, 또한 부정경쟁방지 및 영업비밀 보호에 관한 법률 위반죄가 성립될 것으로 보입니다.

◈ 물품을 구입하고 난 이후에서야 장물임을 알았을 경우에도 취득죄가 성립되는지?

질문 ➡ 저는 평소 알고 지내던 김갑돌로부터 중고 카메라의 구입을 권유받고 살펴보니 중고이기는 하나 성능이 우수하고 가격도 적당해서 구입하였습니다. 그러나 며칠이 지나서 그것이 장물임을 알게 되었는데, 이 경우에도 장물취득죄로 처벌받아야 하는지요?

답변 ➡ 인도 받을 당시에는 그것이 장물이라는 것을 몰랐다면 장물취득죄는 성립하지 않을 것입니다.

형법 제362조에서는 장물(臟物)을 취득, 양도, 운반 또는 보관한 자는 7년 이하의 징역 또는 1,500만원 이하의 벌금에 처하고 이러한 행위를 알선한 자도 위 형(刑)과 같다고 규정하고 있습니다.

그러므로 장물취득죄가 성립되기 위해서는 그것이 장물이라는 인식이 있어야 합니다(형법 제362조). 여기서 문제되는 것은 어느 정도까지 이러한 인식을 해야 하는 것인가와 이러한 인식이 언제 있어야 하는가 라는 것입니다.

먼저 인식의 정도에 관하여 판례는 "장물취득죄에 있어서 장물의 인식은 확정적 인식임을 요하지 않으며, 장물일지도 모른다는 의심을 가지는 정도의 「미필적 인식」으로도 충분하고, 또한 장물인 사정을 알고 있었느냐의 여부는 장물소지자의 신분, 재물의 성질, 거래의 대가 기타 상황을 참작하여 이를 인정할 수밖에 없다."라고 하였습니다(대법원 1995. 1. 20. 선고 94도1968 판결).

즉, 그것이 장물이라는 확신이 없어도 장물이 아닌가 하는 의심을 갖고 있었다면 장물취득죄가 성립될 수 있을 것입

니다. 그리고 그 인식범위에 있어서는 장물이 되게 된 본
죄의 범인(절도범 등)이 누구인가, 피해자는 누구인가를
알 필요는 없다고 하겠습니다(대법원 1969. 1. 21. 선고
68도1474 판결). 또한, 장물취득죄는 매수인이 매매계약
체결시에는 장물이라는 사정을 몰랐다 할지라도 그 후 그
사정을 알고 인도를 받은 경우에도 성립되는 것입니다.

따라서 위 사안의 경우 귀하는 장물인 카메라를 인도 받
을 당시에는 그것이 장물이라는 것을 몰랐다면 장물취득
죄는 성립하지 않을 것입니다. 그러나 가격이나 기타 제반
사정으로 보아 장물일지도 모른다는 인식이 있었다고 볼
수 있다면 장물취득죄가 성립될 수도 있습니다.

◆ 행인이 덤벼드는 개를 죽인 경우에 어떤 처벌을 받게 되는지?

> **질문 ➡** 저는 저의 딸과 길을 가던 중 이웃집에서 기르는 개가 으르렁 거리다가 갑자기 딸아이를 물려고 하기에 몽둥이로 때렸는데 죽어버렸습니다. 개 주인은 값비싼 개이므로 변상하지 않으면 고소하겠다고 하는데, 이 경우 저는 형사처벌을 받아야 하는지 요?

답변 ➡   개를 몽둥이로 때려죽이지 않고서는 객관적으로 귀하의 딸을 보호할 다른 수단이 없는 유일한 수단이었다면 긴급 피난으로서 처벌받지 않을 것입니다.

재물손괴죄에 대하여 형법 제366조에서는 타인의 재물, 문서 또는 전자기록 등 특수매체기록을 손괴 또는 은닉 기타 방법으로 그 효용을 해한 자는 3년 이하의 징역 또는 700만원 이하의 벌금에 처한다고 규정하고 있습니다.

그러나 타인의 재물을 손괴하면 언제나 처벌되는 것은 아니고 그 행위가 정당행위, 정당방위, 긴급피난, 피해자의 승낙, 자구행위 등의 요건을 갖추면 처벌받지 아니할 것입니다(형법 제20조 내지 제24조).

위 사안에서 귀하의 경우에는 긴급피난(緊急避難)과 관계되어 있는바, 긴급피난이란 자기 또는 타인의 법익에 대한 현재의 위난을 피하기 위한 행위로 상당한 이유가 있는 때에는 처벌하지 않는 것을 말합니다(형법 제22조 제1항, 민법 제761조). 그러나 그러한 위난을 피할 다른 수단이 있거나 적절한 방법이 있었다면 과잉피난행위가 되어 정황에 따라 그 형을 감경 또는 면제할 수 있을 뿐이며(형법 제22조 제3항, 제21조 제2항), 그러한 위난이 없음에도 있다고 오인한 때에는 오상피난(誤想避難)으로 처벌될 수 있습니다.

따라서 귀하의 경우에도 갑자기 물려고 덤벼드는 개를 몽둥이로 때려죽이지 않고서는 객관적으로 귀하의 띨을 보호할 다른 수단이 없는 유일한 수단이었다면 긴급피난으로서 처벌받지 않을 것이나, 만일 개를 몽둥이로 때려죽이지 않고도 피할 방법이 있었던 상황인 경우에는 과잉피난행위가 되어 재물손괴죄에 해당되면서 그 형이 감경 또는 면제될 수 있을 뿐입니다. 또한 개가 물려고 하지 않았음에도 물려고 한 것으로 오인하여 개를 때려 죽였다면 재물손괴죄가 성립될 수 있을 것입니다.

◆ 피해자를 승용차에 태운 채 하차요구를 무시하고 내리지 못하게
   한 때 감금죄여부

질문 ➡ 김갑돌은 이을녀로 하여금 할 수 없이 그의 승용차에 승차하게
한 후 이을녀가 내려달라고 요청하였음에도 불구하고 당초 목
적지라고 알려준 장소가 아닌 다른 장소를 향하여 시속 약 60
킬로미터 내지 70킬로미터 속도로 진행하여서 이을녀를 위 차
량에서 내리지 못하도록 하였습니다. 그러자 이을녀는 위와 같
은 감금상태를 벗어날 목적으로 위 차량의 뒷좌석 창문을 통하
여 밖으로 빠져 나오려다가 길바닥에 떨어져 상해를 입었습니
다. 이 경우 김갑돌에게 감금죄의 책임을 물을 수 있는지요?

답변 ➡   감금치상죄가 성립될 수 있을 듯합니다.

형법 제276조 제1항에서는 "사람을 체포 또는 감금한 자
는 5년 이하의 징역 또는 700만원이하의 벌금에 처한다."
라고 규정하고 있으며, 형법 제281조 제1항에서는 "제
276조 내지 제280조의 죄를 범하여 사람을 상해에 이르
게 한 때에는 1년 이상의 유기징역에 처한다. 사망에 이
르게 한 때에는 3년 이상의 유기징역에 처한다."라고 규
정하고 있습니다.

그런데 위 사안과 관련된 판례를 보면, "감금죄는 사람의
행동의 자유를 그 보호법익으로 하여 사람이 특정한 구역
에서 나가는 것을 불가능하게 하거나 또는 심히 곤란하게
하는 죄로서 이와 같이 사람이 특정한 구역에서 나가는
것을 불가능하게 하거나 심히 곤란하게 하는 그 장해는
물리적, 유형적 장해뿐만 아니라 심리적, 무형적 장해에
의하여서도 가능하고, 또 감금의 본질은 사람의 행동의
자유를 구속하는 것으로 행동의 자유를 구속하는 그 수단
과 방법에는 아무런 제한이 없어서 유형적인 것이거나 무

형적인 것이거나 가리지 아니하며, 감금에 있어서의 사람의 행동의 자유의 박탈은 반드시 전면적이어야 할 필요도 없다."라고 하면서, "승용차로 피해자를 가로막아 승차하게 한 후 피해자의 하차요구를 무시한 채 당초 목적지가 아닌 다른 장소를 향하여 시속 약 60킬로미터 내지 70킬로미터의 속도로 진행하여 피해자를 차량에서 내리지 못하게 한 행위는 감금죄에 해당하고, 피해자가 그와 같은 감금상태를 벗어날 목적으로 차량을 빠져 나오려다가 길바닥에 떨어져 상해를 입고 그 결과 사망에 이르렀다면 감금행위와 피해자의 사망 사이에는 상당인과관계가 있다고 할 것이므로 감금치사죄에 해당한다."라고 하였습니다(대법원 2000. 2. 11. 선고 99도5286 판결).

따라서 위 사안에서도 김갑돌의 위와 같은 행위는 감금치상죄가 성립될 수 있을 듯합니다.

◆ 감금된 특정구역 내부에서 일정한 생활의 자유를 허용한 경우에도 감금죄가 되는지?

> **질문** ➡ 김갑돌과 이을남은 그의 채무자인 최병수가 김갑돌에 대한 채무를 변제하지 않는다는 이유로 최병수를 그의 주거지와 멀리 떨어진 외딴 지역으로 유인하여 수일 동안 그 지역 내에서 어느 정도의 활동은 허용하였지만, 그 지역을 벗어나는 것은 감시하여 제지하였습니다. 이러한 경우에도 김갑돌과 이을남을 감금죄로 처벌할 수 있는지요?

답변 ➡ 폭력행위 등 처벌에 관한 법률 위반으로 문제될 것으로 보입니다.

형법 제276조 제1항에서는 "사람을 체포 또는 감금한 자는 5년 이하의 징역 또는 700만원이하의 벌금에 처한다."라고 규정하고 있으며, 폭력행위 등 처벌에 관한 법률 제2조 제2항에서는 형법 제276조 제1항(체포, 감금)의 죄를 야간 또는 2인 이상이 공동하여 범한 때에는 각 형법 본조에 정한 형(刑)의 2분의 1까지 가중한다고 규정하고 있습니다.

그런데 감금된 특정구역 내부에서 일정한 생활의 자유를 허용한 경우에도 감금죄가 성립되는지에 관하여 판례를 보면, "감금죄는 사람의 행동의 자유를 그 보호법익으로 하여 사람이 특정한 구역에서 벗어나는 것을 불가능하게 하거나 또는 매우 곤란하게 하는 죄로서 그 본질은 사람의 행동의 자유를 구속하는 데에 있다. 이와 같이 행동의 자유를 구속하는 수단과 방법에는 아무런 제한이 없고, 사람이 특정한 구역에서 벗어나는 것을 불가능하게 하거나 매우 곤란하게 하는 장애는 물리적·유형적 장애뿐만 아니라 심리적·무형적 장애에 의하여서도 가능하므로 감금죄

의 수단과 방법은 유형적인 것이거나 무형적인 것이거나
가리지 아니한다. 또한 감금죄가 성립하기 위하여 반드시
사람의 행동의 자유를 전면적으로 박탈할 필요는 없고,
감금된 특정한 구역 범위 안에서 일정한 생활의 자유가
허용되어 있었다고 하더라도 유형적이거나 무형적인 수단
과 방법에 의하여 사람이 특정한 구역에서 벗어나는 것을
불가능하게 하거나 매우 곤란하게 한 이상 감금죄의 성립
에는 아무런 지장이 없다."라고 하였습니다(대법원 2000.
3. 24. 선고 2000도102 판결, 1998. 5. 26. 선고 98도
1036 판결).

따라서 위 사안에서 김갑돌과 이을남의 최병수에 대한 위
와 같은 행위는 비록 일정한 생활의 자유가 허용되었다고
하여도 감금죄가 성립될 것으로 보이고, 김갑돌과 이을남
2인이 수일간 최병수를 감금한 것이므로 폭력행위 등 처
벌에 관한 법률위반으로 문제될 것으로 보입니다.

◆ 정식절차밟은 위임목사가 아닌 자가 하는 설교·예배를 방해한 경우 예배방해죄여부

> **질문** ➡ 김갑돌은 이을남이 정식절차를 밟은 위임목사가 아니면서도 당회의 결의에 반하여 350여명 앞에서 설교와 예배인도를 하므로 그 예배를 방해하였습니다. 이러한 경우에도 예배방해죄가 성립되는지요?

답변 ➡   형법 제158조의 예배방해죄가 성립될 수 있을 듯합니다.

형법 제158조에서는 "장례식, 제사, 예배 또는 설교를 방해한 자는 3년 이하의 징역 또는 500만원 이하의 벌금에 처한다."라고 규정하고 있습니다.

그런데 위 사안에서는 이을남이 정식절차를 밟은 위임목사가 아니면서도 당회의 결의에 반하여 설교와 예배인도를 하므로 그 예배를 방해한 경우인데, 이러한 경우에도 형법 제158조의 예배방해죄가 성립되는지 문제됩니다.

이에 관하여 판례를 보면, "정식절차를 밟은 위임 목사가 아닌 자가 당회의 결의에 반하여 설교와 예배인도를 한 경우라 할지라도 그가 그 교파의 목사로서 그 교의를 신봉하는 신도들 앞에서 그 교지에 따라 설교와 예배인도를 한 것이라면 다른 특별한 사정이 없는 한 그 설교와 예배인도는 형법상 보호를 받을 가치가 있고 이러한 설교와 예배인도의 평온한 수행에 지장을 주는 행위를 한 경우에는 형법 제158조에 규정된 설교 또는 예배방해죄가 성립한다."라고 하였습니다(대법원 2001. 2. 13. 선고 2000도2312 판결, 1971. 9. 28. 선고 71도1465 판결).

따라서 위 사안에서 이을남이 비록 정식절차를 밟은 위임목사가 아니고, 당회의 결의에 반하여 설교와 예배인

도를 한 경우라 할지라도 그러한 예배를 방해한 김갑돌의 행위는 형법 제158조의 예배방해죄가 성립될 수 있을 듯합니다.

◆ 즉결심판피의자를 강제로 경찰서보호실에 유치시키는 것이 불법감
　금죄에 해당하는지?

질문 ➡ 경찰관이 경범죄처벌법위반혐의가 있음을 이유로 이을남에게
범칙금통고처분을 하였으나, 이을남이 승복할 수 없다고 하여
이을남을 즉결심판에 회부하기로 하고 이을남을 경찰서 즉결피
의자대기실로 데리고 가서 경찰서보호실 근무자에게 신병을 인
계시키려고 하였는데, 이을남이 다음날 법정에 임의출석 하겠
다며 귀가요청을 하여 당시 경찰업무관행에 따라 신병보증인을
세울 것을 요구하였으나 이을남으로부터 신병보증을 할 사람이
없다는 말을 듣고 귀가조치가 불가능하다고 판단하여 강제로
경찰서보호실에 유치시키려고, 이을남을 경찰서보호실에 밀어
넣으려는 과정에서 상해를 입게 한 경우 불법감금이 되는지요?

답변 ➡ 불법감금죄가 성립될 것이고, 그 과정에서 상해의 결과가
발생된다면 특정범죄가중처벌등에관한법률 제4조의2 제1
항 위반죄가 문제될 수 있을 것으로 보입니다.

형법 제124조에서는 "① 재판, 검찰, 경찰 기타 인신구속
에 관한 직무를 행하는 자 또는 이를 보조하는 자가 그
직권을 남용하여 사람을 체포 또는 감금한 때에는 7년 이
하의 징역과 10년 이하의 자격정지에 처한다. ② 전항의
미수범은 처벌한다."라고 규정하고 있으며, 특정범죄가중
처벌등에관한법률 제4조의2 제1항에서는 "형법 제124조·
제125조에 규정된 죄를 범하여 사람을 치상한 때에는 1
년 이상의 유기징역에 처한다."라고 규정하고 있습니다.

그런데 형법 제20조에서는 "법령에 의한 행위 또는 업무
로 인한 행위 기타 사회상규에 위배되지 아니하는 행위는
벌하지 아니한다."라고 규정하고 있습니다.

그러므로 경찰관이 즉결심판피의자를 강제로 경찰서보호
실에 유치시키는 것이 정당한 행위인지 문제됩니다.

이에 관련된 판례를 보면, "감금죄에 있어서의 감금행위는 사람으로 하여금 일정한 장소 밖으로 나가지 못하도록 하여 신체의 자유를 제한하는 행위를 가리키는 것이고, 그 방법은 반드시 물리적, 유형적 장애를 사용하는 경우뿐만 아니라 심리적, 무형적 장애에 의하는 경우도 포함되는 것이므로, 설사 그 장소가 경찰서내 대기실로서 일반인과 면회인 및 경찰관이 수시로 출입하는 곳이고 여닫이문만 열면 나갈 수 있도록 된 구조라 하여도 경찰서 밖으로 나가지 못하도록 그 신체의 자유를 제한하는 유형, 무형의 억압이 있었다면 이는 감금에 해당한다."라고 하였으며, "형사소송법이나 경찰관직무집행법 등의 법률에 정하여진 구금 또는 보호유치요건에 의하지 아니하고는 즉결심판피의자라는 사유만으로 피의자를 구금, 유치할 수 있는 아무런 법률상 근거가 없고, 경찰업무상 그러한 관행이나 지침이 있었다 하더라도 이로써 원칙적으로 금지되어 있는 인신구속을 행할 수 있는 근거로 할 수 없으므로, 즉결심판피의자의 정당한 귀가요청을 거절한 채 다음날 즉결심판법정이 열릴 때까지 피의자를 경찰서보호실에 강제유치 시키려고 함으로써 피의자를 경찰서 내 즉결피의자 대기실에 10분 내지 20분 동안 있게 한 행위는 형법 제124조 제1항의 불법감금죄에 해당하고, 이로 인하여 피의자를 보호실에 밀어 넣으려는 과정에서 상해를 입게 하였다면 특정범죄가중처벌등에관한법률 제4조의2 제1항 위반죄에 해당한다."라고 하였습니다(대법원 1997. 6. 13. 선고 97도877 판결).

따라서 경찰관이 즉결심판피의자를 강제로 경찰서보호실에 유치시키는 것이 정당한 행위라고 볼 수 없을 것이고, 불법감금죄가 성립될 것이고, 그 과정에서 상해의 결과가 발생된다면 특정범죄 가중처벌 등에 관한 법률 제4조의2 제1항 위반죄가 문제될 수 있을 것으로 보입니다.

◆ 감금행위가 강간죄의 수단이 된 경우, 감금죄가 별죄를 구성하는
　지 여부

질문 ➡ 김갑돌은 주간에 이을녀를 그의 주택의 빈방에 감금한 채 강간
을 하였습니다. 이 경우 이을녀가 강간죄에 대한 고소를 취소
하였을 경우 김갑돌을 감금죄로 처벌할 수 있는지요?

답변 ➡　강간죄에 대한 고소를 취소한다고 하여도 감금에 대한 죄
책을 면할 수는 없을 것으로 보입니다.

형법 제276조 제1항에서는 "사람을 체포 또는 감금한 자
는 5년 이하의 징역 또는 700만원 이하의 벌금에 처한
다."라고 규정하고 있습니다.

그런데 위 사안에서와 같이 감금행위가 강간죄의 수단이
된 경우 감금죄가 강간죄에 흡수되어 별도로 죄가 성립되
지 않는지 문제됩니다.

이에 관련된 판례를 보면, "감금행위가 강간죄나 강도죄의
수단이 된 경우에도 감금죄는 강간죄나 강도죄에 흡수되
지 아니하고 별죄(別罪)를 구성한다."라고 하였으며(대법
원 1997. 1. 21. 선고 96도2715 판결), "강간죄의 성립에
는 언제나 필요한 수단으로 감금행위를 수반하는 것은 아
니므로, 감금행위가 강간죄의 목적을 달하려고 일정한 장
소에 인치(引致)하기 위한 수단이 되었다 하여 그 감금행
위가 강간죄에 흡수되어 범죄를 구성하지 않는다고 할 수
없고, 위 감금행위가 독립한 별개의 죄가 되는 이상 피해
자가 강간죄의 고소를 취소하였다 하더라도 이는 위 감금
죄에 대하여는 아무런 영향을 미치지 아니한다."라고 하
였습니다(대법원 1984. 8. 21. 선고 84도1550 판결). 또

한, "강간죄의 성립에 언제나 직접적으로 또 필요한 수단으로서 감금행위를 수반하는 것은 아니므로, 감금행위가 강간미수죄의 수단이 되었다 하여 감금행위는 강간미수죄에 흡수되어 범죄를 구성하지 않는다고 할 수는 없는 것이고, 그때에는 감금죄와 강간미수죄는 일개의 행위에 의하여 실현된 경우로서 형법 제40조의 상상적 경합관계에 있고, 형법 제40조의 소위 상상적 경합은 1개의 행위가 수 개의 죄에 해당하는 경우에는 과형상 1죄로서 처벌한다는 것이고, 또 가장 중한 죄에 정한 형으로 처벌한다는 것은 경한 죄는 중한 죄에 정한 형으로 처단된다는 것이지, 경한 죄는 그 처벌을 면한다는 것은 아니므로, 이 사건에서 중한 강간미수죄가 친고죄로서 고소가 취소되었다 하더라도 경한 감금죄(폭력행위등처벌에관한법률위반)에 대하여는 아무런 영향을 미치지 않는다."라고 하였습니다 (대법원 1983. 4. 26. 선고 83도323 판결).

그렇다면 위 사안에 있어서도 김갑돌은 이을녀가 강간죄에 대한 고소를 취소한다고 하여도 감금에 대한 죄책을 면할 수는 없을 것으로 보입니다.

◈ 지입한 굴삭기를 취거한 행위가 권리행사방해죄에 해당하는지?

질문 ➡ 김갑돌은 국제건설회사에 굴삭기 1대를 지입하여 그 등록명의
는 국제건설회사로 되어 있습니다. 그런데 김갑돌과 국제건설
회사간에 지입료 등으로 분쟁이 발생하자 김갑돌은 국제건설회
사의 반대를 무릅쓰고 강제로 위 굴삭기를 가져왔습니다. 이
경우 김갑돌의 행위가 권리행사방해죄가 성립되는지요?

답변 ➡   권리행사방해죄의 성립가능성이 있다고 할 수는 없을 듯
합니다.

권리행사방해죄에 관하여 형법 제323조에서는 "타인의 점
유 또는 권리의 목적이 된 자기의 물건 또는 전자기록 등
특수매체기록을 취거(取去), 은닉 또는 손괴하여 타인의
권리행사를 방해한 자는 5년 이하의 징역 또는 700만원
이하의 벌금에 처한다."라고 규정하고 있습니다.

그리고 위 사안에 있어서 위 지입된 굴삭기가 누구의 소
유인지에 따라서 김갑돌의 행위가 권리행사방해죄에 해당
되는지 여부가 결정되게 됩니다. 즉, 자기의 소유가 아닌
물건이 권리행사방해죄의 객체가 될 수 있는지에 관하여
판례를 보면, "권리행사방해죄는 타인의 점유 또는 권리
의 목적이 된 자기의 물건을 취거, 은닉 또는 손괴하여
타인의 권리행사를 방해함으로써 성립하는 것이므로 그
취거, 은닉 또는 손괴한 물건이 자기의 물건이 아니라면
권리행사방해죄가 성립할 여지가 없다."라고 하였기 때문
입니다(대법원 1985. 5. 28. 선고 85도494 판결).

그런데 지입한 굴삭기를 취거한 행위가 권리행사방해죄에
해당하는지에 관하여 판례를 보면, "피고인이 이 건 굴삭
기를 취거할 당시 그 굴삭기를 공소외 회사에 지입하여

그 회사명의로 중기등록원부에 소유권등록이 되어 있었다면, 위 굴삭기는 위 회사의 소유이고 피고인의 소유가 아니라 할 것이므로 이를 취거한 행위는 권리행사방해죄를 구성하지 않는다."라고 하였습니다(대법원 1985. 9. 10. 선고 85도899 판결).

그렇다면 위 사안에서 김갑돌이 그가 국제건설주식회사에 지입한 굴삭기를 강제로 가져온 행위는 다른 범죄의 성립 여부는 별론으로 하고, 권리행사방해죄의 성립가능성이 있다고 할 수는 없을 듯합니다.

◆ 가압류건물의 소유자가 채권자의 승낙없이 그 건물을 철거한 경우
　 권리행사방해죄여부

질문 ➡ 김갑돌은 채권자 이을남에 의하여 그의 건물과 대지가 가압류
　되었습니다. 그런데 김갑돌은 이을남에게 아무런 말도 없이 위
　건물을 철거하였습니다. 이 경우 이을남이 김갑돌을 권리행사
　방해죄로 문제삼을 수 있는지요?

답변 ➡ 　권리행사방해죄가 성립될 수 있을 것으로 보입니다.

권리행사방해죄에 관하여 형법 제323조에서는 "타인의 점
유 또는 권리의 목적이 된 자기의 물건 또는 전자기록 등
특수매체기록을 취거(取去), 은닉 또는 손괴하여 타인의
권리행사를 방해한 자는 5년 이하의 징역 또는 700만원
이하의 벌금에 처한다."라고 규정하고 있습니다.

그런데 위 사안에서와 같이 가압류채무자가 가압류채권자
의 동의나 승낙도 없이 가압류된 자기소유의 건물을 철거
한 것이 위 규정에 의하여 권리행사방해죄가 성립될 수
있는지 문제됩니다.

이에 관하여 판례를 보면, "가압류된 건물의 소유자가 채
권자의 승낙 없이 그 건물을 파괴·철거한 행위는 권리행사
방해죄를 구성한다."라고 하였습니다(대법원 1960. 9. 14.
선고 4292형상537, 카5058 판결).

그렇다면 위 사안에서 김갑돌도 권리행사방해죄가 성립될
수 있을 것으로 보입니다.

◆ 공장근저당권설정된 기계를 이중담보제공하려고 다른 곳으로 옮긴 경우 권리방해죄여부

질문 ➡ 김갑돌은 이을남이 설정한 공장근저당권의 목적물인 기계를 최병수에게 담보로 제공하기 위하여 공장 밖 다른 장소로 옮겼습니다. 이 경우 김갑돌의 위와 같은 행위가 권리행사방해죄가 성립되는지요?

답변 ➡ 권리방해죄가 성립될 것으로 보입니다.

권리행사방해죄에 관하여 형법 제323조에서는 "타인의 점유 또는 권리의 목적이 된 자기의 물건 또는 전자기록 등 특수매체기록을 취거(取去), 은닉 또는 손괴하여 타인의 권리행사를 방해한 자는 5년 이하의 징역 또는 700만원 이하의 벌금에 처한다."라고 규정하고 있습니다.

그리고 위 사안에서와 같이 공장근저당권이 설정된 기계를 이중담보로 제공하기 위하여 다른 곳으로 옮긴 경우, 권리방해죄가 성립되는지에 관하여 판례를 보면, "공장근저당권이 설정된 선반기계 등을 이중담보로 제공하기 위하여 이를 다른 장소로 옮긴 경우, 이는 공장저당권의 행사가 방해될 우려가 있는 행위로서 권리행사방해죄에 해당한다."라고 하였습니다(대법원 1994. 9. 27. 선고 94도1439 판결).

그렇다면 위 사안에서 김갑돌이 이을남의 공장근저당권의 목적물인 기계를 최병수에게 이중으로 담보에 제공하기 위하여 다른 장소로 옮긴 행위는 권리행사방해죄가 성립될 수 있을 듯합니다.

◆ 주식회사대표이사가 직무집행행위로 타인점유 회사물건을 취거한
경우 권리행사방해죄

질문 ➡ 김갑돌은 국제주식회사의 대표이사로서 지입차주 최병수가 운
전원을 고용하여 직접 점유·관리하는 지입차량을 최병수의 동
의나 승낙 없이 운전원의 반대를 무릅쓰고 강제로 견인해왔습
니다. 그런데 위 지입차량은 국제주식회사명의로 등록이 되어
있는데도 김갑돌의 위와 같은 행위가 권리행사방해죄에 해당되
는지요?

답변 ➡   권리행사방해죄에 해당되지 않는다고 할 수 없을 것으로
보입니다.

권리행사방해죄에 관하여 형법 제323조에서는 "타인의 점
유 또는 권리의 목적이 된 자기의 물건 또는 전자기록 등
특수매체기록을 취거(取去), 은닉 또는 손괴하여 타인의
권리행사를 방해한 자는 5년 이하의 징역 또는 700만원
이하의 벌금에 처한다."라고 규정하고 있습니다.

그런데 위 사안에서 위 지입차량은 국제주식회사명의로
등록되어 있으므로 국제주식회사의 소유이고, 김갑돌 개
인의 소유가 아니므로 이러한 경우에도 김갑돌의 위 지입
차량의 강제취거가 권리행사방해죄에 해당되는지 문제됩
니다.

이에 관하여 판례를 보면, "주식회사의 대표이사가 대표이
사의 지위에 기하여 그 직무집행행위로서 타인이 점유하
는 위 회사의 물건을 취거한 경우에는, 위 행위는 위 회
사의 대표기관으로서의 행위라고 평가되므로, 위 회사의
물건도 권리행사방해죄에 있어서의 「자기의 물건」이라
고 보아야 할 것이다."라고 하였습니다(대법원 1992. 1.
21. 선고 91도1170 판결).

따라서 위 사안에서 김갑돌도 위 지입차량이 국제주식회
사의 명의로 되어 있다는 이유로 위 지입차량을 국제주식
회사로 강제로 견인해온 행위가 권리행사방해죄에 해당되
지 않는다고 할 수 없을 것으로 보입니다.

◆ 허용될 수 있는 교사의 체벌이 어느 정도까지 인지?

> **질문** ➡ 저는 중학교 교사로 재직하며 담배를 피운 학생을 훈계하기 위
> 해 뺨을 몇 차례 때렸는데 고막이 파열되고 말았습니다. 이 경
> 우 저의 법적 책임은 어떻게 되는지요?

답변 ➡   고막파열까지 되었다면 사회상규를 벗어난 것으로 형법
제20조의 정당행위에 해당되지 않으리라 보여지며, 상해죄
또는 폭행치상죄에 상응한 형사적 책임을 면할 수 없으리
라 생각됩니다.

귀하의 행위는 형법상 상해죄나 폭행치상죄에 해당한다고
볼 수 있습니다. 다만, 귀하의 행위는 교육목적으로 폭력
을 행사한 것이므로 정당행위로서 처벌을 받지 않을 수
있는지가 문제된다고 할 것입니다.

형법 제20조에서는 「정당행위」에 관하여 "법령에 의한
행위 또는 업무로 인한 행위 기타 사회상규에 위배되지
아니하는 행위는 벌하지 아니한다."라고 규정하고 있으며,
어떤 행위가 정당한 행위로서 위법성이 조각되는 것인지
는 구체적인 경우에 따라서 합목적적·합리적으로 가려져야
할 것인데, 정당행위를 인정하려면 첫째 그 행위의 동기
나 목적의 정당성(正當性), 둘째 행위의 수단이나 방법의
상당성(相當性), 셋째 보호이익과 침해이익과의 법익권형
성(法益權衡性), 넷째 긴급성(緊急性), 다섯째 그 행위 외
에 다른 수단이나 방법이 없다는 보충성(補充性) 등의 요
건을 갖추어야 합니다(대법원 1999. 4. 23. 선고 99도
636 판결, 1994. 4. 15. 선고 93도2899 판결).

그런데 초·중등학생의 징계에 관련된 법규정을 살펴보면,
학교의 장은 교육상 필요할 때에는 법령 및 학칙이 정하
는 바에 의하여 학생을 징계하거나 기타의 방법으로 지도

할 수 있고(초·중등교육법 제18조 제1항 본문), 교사는 법령이 정하는 바에 의하여 학생을 교육하여야 하며(초·중등교육법 제20조 제4항), 학교의 장은 법 제18조제1항 본문에 따라 지도를 할 때에는 학칙으로 정하는 바에 따라 훈육·훈계 등의 방법으로 하되, 도구, 신체 등을 이용하여 학생의 신체에 고통을 가하는 방법을 사용해서는 아니 된다(초·중등교육법시행령 제31조 제8항)고 규정하고 있는 바, 이러한 규정들의 취지에 의하면 비록 체벌이 교육적 효과가 있는지에 관하여는 별론으로 하더라도 학교장이 정하는 학칙에 따라 불가피한 경우 체벌을 가하는 것이 금지되어 있지는 않다고 보여집니다(헌법재판소 2000. 1. 27. 선고 99헌마481 결정).

그러나 어떤 경우에 어떤 방법으로 체벌을 가할 수 있는지에 관한 기준은 명확하지 않으므로 개별 구체적 사안에 따라 해석하여야 할 것인데, 관련 판례를 보면 "교사의 학생에 대한 체벌이 징계권의 행사로서 정당행위에 해당하려면 그 체벌이 교육상의 필요가 있고 다른 교육적 수단으로는 교정이 불가능하여 부득이 한 경우에 한하는 것이어야 할 뿐만 아니라 그와 같은 경우에도 그 체벌의 방법과 정도에는 사회관념상 비난받지 아니할 객관적 타당성이 있지 않으면 아니 된다."라고 하였으며(대법원 1991. 5. 28. 선고 90다17972 판결), "중학교 교장직무대리가 훈계의 목적으로 교칙을 위반한 학생의 뺨을 몇 차례 때린 정도는 징계의 방법으로서 사회관념상 비난의 대상이 될 만큼 사회상규를 벗어난 것이라고 할 수 없다."라고 하였고(대법원 1976. 4. 27. 선고 75도115 판결), "학생들을 교육하고 학생들의 생활을 지도하는 교사로서 학생이 교내에서 흡연을 하였을 뿐만 아니라 거짓말까지 하여 이를 훈계하고 선도하기 위한 교육목적의 징계의 한 방법으로서 그 학생을 때리게 된 것이고, 그 폭행의 정도

또한 그리 무거운 것이 아니라면, 그 교사의 행위는 교사
의 교육목적 달성을 위한 징계로서 사회통념상 비난의 대
상이 될 만큼 사회상규를 벗어난 것으로 볼 수 없으므로
형법 제20조 소정의 정당행위에 해당한다."라고 하였습니
다(대구지법 1996. 12. 7. 선고 96노170 판결).

그러나 "교사가 학생을 엎드러지게 한 후 몽둥이와 당구
큐대로 그의 둔부를 때려 3주간의 치료를 요하는 우둔부
심부혈종좌이부좌상을 입혔다면 비록 학생주임을 맡고 있
는 교사로서 제자를 훈계하기 위한 것이었다 하더라도 이
는 징계의 범위를 넘는 것으로서 형법 제20조의 정당행위
에는 해당하지 아니한다."라고 하였으며(대법원 1991. 5.
14. 선고 91도513 판결), "교사가 국민학교(현재는 초등
학교) 5학년생을 징계하기 위하여 양손으로 교탁을 잡게
하고 길이 50cm, 직경 3cm 가량 되는 나무지휘봉으로 엉
덩이를 두 번 때리고, 학생이 아파서 무릎을 굽히며 허리
를 옆으로 틀자 다시 허리부분을 때려 6주간의 치료를 받
아야 할 상해를 입힌 경우 위 징계행위는 그 방법 및 정
도가 교사의 징계권행사의 허용한도를 넘어선 것으로서
정당한 행위로 볼 수 없다."라고 하였습니다(대법원
1990. 10. 30. 선고 90도1456 판결).

그러므로 교사의 체벌이 사회상규에 위배되지 않는 범위
내에서는 이른바 정당행위로서 법률상 허용되며 법적 책
임도 부담하지 않을 것이나, 교사의 징계권행사라 할지라
도 그 방법이 지나치게 가혹하거나 징계행위로 인하여 학
생에게 상해를 입힌 때에는 법적 책임을 면할 수 없을 것
입니다. 따라서 위 사안에서 귀하의 경우처럼 고막파열까
지 되었다면 사회상규를 벗어난 것으로 형법 제20조의 정
당행위에 해당되지 않으리라 보여지며, 상해죄 또는 폭행
치상죄에 상응한 형사적 책임을 면할 수 없으리라 생각됩
니다.

◆ 경찰관이 행인의 소지품을 수색한 경우 그것이 정당한 것인지?

질문 ➡ 저는 21세의 학생인데 학원으로 가던 중 지하철역 입구에서 경비 중이던 경찰관이 불심검문을 하여 이를 거부하자 그 경찰관이 인근파출소로 연행하려고 하였습니다. 저는 인근시민들의 도움으로 연행되지는 않았지만 경찰관이 아무나 불심검문 하여 소지품을 검사할 수 있는지, 또한 이 경우 제가 이것을 거부할 권리는 없는지요?

답변 ➡ 소지품검사 등의 요구를 거부할 수 있습니다.

불심검문 또는 직무질문이란 경찰관이 거동이 수상한 자를 발견한 때에 이를 정지시켜 질문하는 것을 말합니다. 경찰관직무집행법에는 불심검문에 관한 규정이 있으며, 전투경찰대설치법도 검문에 관한 규정을 두고 있습니다(경찰관직무집행법 제3조, 전투경찰대설치법 제2조의2).

불심검문의 대상은 수상한 거동 기타 주위의 사정을 합리적으로 판단하여 죄를 범하였거나 범하려 하고 있다고 의심할만한 상당한 이유가 있는 자 또는 이미 행하여진 범죄나 행하여지려고 하는 범죄행위에 관하여 그 사실을 안다고 인정되는 자입니다.

이 불심검문에 있어 특히 문제되는 사항을 살펴보면 다음과 같습니다. 경찰관은 질문함에 있어서 답변을 강요할 수는 없으며, 질문하는 동안 수갑을 채우는 것과 같이 답변을 사실상 강요하는 결과가 되는 행위도 금지되어 있습니다. 동행요구는 그 장소에서 질문하는 것이 당해인에게 불리하거나 교통에 방해가 된다고 인정되는 때에 한하여 할 수 있고, 임의동행이 아닌 의사에 반한 동행의 강요는 할 수 없는 것입니다.

소지품검사에 있어서는 흉기소지여부만을 조사할 수 있으
나 의복 또는 소지품의 외부를 손으로 만져서 확인하는
정도, 소지품의 내용을 개시할 것을 요구하는 것은 강요
적이지 않는 한 허용된다고 보고 있습니다.

불심검문에 있어 경찰관의 질문에 대하여 거부하는 경우
또는 처음에는 응했으나 질문도중 자리를 떠나는 경우 이
에 대해 원칙적으로 경찰관의 강제나 실력행사는 허용되
지 않으나, 다만 사태의 긴급성, 혐의의 정도, 질문의 필
요성과 수단의 상당성을 고려하여 어느 정도의 유형력의
행사(정지를 위하여 길을 막거나 몸에 손을 대는 정도)는
허용된다고 보고 있습니다.

따라서 귀하의 경우에도 소지품검사 등의 요구를 일응 거
부할 수 있겠습니다. 다만, 경찰관의 불심검문은 특정인에
게 피해를 주기 위함이 아니라 범죄를 미리 예방하고 도
주 중인 범인의 검거에 그 목적이 있는 만큼 상황에 따라
이에 협조하여 민주시민의 자세를 보이는 것도 필요하다
하겠습니다.

◆ 싸움 중에 행해진 가해행위가 정당방위에 해당할 수 있는지?

질문 ➡ 김갑돌은 이을남과 언쟁을 하다기 이을남이 먼저 폭행을 하자 격분하여 이을남과 상호 폭행을 하게 되었고, 그로 인하여 상 대방에게 각각 3주의 진단이 나오는 상해를 입혔습니다. 이 경 우 이을남이 먼저 폭행을 하였으므로 그에 대하여 응수한 김갑 돌의 행위가 정당방위가 될 수는 없는지요?

답변 ➡ 정당방위에 해당되지 않으므로 처벌될 것으로 보입니다.

형법 제21조에서는 정당방위에 관하여 "① 자기 또는 타 인의 법익(法益)에 대한 현재의 부당한 침해를 방위하기 위한 행위는 상당한 이유가 있는 때에는 벌하지 아니한 다. ② 방위행위가 그 정도를 초과한 때에는 그 정황에 의하여 그 형을 감경 또는 면제할 수 있다. ③ 전항의 경 우에 그 행위가 야간 기타 불안스러운 상태하에서 공포, 경악, 흥분 또는 당황으로 인한 때에는 벌하지 아니한다." 라고 규정하고 있습니다. 즉, 정당방위가 인정되기 위해서 는 ① 현재의 부당한 침해가 있을 것, ② 자기 또는 타인 의 법익을 방위하기 위한 행위일 것, ③ 상당한 이유가 있을 것이라고 하는 세 가지 요건이 구비되어야 합니다.

이러한 정당방위가 성립하려면 침해행위에 의하여 침해되 는 법익(法益)의 종류, 정도, 침해의 방법, 침해행위의 완 급과 방위행위에 의하여 침해될 법익의 종류, 정도 등 일 체의 구체적 사정들을 참작하여 방위행위가 사회적으로 상당한 것이어야 하고, 정당방위의 성립요건으로서의 방 어행위에는 순수한 수비적 방어뿐만 아니라 적극적 반격 을 포함하는 반격방어의 형태도 포함되나, 그 방어행위는 자기 또는 타인의 법익침해를 방위하기 위한 행위로서 상당한 이유가 있어야 합니다(대법원 1992. 12. 22. 선고 92도2540 판결).

그런데 싸움 중에 이루어진 가해행위가 정당방위에 해당할 수 있는지에 관하여 판례를 보면, "싸움과 같은 일련의 상호투쟁 중에 이루어진 구타행위는 서로 상대방의 폭력행위를 유발한 것이므로 정당방위가 성립되지 않는다."라고 하였고(대법원 1996. 9. 6. 선고 95도2945 판결), "가해자의 행위가 피해자의 부당한 공격을 방위하기 위한 것이라기 보다는 서로 공격할 의사로 싸우다가 먼저 공격을 받고 이에 대항하여 가해하게 된 것이라고 봄이 상당한 경우, 그 가해행위는 방어행위인 동시에 공격행위의 성격을 가지므로 정당방위 또는 과잉방위행위라고 볼 수 없다."라고 하였으며(대법원 2000. 3. 28. 선고 2000도228 판결), "피해자의 침해행위에 대하여 자기의 권리를 방위하기 위한 부득이한 행위가 아니고, 그 침해행위에서 벗어난 후 분을 풀려는 목적에서 나온 공격행위는 정당방위에 해당한다고 할 수 없다."라고 하였습니다(대법원 1996. 4. 9. 선고 96도241 판결).

그러나 "서로 격투를 하는 자 상호간에는 공격행위와 방어행위가 연속적으로 교차되고 방어행위는 동시에 공격행위가 되는 양면적 성격을 띠는 것이므로, 어느 한쪽 당사자의 행위만을 가려내어 방어를 위한 정당행위라거나 또는 정당방위에 해당한다고 보기 어려운 것이 보통이나, 외관상 서로 격투를 하는 것처럼 보이는 경우라고 할지라도 실지로는 한쪽 당사자가 일방적으로 불법한 공격을 가하고 상대방은 이러한 불법한 공격으로부터 자신을 보호하고 이를 벗어나기 위한 저항수단으로 유형력을 행사한 경우라면, 그 행위가 적극적인 반격이 아니라 소극적인 방어의 한도를 벗어나지 않는 한 그 행위에 이르게 된 경위와 그 목적수단 및 행위자의 의사 등 제반 사정에 비추어볼 때 사회통념상 허용될 만한 상당성이 있는 행위로서 위법성이 조각된다고 보아야 할 것이다."라고 하면서 외관상 서로 격투를 한 당사자 중 일방의 유형력의 행사가 타방의 일방적인 불법폭행에 대하여 자신을 보호하고 이를 벗어나기 위한 저항수단으로서 소극적인 방어의 한도를 벗어나지 않았다는 이유로 위법성이 조각된다고 본 사례가 있습니다(대법원 1999. 10. 12. 선고 99도3377 판결).

그러므로 위 사안의 경우에도 단순히 이을남이 먼저 폭행을 시작하였다는 것만으로 김갑돌의 이을남에 대한 폭행이 정당방위에 해당되어 처벌되지 않을 것으로는 보이지 않습니다.

◈ 아파트관리비가 체납된 경우 관리사무소의 단수조치가 정당행위로 될 수 있는지?

질문 ➡ 저는 갑작스런 실직으로 인하여 수도요금이 포함된 아파트관리비를 4개월 간 체납하였는데, 아파트관리사무소에서는 자치회 규칙에 정해진 바에 따라서 수도계량기를 떼어 가겠다고 합니다. 비록 제가 아파트관리비를 연체하기는 하였지만 수도계량기를 떼어가 단수가 되도록 하는 것은 부당하다고 생각되는데, 아파트관리사무소의 위와 같은 행위가 정당한지요?

답변 ➡ 아파트관리사무소에서 일방적으로 수도계량기를 떼어 가는 방법으로 단수조치를 행하는 것은 위법이라 할 것입니다.

형법 제20조에서는 위법성이 조각되어 처벌되지 아니하는 정당행위에 관하여 "법령에 의한 행위 또는 업무로 인한 행위 기타 사회상규에 위배되지 아니하는 행위는 벌하지 아니한다."라고 규정하고 있습니다.

이러한 정당행위의 성립요건에 관한 판례를 보면, "형법 제20조는 「법령에 의한 행위 또는 업무로 인한 행위 기타 사회상규에 위배되지 아니하는 행위는 벌하지 아니한다.」 라고 규정하고 있는데, 어떠한 행위가 정당한 행위로서 위법성이 조각되는 것인지는 구체적인 경우에 따라 합목적적, 합리적으로 가려져야 할 것인바, 정당행위를 인정하려면 첫째, 그 행위의 동기나 목적의 정당성, 둘째 행위의 수단이나 방법의 상당성, 셋째 보호이익과 침해이익과의 법익 권형성, 넷째 긴급성, 다섯째 그 행위 외에 다른 수단이나 방법이 없다는 보충성 등의 요건을 갖추어야 한다."라고 하였습니다(대법원 1999. 4. 23. 선고 99도636

판결, 1999. 2. 23. 선고 98도1869 판결). 또한, "형법상 처벌하지 아니하는 소위 사회상규에 반하지 아니하는 행위라 함은 법규정의 문언상 일응 범죄구성요건에 해당된다고 보이는 경우에도 그것이 극히 정상적인 생활형태의 하나로서 역사적으로 생성된 사회질서의 범위 안에 있는 것이라고 생각되는 경우에 한하여 그 위법성이 조각되어 처벌할 수 없게 되는 것으로서, 어떤 법규정이 처벌대상으로 하는 행위가 사회발전에 따라 전혀 위법하지 않다고 인식되고 그 처벌이 무가치할 뿐만 아니라 사회정의에 위반된다고 생각될 정도에 이를 경우나, 국가법질서가 추구하는 사회의 목적가치에 비추어 이를 실현하기 위하여서 사회적 상당성이 있는 수단으로 행하여졌다는 평가가 가능한 경우에 한하여 이를 사회상규에 위배되지 아니한다고 할 것이다."라고 하였으며(대법원 1994. 11. 8. 선고 94도1657 판결), "범행의 동기와 목적이 주관적으로는 정당성을 가진다 하더라도, 사람을 살해한 행위는 사회상규에 위배되지 않는 정당행위가 될 수 없다."라고 하였습니다(대법원 1997. 11. 14. 선고 97도2118 판결).

위 사안과 관련된 판례를 보면, "피고인이 피해자에 대하여 채권이 있다고 하더라도 그 권리행사를 빙자하여 사회통념상 용인되기 어려운 정도를 넘는 협박을 수단으로 상대방을 외포(畏怖)케 하여 재물의 교부 또는 재산상의 이익을 받았다면 공갈죄가 되는 것이다."라고 하였으며(대법원 2000. 2. 25. 선고 99도4305 판결), "법규에 위반되는 행위가 정당행위가 되려면 사회통념상 허용될만한 것이어야 하고, 관리비를 안냈다고 계량기를 떼간 것은 그러한 정당행위라고 볼 수 없다."라고 하면서 「관리비를 1개월 이상 연체시 수도공급을 제한할 수 있다.」 라는 자치회규칙을 내세워 수도료가 포함된 관리비를 연체한 아파트주민의 집에 무단으로 들어가 수도계량기를 떼어가 재물손괴죄 등 혐의로 기소된 아파트자치회장에게 벌금 100만원을 선고한 원심을 확정한 대법원 판결이 있습니다(대법원 2000. 10. 27. 선고 2000도3477 판결). 또한, 서울지법의 하급심(항소심. 2001. 12. 5.) 판례도 "아파트 관리규약에 따르면 전기계량기의 배전선과 배전판은 전유부분에 해당하고, 주택건설촉진법, 공동주택관리령 등에 의하더라도 관리비 체납시 입주자대표회의의 의결만으로 전유부분을 손괴하면서까지 단전조치를 취할 수 있다고 볼 근거는 없다."라고 하면서 아파트 관리비 체납을 이유로 전유부분인 전기계량기의 배전선을 잘라내 단전조치한 것은 재물손괴죄에 해당한다고 한 바 있습니다.

따라서 위 사안의 경우에도 귀하가 수도료가 포함된 아파트관리비가 4개월 정도 연체되었다고 하여도 아파트관리사무소에서 일방적으로 수도계량기를 떼어 가는 방법으로 단수조치를 행하는 것은 위법이라 할 것입니다.

참고로 "피고인이 시장번영회의 회장으로서 시장번영회에서 제정하여 시행중인 관리규정을 위반하여 칸막이를 천장에까지 설치한 일부 점포주들에 대하여 단전조치를 하여 위력으로써 그들의 업무를 방해하였다는 공소사실에 대하여, 피고인이 이러한 행위에 이르게 된 경위가 「단전 그 자체를 궁극적인 목적으로 한 것이 아니라」 위 관리규정에 따라 상품진열 및 시설물 높이를 규제함으로써 시장기능을 확립하기 위하여 적법한 절차를 거쳐 시행한 것이고, 그 수단이나 방법에 있어서도 비록 전기의 공급이 현대생활의 기본조건이기는 하나 위 번영회를 운영하기 위

한 효과적인 규제수단으로서 회원들의 동의를 얻어 시행
되고 있는 관리규정에 따라 전기공급자의 지위에서 그 공
급을 거절한 것이므로 정당한 사유가 있다고 볼 것이고,
나아가 제반 사정에 비추어 보면 피고인의 행위는 법익권
형성, 긴급성, 보충성을 갖춘 행위로서 사회통념상 허용될
만한 정도의 상당성이 있는 것이므로 피고인의 각 행위는
형법 제20조 소정의 정당행위에 해당한다고 판단하였는바,
원심의 이러한 판단은 정당하고 거기에 정당행위에 관한
법리를 오해한 위법이 있다고 할 수 없다."라고 하였습니
다(대법원 1994. 4. 15. 선고 93도2899 판결).

◆ 지압서비스가 의료법상의 의료행위에 해당되는지?

> **질문 ➡** 김갑돌은 지압서비스업소를 운영하고 있는데, 그 업소에서 근
> 육통을 호소하는 손님들에게 엄지손가락과 팔꿈치 등을 사용하
> 여 근육이 뭉쳐진 허리, 어깨 등의 부위를 누르는 방법으로 근
> 육통을 완화시켜주는 행위를 하고 그에 대한 대가를 받고 있는
> 바, 김갑돌의 이러한 행위가 위법은 아닌지요?

답변 ➡ 어떤 질병의 치료행위에까지 이른다면 그것은 무면허 의
료행위로서 보건범죄 단속에 관한 특별조치법 제5조 위반
으로서 처벌될 것으로 보입니다.

의료법 제27조 제1항 본문에서는 "의료인이 아니면 누구
든지 의료행위를 할 수 없으며, 의료인도 면허된 이외의
의료행위를 할 수 없다."라고 규정하고 있으며, 보건범죄
단속에 관한 특별조치법 제5조는 "의료법 제27조의 규정
을 위반하여 영리를 목적으로 의사가 아닌 자가 의료행위
를, 치과의사가 아닌 자가 치과의료행위를, 한의사가 아닌
자가 한방의료행위를 업으로 한 자는 무기 또는 2년 이상
의 징역에 처한다. 이 경우에는 100만원 이상 1,000만원
이하의 벌금을 병과(倂科)한다."라고 규정하고 있습니다.

그런데 의료법 제25조 제1항 소정의 「의료행위」라 함은
의학적 전문지식을 기초로 하는 경험과 기능으로 진찰,
검안, 처방, 투약 또는 외과적 시술을 시행하여 하는 질병
의 예방 또는 치료행위 및 그 밖에 의료인이 행하지 아니
하면 보건위생상 위해가 생길 우려가 있는 행위를 의미하
는데, "의료인으로서 갖추어야 할 의학상의 지식과 기능
을 갖지 않는 피고인이 지두로서 환부를 눌러 교감신경
등을 자극하여 그 흥분상태를 조정하는 소위 지압의 방법

으로 소아마비, 신경성위장병 환자 등에 대하여 치료행위를 한 것은 생리상 또는 보건위생상 위험이 있다고 보아야 하고, 이와 같은 경우에는 피고인의 위 소위를 위 법조 소정의 의료행위로 봄이 상당하다 할 것인바, 의료법상의 면허나 자격이 없는 피고인이 위와 같은 의료행위를 하고 그 치료비로서 수인으로부터 금품을 받은 소위에 대하여 보건범죄단속에관한특별조치법 제5조를 적용한 원판결 조치는 정당하며, 원판결에 의료행위에 관한 법리오해나 법률적용을 그릇한 위법사유 없다."라고 한 바 있으나(대법원 1978. 5. 9. 선고 77도2191 판결), "지압서비스업소에서 근육통을 호소하는 손님들에게 엄지손가락과 팔꿈치 등을 사용하여 근육이 뭉쳐진 허리와 어깨 등의 부위를 누르는 방법으로 근육통을 완화시켜준 행위가 의료행위에 해당하지 않는다."라고 한 사례가 있고(대법원 2000. 2. 22. 선고 99도4541 판결), "의료행위라 함은 의학적 전문지식을 기초로 하는 경험과 기능으로 진찰, 검안, 처방, 투약 또는 외과적 시술을 시행하여 하는 질병의 예방 또는 치료행위 및 그 밖에 의료인이 행하지 아니하면 보건위생상 위해가 생길 우려가 있는 행위를 의미한다 할 것이고, 안마나 지압이 의료행위에 해당하는지에 대해서는 그것이 「단순한 피로회복을 위하여 시술」하는데 그치는 것이 아니라 「신체에 대하여 상당한 물리적인 충격을 가하는 방법으로 어떤 질병의 치료행위에까지 이른다면」 이는 보건위생상 위해가 생길 우려가 있는 행위, 즉 의료행위에 해당한다고 보아야 할 것이다."라고 하였습니다(대법원 2000. 2. 25. 선고 99도4542 판결).

따라서 위 사안의 경우에도 김갑돌의 지압서비스가 단순한 피로회복을 위하여 시술하는 경우라면 위법문제가 제

기될 수 없을 것이지만, 그것을 넘어서 신체에 대하여 상
당한 물리적인 충격을 가하는 방법으로 어떤 질병의 치료
행위에까지 이른다면 그것은 무면허 의료행위로서 보건범
죄 단속에 관한 특별조치법 제5조 위반으로서 처벌될 것
으로 보입니다.

◆ 근로자의 쟁의행위가 형법상 정당행위가 되기 위한 요건

질문 ➡ 김갑돌은 회사 내 노농조합상으로서 회사의 입무가 09:00 이전에 출근하여 업무준비를 한 후 09:00부터 정상근무를 하도록 되어 있음에도 불구하고, 임금협상이 결렬되었다는 이유로 노동조합원 전원이 09:00에 출근하도록 하였는바, 이러한 경우에 김갑돌에 대하여 형사책임을 물을 수 없는지요?

답변 ➡ 쟁의행위의 적법한 절차를 거치지도 아니한 채 위와 같은 행위를 하였다면 업무방해죄의 문제소지가 있다고 할 것입니다.

형법 제20조에서는 위법성이 조각되어 처벌되지 아니하는 정당행위에 관하여 "법령에 의한 행위 또는 업무로 인한 행위 기타 사회상규에 위배되지 아니하는 행위는 벌하지 아니한다."라고 규정하고 있습니다.

이러한 정당행위의 성립요건에 관한 판례를 보면, "형법 제20조는 「법령에 의한 행위 또는 업무로 인한 행위 기타 사회상규에 위배되지 아니하는 행위는 벌하지 아니한다.」 고 규정하고 있는데, 어떠한 행위가 정당한 행위로서 위법성이 조각되는 것인지는 구체적인 경우에 따라 합목적적, 합리적으로 가려져야 할 것인바, 정당행위를 인정하려면 첫째, 그 행위의 동기나 목적의 정당성, 둘째 행위의 수단이나 방법의 상당성, 셋째 보호이익과 침해이익과의 법익 권형성, 넷째 긴급성, 다섯째 그 행위 외에 다른 수단이나 방법이 없다는 보충성 등의 요건을 갖추어야 한다."라고 하였습니다(대법원 1999. 4. 23. 선고 99도636 판결, 1999. 2. 23. 선고 98도1869 판결).

그런데 근로자의 쟁의행위가 형법상 정당행위가 되기 위

한 요건에 관련된 판례를 보면, "근로자의 쟁의행위의 정
당성은 첫째, 그 주체가 단체교섭의 주체로 될 수 있는
자이어야 하고, 둘째 그 목적이 근로조건의 향상을 위한
노사간의 자치적 교섭을 조성하는 데에 있어야 하며, 셋
째 사용자가 근로자의 근로조건 개선에 관한 구체적인 요
구에 대하여 단체교섭을 거부하였을 때 개시하되 특별한
사정이 없는 한 조합원의 찬성결정 및 노동쟁의발생신고
등 절차를 거쳐야 하는 한편, 넷째 그 수단과 방법이 사
용자의 재산권과 조화를 이루어야 할 것은 물론 폭력의
행사에 해당되지 아니하여야 한다는 여러 조건을 모두 구
비하여야 비로소 인정될 수 있다."라고 하였으며(대법원
1996. 1. 26. 선고 95도1959 판결), "단체협약에 따른 공
사 사장의 지시로 09:00 이전에 출근하여 업무준비를 한
후 09:00부터 근무를 하도록 되어 있음에도 피고인이 쟁
의행위의 적법한 절차를 거치지도 아니한 채 조합원들로
하여금 집단으로 09:00 정각에 출근하도록 지시를 하여
이에 따라 수백, 수천 명의 조합원들이 집단적으로 09:00
정각에 출근함으로써 전화고장수리가 지연되는 등으로 위
공사의 업무수행에 지장을 초래하였다면 이는 실질적으로
피고인 등이 위 공사의 정상적인 업무수행을 저해함으로
써 그들의 주장을 관철시키기 위하여 한 쟁의행위라 할
것이나, 쟁의행위의 적법한 절차를 거치지 아니하였음은
물론 이로 인하여 공익에 커다란 영향을 미치는 위 공사
의 정상적인 업무운영이 방해되었을 뿐만 아니라 전화고
장수리 등을 받고자 하는 수요자들에게도 상당한 지장을
초래하게 된 점 등에 비추어 정당한 쟁의행위의 한계를
벗어난 것으로 업무방해죄를 구성하고, 피고인의 이와 같
은 행위가 노동3권을 보장받고 있는 근로자의 당연한 권

리행사로서 형법 제20조 소정의 정당행위에 해당한다고
볼 수 없다."라고 하였습니다(대법원 1996. 5. 10. 선고
96도419 판결).

그러므로 위 사안에서도 쟁의행위의 적법한 절차를 거치
지도 아니한 채 위와 같은 행위를 하였다면 업무방해죄의
문제소지가 있다고 할 것입니다.

◆ 노동조합원의 찬반투표 없이 한 쟁의행위는 형사처벌이 가능한지?

질문 ➡ 김갑돌은 국제주식회사의 노동조합지부장으로서 노동조합원의 찬 반투표를 실시하지 않고 조합간부들만의 결정으로 파업을 주도하였습니다. 그런데 국제회사에서 노동조합원의 찬·반투표를 실시하지 않고 파업을 주도하였다는 이유로 업무방해죄로 고소를 하였습니다. 이 경우 김갑돌의 행위가 업무방해죄가 성립되는지요?

답변 ➡ 노동조합원의 찬·반투표 없이 파업을 강행하였다면 업무방해죄로 문제될 듯합니다.

쟁의행위의 제한과 금지에 관하여 노동조합 및 노동관계조정법 제41조 제1항에서는 "노동조합의 쟁의행위는 그 조합원의 직접·비밀·무기명투표에 의한 조합원 과반수의 찬성으로 결정하지 아니하면 이를 행할 수 없다."라고 규정하고 있습니다.

그리고 조합원간의 찬·반투표를 거치지 아니한 쟁의행위의 정당성에 관하여 판례를 보면, "근로자의 쟁의행위가 형법상 정당행위가 되기 위해서는, 첫째 그 주체가 단체교섭의 주체로 될 수 있는 자이어야 하고, 둘째 그 목적이 근로조건의 향상을 위한 노사간의 자치적 교섭을 조성하는 데에 있어야 하며, 셋째 사용자가 근로자의 근로조건 개선에 관한 구체적인 요구에 대하여 단체교섭을 거부하였을 때 개시하되 특별한 사정이 없는 한 조합원의 찬성결정 등 법령이 규정한 절차를 거쳐야 하고, 넷째 그 수단과 방법이 사용자의 재산권과 조화를 이루어야 함은 물론 폭력의 행사에 해당되지 아니하여야 한다는 여러 조건을 모두 구비하여야 하는바, 특히 그 절차에 관하여 조합원의 직접·비밀·무기명투표에 의한 찬성결정이라는 절차를 거쳐야 한다는 노동조합및노동관계조정법 제41조 제1항의 규정은 노동조합의 자주적이고 민주적인 운영을 도모함과 아울러 쟁의행위에 참가한 근로자들이 사후에 그 쟁의행위의 정당성 유무와 관련하여 어떠한 불이익을 당하지 않도록 그 개시에 관한 조합의사의 결정에 보다 신중을 기하기 위하여 마련된 규정이므로, 위의 절차를 위반한 쟁의행위는 그 절차를 따를 수 없는 객관적인 사정이 인정되지 아니하는 한 정당성을 인정받을 수 없다 할 것이다. 만약 이러한 절차를 거치지 않은 경우에도 조합원의 민주적 의사결정이 실질적으로 확보된 때에는 단지 노동조합 내부의 의사형성 과정에 결함이 있는 정도에 불과하다고 하여 쟁의행위의 정당성이 상실되지 않는 것으로 해석한다면 위임에 의한 대리투표, 공개결의나 사후결의, 사실상의 찬성간주 등의 방법을 용인하는 결과가 되어 위 관계규정과 종전 대법원의 판례취지에 반하는 것이 된다. 이와 견해를 달리한 대법원 2000. 5. 26. 선고 99도4836 판결은 이와 저촉되는 한도 내에서 변경하기로 한다."라고 하였습니다(대법원 2001. 10. 25. 선고 99도4837 판결).

따라서 위 사안에 있어서도 김갑돌이 노동조합원의 찬·반투표 없이 파업을 강행하였다면 업무방해죄로 문제될 듯합니다.

◆ 스스로 범죄를 범한 자가 긴급피난을 할 수 있는지?

질문 ➡️김갑돌은 이을녀를 성폭행 하려다가 미수에 그쳤지만, 이을녀가 반항하면서 김갑돌의 손가락을 깨물자 김갑돌이 손가락을 비틀어 잡아 뽑다가 이을녀의 치아를 손상시켰습니다. 이 경우 김갑돌은 어떠한 죄명으로 형사책임을 지게 되는지요?

답변 ➡️ 긴급피난을 할 수 없고, 강간치상죄로 처벌받습니다.

형법 제297조에서는 "폭행 또는 협박으로 부녀를 강간한 자는 3년 이상의 유기징역에 처한다."라고 규정하고 있으며, 형법 제301조에서는 "제297조 내지 제300조(미수범)의 죄를 범한 자가 사람을 상해하거나 상해에 이르게 한 때에는 무기 또는 5년 이상의 징역에 처한다."라고 규정하고 있습니다. 그러므로 김갑돌이 이을녀의 치아를 손상시킨 것이 위법이라면 강간죄가 아닌 강간치상죄가 문제될 것입니다.

그런데 형법 제22조 제1항에서는 긴급피난(緊急避難)에 관하여 "자기 또는 타인의 법익에 대한 현재의 위난을 피하기 위한 행위는 상당한 이유가 있는 때에는 벌하지 아니한다."라고 규정하고 있습니다. 정당방위와 긴급피난의 차이는 정당방위는 부정한 침해에 대한 방어행위임을 요하나, 긴급피난의 경우에는 현재의 위난만 있으면 족하고, 부정한 침해가 있는 것을 요하지 않는 점에 있습니다.

어느 행위가 긴급피난에 해당되어 처벌되지 않으려면 ① 자기 또는 타인의 법익에 대한 현재의 위난이 존재하여야 하고, ② 위난을 피하기 위한 행위이어야 하며, ③ 피난행위가 상당한 이유를 가지고 있어야 합니다. 위난의 원인은 묻지 않으며 또한 그것이 사람의 행위에 의한 것이든 자연에 의한 것이든 불문하며, 피난행위란 현재의 위난을 모면하기 위한 일체의 행위를 말합니다. 긴급피난의 상당한 이유 즉, 상당성이 인정되기 위해서는 ① 피난행위가 위난에 빠져 있는 법익을 보호하기 위한 유일한 수단이어야 하고(보충성의 원리), ② 긴급피난에 의하여 보호되는 이익이 침해되는 이익보다 커야 하며(균형성의 원리), ③ 피난행위가 위난을 피하기 위한 적합한 수단이어야 합니다(적합성의 원리).

그러나 민법상의 긴급피난에 관하여 판례를 보면 "민법 제761조 제2항 소정의 「급박한 위난」에는 가해자의 고의나 과실에 의하여 조성된 위난은 포함되지 아니한다."라고 하였습니다(대법원 1981. 3. 24. 선고 80다1592 판결, 1975. 8. 19. 선고 74다1487 판결). 또한, "강간 등에 의한 치사상죄에 있어서 사상의 결과는 간음행위 그 자체로부터 발생한 경우나 강간의 수단으로 사용한 폭행으로부터 발생한 경우는 물론, 강간에 수반하는 행위에서 발생한 경우도 포함하고, 피고인이 스스로 야기한 강간범행의 와중에서 피해자가 피고인의 손가락을 깨물며 반항하자 물린 손가락을 비틀며 잡아 뽑다가 피해자에게 치아 결손의 상해를 입힌 행위를 가리켜 법에 의하여 용인되는 피난행위라 할 수 없다."라고 하였습니다(대법원 1995. 1. 12. 선고 94도2781 판결).

따라서 위 사안에서 김갑돌은 강간치상죄로 처벌받게 될 것입니다.

◆ 범죄행위 중 자의로 범행을 중단했을 경우에도 처벌하는지?

질문 ➡ 현재 20세인 저의 아들은 친구와 함께 강간을 하려고 여자를 끌고 갔다가 양심의 가책을 느껴 강간하려는 친구를 말리며 서로 다투어 여자를 되돌려 보냈으나 신고를 받고 온 경찰에 붙잡혀 현재 성폭력범죄의 처벌 등에 관한 특례법위반(특수강간미수)의 혐의로 구속되어 있습니다. 실제로 강간이 이루어진 것도 아니고 또한 제 아들은 친구를 말리다가 다투기까지 하였는데, 이 경우 형벌이 더 가벼워지지는 않는지요?

답변 ➡ 범죄를 극구 만류하였고, 그로 인하여 미수에 그친 것으로, 이를 입증한다면 형법 제26조의 규정에 의하여 법정형보다 감경 또는 면제될 수도 있을 것으로 보입니다.

성폭력범죄의 처벌 등에 관한 특례법 제8조, 제14조에 의하면 미수범도 처벌이 됩니다. 다만, 미수의 경우에도 각 경우에 따라서 처벌이 달라지는바, 형법 제25조(미수범) 및 제26조(중지범)에 의하면 범죄의 실행에 착수하여 행위를 종료하지 못하였거나 결과가 발생하지 아니한 때에는 미수범으로 처벌하고, 미수범의 형은 기수범보다 감경(減輕)할 수 있으며, 또한 범인이 자의로 실행에 착수한 행위를 중지하거나 그 행위로 인한 결과의 발생을 방지한 때에는 형을 감경 또는 면제한다고 규정하고 있습니다. 그러므로 단순히 외부적 장애로 인하여 미수에 그친 경우는 형법 제25조에 의하여 기수범보다 형을 감경할 수 있습니다. 이 경우에는 판사의 재량에 따른 임의적인 것이므로 죄질 등에 따라 감경하지 않을 수도 있는 것입니다. 그러나 외부적 장애로 인한 것이 아닌 범죄행위자의 자의(自意)에 의하여 범죄실행을 중지했거나 결과발생 등을 적극적으로 방지했을 경우는 중지범(中止犯)으로서 형을 감경 또는 면제하여야 합니다. 중지범 즉, 중지미수에 관하여 판례를 보면, "중지미수라 함은 범죄의 실행행위에 착수하고 그 범죄가 완수되기 전에 자기의 자유로운 의사에 따라 범죄의 실행행위를 중지하는 것으로서 장애미수와 대칭 되는 개념이나, 중지미수와 장애미수를 구분하는 데 있어서는 범죄의 미수가 「자의에 의한 중지이냐」 또는 「어떤 장애에 의한 미수이냐」에 따라 가려야 하고, 특히 자의에 의한 중지 중에서도 「일반사회통념상 장애에 의한 미수라고 보여지는 경우를 제외」한 것을 중지미수라고 풀이함이 일반이다."라고 하였습니다(대법원 1999. 4. 13. 선고 99도640 판결, 1993. 10. 12. 선고 93도1851 판결, 1985. 11. 12. 선고 85도2002 판결).

또한, 공범의 경우에 관하여 판례는 "다른 공범자의 범행을 중지케 한 바 없으면 범의(犯意)를 철회하여도 중지미수가 될 수 없다."라고 하였습니다(대법원 1969. 2. 25. 선고 68도1676 판결).

따라서 위 사안에서 귀하 아들은 범의(犯意)는 있었으나 도중에 자의에 의해 친구의 범죄를 극구 만류하였고, 그로 인하여 미수에 그친 것으로 보여지는바, 이를 입증한다면 형법 제26조의 규정에 의하여 법정형보다 감경 또는 면제될 수도 있을 것으로 보입니다.

◆ 부동산경매사건에서 대가를 받고 대리로 입찰표를 작성·제출한 경우 변호사법위반인지?

> **질문** ➡ 김갑돌은 이을남으로부터 대가를 받기로 하고 법원의 부동산경매절차에서 이을남의 대리인으로 입찰표를 작성·제출하였는바, 이 경우 김갑돌의 위와 같은 행위가 변호사법위반으로 되는지요?

답변 ➡ 변호사법위반이 문제될 것으로 보입니다.

변호사법 제109조 제1호는 "변호사가 아니면서 금품·향응 기타 이익을 받거나 받을 것을 약속하고 또는 제3자에게 이를 공여하게 하거나 공여하게 할 것을 약속하고 소송사건·비송사건·가사조정 또는 심판사건·행정심판 또는 심사의 청구나 이의신청 기타 행정기관에 대한 불복신청사건, 수사기관에서 취급중인 수사사건 또는 법령에 의하여 설치된 조사기관에서 취급중인 조사사건 기타 일반의 법률사건에 관하여 감정·대리·중재·화해·청탁·법률상담 또는 법률관계 문서작성 기타 법률사무를 취급하거나 이러한 행위를 알선한 자는 7년 이하의 징역 또는 5,000만원 이하의 벌금에 처하거나 이를 병과(倂科)할 수 있다."라고 규정하고 있습니다.

그런데 관련 판례를 보면, "변호사 아닌 자가 법률사무의 취급에 관여하는 것을 금지함으로써 변호사제도를 유지하고자 하는 변호사법 제90조 제2호(현행 변호사법 제109조 제1호)의 규정취지에 비추어 보면, 위 법조에서 말하는 「대리」에는 본인의 위임을 받아 대리인의 이름으로 법률사건을 처리하는 법률상의 대리뿐만 아니라, 법률적 지식을 이용하는 것이 필요한 행위를 본인을 대신하여 행하거나, 법률적 지식이 없거나 부족한 본인을 위하여 사실상 사건의 처리를 주도하면서 그 외부적인 형식만 본인이 직접 행하는 것처럼 하는 등으로 대리의 형식을 취하지 않고 실질적으로 대리가 행하여지는 것과 동일한 효과를 발생시키고자 하는 경우도 당연히 포함되고, 법률적 지식이 없거나 부족한 매수희망자들을 위하여 경매절차가 진행중인 부동산에 대한 권리의 하자유무를 확인한 결과를 설명해주면서 공동명의로 낙찰 받아 분할하여 주겠다고 제의하여 승낙을 받은 다음 그들 중 한 사람으로 하여금 대리입찰 하게 하고 입찰법정에 함께 가서 입찰할 금액을 정해주는 등 입찰을 위한 제반절차를 사실상 주도하면서 그 외부적인 형식만 매수희망자들이 직접 입찰을 하는 것처럼 하여 실질적으로 입찰을 대리한 행위는 변호사법 제90조 제2호(현행 변호사법 제109조 제1호) 소정의 「대리」에 해당한다."라고 하였으며(대법원 1999. 12. 24. 선고 99도2193 판결), "법원의 부동산경매사건에서 매수신청인으로부터 금품을 받거나 이를 받기로 약정하고 그 매수신청인을 대리하여 입찰표를 작성하여 법원에 제출하는 행위는 매수신청인의 경매입찰을 대리한 것으로서 변호사법 제90조 제2호(현행 변호사법 제109조 제1호)가 규정한 「금품을 받거나 받을 것을 약속하고 법률사건에 관하여 대리한 경우」에 해당한다."라고 하였습니다(대법원 1999. 9. 7. 선고 99도3005 판결, 2001. 4. 13. 선고 2001도790 판결).

따라서 위 사안에서 김갑돌은 변호사법위반이 문제될 것으로 보입니다.

◆ 손해사정인이 보수를 받고 사고피해자대리로 배상액의 결정화해를
   주선하는 경우 변호사법위반인지?

질문 ➡ 손해사정인이 교통사고의 피해자를 대리하여 보험회사에 보험
금을 청구하거나 피해자와 가해자가 가입한 자동차보험회사 등
과 사이에 이루어지는 손해배상액결정에 관하여 중재 또는 화
해를 하도록 주선하거나 편의를 도모하는 등으로 관여하는 것
이 변호사법위반이 되는지요?

답변 ➡   변호사법위반이 문제될 것으로 보입니다.

변호사법 제109조 제1호에서는 "변호사가 아니면서 금품·
향응 기타 이익을 받거나 받을 것을 약속하고 또는 제3자
에게 이를 공여하게 하거나 공여하게 할 것을 약속하고
소송사건·비송사건·가사조정 또는 심판사건·행정심판 또는
심사의 청구나 이의신청 기타 행정기관에 대한 불복신청
사건, 수사기관에서 취급중인 수사사건 또는 법령에 의하
여 설치된 조사기관에서 취급중인 조사사건 기타 일반의
법률사건에 관하여 감정·대리·중재·화해·청탁·법률상담 또는
법률관계 문서작성 기타 법률사무를 취급하거나 이러한
행위를 알선한 자는 7년 이하의 징역 또는 5천만원 이하
의 벌금에 처하거나 이를 병과(倂科)할 수 있다."라고 규
정하고 있습니다.

그리고 손해사정인 등의 업무에 관하여 보험업법 제188조
에서는 "손해사정인 또는 손해사정을 업(業)으로 하는 자
의 업무는 다음 각 호와 같습니다.

1. 손해발생사실의 확인

2. 보험약관 및 관계법규적용의 적정여부 판단

3. 손해액 및 보험금의 사정

4. 제1호 내지 제3호의 업무와 관련한 서류의 작성·제출의 대행

5. 제1호 내지 제3호의 업무의 수행과 관련한 보험회사에 대한 의견의 진술"이라고 규정하고 있습니다.

그러므로 손해사정인이 교통사고의 피해자를 대리하여 보험회사에 보험금을 청구하거나 피해자와 가해자가 가입한 자동차보험회사 등과 사이에 이루어지는 손해배상액결정에 관하여 중재 또는 화해를 하도록 주선하거나 편의를 도모하는 등으로 관여하는 경우 변호사법위반인지 문제됩니다.

이에 관련된 판례를 보면, "손해사정인이 금품을 받거나 보수를 받기로 하고 교통사고의 피해자측을 대리 또는 대행하여 보험회사에 보험금을 청구하거나, 피해자측과 가해자가 가입한 자동차보험회사 등과 사이에서 이루어질 손해배상액의 결정에 관하여 중재나 화해를 하도록 주선하거나 편의를 도모하는 등으로 관여하는 것은 손해사정인의 업무범위에 속하는 손해사정에 관하여 필요한 사항이라고 할 수 없다."라고 규정하고 있습니다(대법원 2001. 11. 27. 선고 2000도513 판결).

따라서 위 질의의 경우에도 손해사정인의 업무범위를 넘어 변호사법위반이 문제될 것으로 보입니다.

◆ 변호사사무원이 선임료의 일정비율을 받기로 하고 소송사건대리를
   변호사에게 알선한 경우

질문 ➡ 김갑돌은 이을남변호사 사무실의 사무원으로서 최병수의 민사
소송사건을 이을남에게 알선하면서 이을남으로부터 선임료의
일정비율을 김갑돌이 지급 받기로 하였습니다. 이 경우 김갑돌
의 행위가 변호사법위반이 되는지요?

답변 ➡   변호사법위반으로 문제될 수 있을 것으로 보입니다.

변호사법 제109조 제1호는 "변호사가 아니면서 금품·향응
기타 이익을 받거나 받을 것을 약속하고 또는 제3자에게
이를 공여하게 하거나 공여하게 할 것을 약속하고 소송사
건·비송사건·가사조정 또는 심판사건·행정심판 또는 심사의
청구나 이의신청 기타 행정기관에 대한 불복신청사건, 수
사기관에서 취급중인 수사사건 또는 법령에 의하여 설치
된 조사기관에서 취급중인 조사사건 기타 일반의 법률사
건에 관하여 감정·대리·중재·화해·청탁·법률상담 또는 법률
관계 문서작성 기타 법률사무를 취급하거나 이러한 행위
를 알선한 자는 7년 이하의 징역 또는 5,000만원 이하의
벌금에 처하거나 이를 병과(倂科)할 수 있다."라고 규정
하고 있습니다.

그런데 변호사 사무원이 선임료 중 일정비율의 금액을 받
기로 약정하고 소송사건의 대리를 변호사에게 알선한 경
우 변호사법위반이 되는지에 관한 판례를 보면, "변호사
아닌 사람이 소송사건의 당사자로부터 받게 되는 선임료
중에서 일정비율에 해당하는 금액을 받기로 변호사와 약
정하고 그 변호사에게 사건의 소송대리를 알선하여 준 다
음 그 약정금액을 받는 행위는 변호사법 제90조 제2호

(현행 변호사법 제109조 제1호) 등에 저촉된다 할 것이
고, 이 경우 그 알선행위를 한 사람이 소송사건의 대리행
위를 수임한 변호사의 사무원이라거나 혹은 그와 같은 약
정이 보수의 일부를 보충하여 지급 받는 방법으로 이루어
졌다 하여 달리 취급할 것이 아니다."라고 하였습니다(대
법원 1999. 9. 7. 선고 99도2491 판결, 2001. 7. 24. 선
고 2000도5069 판결).

따라서 위 사안에서 김갑돌은 변호사법위반으로 문제될
수 있을 것으로 보입니다.

◆ 행정사가 고소장을 업무로 작성하면 법무사법위반이 되는지?

질문 ➡ 행정사가 경찰서에 제출할 고소장 작성을 위탁받아 업무로 작성하면 법무사법에 위반되는지, 또한 법무사 자격이 없는 사람이 친척 등의 부탁으로 위탁수수료나 보수 없이 고소장을 작성해준 경우에도 법무사법위반으로 처벌받게 되는지요?

답변 ➡   아무런 이익도 제공받지 않고 도와주는 입장에서 서류를 작성해주었다면 그 작성자가 법무사나 행정사의 자격이 없어도 법무사법이나 행정사법에 저촉되는 것은 아니라 할 것입니다.

행정사법 제2조 제1항 제1호는 행정사의 업무로서 [행정기관에 제출하는 서류의 작성]을 할 수 있도록 규정되어 있으나, 행정사법 제2조 단서에 다른 법률에 의하여 제한되어 있는 것은 이를 행할 수 없다고 규정하고 있습니다.

그리고 법무사법 제3조 제1항은 법무사가 아닌 자는 법무사법 제2조에 규정된 사무를 업(業)으로 하지 못한다고 규정되어 있습니다.

형사고소장은 행정관청인 경찰청장이나 경찰서장에게 제출된다 하더라도 결국 법원과 검찰청에 관련되는 서류에 속한다 할 것이고, 그 결과 그 서류작성은 법무사의 업무범위에 속한다 할 것이므로, 행정사가 수수료를 받고 형사고소장을 작성하면 법무사법에 위반된다 할 것입니다(법무사법 제2조, 제3조, 제74조, 대법원 1989. 11. 28. 선고 89도1661 판결, 1987. 9. 22. 선고 87도1293 판결).

그리고 법무사나 행정사의 자격이 없는 자가 행정기관에

제출하는 서류를 작성해준 경우 법무사법이나 행정사법에 위반되어 처벌되는 것은 보수나 수수료를 받고 위와 같은 행위를 업(業)으로 하는 경우이므로, 수수료나 보수 등 서류작성과 관련한 아무런 이익도 제공받지 않고 도와주는 입장에서 서류를 작성해주었다면 그 작성자가 법무사나 행정사의 자격이 없어도 법무사법이나 행정사법에 저촉되는 것은 아니라 할 것입니다.

참고로 고소·고발장을 법무사만이 그 작성사무를 업(業)으로 할 수 있는 법원과 검찰청의 업무에 관련된 서류로 규정한 것이 일반행정사의 직업선택의 자유 등의 기본권을 침해하여 헌법에 위반되는지에 관하여 판례는 "법무사법이 정하는 요건을 갖추어 법무사가 된 자의 경우에는 법원과 검찰청의 업무에 관련된 서류로 고소·고발장의 작성 업무에 종사할 만한 법률소양을 구비한 것으로 볼 수 있는 반면, 행정사법이 정하는 요건을 갖추어 일반행정사가 된 자의 경우에는 이러한 법률소양을 갖추었다는 보장을 할 수 없다. 따라서 고소·고발장의 작성을 법무사에게만 허용하고 일반행정사에 대하여 이를 하지 못하게 한 것은, 국민의 법률생활의 편익과 사법제도의 건전한 발전이라는 공익의 실현에 필요·적정한 수단으로서 그 이유에 합리성이 있으므로, 일반행정사의 직업선택의 자유나 평등권 등을 침해하는 것이라고 볼 수 없다."라고 하였습니다 (헌법재판소 2000. 7. 20. 선고 98헌마52 결정).

◆ 컴퓨터내장프로그램을 타인이 복제한 경우 절도죄가 되는지?

> **질문** ➡ 저의 컴퓨터에 입력된 프로그램을 타인이 무단복제 하여 가지
> 고 간 경우 절도죄로 처벌할 수 있는지요?

답변 ➡ 컴퓨터프로그램절도는 절도죄로 처벌할 수 없다 하겠습니
다.

절도죄에 관하여 형법 제329조에 의하면 "타인의 재물을
절취한 자는 6년 이하의 징역 또는 1,000만원 이하의 벌
금에 처한다."라고 규정하고 있습니다.

이와 같이 절도죄는 타인이 점유하는 재물을 절취함으로
써 성립하는 범죄로서 「재물(財物)」에는 유체물(有體物)
뿐만 아니라 관리할 수 있는 동력(動力)도 포함됩니다(형
법 제346조).

또한 여기서 「관리(管理)」란 우리나라의 통설에 의하면
「물리적 관리」를 뜻하고, 사무적·법적 관리를 포함하는
것이 아니라 할 것이므로, 권리 그 자체, 라디오·TV의 전
파, 전화, FAX 송수신기능, 프로그램이나 전자기록의 복
사에 의한 경제적 가치 등은 절도죄의 객체인 재물로 간
주할 수 없다고 하겠습니다(대법원 1998. 6. 23. 선고 98
도700 판결, 1994. 3. 8. 선고 93도2272 판결).

그러므로 컴퓨터프로그램절도는 절도죄로 처벌할 수 없다
하겠습니다.

다만, 귀하가 프로그램의 저작자인 경우는 1986년 12월
31일 법률 제3920호로 제정·시행된 컴퓨터프로그램보호법
제34조에 의거 프로그램저작권 침해행위로 처벌할 수 있
습니다.

참고로 판례는 "컴퓨터프로그램보호법상 프로그램이라 함은 특정한 결과를 얻기 위하여 컴퓨터 등 정보처리능력을 가진 장치 내에서 직접 또는 간접으로 사용되는 일련의 지시·명령으로 표현된 것을 말하고, 프로그램저작권은 프로그램이 창작된 때로부터 발생한다."라고 하였습니다(대법원 1996. 8. 23. 선고 95도2785 판결).

◈ 공무원이 형사처벌을 받아 그 신분을 상실하게 되는 경우는 어떠한 경우인지?

> **질문 ➡** 저는 동사무소에 근무하는 7급 공무원으로 한달 전 차량을 운전하던 중 부주의로 사람을 치어 사망케 하여 현재 구속되었습니다. 제가 형사처벌을 받게 될 경우 공무원생활을 계속할 수 있는지요?

답변 ➡   벌금 이하의 형을 선고받으면 공무원신분에는 아무런 지장이 없습니다.

차의 운전자가 교통사고를 내어 사람을 다치게 하거나 사망에 이르게 하면 5년 이하의 금고 또는 2,000만원 이하의 벌금형에 처하게 됩니다(교통사고처리특례법 제3조 제1항).

공무원 신분인 귀하의 경우에는 형사처벌과 관련하여 공무원으로서의 신분이 어떻게 되는지도 중요한 문제가 될 것입니다.

국가공무원법 제33조에 의하면 금고 이상의 형을 받고 그 집행이 종료되거나 집행을 받지 아니하기로 확정된 후 5년을 경과하지 아니한 자, 금고 이상의 형을 받고 그 집행유예의 기간이 완료된 날로부터 2년을 경과하지 아니한 자, 금고 이상의 형의 선고유예를 받은 경우에 그 선고유예기간 중에 있는 자, 법원의 판결 또는 다른 법률에 의하여 자격이 상실 또는 정지된 자 등은 공무원에 임용될 수 없다고 규정하고 있으며, 국가공무원법 제69조에서 공무원이 위 제33조에 해당할 때에는 당연히 퇴직한다고 규정하고 있습니다(지방공무원법도 내용이 같음).

그러므로 귀하가 재판을 받아 위와 같은 형벌에 해당되는

형을 선고받게 되면 공무원생활을 더 할 수 없다 할 것입
니다. 다만, 벌금 이하의 형을 선고받으면 공무원신분에는
아무런 지장이 없다 할 것이므로, 피해자의 유족과 원만
히 합의하는 등 형량감경을 위한 최선의 노력을 다해야
할 것입니다.

◆ 근로자의 임금을 체불한 경우 명의상 대표이사도 형사책임을 지는 지?

> **질문** ➡ 저는 국제주식회사의 대표이사로 등기되어 있었으나 실제로는 국제주식회사와는 전혀 관련이 없고, 단지 국제주식회사의 명의가 필요하여 대가를 지불하고 국제주식회사의 대표이사로 등기한 후 사무실을 일부 빌려 저의 업무를 하였을 뿐입니다. 그런데 국제주식회사의 근로자들이 임금을 지급하지 않았다며 저를 근로기준법위반으로 고발하여 현재 조사를 받고 있는데, 제가 근로기준법위반의 책임을 져야하는지요?

답변 ➡   사용자라고 볼 수 없어 근로기준법위반의 죄책을 지지 않을 것입니다.

근로기준법 제2조에서는 사용자의 정의에 관하여 "이 법에서 「사용자」 라 함은 사업주 또는 사업경영담당자 기타 근로자에 관한 사항에 대하여 사업주를 위하여 행위하는 자를 말한다."라고 규정하고 있습니다.

그리고 관련 판례를 보면 "주식회사의 대표이사는 대외적으로는 회사를 대표하고 대내적으로는 회사의 업무를 집행할 권한을 가지는 것이므로, 특별한 사정이 없는 한 근로기준법 제15조 소정의 사업경영담당자로서 사용자에 해당한다고 할 것이나, 탈법적인 목적을 위하여 특정인을 명목상으로만 대표이사로 등기하여 두고 그를 회사의 모든 업무집행에서 배제하여 실질적으로 아무런 업무를 집행하지 아니하는 경우에 그 대표이사는 사업주로부터 사업경영의 전부 또는 일부에 대하여 포괄적인 위임을 받고 대외적으로 사업주를 대표하거나 대리하는 자라고 할 수 없으므로 사업경영담당자인 사용자라고 볼 수 없다."라고

하였습니다(대법원 2000. 1. 18. 선고 99도2910 판결).

이와 같이 판례는 사업주인 회사로부터 사업경영의 전부 또는 일부에 대하여 포괄적인 위임을 받고 대외적으로 사업주를 대표하거나 대리하는 자라고 할 수 없으면 근로기준법 제15조 소정의 사업경영담당자인 사용자라고 볼 수 없다면서 근로기준법위반죄(임금부지급)에 관하여 유죄를 인정한 항소심 판결을 파기한 바 있습니다.

따라서 귀하의 경우 국제주식회사로부터 사업경영의 전부 또는 일부에 대하여 포괄적인 위임을 받아 대외적으로 사업주를 대표하거나 대리하는 권한이 없었다면 귀하는 국제주식회사의 근로자들에 대한 사용자라고 볼 수 없어 근로기준법위반의 죄책을 지지 않을 것입니다.

참고로 법인등기부상 대표이사직에서 사임했으나, 실제로는 회장으로서 회사를 사실상 경영하여 온 경우 근로기준법상의 사용자에 해당한다고 한 사례가 있습니다(대법원 1997. 11. 11. 선고 97도813 판결).

◆ 근로자에게 퇴사 후 14일 이후 체불임금을 지급하여 합의한 때 근로기준법위반여부

질문 ➡김갑돌은 근로자 이을남에게 퇴직금을 지급하지 못하고 퇴직 후 수개월이 지난 이후에야 퇴직금을 지급하고 더 이상 분쟁이 없도록 합의하였습니다. 그런데 이을남은 그 이전에 노동사무소에 퇴직금을 지급하지 않았다고 신고한 사실이 있으므로 이러한 경우에도 근로기준법위반으로 처벌이 되는지요?

답변 ➡   근로기준법위반의 책임을 면할 수는 없을 것으로 보이고, 다만 늦게나마 퇴직금을 지급한 사실은 정상참작사유는 될 수 있을 것입니다.

근로기준법 제36조에서는 "사용자는 근로자가 사망 또는 퇴직한 경우에는 그 지급사유가 발생한 때로부터 14일 이내에 임금·보상금 기타 일체의 금품을 지급하여야 한다. 다만, 특별한 사정이 있을 경우에는 당사자간의 합의에 의하여 기일을 연장할 수 있다."라고 규정하고 있으며, 근로기준법 제109조에서는 위 규정에 위반한 자는 3년 이하의 징역 또는 2,000만원 이하의 벌금에 처한다고 규정하고 있습니다.

그런데 사용자가 퇴직근로자에게 퇴사 후 14일 이내에 임금지급기일연장의 합의없이 체불임금 등을 지급하지 않고, 그 기간 이후 체불임금을 지급하여 합의한 경우 근로기준법 제112조에 위반되는지에 관하여 판례를 보면, "근로기준법 제30조(현행 근로기준법 제36조)는 근로자가 사망 또는 퇴직한 경우에 사용자는 그 지급사유가 발생한 때로부터 14일 이내에 임금·보상금 기타 일체의 금품을 지급하기로 규정함으로써 퇴직근로자 등의 생활안정을 도모하기

위하여 법률관계를 조기에 청산하도록 강제하는 한편 특별한 사정이 있을 경우에는 당사자간의 합의에 의하여 기일을 연장할 수 있도록 하고 있는바, 위 임금 등 체불로 인한 근로기준법 제109조(현행 근로기준법 제112조)위반죄는 그 지급사유 발생일로부터 14일이 경과하는 때에 성립하므로, 사용자는 지급사유가 발생한 때로부터 14일 이내에 근로자와 기일연장을 합의하여야 하고, 그 기간이 지나 근로기준법위반죄가 성립한 후에는 비록 합의가 이루어졌다 하더라도 이는 정상참작사유는 될지언정 범죄로 되지 아니한다고 할 수는 없다."라고 하였습니다(대법원 1997. 8. 29. 선고 97도1091 판결).

따라서 위 사안에서 김갑돌은 근로기준법위반의 책임을 면할 수는 없을 것으로 보이고, 다만 이을남에게 뒤늦게나마 퇴직금을 지급한 사실은 정상참작사유는 될 수 있을 것입니다.

◆ 임금·퇴직금을 지급할 수 없는 불가피한 사정이 인정되는 경우 근로기준법위반여부

질문 ➡ 김갑돌은 개인사업체를 운영하는 자로서 경기불황으로 사업이 부진하여 고용된 근로자들의 임금 및 퇴직금을 지급하지 못하여 자신이 거주하는 주택까지 팔아서 일부 체불임금 등을 지급하였지만, 그래도 체불임금 등을 전부 지급하지 못하게 되었습니다. 이 경우에도 김갑돌이 근로기준법위반으로 처벌받게 되는지요?

답변 ➡   불가피한 사정이 인정되는 경우이므로 책임조각사유로 된다고 보여집니다.

근로기준법 제43조에서는 "① 임금은 통화로 직접 근로자에게 그 전액을 지급하여야 한다. 다만, 법령 또는 단체협약에 특별한 규정이 있는 경우에는 임금의 일부를 공제하거나 또는 통화 이외의 것으로 지급할 수 있다. ② 임금은 매월 1회 이상 일정한 기일을 정하여 지급하여야 한다. 다만, 임시로 지급하는 임금, 수당 기타 이에 준하는 것 또는 대통령령이 정하는 임금에 대하여는 그러하지 아니하다."라고 규정하고 있으며, 근로기준법 제109조 제1항에서는 위 규정에 위반한 자는 3년 이하의 징역 또는 2천만원 이하의 벌금에 처하도록 규정하고 있습니다.

또한, 근로기준법 제36조에서는 "사용자는 근로자가 사망 또는 퇴직한 경우에는 그 지급사유가 발생한 때로부터 14일 이내에 임금·보상금 기타 일체의 금품을 지급하여야 한다. 다만, 특별한 사정이 있을 경우에는 당사자간의 합의에 의하여 기일을 연장할 수 있다."라고 규정하고 있으며, 근로기준법 제109조 제1항에서는 위 규정에 위반한 자는 3년 이하의 징역 또는 2천만원 이하의 벌금에 처하도록

규정하고 있습니다.

그런데 임금이나 퇴직금을 지급할 수 없는 불가피한 사정이 인성되는 경우 근로기준법 제36조, 제43조의 각 위반범죄의 책임조각사유(責任阻却事由)가 되는지에 관한 판례를 보면, "사용자가 기업이 불황이라는 사유만을 이유로 하여 임금이나 퇴직금을 지급하지 않거나 체불하는 것은 근로기준법이 허용하지 않는 바이나, 사용자가 모든 성의와 노력을 다했어도 임금의 체불이나 미불(未拂)을 방지할 수 없었다는 것이 사회통념상 긍정할 정도가 되어 사용자에게 더 이상의 적법행위를 기대할 수 없다거나, 사용자가 퇴직금 지급을 위하여 최선의 노력을 다하였으나 경영부진으로 인한 자금사정 등으로 도저히 지급기일 내에 퇴직금을 지급할 수 없었다는 등의 불가피한 사정이 인정되는 경우에는 그러한 사유는 근로기준법 제36조, 제42조 각 위반범죄의 책임조각사유로 된다."라고 하였습니다(대법원 2001. 2. 23. 선고 2001도204 판결, 1998. 6. 26. 선고 98도1260 판결, 1993. 7. 13.선고, 92도2089 판결).

따라서 위 사안에서 김갑돌도 체불임금 등을 지급하기 위하여 김갑돌 소유의 주택을 매도하는 등 최선의 노력을 다하였음을 주장해볼 수 있을 듯합니다.

◆ 조세범처벌법상 정당사유없이 1회계연도 3회이상 체납하는 경우
   의 체납회수 계산기준

질문 ➡ 김갑돌은 경제사정이 어려워 각종 세금을 납부하지 못하고 연
체되어 있습니다. 그런데 이렇게 세금이 연체되면 처벌하는 규
정이 있다고 하는데 어느 정도 연체되면 처벌을 받게 되는지
요?

답변 ➡ 1년 이하의 징역 또는 체납액에 상당한 벌금에 처합니다.

국세에 관한 법률위반에 관하여 처벌규정을 정하고 있는
조세범처벌법 제10조에서는 "납세의무자가 정당한 사유
없이 1회계 연도에 3회 이상 체납하는 경우에는 1년 이
하의 징역 또는 체납액에 상당한 벌금에 처한다."라고 규
정하고 있습니다.

그리고 조세범처벌법 제10조 소정의 「납세의무자가 정당
한 사유 없이 1회계 연도에 3회 이상 체납하는 경우」에
있어서 체납회수의 계산기준에 관한 판례를 보면, "조세
범처벌법 제10조에 규정된 「납세의무자가 정당한 사유 없
이 1회계 연도에 3회 이상 체납하는 경우」에 있어서 체
납회수는 납세고지서 또는 납입통지서 1통을 1회로 보아
서 계산하여야 하고, 그 납세고지서 등에 여러 개의 조세
가 함께 기재되었다고 하여 각 세목별로 체납회수를 따로
계산하여서는 아니된다."라고 하였습니다(대법원 2001. 2.
13. 선고 2000도5725 판결). 또한, "조세범처벌법 제10
조 소정의 이른바 체납 3회의 계산기준은 납세고지서 1통
에 대하여 1회로 계산하고 회수의 통산은 1회계 연도를
1기간으로 하며, 그 납세고지서 중에는 독촉장과 최고서
는 포함되지 않는다."라고 하였습니다(대법원 1972. 6.

27. 선고 72도912 판결).

그리고 지방세체납의 경우에도 지방세법 제84조(지방세에 관한 범죄행위에 내한 조세범처벌법 등의 준용) 제1항에서 "지방세에 관한 범칙행위에 대하여는 조세범처벌법령을 준용한다."라고 규정하고 있으므로 조세범처벌법 제10조가 준용될 것입니다.

◆ 양도인인감증명서를 받지 못해 식품위생법상 영업자지위승계신고를 하지 않은 때

질문 ➡ 김갑돌은 이을남으로부터 단란주점의 영업을 양수하였는데, 설비는 모두 양도받았지만 영업자의 지위를 승계 함에 필요한 서류를 교부받지 못하여 영업자지위승계신고를 하지 못하였습니다. 이 경우에도 식품위생법위반으로 처벌을 받게 되는지요?

답변 ➡ 1개월이 지난 후에도 영업자지위승계신고를 하지 않았다면 식품위생법위반으로 처벌받을 수 있을 것입니다.

식품위생법 제39조 제3항에서는 영업자의 지위를 승계한 자는 1월 이내에 보건복지부령이 정하는 바에 따라 신고하여야 한다고 규정하고 있으며, 식품위생법 제97조 제1호에서는 위 규정에 의한 신고를 하지 아니한 자는 3년 이하의 징역 또는 3,000만원 이하의 벌금에 처한다고 규정하고 있습니다. 그리고 영업양도로 인한 영업자지위승계신고절차에 관하여 식품위생법시행규칙 제48조 제1항에 의하면, 법 제39조 제3항의 규정에 의한 영업자의 지위승계신고를 하고자 하는 자는 별지 제49호 서식에 의한 영업자 지위승계 신고서(전자문서로 된 신고서를 포함한다)에 영업신고증이나 영업허가증, 양도의 경우에는 양도·양수를 증명할 수 있는 서류 사본, 상속의 경우에는 「가족관계의 등록 등에 관한 법률」 제15조 제1항 제1호의 가족관계증명서와 상속인임을 증명하는 서류, 그 밖에 해당 사유별로 영업자의 지위를 승계하였음을 증명할 수 있는 서류를 첨부하여 허가 또는 신고관청에 제출하여야 합니다.

그런데 식품위생법상 영업자로부터 영업을 양수하여 영업

자의 지위를 승계 한 경우, 그 대가의 지급여부 또는 양
도인의 인감증명서 교부여부와 무관하게 영업자지위승계
신고를 할 의무가 있는지에 관하여 판례를 보면, "식품위
생법 제25조 제1항, 제3항에 의하여 영업양도에 따른 지
위승계신고를 수리하는 허가관청의 행위는, 단순히 양도·
양수인 사이에 이미 발생한 사법상의 사업양도의 법률효
과에 의하여 양수인이 그 영업을 승계 하였다는 사실의
신고를 접수하는 행위에 그치는 것이 아니라, 실질에 있
어서 양도자의 사업허가를 취소함과 아울러 양수자에게
적법히 사업을 할 수 있는 권리를 설정하여 주는 행위로
서 사업허가자의 변경이라는 법률효과를 발생시키는 행위
라고 할 것이고, 한편 식품위생법시행규칙 제33조에 의하
면, 위 법 제25조 제3항에 따라 영업자의 지위승계신고를
하고자 하는 자는 [별지 제33호 서식]에 의한 영업자지위
승계신고서에 권리의 이전을 증빙하는 서류 및 양도인의
인감증명서 등을 첨부하여 허가 또는 신고관청에 제출하
여야 한다고 하면서, 행방불명(주민등록법상 무단전출을
포함) 등으로 양도인의 인감증명서를 첨부하지 못하는 경
우에는 허가 또는 신고관청이 사실확인 등을 통하여 양도·
양수가 이루어졌다고 인정할 수 있는 때에는 이를 제출하
지 아니할 수 있다고 규정되어 있음을 알 수 있는바, 이
러한 법리와 관계법령의 취지에 비추어 보면 식품위생법
상 영업자로부터 영업을 양수하여 영업자의 지위를 승계
한 자는, 그 대가의 지급여부 또는 양도인의 인감증명서
교부여부와는 무관하게, 영업을 실제로 양수한 날부터 1
월 이내에 소정의 절차에 따른 지위승계신고를 하여야 하
고, 그러한 신고를 하지 아니한 채 양수 받은 영업을 계
속하였다면 위 식품위생법 소정의 신고의무를 다하지 아

니한 것으로 해석하여야 하고, 전 영업허가자로부터 영업을 완전히 양수하여 영업을 계속하면서도 양수대금을 지급하지 아니하여 양도인의 인감증명서를 교부받을 수 없다는 이유로 식품위생법상의 영업자지위승계신고를 하지 않은 경우, 양도인이 영업승계에 필요한 서류를 교부해주지 않는다고 하여 영업자의 지위승계를 신고하는 것이 불가능하다든가 또는 그 미신고행위가 정당화된다든가 할 수 없다."라고 한 사례가 있습니다(대법원 2001. 2. 9. 선고 2000도2050 판결).

그러므로 위 사안에서 김갑돌도 이을남으로부터 영업을 양수한 후 1개월이 지난 후에도 이을남으로부터 영업자지위승계신고를 하지 않았다면 식품위생법위반으로 처벌받을 수 있을 것입니다.

◆ 농지로 사용불가능한 밭을 정지하여 건축자재야적장으로 사용한
때 농지법위반여부

질문 ➡ 김갑돌은 산사태로 인하여 공부상 지목은 전(田)이지만, 밭으로
사용이 불가능한 토지를 방치할 수 없어 정지(整地)하여 건축
자재의 야적장으로 사용하고 있습니다. 그런데 농지는 전용시
허가를 받아야 하고, 농지전용허가를 받지 않고 전용한 경우에
는 농지법위반으로 처벌을 받게 된다는데, 김갑돌의 경우에도
농지법위반이 문제되는지요?

답변 ➡ 밭으로서의 현상을 상실하였음이 일시적이라고 볼 수 없
는 경우라면 농지법위반이 문제되지 않을 수도 있을 듯합
니다.

농지법 제57조에서는 "① 농업진흥지역의 농지를 제34조
제1항의 규정에 의한 농지전용허가를 받지 아니하고 전용
하거나 사위 기타 부정한 방법으로 농지전용허가를 받은
자는 5년 이하의 징역 또는 당해 토지의 개별공시지가에
의한 토지가액에 해당하는 금액 이하의 벌금에 처한다.
② 농업진흥지역 밖의 농지를 제34조 제1항의 규정에 의
한 농지전용허가를 받지 아니하고 전용하거나 사위 기타
부정한 방법으로 농지전용허가를 받은 자는 3년 이하의
징역 또는 당해 토지가액의 100분의 50에 상당하는 금액
이하의 벌금에 처한다. ③ 제1항 및 제2항에 규정된 징역
형과 벌금형은 이를 병과 할 수 있다."라고 규정하고 있
습니다.

그리고 농지법 제2조 제1호에서는 "「농지」 라 함은 다음
각목의 1에 해당하는 토지를 말한다.

가. 전·답 또는 과수원 기타 그 법적 지목여하에 불구하고
실제의 토지현상이 농작물의 경작 또는 다년성식물재배

로 이용되는 토지. 다만, 초지법에 의하여 조성된 초지 등 대통령령이 정하는 토지를 제외한다.

나. 나. 나. 가목의 토지의 개량시설과 가목의 토지에 설치하는 농축산물 생산시설로서 대통령령으로 정하는 시설의 부지"라고 규정하고 있습니다.

그런데 농지법 소정의 농지여부에 대한 판단기준 및 농지전용의 의미에 관하여 판례를 보면, "농지법 소정 농지에 해당하는지 여부는 공부상의 지목여하에 불구하고 당해 토지의 사실상의 현상에 따라 가려야 하는 것이고, 공부상 지목이 전(田)으로 되어 있다고 하더라도 농지로서의 현상을 상실하고 그 상실한 상태가 일시적이라고 볼 수 없다면 이는 농지에 해당되지 않는다고 할 것이고, 또 농지의 전용이라 함은 농지를 농작물의 경작 또는 다년성식물의 재배 등 농업생산 또는 농지개량 외의 목적에 사용한 것으로서 이는 농지의 형질을 사실상 변경시키거나 농지로서의 사용에 장해가 되는 유형물을 설치하는 등 농지를 경작 또는 재배지로 사용할 수 없게 변경시키는 행위를 말하고 그와 같이 변경시켜 원상회복이 어려운 상태로 만드는 것이다."라고 하였습니다(대법원 1999. 4. 23. 선고 99도678 판결).

따라서 위 사안에서 김갑돌이 건축자재의 야적장으로 사용하는 토지가 비록 지목은 전(田)이지만 산사태로 인하여 밭으로서의 현상을 상실하였음이 일시적이라고 볼 수 없는 경우라면 농지법위반이 문제되지 않을 수도 있을 듯합니다.

◆ 생활한복이 저작권법의 보호대상이 되는 저작물에 해당하는지?

질문 ➡ 김갑돌은 산업상의 대량생산에 이용할 목적으로 독창적인 생활한복을 창작하였으나, 의장등록을 하지는 않았습니다. 그런데 이을남이 위 생활한복을 모방하여 제작·판매하고 있습니다. 이 경우 이을남을 저작권법위반으로 문제삼을 수 있는지요?

답변 ➡   저작권 및 디자인권으로 보호받지 못할 것 같습니다.

저작권법 제136조 1항에서는 "저작재산권 그 밖의 이 법에 의하여 보호되는 재산적 권리를 복제·공연·공중송신·전시·배포·대여·2차적 저작물 작성의 방법으로 침해한 자는 5년 이하의 징역 또는 5천만원 이하의 벌금에 처하거나 이를 병과(倂科)할 수 있다."라고 규정하고 있습니다.

그리고 저작권법 제4조 제1항 제4호에서는 저작물의 예시의 하나로서 "회화·서예·조각·공예·응용미술저작물 그 밖의 미술저작물"을 들고 있으며, 저작권법 제2조 제15호에서는 응용미술저작물의 정의를 "물품에 동일한 형상으로 복제될 수 있는 미술저작물로서 그 이용된 물품과 구분되어 독자성을 인정할 수 있는 것을 말하며, 디자인 등을 포함한다."라고 하였습니다.

위 사안에서 김갑돌이 창작한 생활한복은 응용미술작품으로 볼 수 있을 것인데, 응용미술작품이 저작물로 보호되기 위한 요건에 관하여 판례를 보면, "저작권법 제4조 제1항 제4호에 의하면, 저작물의 예시로서 「응용미술작품」을 들고 있으나 저작권법에 의하여 보호되는 저작물이기 위해서는 어디까지나 문학, 학술 또는 예술의 범위에 속하는 창작물이어야 하고(저작권법 제2조 제1호), 본래 산업상의 대량생산에의 이용을 목적으로 하여 창작되는 응용미술품 등에 대하여 의장법 외에 저작권법에 의한 중첩적 보호가 일반적으로 인정되게 되면 신규성 요건이나 등록요건, 단기의 존속기간 등 의장법의 여러 가지 제한규정의 취지가 몰각되고 기본적으로 의장법에 의한 보호에 익숙한 산업계에 많은 혼란이 우려되는 점 등을 고려하면, 이러한 응용미술작품에 대하여는 원칙적으로 의장법에 의한 보호로써 충분하고 예외적으로 저작권법에 의한 보호가 중첩적으로 주어진다고 보는 것이 의장법 및 저작권법의 입법취지라 할 것이므로 산업상의 대량생산에의 이용을 목적으로 하여 창작되는 모든 응용미술작품이 곧바로 저작권법상의 저작물로 보호된다고 할 수는 없고, 그 중에서도 그 자체가 하나의 독립적인 예술적 특성이나 가치를 가지고 있어 위에서 말하는 예술의 범위에 속하는 창작물에 해당하여야만 저작물로서 보호된다고 할 것이다."라고 하였으며(대법원 1996. 2. 23. 선고 94도3266 판결), 상업적인 대량생산에의 이용 또는 실용적인 기능을 주된 목적으로 하여 창작된 생활한복이 저작권법의 보호대상이 되는 저작물에 해당하지 않는다고 한 사례가 있습니다(대법원 2000. 3. 28. 선고 2000도79 판결).

그렇다면 위 사안에서 김갑돌은 그가 창작한 생활한복에 관하여 저작권으로 보호받지는 못할 것으로 보입니다.

그리고 저작권은 저작한 때부터 발생하며, 어떠한 절차나 형식의 이행을 필요로 하지 아니 하지만(저작권법 제10조 제2항), 디자인보호법 제39조 제1항에서 "디자인권은 설정등록에 의하여 발생한다."라고 규정하고 있으므로 위 사안에서 김갑돌은 디자인등록을 하지 않으므로 디자인권으로 보호받지도 못할 것으로 보입니다.

◈ 금융기관임직원 금융기관에서 자금대출받아 타인에게 대여하여 이
   자를 받은 경우

> **질문 ➡** 국제금융기관의 임원인 이을남은 그 지위를 이용하여 국제금융
> 기관으로부터 3,000만원을 대출 받아 최병수에게 대여한 후 이
> 자를 받았습니다. 이 경우 이을남을 특정경제범죄 가중처벌 등
> 에 관한 법률 제5조 위반으로 처벌할 수 있는지요?

답변 ➡ 특정경제범죄 가중처벌 등에 관한 법률 제5조 제1항에 위
반된다고 하기는 어려울 것으로 보입니다.

특정경제범죄 가중처벌 등에 관한 법률 제5조(수재 등의
죄) 제1항에서는 "금융기관의 임·직원이 그 직무에 관하여
금품 기타 이익을 수수·요구 또는 약속한 때에는 5년 이
하의 징역 또는 10년 이하의 자격정지에 처한다."라고 규
정하고 있습니다.

그런데 위 규정에 관련된 판례를 보면, 특정경제범죄 가중
처벌 등에 관한 법률 제5조의 입법취지에 관하여 "금융기
관 임·직원이 직무와 관련하여 금품을 수수한 행위 등을
처벌하는 특정경제범죄가중처벌등에관한법률 제5조의 입
법취지는 금융기관은 특별법령에 의하여 설립되고 그 사
업 내지 업무가 공공적 성격을 지니고 있어 국가의 경제
정책과 국민경제에 중대한 영향을 미치기 때문에 그 임·직
원에 대하여 일반 공무원과 마찬가지로 엄격한 청렴의무
를 부과하여 그 직무의 불가매수성을 확보하고자 하는데
있다."라고 하였으며, 특정경제범죄 가중처벌 등에 관한
법률 제5조 제1항 소정의 「금융기관임·직원이 직무에 관
하여」의 의미에 관하여는 "특정경제범죄가중처벌등에관
한법률 제5조 제1항 소정의 「금융기관 임·직원이 직무에

관하여」라 함은 금융기관의 임·직원이 그 지위에 수반하
여 취급하는 일체의 사무를 말하는 것으로서, 그 권한에
속하는 직무행위뿐만 아니라 그와 밀접한 관계가 있는 사
무 및 그와 관련하여 사실상 처리하고 있는 사무도 포함
되지만, 그렇다고 금융기관 임·직원이 개인적인 지위에서
취급하는 사무까지 이에 포함된다고 할 수는 없다."라고
하면서, "금융기관의 임직원이 그 지위를 이용하여 금융
기관으로부터 자금을 대출 받아 이를 타인에게 대여한 후
그로부터 대여금에 대한 이자 또는 사례금을 수수한 행위
는 특정경제범죄가중처벌등에관한법률 제5조 제1항 소정
의 수재죄에 해당하지 않는다."라고 하였습니다(대법원
2000 . 2. 22. 선고 99도4942 판결).

그렇다면 위 사안에 있어서 이을남이 국제금융기관으로부
터 자금을 대출 받아 이를 최병수에게 대여한 후 최병수
로부터 대여금에 대한 이자를 받은 행위에 대하여 특정경
제범죄가중처벌등에관한법률 제5조 제1항에 위반된다고
하기는 어려울 것으로 보입니다.

◆ 납세의무자가 경제적 사정으로 체납한 것이 조세범처벌법상 정당
사유 될 수 있는지?

질문 ➡ 김갑돌은 사업에 실패하여 파산지경에 이르게 됨으로 인하여
각종 세금이 체납되었습니다. 이러한 경우에도 조세범처벌법에
의하여 처벌되게 되는지요?

답변 ➡   사업의 실패로 인하여 사실상 납세가 곤란하여 세금을 체
납한 것이라면 조세범처벌법위반으로 처벌되지 않을 듯합
니다.

조세범처벌법 제10조에서는 "납세의무자가 정당한 사유
없이 1회계 연도에 3회 이상 체납하는 경우에는 1년 이
하의 징역 또는 체납액에 상당한 벌금에 처한다."라고 규
정하고 있습니다.

그런데 조세범처벌법 제10조 소정의 「정당한 사유」의 의
미에 관하여 판례를 보면, "조세범처벌법 제10조에서 말
하는 정당한 사유라 함은 천재·지변·화재·전화(戰禍) 기타
재해를 입거나 도난을 당하는 등 납세자가 마음대로 할
수 없는 사유는 물론 납세자 또는 그 동거가족의 질병,
납세자의 파산선고, 납세자 재산의 경매개시 등 납세자의
경제적 사정으로 사실상 납세가 곤란한 사유도 포함한다
할 것이고, 나아가 그 정당사유의 유무를 판단함에 있어
서는 그 처벌의 입법취지를 충분히 고려하면서 체납의 경
위, 체납액 및 기간 등을 아울러 참작하여 구체적인 사안
에 따라 개별적으로 판단하여야 할 것이며, 정당한 사유
가 없다는 점에 대한 입증책임은 검사에게 있다."라고 하
면서, "납세의무자가 경제적 사정으로 사실상 납세가 곤
란하여 체납한 것이 조세범처벌법 제10조 소정의 「정당한

사유」에 포함된다."라고 한 사례가 있습니다(대법원
2000. 10. 27. 선고 2000도2858 판결).

따라서 위 사안에서 김갑돌도 사업의 실패로 인하여 사실
상 납세가 곤란하여 세금을 체납한 것이라면 조세범처벌
법위반으로 처벌되지 않을 듯합니다.

◆ 졸업앨범을 통해 입수한 졸업생의 이름·주소·전화번호가 개인신
　용정보에 해당하는지?

질문 ➡김갑돌은 학원강사로 근무하면서 학원생들에게 학교 졸업앨범
을 가져오게 하는 방법으로 졸업생의 이름, 주소, 전화번호 등
개인신용정보가 기재된 주소록을 입수한 후 이를 이용하여 그
들에게 학원생모집우편물을 발송함으로써 개인신용정보를 유출
하였습니다. 이 경우 김갑돌의 위와 같은 행위가 신용정보의이
용및보호에관한법률에 위반되는 것이 아닌지요?

답변 ➡　2002년 4월 1일 이후에 행해졌다면 신용정보의이용및보호
에관한법률위반이 문제될 것으로 보입니다.

신용정보의이용및보호에관한법률(2001. 12. 31. 법률 제
6562호로 개정되기 전의 것) 제32조 제2항 제6호, 제7호
에서는 제23조, 제24조 제1항의 규정을 위반한 자는 3년
이하의 징역 또는 3천만원 이하의 벌금에 처한다고 규정
하고 있었습니다.

또한, 신용정보의이용및보호에관한법률 제2조 제1호에서는
「신용정보」라 함은 금융거래 등 상거래에 있어서 거래상
대방에 대한 식별·신용도·신용거래능력 등의 판단을 위하여
필요로 하는 정보로서 대통령령이 정하는 정보를 말한다고
하였으며, 신용정보의이용및보호에관한법률(2001. 12. 31.
법률 제6562호로 개정되기 전의 것) 제23조에서는 "신용
정보제공·이용자는 ① 금융실명거래및비밀보장에관한법률
제4조의 규정에 의한 금융거래의 내용에 관한 정보 또는
자료, ② 개인의 질병에 관한 정보, ③ 기타 대통령령이
정하는 개인신용정보를 신용정보업자 등에게 제공하고자
하는 경우에는 대통령령이 정하는 바에 의하여 당해 개인

으로부터 서면에 의한 동의를 얻어야 한다."라고 규정하고 있었고, 신용정보의이용및보호에관한법률 제24조 제1항 본문에서는 "개인신용정보는 당해 신용정보주체와의 금융거래 등 상거래관계의 설정 및 유지여부 등의 판단목적으로만 제공·이용되어야 한다."라고 규정하고 있습니다.

그리고 학교 졸업앨범 등을 통하여 입수한 졸업생의 이름, 주소, 전화번호 등이 신용정보의이용및보호에관한법률(2001. 12. 31. 법률 제6562호로 개정되기 전의 것) 제24조 제1항 소정의 「개인신용정보」에 해당하는지에 관하여 판례를 보면, "신용정보의이용및보호에관한법률(2001. 12. 31. 법률 제6562호로 개정되기 전의 것) 제23조에 의하면, 「개인신용정보」라 함은 「① 금융실명거래및비밀보장에관한법률 제4조의 규정에 의한 금융거래의 내용에 관한 정보 또는 자료, ② 개인의 질병에 관한 정보, ③ 기타 대통령령이 정하는 개인신용정보」를 의미하고, 구 신용정보의이용및보호에관한법률시행령(1997. 12. 27. 대통령령 제15548호로 개정되기 전의 것) 제12조 제2항, 제2조 제2호, 제4호에 의하면, 신용정보의이용및보호에관한법률(2001. 12. 31. 법률 제6562호로 개정되기 전의 것) 제23조 제3호에서 규정하고 있는 「기타 대통령령이 정하는 개인신용정보」라 함은 「① 대출·보증·담보제공·가계당좌예금 또는 당좌예금·신용카드·할부신용제공·시설대여 등의 금융거래 등 상거래와 관련하여 신용정보주체의 거래내용을 판단할 수 있는 정보로서 총리령이 정하는 정보, ② 금융거래 등 상거래에 있어서 신용도 등의 판단을 위하여 필요한 개인의 재산·채무·소득의 총액, 납세실적 등과 기업 및 법인의 연혁·주식 또는 지분보유현황 등 회사의 개황, 판매내역·수주실적·경영상의 주요계약 등 사업의 내용, 재무제표 등 재무에 관한 사항, 주식회사의 외부감사에관한법률의 규정에 의한 감사인의 감사의견 및 납세실적 등 신용정보주체의 신용거래능력을 판단할 수 있는 정보」중에서「개인에 관한 정보」를 의미하며, 신용정보의이용및보호에관한법률 제24조 제1항에서 규정하고 있는 「개인신용정보」라 함은 그 조문의 배열 및 규정 형식에 비추어 볼 때 신용정보의이용및보호에관한법률(2001. 12. 31. 법률 제6562호로 개정되기 전의 것) 제23조에서 규정하고 있는「개인신용정보」를 말하는 것임이 분명하므로, 학교 졸업앨범 등을 통하여 입수한 졸업생의 이름, 주소, 전화번호 등은 같은 법령에서 그 제공 또는 사용시 개인의 서면 동의를 받도록 규정하고 있는「개인신용정보」에 속하지 않는다."라고 하였습니다(대법원 2000. 7. 28. 선고 99도6 판결).

그러나 2009년 4월 1일 법률 제9617호로 개정되고 2009년 10월 2일부터 시행되는 신용정보의이용및보호에관한법률 제34조에서는 신용정보제공·이용자는 개인의 성명·주소·주민등록번호(외국인의 경우 외국인등록번호 또는 여권번호)·성별·국적 및 직업 등 개인을 식별할 수 있는 정보를 신용정보업자 등에게 제공하고자 하는 경우에는 대통령령이 정하는 바에 의하여 당해 개인으로부터 서면에 의한 동의를 얻어야 한다고 규정하고 있습니다.

따라서 김갑돌의 위와 같은 행위가 2002년 4월 1일 이전에 행해졌다면 신용정보의이용및보호에관한법률위반이 문제되지 않을 수 있었을 것이지만, 김갑돌의 위와 같은 행위가 2002년 4월 1일 이후에 행해졌다면 신용정보의이용및보호에관한법률위반이 문제될 것으로 보입니다.

◆ 정신과적 증상인 외상 후 스트레스장애가 성폭력범죄의 처벌 등에
  관한 특례법 제8조 제1항의 상해인지?

질문 ➡ 김갑순은 이을남과 최병수로부터 강간을 당하였고 외부적인 상
처는 없으나, 그들의 강간행위로 인하여 불안, 불면, 악몽, 자
책감, 우울감정, 대인관계 회피, 일상생활에 대한 무관심, 흥미
상실 등의 증상을 보여 2일간 치료약을 복용하였으며, 수개월
간 치료를 요하는 진단을 받았습니다. 이 경우 이을남과 최병
수를 성폭력범죄의 처벌 등에 관한 특례법 제8조 제1항의 강
간 등 상해·치상죄로 처벌할 수 있는지요?

답변 ➡ 외상 후 스트레스 장애가 강간을 당한 모든 피해자가 필
연적으로 겪는 증상이라고 할 수 없는 정도라면, 그러한
증상도 성폭력범죄의 처벌 등에 관한 특례법 제8조 제1항
소정의 상해에 해당한다고 할 것입니다.

성폭력범죄의 처벌 등에 관한 특례법 제4조 제1항에서는
"흉기 기타 위험한 물건을 휴대하거나 2인 이상이 합동하
여 형법 제297조(강간)의 죄를 범한 자는 무기 또는 5년
이상의 징역에 처한다."라고 규정하고 있으며, 성폭력범죄
의 처벌 등에 관한 특례법 제8조에서는 "①제3조제1항.
제4조, 제6조, 제7조 또는 제14조(제3조제1항, 제4조, 제
6조 또는 제7조의 미수범으로 한정한다)의 죄를 범한 사
람이 다른 사람을 상해하거나 상해에 이르게 한 때에는
무기징역 또는 10년 이상의 징역에 처한다."라고 규정하
고 있습니다.

그런데 정신과적 증상인 외상 후 스트레스 장애가 성폭력
범죄의 처벌 등에 관한 특례법 제8조제1항 소정의 상해에
해당하는지에 관하여 판례를 보면, "성폭력범죄의처벌및
피해자보호등에관한법률 제9조 제1항의 상해는 피해자의

신체의 완전성을 훼손하거나 생리적 기능에 장애를 초래하는 것으로, 반드시 외부적인 상처가 있어야만 하는 것이 아니고, 여기서의 생리적 기능에는 육체적 기능뿐만 아니라 정신적 기능도 포함된다."라고 하면서, "정신과적 증상인 외상 후 스트레스 장애가 성폭력범죄의처벌및피해자보호등에관한법률 제9조 제1항 소정의 상해에 해당한다."라고 본 사례가 있습니다(대법원 1999. 1. 26. 선고 98도3732 판결).

따라서 위 사안에 있어서도 김갑순의 정신과적 증상인 외상 후 스트레스 장애가 강간을 당한 모든 피해자가 필연적으로 겪는 증상이라고 할 수 없는 정도라면, 그러한 증상도 성폭력범죄의 처벌 등에 관한 특례법 제8조제1항 소정의 상해에 해당한다고 할 것입니다.

◆ 기존채무 변제를 신규대출 형식으로 한 경우 상호저축은행법상 대
출한도규정 위반여부

질문 ➡ 김갑돌은 국제상호저축은행의 대출담당직원인데, 상호저축은행
법 소정의 대출한도를 초과한 자에게 현실적인 자금의 수수 없
이 형식적으로만 신규대출을 하여 기존채무를 변제하는 이른바
「대환(貸換)」을 해주려고 하는바, 이 경우에도 상호저축은행
법 위반이 되는지요?

답변 ➡   이른바 대환을 해주는 것은 상호저축은행법 제39조 제4항
제6호의 위반이라고 할 수 없을 것으로 보입니다.

상호저축은행법 제12조에서는 "상호저축은행은 동일인에
대하여 자기자본의 100분의 25이내에서 대통령령이 정하
는 한도를 초과하는 대출 등을 할 수 없다."라고 규정하
고 있으며, 상호저축은행법 제39조 제4항 제6호에서는 "
제12조제1항부터 3항까지 또는 제5항의 규정에 위반한
자는 1년 이하의 징역 또는 1천만원 이하의 벌금에 처한
다."라고 규정하고 있습니다.

그런데 이른바 「대환(貸換)」이 상호저축은행법상 금지·처
벌의 대상인 「동일인 대출한도를 초과하는 대출 등(급부·
대출·어음할인 기타 이와 유사한 것으로서 대통령령이 정
하는 것)」에 해당하는지에 관하여 판례를 보면, "상호신
용금고법(현행 상호저축은행법) 제12조, 제39조에 의하
면, 상호신용금고(현행 상호저축은행)는 동일인에 대하여
자기자본의 100분의 20 이내에서 대통령령이 정하는 한
도를 초과하는 급부·대출 또는 어음의 할인을 할 수 없다
고 하고 이를 위반하는 경우 처벌하고 있으나, 현실적인
자금의 수수 없이 형식적으로만 신규대출을 하여 기존채
무를 변제하는 이른바 대환은 특별한 사정이 없는 한 형

식적으로는 별도의 대출에 해당하나 실질적으로는 기존채무의 변제기의 연장에 불과하므로 상호신용금고법(현행 상호저축은행법)에서 금지·처벌의 대상으로 삼고 있는, 「동일인 대출한도를 초과하는 급부·대출 또는 어음의 할인」에 해당하지 아니 한다."라고 하였습니다(대법원 2001. 6. 29. 선고 2001도2189 판결).

따라서 대출한도를 초과한 자에게 현실적인 자금의 수수 없이 형식적으로만 신규대출을 하여 기존채무를 변제하는 이른바 대환을 해주는 것은 상호저축은행법 제39조 제4항 제6호의 위반이라고 할 수 없을 것으로 보입니다.

◆ 공무원 의제되는 공사직원이 특정범죄 가중처벌 등에 관한 법률상 가중처벌대상 되는지?

질문 ➡ 김갑돌은 공무원으로 의제되는 토지공사의 직원으로서 직무와 관련하여 5,000여만원의 뇌물을 받았습니다. 그런데 乙공사의 설립준거법에는 「공사의 임원 및 직원은 형법 제129조 내지 132조의 적용에 있어서는 이를 공무원으로 본다.」 라고 규정하고 있습니다. 이 경우 김갑돌도 특정범죄 가중처벌 등에 관한 법률상 가중처벌의 대상이 되는지요?

답변 ➡ 가중처벌의 대상이 된다고 할 것입니다.

형법 제129조 제1항에서는 "① 공무원 또는 중재인이 그 직무에 관하여 뇌물을 수수, 요구 또는 약속한 때에는 5년 이하의 징역 또는 10년 이하의 자격정지에 처한다."라고 규정하고 있으며, 특정범죄 가중처벌 등에 관한 법률 제2조 제1항에서는 "형법 제129조·제130조 또는 제132조에 규정된 죄를 범한 자는 그 수수·요구 또는 약속한 뇌물의 가액(이하 본조에서 「수뢰액」 이라 한다.)에 따라 다음과 같이 가중처벌 한다.

1. 수뢰액이 1억원 이상인 경우에는 무기 또는 10년 이상의 징역에 처한다.

2. 수뢰액이 5천만원 이상 1억원 미만인 경우에는 7년 이상의 유기징역에 처한다.

3. 수뢰액이 3천만원 이상 5천만원 미만인 경우에는 5년 이상의 유기징역에 처한다."라고 규정하고 있습니다.

그런데 위 사안에서와 같이 공무원으로 의제(擬制)되는 공사의 직원이 수뢰죄를 범하였을 경우에 특정범죄 가중처벌 등에 관한 법률 제2조 제1항이 적용되는지 문제됩니다.

이와 관련된 판례를 보면, "특정범죄가중처벌등에관한법률 제2조 제2항에 의하면, 형법 제129조, 제130조 또는 제132조에 규정된 죄를 범한 자는 그 수수·요구 또는 약속한 뇌물의 가액에 따라 그 각 호와 같이 가중처벌 하도록 규정되어 있고, 한국자원재생공사법 제15조에 의하면, 그 공사의 임원 및 직원은 형법 제129조 내지 132조

의 적용에 있어서는 이를 공무원으로 보도록 규정되어 있는바, 한국자원재생공사의 임원 및 직원이 위 형법 각 조의 죄를 범한 경우에 그 수뢰액이 특정범죄가중처벌등에관한법률이 정한 금액에 이르는 때에는 특정범죄가중처벌등에관한법률에 따른 가중처벌의 대상이 되는 것이라고 할 것이다."라고 하였습니다(대법원 2001. 10. 26. 선고 2001도4243 판결).

따라서 위 사안에서와 같이 공무원으로 의제되는 공사의 직원이 수뢰죄를 범한 경우 그 공사의 설립준거법에 형법상의 뇌물죄에 관하여 공무원으로 본다고만 규정되어 있는 경우에도 그 수뢰액이 특정범죄 가중처벌 등에 관한 법률이 정한 금액에 이르는 때에는 특정범죄 가중처벌 등에 관한 법률에 따른 가중처벌의 대상이 된다고 할 것입니다.

참고로 형법상 뇌물죄의 적용에 있어서 지방공사와 지방공단의 임원 및 직원을 공무원으로 본다고 규정한 지방공기업법 제83조가 헌법상 평등의 원칙, 법률유보의 원칙 및 죄형법정주의에 위배되는지에 관하여 판례를 보면, "지방공기업법은 지방자치단체가 직접 설치·경영하거나, 법인을 설립하여 경영하는 기업의 경영에 관하여 필요한 사항

을 정하여 그 경영을 합리화함으로써 지방자치의 발전과
주민의 복리증진에 기여하게 함을 목적으로 하고, 그 적용
범위를 수도사업, 공업용수도사업, 궤도사업, 자동차운송
사업, 지방도로사업, 지하도사업, 주택사업, 토지개발사업,
의료사업 등의 공공사업으로 하고 있는 점, 지방공기업법
이 규정하는 지방공사 및 지방공단은 위와 같은 공공사업
을 수행하기 위하여 설립된 기업으로서 그 임원 및 직원
에게는 공무원에 버금가는 정도의 청렴성과 업무의 불가
매수성이 요구되고, 이들이 직무와 관련하여 금품수수 등
의 비리를 저질렀을 경우에는 이를 공무원으로 보아 엄중
하게 처벌함으로써 공공사업의 정상적인 운영과 법인 업
무의 공정성을 보장할 필요가 있는 점, 공무원의 신분이
아님에도 불구하고 그 직무의 공공적 성격으로 인하여 청
렴성과 불가매수성이 요구되는 경우에 그 직무와 관련된
수재행위를 공무원의 수뢰행위와 같거나 유사하게 처벌하
는 사례는, 정부관리기업체의 간부직원에 관한 특정범죄가
중처벌등에관한법률 제4조, 금융기관의 임·직원에 관한 특
정경제범죄가중처벌등에관한법률 제5조 제1항, 도시재개
발조합의 임·직원에 관한 도시재개발법 제61조 등 우리 형
사법 체계상 흔히 찾아볼 수 있는 점 등에 비추어 보면,
형법 제129조 내지 제132조의 적용에 있어서 지방공사와
지방공단의 임원 및 직원을 공무원으로 본다고 규정한 지
방공기업법 제83조는 헌법 제11조 제1항, 제37조 제2항
등에 위반된다고 볼 수 없으며, 또한 지방공기업법은 제3
장 제2절과 제4장에서 지방공사와 지방공단의 임원 및 직
원에 관하여 구체적인 규정을 두고 있으므로, 위 제83조
가 죄형법정주의에 위배되는 것이라고 할 수도 없다."라고
하였습니다(대법원 2001. 1. 19. 선고 99도5753 판결).

◈ 협동조합이 비조합원에게 자가용자동차를 제공하고 운행경비 받는
　경우 유상운송여부

질문 ➡ 국제협동조합은 조합소유인 자가용자동차를 조합원 이외의 자에게 운송용으로 제공하고 그 운행경비 등 명목으로 금원을 수령하였습니다. 이러한 경우에도 여객자동차운수사업법상 유상운송에 해당되어 처벌대상이 되는지요?

답변 ➡ 유상운송에 해당된다고 할 수 있을 듯하여 형사처벌대상이 될 것으로 보입니다.

여객자동차운수사업법 제81조(자가용자동차의 유상운송금지) 제1항에서는 "사업용자동차 외의 자동차(자가용자동차)는 유상(자동차운행에 필요한 경비를 포함)으로 운송용에 제공하거나 임대하여서는 아니 된다. 다만, 다음 각 호의 1에 해당하는 경우에는 그러하지 아니하다.

1. 출퇴근 때 승용자동차를 함께 타는 경우

2. 천재지변, 긴급 수송, 교육 목적을 위한 운행, 그 밖에 국토해양부령으로 정하는 사유에 해당되는 경우로서 특별자치도지사·시장·군수·구청장(자치구의 구청장을 말한다. 이하 같다)의 허가를 받은 경우"라고 규정하고 있습니다.

그리고 여객자동차운수사업법 제90조 제8호에서는 "제81조의 규정에 위반하여 자가용자동차를 유상으로 운송용에 제공하거나 임대한 자는 2년 이하의 징역 또는 2천만원 이하의 벌금에 처한다."라고 규정하고 있습니다.

그런데 위 사안과 관련된 판례를 보면, "중소기업협동조합이 조합원을 상대로 자가용자동차를 운송용으로 제공하면서 운행에 필요한 경비 등을 수령하는 행위는 구 자

동차운수사업법(1997. 12. 13. 법률 제5448호 여객자동
차운수사업법으로 전문 개정되기 전의 것) 제58조에서
금지하는 자가용 유상운송행위에 해당된다고 할 수 없을
것이나, 조합이 그 자가용자동차를 조합원 이외의 자에
게 운송용으로 제공하고 운행경비 등 명목으로 금원을
수령하였다면, 이는 비조합원에게 사업을 이용시킬 수
있는 분량 내의 것인지 여부를 따질 것도 없이 그 자체
로써 위 법조에서 금지하는 자가용 유상운송행위에 해당
된다고 할 것이고, 구 중소기업협동조합법(1997. 12.
13. 법률 제5453호로 개정되기 전의 것) 제31조 제2항
에 조합은 조합원의 이용에 지장이 없는 경우에는 조합
원 이외의 자에게 그 사업을 이용시킬 수 있는 것으로
규정되어 있다고 하여 달리 볼 것은 아니다."라고 하였습
니다(대법원 2001. 10. 12. 선고 99도4780 판결).

따라서 위 사안에 있어서도 국제조합이 비조합원에게 자
가용자동차를 운송용으로 사용하도록 제공하고서 그 운
행경비조로 금원을 수령하였다면 유상운송에 해당된다고
할 수 있을 듯하여 형사처벌대상이 될 것으로 보입니다.

제3장. 소년사건 일반

1. 소년비행

소년비행이라 함은 12세이상 20세미만의 소년에 의한 범죄행위, 촉법행위, 우범행위를 말합니다.

범죄행위란 14세이상 20세미만인 소년의 형벌법령에 저촉되는 행위를 말하며, 촉법행위는 형벌법령을 위반하였으나 12세이상 14세미만인 형사 미성년자의 행위로 형사책임을 묻지 않는 행위입니다. 또 우범행위는 보호자의 정당한 감독에 복종하지 않는 성벽을 지녔거나, 정당한 이유없이 가정에서 이탈하여 범죄성을 지닌 사람 또는 부도덕한 사람과 교제하거나 자기 또는 타인의 덕성을 해롭게 하는 성벽이 있어 그 자체는 범죄가 아니지만 범죄를 저지를 우려가 있다고 인정되는 행위입니다.

이와 같은 소년의 비행을 어떻게 다룰 것이냐에 관하여는 국가에 따라 그 제도가 약간씩 상이하나, 공통적인 추세는 비행소년들이 인격형성 과정에 있기 때문에 정신적으로 성숙되지 못하였을 뿐만 아니라 순화가능성이 있다는 점을 감안하여 형벌보다 교육에 중점을 두고 있다는 점입니다. 우리나라도 소년법 등에서 소년의 비행을 일반범죄와 달리 처리하는 절차를 규정하고 있습니다.

2. 청소년범죄의 법적처리절차

먼저 경찰이 청소년범죄자를 검거하면 성인범을 검거한 경우와 동일한 절차로 처리합니다. 범죄자를 입건한 후 수사를 진행하여 통고처분제도에 의하여 범칙금을 납부한 사건과 즉결심판사건을 제외한 모든 사건을 검사에게 일단 송치합니다.

검찰에서는 벌금이하의 형에 해당하거나 보호처분의 필요성이 있다고 인정한 때에는 가정법원 소년부에 송치하여 보호사건으로 처리합니다(소년법 제49조 제1항).

또한 검사는 행위가 가볍거나 초범인 경우 등에는 형사소송법상의 기소재량권과 소년법상의 선의권을 기초로 소년에 대한 선도조건부 기소유예제도를 운용하는 경우가 많습니다.

그러나 행위가 중하거나 전과가 있는 경우 등의 경우에는 기소하여 법원의 재판에 회부합니다.

사건이 법원에 넘어오면 법원은 검사가 형사사건으로 기소한 소년피고사건을 심리한 결과 벌금이하의 형에 해당하거나 보호처분에 해당할 사유가 있다고 인정한 때에는 소년법원에 송치하여 보호사건으로 처리케 합니다(소년법 제50조).

범죄자가 소년인데 변호인이 없거나 출석하지 아니한때에는 반드시 국선변호인을 선임하여야 합니다.

유죄판결을 내릴 때는 장기, 단기로 나누어 부정기형을 선고해야하고, 소년의 특성에 기초하여 형을 감경(정해진 법정형의 1/2)할 수 있습니다. 18세가 되기 이전에 범행을 한 경우는 사형이나 무기형에 해당한다 해도 15년의 징역형을 선고하여야 합니다.

초범이라든지, 반성하고 재범을 할 가능성이 적다고 판단된다든지 등 참작사유가 있는 경우 보호관찰부 선고유예와 보호관찰부 집행유예를 선고하는 경우가 많습니다. 이 때 사회봉사명령이나 수강명령이 덧붙여지는 경우가 많습니다.

3. 소년법원의 처리절차

경찰이나 검찰, 법원에서 범죄청소년을 소년법원에 송치하는 경우에는, 소년보호절차에 따라 소정의 조사와 심리를 받게 됩니다.

소년법원이 조사 또는 심리한 결과 금고 이상의 형에 해당하는 범죄사실이 있고 그 동기와 죄질이 형사처분의 필요가 있다고 인정한 때에는 검사에게 송치하여 소년형사절차에 따라 처리하도록 할 수 있습니다.

소년법원판사는 조사관에게 조사를 명할 수 있고, 정신과의사, 심리학자, 사회사업가, 교육자, 기타 전문가의 진단 및 소년분류심사원의 분류심사결과와 의견을 참작합니다.

사안의 경중에 따라 심리불개시 또는 심리개시결정을 합니다. 사안이 경미하여 심리불개시결정을 하는 경우 소년을 훈계하거나 보호자에게 소년의 엄격한 관리나 교육을 시키도록 고지할 수 있습니다.

심리개시결정을 하는 경우 소년과 보호자에게 심판사유와 보조인(변호인에 해당) 선임권을 통지해야 하며, 소년보호사건의 심리는 소년법원판사의 직권에 따라 비공개로 진행합니다. 이때 본인이 반드시 출석해야하고, 조사관과 보호자 및 보조인의 출석과 의견진술은 허용되지만 검사는 관여할 수 없습니다.

4. 보호처분의 종류와 내용

보호처분에는 보호관찰, 사회봉사명령, 수강명령 등이 있습니다.

보호처분이란, 범죄인을 구금하는 대신 일정한 의무를 조건으로 자유로운 사회생활을 허용하면서 보호관찰관이 직접 또는 민간자원 봉사자인 범죄예방위원의 협조를 받아 지도, 감독, 원호를 하거나, 사회봉사 수강명령을 집행함으로써 건전한 사회복귀를 촉진하고 재범을 방지하는 제도입니다.

* 1호처분

범죄소년을 보호자 또는 보호자를 대신하여 소년을 보호할 수 있는 자에게 감호를 위탁하는 것입니다. 1호처분은 보호자 또는 보호자를 대신할 자에게 충분한 감호능력이 있음을 전제로 단순하고 경미한 비행청소년을 대상으로 보호자에게 더욱 관심있는 감호를 촉구하고 지원함으로써 소년보호의 목적을 달성하고자 하는 것입니다.

* 4호, 5호처분

비행청소년을 보호관찰관의 단기보호관찰과 보호관찰을 받게 하는 것입니다.

단기보호관찰(4호처분)은 비행소년을 1년 동안 보호관찰관의 보호관찰을 받게 하는 것이며, 5호처분은 비행청소년을 2년 동안 보호관찰관의 보호관찰을 받게 하는 것입니다. 5호처분의 기간에 대해서 소년부 판사는 보호관찰관의 신청에 따라 1년의 범위 안에서 1차에 한하여 그 기간을 연장할 수 있습니다.

1호처분과 2호, 3호처분, 4호처분은 병합할 수 있으며, 1호처분과 2호, 3호처분, 5호처분은 병합할 수 있습니다.

* 6호처분

아동복지법상의 아동복지시설이나 기타 소년보호시설에 감호를 위탁하는 처분으로 주로 연령이 낮다거나 성행이 양호하나 적당한 보호자가 없을 때 시행됩니다. 소년원 송치와 사회내 처우의 중간적인 성격에 해당한다고 볼 수 있습니다.

* 7호처분

비행청소년을 병원 또는 요양소에 위탁하는 것으로, 위탁기간은 6개월이며 필요한 경우 결정으로써 6개월의 범위에서 한 번에 한하여 그 기간을 연장할 수 있으며, 소년부판사의 결정에 의해 그 위탁을 종료시킬 수 있습니다.

* 9, 10호처분

비행청소년을 비행사실의 경중이나 보호의 필요성 정도에 비추어 국가교정시설에 강제수용하여 체계적이고 집중적인 교정교육을 받게 할 필요가 있다고 인정되는 소년을 대상으로 소년원에 송치하는 것입니다. 9호처분은 6개월 이내로 소년원에 수용하는 처분이며, 10호처분은 2년 이내로 소년원에 수용하는 처분입니다.

* 사회봉사명령

사회봉사명령은 유죄가 인정된 범죄자에 대하여 교도소등에 구금하는 대신 자유로운 생활을 허용하면서 일정시간 무보수로 사회에 유익한 근로를 하도록 명하는 제도입니다. 사회에 대한 범죄피해의 배상 및 속죄의 기회를 줄 뿐 아니라 근로정신을 함양시키고 자긍심을 회복시켜 건전한 사회복귀 도모하고자 하는 취지의 제도입니다.

청소년에게 사회봉사명령이 내려지는 경우는 ① 부모의 과잉보호로 인하여 자기중심적이고 배타적인 성격을 가진 경우, ② 생활궁핍의 경험이 없는 경우, ③ 근로정신이 희박하고 무위도식하는 경우, ④ 퇴폐향락과 과소비에 물든 경우, ⑤ 경미한 비행을 반복하여 범함으로써 가정에서 소외된 경우, ⑥ 기타 사회봉사명령을 부과한 것이 적절하다고 판단되는 경우입니다.

사회봉사명령이 내려지면 판결의 확정일 또는 처분의 결정일로부터 10일이내에 주거지 관할 보호관찰소로 반명함판 사진 2매, 주민등록등본 1통을 가지고 본인이 직접 신고하여야 합니다. 소년의 경우, 보호자가 동행하여야 합니다.

＊ 수강명령

수강명령은 유죄가 인정된 습관 중독성 범죄자를 교도소 등에 구금하는 대신 자유로운 생활을 허용하면서 일정시간 보호관찰소 또는 보호관찰소가 지정한 전문기관에서 교육을 받도록 명하는 제도입니다.

수강명령이 내려지는 경우는 ① 본드·부탄가스를 흡입하는 등 약물남용범죄를 저지른 경우 또는 마약범죄를 범한 경우, ② 알콜중독으로 인한 범죄를 범한 경우, ③ 심리·정서상의 특이한 문제와 결합된 범죄(성범죄 등)를 범한 자로서 적절한 프로그램을 통하여 치료를 받을 필요가 있는 경우, ④ 기타 수강명령을 부과하는 것이 적절하다고 판단되는 경우입니다.

5. 선도조건부 기소유예제도

선도조건부기소유예제도는 검사가 범죄소년에 대하여 일정한 기간동안 준수사항을 이행하고 선도위원의 선도를 받을 것을 조건으로 기소유예처분을 하고, 그 소년이 준수사항을 위반하거나 재범을 하지 않고 선도기간을 경과한 때에는 공소를 제기하지 않는 제도입니다. 범죄청소년을 기소하여 재판을 받게 하거나, 소년부에 송치하여 보호처분을 받게 하지 않고, 민간선도위원의 선도보호를 받도록 함으로써 범죄청소년을 조속히 사회에 복귀시킴과 동시에 재범을 방지하고자 하는 제도입니다.

청소년은 미완성의 인격자로서 모방심리 등으로 범죄에 쉽게 감염되는 반면, 범죄가 아직은 습관화되지 않아 개선가능성도 크기 때문에, 범행내용이 다소 무겁더라도 개선가능성이 엿보이는 청소년에 대하여는 법원의 재판에 회부하여 교도소나 소년원 등 교정시설에 수용하는 것보다 사회내에서 덕망과 학식을 갖춘 선도위원에게 맡겨 선도하자는 취지의 제도입니다.

선도조건부기소유예를 할 것인지 선별하는 과정에서 검사는 사건기록, 비행성예측자료표, 소년범환경조사서 등 필요적 참작자료와 소년의 보호자와 학교교사나 직장상사의 의견, 피해보상 여부와 피해자의 감정, 유치장 행상기록 등의 자료를 참조하여 결정합니다.

6. 소년사건 문답

◈ 형사상 미성년자의 법적 책임

질문 ➡ 13세인 저의 아들은 동네 아이들과 돌을 던지며 장난을 치던 중 김갑돌의 머리를 맞혀 전치 3주의 상해를 입혔습니다. 저는 아들이 잘못한 일이므로 김갑돌의 부모에게 사과하고 치료비를 부담하려고 하였으나 김갑돌의 부모는 많은 돈을 요구하며 이를 지급하지 않으면 아들을 형사고소 하겠다고 합니다. 만일, 김갑돌의 부모가 제 아들을 고소하면 형사처벌을 받아야 하는지요?

답변 ➡   형사상 처벌이 아닌 보호처분의 대상은 될 수 있을 것입니다.

귀하의 아들이 한 행위는 형사상 과실치상죄에 해당하는 행위로 보여지나 형법 제9조에서 "14세 되지 아니한 자의 행위는 벌하지 아니한다."라고 하여 형사상 미성년자의 행위에 대하여는 형사처벌을 면제한다는 규정을 두고 있습니다.

여기에서 「14세 되지 아니한 자」란 만 14세 미만의 자로 가족관계등록부상의 나이가 아닌 실제상의 나이를 말합니다. 따라서 귀하의 아들 나이가 행위당시 실제 나이로 만 14세 미만이라면 위와 같은 형사상 처벌은 받지 아니할 것입니다.

그러나 소년법 제4조 제1항에 의하면 "형벌법령에 저촉되는 행위를 한 10세 이상 14세 미만의 소년은 소년부의 보호사건으로 심리한다."라고 규정하고 있으므로 만약 귀하의 아들이 이에 해당된다면 보호처분의 대상은 될 수 있을 것입니다.

◆ 허용될 수 초·중등학교 교사의 체벌이 어느 정도까지 있는지?

질문 ➡ 저는 중학교 교사로 재직하며 담배를 피운 학생을 훈계하기 위해 뺨을 몇 차례 때렸는데 고막이 파열되고 말았습니다. 이 경우 저의 법적 책임은 어떻게 되는지요?

답변 ➡ 상해죄 또는 폭행치상죄에 상응한 형사적 책임을 면할 수 없으리라 생각됩니다.

귀하의 행위는 형법상 상해죄나 폭행치상죄에 해당한다고 볼 수 있습니다. 다만, 귀하의 행위는 교육목적으로 폭력을 행사한 것이므로 정당행위로서 처벌을 받지 않을 수 있는지가 문제된다고 할 것입니다.

형법 제20조에서는 「정당행위」에 관하여 "법령에 의한 행위 또는 업무로 인한 행위 기타 사회상규에 위배되지 아니하는 행위는 벌하지 아니한다."라고 규정하고 있으며, 어떤 행위가 정당한 행위로서 위법성이 조각되는 것인지는 구체적인 경우에 따라서 합목적적·합리적으로 가려져야 할 것인데, 정당행위를 인정하려면 첫째 그 행위의 동기나 목적의 정당성(正當性), 둘째 행위의 수단이나 방법의 상당성(相當性), 셋째 보호이익과 침해이익과의 법익권형성(法益權衡性), 넷째 긴급성(緊急性), 다섯째 그 행위 외에 다른 수단이나 방법이 없다는 보충성(補充性) 등의 요건을 갖추어야 합니다(대법원 1999. 4. 23. 선고 99도636 판결, 1994. 4. 15. 선고 93도2899 판결).

그런데 초·중등학생의 징계에 관련된 법규정을 살펴보면, 학교의 장은 교육상 필요할 때에는 법령 및 학칙이 정하는 바에 의하여 학생을 징계하거나 기타의 방법으로 지도할 수 있고(초·중등교육법 제18조 제1항 본문), 교사는

법령이 정하는 바에 의하여 학생을 교육하여야 하며(초·
중등교육법 제20조 제4항), 학교의 장은 제1항의 규정에
의한 징계를 할 때에는 학생의 인격이 존중되는 교육적인
방법으로 하여야 하며, 그 사유의 경중에 따라 징계의 종
류를 단계별로 적용하여 학생에게 개전의 기회를 주어야
한다. 규정하고 있는바(초·중등교육법시행령 제31조 제2
항), 이러한 규정들의 취지에 의하면 비록 체벌이 교육적
효과가 있는지에 관하여는 별론으로 하더라도 학교장이
정하는 학칙에 따라 불가피한 경우 체벌을 가하는 것이
금지되어 있지는 않다고 보여집니다(헌법재판소 2000. 1.
27. 선고 99헌마481 결정).

그러나 어떤 경우에 어떤 방법으로 체벌을 가할 수 있는
지에 관한 기준은 명확하지 않으므로 개별 구체적 사안에
따라 해석하여야 할 것인데, 관련 판례를 보면 "교사의
학생에 대한 체벌이 징계권의 행사로서 정당행위에 해당
하려면 그 체벌이 교육상의 필요가 있고 다른 교육적 수
단으로는 교정이 불가능하여 부득이 한 경우에 한하는 것
이어야 할 뿐만 아니라 그와 같은 경우에도 그 체벌의 방
법과 정도에는 사회관념상 비난받지 아니할 객관적 타당
성이 있지 않으면 아니 된다."라고 하였으며(대법원
1991. 5. 28. 선고 90다17972 판결), "중학교 교장직무
대리가 훈계의 목적으로 교칙을 위반한 학생의 뺨을 몇
차례 때린 정도는 징계의 방법으로서 사회관념상 비난의
대상이 될 만큼 사회상규를 벗어난 것이라고 할 수 없
다."라고 하였고(대법원 1976. 4. 27. 선고 75도115 판
결), "학생들을 교육하고 학생들의 생활을 지도하는 교사
로서 학생이 교내에서 흡연을 하였을 뿐만 아니라 거짓말
까지 하여 이를 훈계하고 선도하기 위한 교육목적의 징계

의 한 방법으로서 그 학생을 때리게 된 것이고, 그 폭행의 정도 또한 그리 무거운 것이 아니라면, 그 교사의 행위는 교사의 교육목적 달성을 위한 징계로서 사회통념상 비난의 대상이 될 만큼 사회상규를 벗어난 것으로 볼 수 없으므로 형법 제20조 소정의 정당행위에 해당한다."라고 하였습니다(대구지법 1996. 12. 7. 선고 96노170 판결).

그러나 "교사가 학생을 엎드러지게 한 후 몽둥이와 당구 큐대로 그의 둔부를 때려 3주간의 치료를 요하는 우둔부 심부혈종좌이부좌상을 입혔다면 비록 학생주임을 맡고 있는 교사로서 제자를 훈계하기 위한 것이었다 하더라도 이는 징계의 범위를 넘는 것으로서 형법 제20조의 정당행위에는 해당하지 아니한다."라고 하였으며(대법원 1991. 5. 14. 선고 91도513 판결), "교사가 국민학교(현재는 초등학교) 5학년생을 징계하기 위하여 양손으로 교탁을 잡게 하고 길이50cm, 직경3cm 가량 되는 나무지휘봉으로 엉덩이를 두 번 때리고, 학생이 아파서 무릎을 굽히며 허리를 옆으로 틀자 다시 허리부분을 때려 6주간의 치료를 받아야 할 상해를 입힌 경우 위 징계행위는 그 방법 및 정도가 교사의 징계권행사의 허용한도를 넘어선 것으로서 정당한 행위로 볼 수 없다."라고 하였습니다(대법원 1990. 10. 30. 선고 90도1456 판결).

그러므로 교사의 체벌이 사회상규에 위배되지 않는 범위 내에서는 이른바 정당행위로서 법률상 허용되며 법적 책임도 부담하지 않을 것이나, 교사의 징계권행사라 할지라도 그 방법이 지나치게 가혹하거나 징계행위로 인하여 학생에게 상해를 입힌 때에는 법적 책임을 면할 수 없을 것입니다. 따라서 위 사안에서 귀하의 경우처럼 고막파열까

지 되었다면 사회상규를 벗어난 것으로 형법 제20조의
정당행위에 해당되지 않으리라 보여지며, 상해죄 또는 폭
행치상죄에 상응한 형사적 책임을 면할 수 없으리라 생각
됩니다.

◆ 소년보호사건에서 심리기일을 통지하지 않아 보조인출석없이 고지
한 보호처분결정

> **질문** ➡ 김갑돌의 아들 김을석은 소년보호사건으로 문제되어 최병수를
> 보조인으로 선임하였으며, 보조인 선임계를 제출하였습니다.
> 그런데 법원에서는 심리기일통지를 하지 아니하여 보조인이
> 출석하지 아니한 채 심리를 종결하고 9호처분으로 단기 소년
> 원송치결정을 하였습니다. 이 경우 위와 같은 결정에 불복할
> 수 있는지요?

답변 ➡   항고장을 원심 소년부에 제출하여 항고하여 위 처분의 취
소를 구할 수 있을 것으로 보입니다.

소년법 제21조에서는 "① 소년부판사는 심리기일을 지정
하고 본인과 보호자를 소환하여야 한다. 다만, 필요가 없
다고 인정한 때에는 보호자는 이를 소환하지 아니 할 수
있다. ② 보조인의 선정이 있는 때에는 보조인에게 심리
기일을 통지하여야 한다."라고 규정하고 있습니다.

그런데 소년보호사건에 있어서 심리기일의 통지를 하지
아니하여 보조인이 출석하지 아니한 채 심리를 종결한 후
고지한 보호처분결정의 효력에 관하여 판례를 보면, "소
년보호사건에 있어서 보조인은 보호절차가 갖는 행정적
또는 복지적 성격과 사법적 성격의 양면성으로 인하여 보
호소년에 대한 보호처분이 적절하게 이루어지게 하기 위
한 협력자의 지위도 아울러 가진다고 할 것이나, 실질적
이고도 가장 중요한 기능은 절차상으로 보호소년의 이익
을 변호하는 역할이라 할 것이고, 또한 소년법 제21조가
주로 실체상의 이유로 절차에 참가하는 보호자에 대하여
는 필요하다고 인정될 경우에는 심리기일에 소환을 하지
아니할 수도 있다고 규정하면서도 보조인에 대하여는 예
외 없이 심리기일을 통지하도록 의무 지우고 있는 것도

위와 같은 보조인의 실질적 기능에 착안하여 보조인의 심리기일출석권을 아무런 제한 없이 보장한 것으로 보아야 하는 점 등에 비추어 보면, 소년보호사건의 보조인도 형사소송의 변호인과 마찬가지로 보호소년이 가지는 권리를 행사하는 외에 독자적인 입장에서 보호소년의 이익을 옹호하는 고유의 권리를 가진다고 할 것인데, 보조인에 대한 심리기일의 통지를 하지 아니하여 보조인이 출석하지 아니한 채 심리를 종결하고 보호처분의 결정을 하였다면 그러한 절차상의 위법은 위와 같은 보조인의 고유의 권리를 부당하게 제한하는 것이 되므로, 가사 보호소년이나 그 보호인이 심리기일에 이의를 제기하지 아니하였다 하더라도 그 하자가 치유되어 보호처분의 결정에 영향을 미치지 아니한다고 볼 수는 없다 할 것이다."라고 하였습니다(대법원 1994. 11. 5. 선고 94트10 판결).

그리고 소년법 제43조에서 "① 제32조에 따른 보호처분의 결정 및 제32조의2에 따른 부가처분 등의 결정 또는 제37조의 보호처분·부가처분 변경 결정이 다음 각 호의 어느 하나에 해당하면 사건 본인·보호자·보조인 또는 그 법정대리인은 관할 가정법원 또는 지방법원 본원 합의부에 항고할 수 있다.

1. 해당 결정에 영향을 미칠 법령 위반이 있거나 중대한 사실 오인(오인)이 있는 경우

2. 처분이 현저히 부당한 경우

② 항고를 제기할 수 있는 기간은 7일로 한다."라고 규정하고 있습니다.

따라서 김갑돌, 김을석, 최병수는 항고장을 원심 소년부에 제출하여 항고하여 위 처분의 취소를 구할 수 있을 것으로 보입니다.

◆ 청소년의 동행자에게 주류를 판매한 경우에도 청소년보호법위반이
되는지?

질문 ➡ 김갑돌은 주류 등을 판매하는 자로서 청소년과 함께 온 성년자
에게 주류를 판매하였습니다. 이 경우 김갑돌이 청소년도 동행
자와 함께 술을 마실 것이 예상되므로 청소년보호법위반으로
처벌되는지요?

답변 ➡ 청소년보호법 제51조 제8호에 위반된다고 할 수는 없을
듯합니다.

청소년보호법상 「청소년유해약물 등」이라 함은 청소년에
게 유해한 것으로 인정되는 ① 주세법의 규정에 의한 주
류, ② 담배사업법의 규정에 의한 담배, ③ 마약류관리에
관한법률의 규정에 의한 마약류, ④ 유해화학물질관리법
의 규정에 의한 환각물질, ⑤ 기타 중추신경에 작용하여
습관성, 중독성, 내성 등을 유발하여 인체에 유해작용을
미칠 수 있는 약물 등 청소년의 사용을 제한하지 아니하
면 청소년의 심신을 심각하게 훼손할 우려가 있는 약물로
서 대통령령이 정하는 기준에 따라 관계 기관의 의견을
들어 청소년보호위원회가 결정하고 여성가족부장관이 이
를 고시한 것을 말하는데(청소년보호법 제2조 제4호), 청
소년보호법 제26조 제1항에서는 "누구든지 청소년을 대상
으로 하여 청소년유해약물 등을 판매·대여·배포하여서는
아니 된다. 이 경우 자동기계장치·무인판매장치·통신장치에
의하여 판매·대여·배포한 경우를 포함한다. 다만, 학습용·공
업용 또는 치료용으로 판매되는 것으로서 대통령령이 정
하는 것은 그러하지 아니하다."라고 규정하고 있습니다.
그리고 청소년보호법 제51조 제8호에서는 "제26조 제1항

의 규정에 위반하여 청소년에게 주세법의 규정에 의한 주류 또는 담배사업법의 규정에 의한 담배를 판매한 자는 2년 이하의 징역 또는 1천만원 이하의 벌금에 처한다."라고 규정하고 있습니다.

그런데 위 사안과 관련된 판례를 보면, "주점의 종업원이 자신이 제공하는 술을 청소년도 같이 마실 것이라는 점을 예상하면서 그와 동행한 청소년이 아닌 자에게 술을 판매한 경우, 청소년보호법 제51조 제8호, 제26조 제1항 소정의 청소년에 대한 술 판매금지규정 위반행위에 직접 해당되지 않는다."라고 본 사례가 있습니다(대법원 2001. 7. 13. 선고 2001도1844 판결).

따라서 위 사안에 있어서도 김갑돌이 청소년과 동행한 자에게 청소년과 함께 술을 마실 수 있다는 것을 예상하면서도 술을 판매한 것은 청소년보호법 제51조 제8호에 위반된다고 할 수는 없을 듯합니다.

◆ 음식점운영자가 주류판매시에는 성년자들만 술 마시다가 나중에
 청소년이 합석한 경우

질문 ➡ 김갑돌은 음식점을 운영하고 있는데, 성년자 3명이 술을 주문
하여 술을 내어주었습니다. 그런데 그 후 청소년이 그들과 합
석하여 술을 마시다가 적발되어 청소년보호법위반으로 조사를
받고 있습니다. 이러한 경우에도 청소년보호법위반이 되는지
요?

답변 ➡ 청소년보호법위반이 아니라 보여집니다.

　청소년보호법상 「청소년유해약물 등」 이라 함은 청소년에
게 유해한 것으로 인정되는 ① 주세법의 규정에 의한 주
류, ② 담배사업법의 규정에 의한 담배, ③ 마약류관리에
관한법률의 규정에 의한 마약류, ④ 유해화학물질관리법
의 규정에 의한 환각물질, ⑤ 기타 중추신경에 작용하여
습관성, 중독성, 내성 등을 유발하여 인체에 유해작용을
미칠 수 있는 약물 등 청소년의 사용을 제한하지 아니하
면 청소년의 심신을 심각하게 훼손할 우려가 있는 약물로
서 대통령령이 정하는 기준에 따라 관계 기관의 의견을
들어 청소년보호위원회가 결정하고 보건복지가족부장관이
이를 고시한 것을 말하는데(청소년보호법 제2조 제4호),
청소년보호법 제26조 제1항에서는 "누구든지 청소년을 대
상으로 하여 청소년유해약물 등을 판매·대여·배포하여서는
아니 된다. 이 경우 자동기계장치·무인판매장치·통신장치에
의하여 판매·대여·배포한 경우를 포함한다. 다만, 학습용·공
업용 또는 치료용으로 판매되는 것으로서 대통령령이 정
하는 것은 그러하지 아니하다."라고 규정하고 있습니다.
그리고 청소년보호법 제51조 제8호에서는 "제26조 제1항
의 규정에 위반하여 청소년에게 주세법의 규정에 의한 주
류 또는 담배사업법의 규정에 의한 담배를 판매한 자는 2

년 이하의 징역 또는 1천만원 이하의 벌금에 처한다."라
고 규정하고 있습니다.

그런데 음식점 운영자가 술을 내어놓을 당시에는 성년자
들만이 자리에 앉아 술을 마시다가 나중에 청소년이 합석
하여 술을 마신 경우, 청소년보호법 제51조 제8호 소정의
「청소년에게 술을 판매하는 행위」에 해당하는지에 관하
여 판례를 보면, "음식점을 운영하는 사람이 그 음식점에
들어온 여러 사람의 일행에게 술을 판매한 행위가 청소년
보호법 제51조 제8호에 규정된 「청소년에게 술을 판매하
는 행위」에 해당하기 위해서는, 그 일행에게 술을 내어
놓을 당시 그 일행 중에 청소년이 포함되어 있었고 이를
음식점 운영자가 인식하고 있었어야 할 것이므로, 술을
내어놓을 당시에는 성년자들만이 자리에 앉아서 그들끼리
만 술을 마시다가 나중에 청소년이 들어와서 합석하게 된
경우에는 처음부터 음식점 운영자가 나중에 그렇게 청소
년이 합석하리라는 것을 예견할 만한 사정이 있었거나,
청소년이 합석한 후에 이를 인식하면서 추가로 술을 내어
준 경우가 아닌 이상, 합석한 청소년이 상위에 남아 있던
소주를 일부 마셨다고 하더라도 음식점 운영자가 청소년
에게 술을 판매하는 행위를 하였다고는 할 수 없다."라고
하였습니다(대법원 2001. 10. 9. 선고 2001도4069 판결,
2002. 1. 11. 선고 2001도6032 판결).

그렇다면 위 사안에서도 김갑돌이 청소년이 합석하리라는
것을 예견할 만한 사정이 있었거나, 청소년이 합석한 후
에 이를 인식하면서 추가로 술을 내어 준 경우가 아닌 이
상, 합석한 청소년이 상위에 남아 있던 소주를 일부 마셨
다고 하더라도 김갑돌이 청소년에게 술을 판매하는 행위
를 하였다고는 할 수 없다고 할 것입니다.

◆ 청소년보호법상 이성혼숙은 남녀 쌍방이 청소년이어야 하는지?

질문 ➡ 김갑돌은 여관업을 하고 있는데, 어느 날 18세의 미성년자와 일행인 성년남자를 손님으로 받아 같은 방에 투숙시켰습니다. 그런데 김갑돌은 청소년 이성혼숙 영업을 하였다는 이유로 기소되었습니다. 이러한 경우에도 청소년 이성혼숙을 시킨 것이 되는지요?

답변 ➡ 청소년보호법 제26조의2 제8호 소정의 청소년 이성혼숙영업을 하였다고 할 수 있을 것으로 보입니다.

청소년보호법 제26조의2 제8호에서는 누구든지 청소년에 대하여 이성혼숙(異性混宿)을 하게 하는 등 풍기를 문란하게 하는 영업행위를 하거나 그를 목적으로 장소를 제공하는 행위를 하여서는 아니 된다고 규정하고 있으며, 청소년보호법 제50조 제4호에서는 제26조의2제7호 및 제8호의 규정에 위반한 자는 3년 이하의 징역 또는 2,000만원 이하의 벌금에 처한다고 규정하고 있습니다.

그런데 위 사안에서 김갑돌은 성년 남자와 청소년 여자를 한 객실에 투숙시켰는바, 이러한 경우에도 김갑돌의 행위가 위 규정의 이성혼숙에 해당된다고 볼 수 있을 것인지 문제됩니다.

이에 관련된 판례를 살펴보면, "청소년보호법 제26조의2 제8호는 누구든지「청소년에 대하여 이성혼숙을 하게 하는 등 풍기를 문란하게 하는 영업행위를 하거나 그를 목적으로 장소를 제공하는 행위」를 하여서는 아니된다고 규정하고 있는바, 위 법률의 입법취지가 청소년을 각종 유해행위로부터 보호함으로써 청소년이 건전한 인격체로 성장할 수 있도록 하기 위한 것인 점 등을 감안하면, 위

법문이 규정하는 「이성혼숙」은 남녀 중 일방이 청소년이면 족하고, 반드시 남녀 쌍방이 청소년임을 요하는 것은 아니다."라고 하였습니다(대법원 2001. 8. 21. 선고 2001도3295 판결).

그렇다면 위 사안에서 김갑돌이 성년남자와 청소년여자가 성관계를 목적으로 투숙한다는 사실을 알고서도 그들을 같은 객실에 투숙시킨 행위도 청소년보호법 제26조의2 제8호 소정의 청소년 이성혼숙영업을 하였다고 할 수 있을 것으로 보입니다.

제4장. 교통사고 일반

1. 교통사고의 정의

   교통사고라고 하면 보통은 도로상의 자동차사고를 의미한다고 할 정도로 자동차사고가 많습니다. 오늘날 자동차의 대량 보급으로 자동차는 도로상에서 보행자와 가장 밀접한 관계에 있으므로 자동차사고는 그 발생건수가 급증하여 하루도 빠짐없이 사고발생 상황이 보도되고 있으며, 커다란 사회문제가 되고 있습니다. 교통사고의 원인은 주로 운전자나 보행자의 부주의라 하겠으나 도로폭이 좁고, 안전시설이 불충분한 상황에서 지켜야 할 안전수칙이 너무 많은 데에도 그 원인이 있습니다.

   교통사고가 발생하면 운전관계자는 즉시 정차하여 부상자 간호와 도로상의 위험방지를 위하여 최선을 다하고 교통경찰관이나 인근 경찰관서에 사고현황을 보고해야 합니다. 이러한 조치를 게을리하면 운전자는 형사책임을 지게 되고 면허취소·운행정지 등의 불리한 처분을 받게 됩니다.

   자동차사고가 어떤 원인에서 발생했거나 그 사실여부를 입증할 필요 없이 피해자는 의사와 경찰관의 진단·증명으로 자동차 손해배상을 받을 권리가 있습니다. 자동차 소유자는 책임보험에 의무적으로 가입되어 있어야 합니다. 교통사고의 대부분이 안전운행의 불이행(조종불확실·속도위반·우선멈춤 위반·앞차와의 거리 위반·음주운전·과로운전·신호위반 등)으로 발생하지만, 보행자의 횡단보도 위반으로도 많이 발생하므로 각자의 세밀한 주의가 사고예방의 가장 큰 지름길이 됩니다.

2. 형사처리절차

(1) 현장 조사

   교통사고가 발생하면 경찰관은 사고 현장에서 현장상황을 조사하고 목격자, 피해자, 가해자의 진술을 듣습니다. 그리고 이를 토대로 교통사고 실황조사서를 작성합니다. 이 실황 조사서는 이후 수사나 형사재판, 보험처리, 민사손해배상에서 대단히 중요한 증거가 됩니다. 그러므로 피해자나 가해자는 이 실황조사서가 정확히 작성될 수 있도록 사고 당시의 상황을 정확하고 자세하게 진술하여야 합니다.

(2) 관련자 조사

그 다음 경찰에서는 관련자에 대한 조사를 하고 신문을 한 뒤 조서를 작성합니다. 사고를 낸 가해 운전자에 대해서는 피의자신문을 하여 피의자신문조서를 작성합니다. 피해자에게는 사고 당시의 상황을 진술서로 적도록 하거나 참고인진술조서를 받습니다. 또 목격자를 불러 참고인진술조서를 작성합니다.

경찰관은 신문이 끝나면 질문과 답변한 내용을 문답식으로 기재한 조서를 피의자에 읽어보게 하는데, 이때 잘못된 점이 있으면 바로 고쳐줄 것을 요구해야 합니다. 그리고 피의자가 조서내용에 잘못이 없음을 인정한 때에는 서명, 날인하게 됩니다. 참고인진술조서도 마찬가지로 읽어보게 한 후 고칠 내용이 없으면 서명, 날인하게 됩니다.

(3) 피의자의 신병 처리

이러한 조사가 끝나면 피의자를 구속할 것인지 불구속할 것인지를 결정하게 됩니다. 교통사고 처리특례법상의 11개항목의 예외에다 사망사고, 뺑소니를 더하여 13개 항목에 해당하느냐 여부, 상해의 정도, 피해자와 합의 여부 등이 구속이냐 불구속이냐를 정하는 중요한 기준이 됩니다.

경찰에서 먼저 구속할 사안이면 검찰에 구속영장신청의 품의를 올리고 당직검사는 구속영장을 청구할 것인지 여부를 검토하여 구속사유에 해당하면 구속영장을 청구하게 됩니다. 그리고 구속영장은 검사의 청구에 의하여 판사가 발부하는데, 구속영장을 신청하기 전에 경찰은 영장실질심사를 할 것인지를 물어봅니다. 이 때 영장실질심사를 받겠다고 하면, 대개는 영장발부전에 영장실질심사를 하여 영장담당판사가 피의자에게 몇가지 사항을 확인하는 등 신문을 거쳐 영장발부여부를 결정합니다.

영장실질심사 후 구속적부심(판사가 결정합니다), 구속취소나 기소유예(검사가 결정합니다)로 석방될 수 있는 방법은 있긴 하나, 기소 이전 단계에서 피의자가 석방될 수 있는 가장 유력한 기회는 영장실질심사이므로 구속에 대해 억울한 점이 있는 경우에는 이 기회를 잘 이용해야 합니다.

피의자가 경찰에 구속된 경우는 10일 이내에 검찰에 송치하게 됩니다. 불구속된 경우는 약 1개월 이내에 검찰에 사건을 송치하게 되어 있으나 실제로 1개월 이상 걸리는 경우도 많습니다.

피의자가 구속되면 경찰 수사단계에는 경찰서 유치장에 수감되고, 검찰에 송치되는 날 구치소로 가게 됩니다.

(4) 검찰 수사 및 처분

검사는 경찰에서 송치된 사건에 대하여 경찰수사를 토대로 다시 수사를 합니다. 구속사건의 경우에는 반드시 피의자신문은 다시 하고, 경미한 불구속사건의 경우에는 피의자신문 없이 결정을 내리는 경우도 있습니다. 피의자가 경찰에서 진술한 내용도 검찰단계에서 부인하면 경찰에서 진술의 증거능력은 인정되지 않으므로 부인할 내용이 있으면 검찰 신문시 확실하게 부인해야 합니다. 검찰단계에서 시인한 내용을 법정에서 뒤집기는 매우 어렵습니다. 경찰에서 검사는 송칙된 사건의 수사가 종결되면 처분을 내립니다. 처분권은 경범죄나 벌금 등 통고처분을 제외하고는 모두 검사에게 있습니다. 검사의 처분에는 기소와 불기소가 있고, 기소는 구공판(재판에 회부하는 것)과 구약식(벌금형에 처하는 경우)이 있습니다.

(5) 기소, 불기소

1) 기 소

11개 예외조항과 사망, 뺑소니 사고에 해당되고, 합의되지 않았거나 종합보험에 가입되어 있지 않는 경우는 대부분 기소되며, 사안이 중대하면 재판에 회부하고(구공판), 가벼운 사안이면 벌금액수를 정하여 약식명령에 회부합니다(구약식).

2) 불기소

10개 예외조항과 사망, 뺑소니 사고에 해당되지 않고, 합의된 경우
나 종합보험에 가입되어 있는 경우는 공소권 없음 결정을 내려 불기
소처분합니다.

(6) 기소 후 재판까지

기소되면 피의자 신분에서 피고인신분으로 바뀝니다. 기소된 후 대
개 1개월 이내에 첫번째 재판 이 열리게 됩니다. 이 때 판결의 선고 전
까지 보석을 청구할 수 있습니다. 보석 신청 당시에 합의를 하였거나
기타 정상을 참작할 사유가 있으면 판사는 보석을 허가하게 됩니다. 이
때 대개 보석 보증금을 공탁하는 조건으로 보석을 허가하게 되며, 보증
금은 현금공탁을 명하는 경우가 많으나 사안에 따라 일부는 보증보험
으로 대체하는 경우도 있습니다. 보석결정이 내려지면 당일로 석방되
며, 불구속으로 재판받게 됩니다.

보통 첫 재판기일에 피고인에 대해 검찰, 변호인, 판사 순으로 공소
사실에 대해 신문을 하고, 공소사실을 인정하면 심리를 종결하고, 약 2
주 후에 형을 선고합니다. 그러나 공소사실에 대해 부인하는 경우에는
증거조사를 위해 다음 기일(2~4주 후)을 지정하고 증인을 신문하거나,
관계기관에 사실조회를 하는 등 증거조사를 거칩니다. 교통사고의 경우
에 선고되는 형의 종류는 금고형(순수한 과실범의 경우), 징역형(뺑소
니 등의 경우), 벌금형 등이 있으며, 금고형의 경우 형사합의가 이루어
지고 정상을 참작할 여지가 많을 때는 집행유예가 선고되는 경우가 많
습니다.

1심 재판에 불복하는 경우에는 선고일로부터 1주일 이내에 항소를
제기할 수 있습니다.

3. 형사처리기준

교통사고의 유형별로 가해자에 대한 형사처리기준을 살펴보면 다음
과 같습니다.

(1) 사망사고

　　사망사고를 발생시킨 경우는 합의와 관계없이 형사처벌 됩니다. 다만 피해자와 합의했을 경우에는 정상을 참작하여 감형할 수 있습니다. 사망사고는 구속수사가 원칙이나, 피해자의 과실이 크고 합의가 된 경우에는 불구속처리되는 경우도 있습니다.

(2) 부상사고

- 가해자가 종합보험(택시, 버스, 화물트럭 공제조합 포함)에 가입되어 있거나 피해자와 합의하였다면 형사처벌은 되지 않습니다. 다만 가해자의 과실에 대하여는 도로교통법상의 범칙금과 벌점을 받게 됩니다.

- 종합보험에 가입하지 않았거나 합의를 하지 않은 때는 형사처벌되며, 대개 벌금으로 약식재판에 회부되어 벌금을 물게 됩니다.

- 교통사고처리특례법상 11개 예외항목에다 사망, 뺑소니사고를 합한 13개 항목에 해당하면 합의와 관계없이 형사처벌 됩니다. 위반사실의 중대성, 부상의 정도, 합의여부에 따라 구속여부, 형량이 결정되므로 정상참작을 받기 위해서는 형사합의를 해야 합니다.

(3) 대물사고

- 종합보험에 가입하였거나 합의한 경우는 형사처벌 하지 않으며, 운전자의 과실에 대하여 도로교통법상 범칙금과 벌점을 부과합니다. 다만 대물보상한도액 2,000만원을 넘으면 별도의 형사합의가 필요합니다.

- 종합보험에 가입하지 않았거나 합의를 하지 않은 경우에는 형사처벌되며, 구속되는 경우는 거의 없고 벌금을 물게 됩니다.

(4) 뺑소니 사고

- 인명피해가 있는 경우에는 특정범죄 가중처벌 등에 관한 법률 제5조의 3을 적용하여 형사처벌합니다. 원칙적으로 구속되나 부상정도가 경미한 경우에는 불구속되는 경우도 있습니다.

- 물적피해만 있을 경우에는 도로교통법 제106조를 적용하여 형사처벌하며, 구속되는 경우는 없으며 벌금을 물게 됩니다.

(5) 합의와 관계없이 처벌하는 사고유형

· 사망사고
· 피해자에 대한 구호조치를 하지않고 도주하거나, 피해자를 타장소로 옮겨놓고 도주한 경우
· 물적피해를 발생시키고 아무런 조치를 하지않고 도주한 경우
· 사상자를 발생시킨 11대 중요위반사고

　가. 신호위반, 통행금지, 일시정지표지 위반
　나. 중앙선 침범, 고속도로 및 자동차전용도로에서의 횡단, 유턴, 후진 금지 위반
　다. 시속 20km 초과 속도위반
　라. 앞지르기 방법위반 또는 앞지르기금지, 끼어들기 금지 위반
　마. 철길건널목 통과방법 위반
　바. 횡단보도에서의 보행자 보호의무 위반
　사. 무면허 운전
　아. 음주, 약물중독 운전
　자. 보도침범 또는 보도 횡단방법 위반
　차. 승객의 추락방지 의무위반(개문발차)
　카. 어린이보호구역에서의 안전운전의무위반

4. 뺑소니

(1) 뺑소니란?

　뺑소니사고는 우리가 흔히 쓴 말이지만, 법률적으로는 가해자가 사고발생 후 사고신고나 피해자 구호 등의 조치를 하지 않고 가버려 사고 가해자가 누구인지 알 수 없는 상태를 만든 경우를 말하는 것입니다.

　이에 대한 판례의 입장은 "사고운전자가 사고로 인하여 피해자가 사상을 당한 사실을 인식하였음에도 불구하고 피해자를 구호하는 등 의무를 이행하기 이전에 사고현장을 이탈하여 사고야기자로서 확정될 수

없는 상태를 초래하는 경우를 말하고 여기서 사고운전자가 사고로 인
하여 피해자가 사상을 당한 사실을 알았다는 것은 사고가 자신의 업무
상 과실로 발생하였다는 것까지 알았음을 요하나, 그 인식의 정도는 반
드시 확정적으로 인식함을 요하지 아니하고 미필적으로라도 인식하면
족하다" (대법원 1995. 7. 11. 선고 95도833 판결 등)는 것입니다.

뺑소니사고가 엄중하게 처벌되어야 한다는 점에 대하여는 누구나 이
견이 없을 것입니다. 그러나 근래에 와서 경미한 사고를 낸 가해자를
뺑소니로 신고를 하는 경우도 많은데 이런 경우에는 사고를 낸 사람이
전혀 예상치도 못하고 있었는데 갑자기 뺑소니 가해자로 몰려서 형사
처벌과 행정적인 제재를 모두 받는 등의 일이 생기는 수도 있습니다.

그러므로 뺑소니냐 아니냐 여부를 가리는 것은 매우 중요할 뿐 아니
라, 운전자가 알아두어야 상식이기도 합니다.

다음의 사례를 보면 법원에서 어떤 경우에 뺑소니로 보는지 대략 짐
작이 가실 것입니다.

◎ 뺑소니라고 본 예

· "사고장소에서 무엇인가 딱딱한 물체를 충돌한 느낌을 받았다" 는
  피고인의 제1심 법정에서의 진술에 비추어 피고인에게는 미필적으
  로나마 사고의 발생사실을 알고 도주할 의사가 있었음을 인정할
  수 있다(대법원 2000. 3. 28. 99도5023 판결)
· 피해자가 상해를 실제로 입었고, 피해자에 대한 구호조치의 필요성
  을 인식하였음에도 불구하고 적절한 구호조치를 취하지 않은 채
  사고현장을 이탈한 것으로 인정된다면, 설령 사고현장을 이탈하기
  전에 피해자에게 주민등록증을 교부하고 자신의 사무실 전화번호
  를 가르쳐 주었다고 하더라도 도주에 해당한다(대법원 2002. 1.
  11. 2001도5369 판결)
· 차량에 충격되어 횡단보도 상에 넘어진 피해자가 스스로 일어나서
  도로를 횡단하였다 하더라도 사고차량 운전자로서는 피해자의 상
  해 여부를 확인하여 병원에 데리고 가는 등 구호조치를 취하여야
  함에도 불구하고 이를 이행하지 아니하고 상호 말다툼을 하다가
  사고에 대한 원만한 해결이 되지 아니한 상태에서 그냥 가 버린

경우(대법원 1993. 8. 24. 선고 93도1384 판결)

· 어린이를 충돌하는 사고를 내고 약국에서 소독약과 우황청심원을
사서 치료한 뒤 피해자가 당시 어린아이로 사리분별력이 없음에도
"괜찮다"는 말만 믿고 가버려, 의학지식이 없는 운전자가 의당 병
원으로 데려가서 있을지도 모르는 다른 상처에 대해 치료를 받게
해야하는데 이를 하지 않은 경우(대법원 1994. 10. 18. 선고 94도
1651 판결)

· 교통사고를 일으킨 후 피해자와 경찰서에 신고하러 가다가 음주운
전이 발각될 것이 두려워 피해자가 경찰서에 들어간 후 그냥 돌아
간 경우 피해자에게 피고인의 직업과 이름을 알려 주었다는 등의
여러 사정이 있었다 하더라도 피해자의 구호의무를 이행하지 아니
하고 사고현장을 이탈하여 도주한 것으로 본다(대법원 1996. 4. 9.
선고 96도252 판결)

· 교통사고를 낸 후 피해자들을 자신의 차량에 태우고 근처에 있는
병원으로 데리고 간 다음, 그 병원 접수창구 의자에 피해자들을 앉
힌 후 접수직원에게 교통사고 피해자들이라고 말하고, 피해자들이
치료를 받기 위하여 의자에 앉아 대기하고 있는 사이에 병원 밖으
로 나가 도주하였고, 피해자들의 상태는 2주 또는 3주의 치료를
요하는 뇌진탕, 염좌상 정도로 그 후 병원측의 안내로 치료를 받은
사안에서, 피고인은 피해자를 병원에 데리고 가기는 하였으나 사고
야기자로서 취하여야 할 구호의무를 제대로 이행하였다고 할 수
없음은 물론 피해자나 그 밖의 누구에게도 자기의 신원을 밝히지
않고 도주함으로써 사고를 낸 자가 누구인지 확정할 수 없는 상태
를 초래케 한 경우(대법원 1997. 11. 28. 선고 97도2475 판결)

· 피해자의 상해 여부를 확인하지도 않은 채 자동차등록원부만을 교
부하고 임의로 사고현장을 이탈한 사고운전자 (대법원 1996. 8.
20. 96도1415 판결)

· 자신의 차량으로 피해자를 충격한 직후 차에서 내려 범행을 부인
하면서 목격자인체 행세하여 쓰러져 있는 피해자를 그대로 방치하
면 사고가 날지 모르니 신고를 해야 할 것이라고 말하였고, 이에

그 곳에 있던 제3자가 그의 휴대폰으로 사고신고를 함으로써 피해
자가 119 구조대에 의하여 후송되는 현장에 남아 있었을 뿐, 피
고인이 피해자의 구조를 위하여 적극적으로 한 행위는 전혀 없었
으며, 후송되는 피해자와 함께 병원으로 가지도 아니한 채 출동한
경찰관에게 임의동행되어 자신의 범행을 은폐하고 목격자로서 진
술한 후 귀가한 경우(대법원 1996. 11. 12. 선고 96도1997 판결
)

· 상해를 입은 피해자를 보고도 차에서 내리지 않고 그대로 갔다가
약 20분 후 구호를 위하여 제3자와 함께 현장으로 돌아온 경우(대
법원 1996. 12. 6. 96도2407 판결)

· 사고 운전자가 순찰차가 이미 사고현장으로 오고있는 것을 발견하
고도 자기가 사고 운전자임을 알릴 것도 아니면서 이미 사고사실
을 알고 있는 파출소까지 계속하여 걸어감으로써 구호조치를 소홀
히 하였고 그 사이에 피해자가 경찰 순찰차에 실려 병원으로 후송
되었고, 이러한 조치를 취하지 아니한 상태에서 사고현장에 남아
목격자로 행세한 경우 비록 경찰관에게 자기의 신분을 밝힌 후 귀
가한 것이라고 하더라도, 도주에 해당된다고 본다.(대법원 1997.
5. 7. 97도770 판결)

◎ 뺑소니가 아니라고 본 예

· 도주운전죄가 성립하려면 피해자에게 사상의 결과가 발생하여야
하고, 생명·신체에 대한 단순한 위험에 그치거나 형법 제257조 제
1항에 규정된 '상해'로 평가될 수 없을 정도의 극히 하찮은 상처로
서 굳이 치료할 필요가 없는 것이어서 그로 인하여 건강상태를 침
해하였다고 보기 어려운 경우에는 도주운전죄가 성립하지 않는다
(대법원 1997. 12. 12. 97도2396 판결)

· 신호대기를 위하여 정차하고 있다가 브레이크 페달에서 발이 떨어
져 차가 서행하면서 앞차의 범퍼를 경미하게 충격하자 사고차량
운전자와 동승자가 피해자에게 사과를 한 후 피해자가 양해를 한
것으로 오인하고 현장을 떠났고, 피해자의 상해와 피해차량의 손괴
가 외견상 쉽게 알 수 있는 것이 아닌 경우, 도로교통법 제50조

제1항 소정의 필요한 조치를 취하지 않고 도주한 것으로 볼 수 없다고 한 사례(대법원 1999. 11. 12. 99도3140 판결)

· 교통사고를 낸 후 자신이 운전하던 차량을 도로변에 정차시키고 차에서 내려 피해자가 목을 주무르고 있는 것을 보고도 별다른 조치 없이 운전하던 차량을 사고현장에 놓아둔 채 다른 사람에게 사고처리를 부탁하기 위하여 사고현장을 이탈하였으나, 위 사고로 피해자가 입은 상해는 목이 뻐근한 정도로서 그 다음날 병원에서 엑스레이를 촬영한 결과 이상이 없고 임상적 추정에 의하여 약 2주간의 치료를 요하는 급성경추염좌의 진단을 받았을 뿐인 사실을 알 수 있는데, 이와 같은 피해자의 상해의 부위와 정도 및 사고의 경위와 사고 후의 정황 등에 비추어 보아 가해운전자가 실제로 피해자를 구호하는 등의 조치를 취하여야 할 필요가 있었다고 보기는 어려우므로, 도주에 해당한다고 볼 수는 없다(대법원 2002. 1. 11. 선고 2001도2869 판결)

· 다방종업원인 운전자가 사고 후 즉시 피해자를 병원으로 후송한 다음 다방으로 돌아와서 주인에게 사고 사실을 알리고 파출소에 교통사고 신고를 한 후 자진 출석하여 조사를 받았고 운전자의 일행이 운전자를 대신하여 그들의 인적사항을 피해자에게 알린 경우, 도주의 의사를 인정하기 어렵다(대법원 2000. 5. 12. 2000도1038 판결)

· 교통사고 당시 그 장소에는 이미 여러 건의 연쇄충돌사고가 발생하여 피고인의 사고신고 없이도 경찰관이 출동하여 조사하고 있었고, 피고인은 사고 발생 후 피고인 스스로는 피해자에 대한 구호조치를 취한 바는 없지만 피해자의 일행이 지나 가던 차량을 세워 피해자를 병원에 보내는 것을 보고 그에게 피고인의 이름과 전화번호를 사실대로 적어 주고 사고현장을 떠난 경우(대법원 1991. 4. 1. 선고 91도1831 판결)

· 사고운전자가 사고 직후 바로 자신의 차량으로 피해자를 자신의 집으로 데리고 갔고, 사고 운전자의 부모들이 즉시 피해자를 병원에 데려가 입원케 하였다면, 비록 사고 후 입원 시까지 다소 시간이 지체되었고, 사고운전자가 직접 피해자를 병원으로 후송하지

아니하였더라도 필요한 조치를 하지 아니한 경우에 해당한다고 할
수 없다(대법원 1995. 1. 24. 94도2691 판결).

· 교통사고 야기 후 사고 현장에서 다른 사람들과 같이 피해자들을
구급치에 나눠 싣고 자신도 구급차에 동승하여 피해자를 병원 응
급실로 후송한 후 간호사가 혈압을 재는 것을 보고 응급실 밖에서
담배를 피우고 있던 중 피고인 자신과 위 피해자가 타고 온 구급
차가 다른 곳으로 가는 것을 보고 응급실에 다시 가 본 결과 위
피해자가 보이지 않자 간호사에게 피해자의 행방을 문의하였으나
그녀가 다른 곳으로 후송하였다고만 이야기하여 하는 수 없이 자
신의 사무실로 돌아 간 경우, 비록 사고 현장에서나 그 직후 경찰
관서 등에 사고 신고를 하지 않았거나 또는 타인에게 자신이 사고
야기자라고 적극적으로 고지하지 아니하였다고 하더라도 도주차량
에는 해당되지 아니한다고 본다(대법원 1996. 4. 12. 선고 96도
358 판결).

· 교통사고 가해자가 피해자와 사고여부에 관하여 언쟁하다가 동승
했던 아내에게 사고처리를 위임하고 현장을 이탈하고 그의 아내가
사후 처리를 한 경우 도주한 때에 해당하지 않는다(대법원 1997.
1. 21. 선고 96도2843 판결).

· 교통사고 운전자가 사고현장에 다친 곳이 없다고 말한 피해자와
합의중 경찰차와 싸이렌 소리가 들리자 피해자에게 자신의 운전면
허증을 건네주고 가버린 경우 도주에 해당하지 않는다고 본 사례
(대법원 1997. 7. 11. 선고 97도1024 판결)

5. 형사합의

형사합의는 교통사고를 낸 가해자가 형사처벌을 받게 되는 경우 처
벌을 가볍게 받기 위해 피해자에게 대개 일정한 금전적 보상을 하며
피해자(또는 피해자의 유족대표)와 합의하는 것입니다.

형사합의는 가해자와 피해자가 해야 합니다. 가해자가 구속되어 있
을 경우에는 가해자의 대리인으로서 부인이나 부모가 대신 하며, 피해
자가 사망한 경우에는 망인의 배우자가 하는 것이 보통이고, 미성년자

의 경우에는 부모가 유족을 대표하여 합의합니다.

교통사고의 가해자가 종합보험에 가입하지 않은 경우와 같이, 피해자측에 대한 민사 손해배상금을 지급하면서 가족 중 대표 한사람과 민사합의를 해야 할 경우라면 나머지 가족들이 합의당사자로 위임하였음을 증명하는 위임장을 받아야 하며 위임장에는 청구권자인 가족들의 인감도장을 날인하고 인감증명서가 첨부되어 있어야 하는 등 신중을 기해야 합니다.

이와 달리 가해자의 형사적 책임을 경감받기 위한 목적으로 민사손해배상금과는 별도로 형사합의를 하는 경우에는 배상청구권자인 피해자 가족들 모두로부터 합의서에 도장을 받아야 하는 것은 아니며 대개 직계 가족중 대표로부터 합의서를 작성받으면 정상참작을 받고 있습니다. 다만 이 때도 대표의 인감증명서는 첨부해야합니다.

합의를 하는 이유는 가해자의 입장에서는 처벌을 가볍게 할 수 있고, 특히 사망이나, 중상, 뺑소니 등으로 구속된 경우에는 합의 여부가 조기에 석방되는 것과 직결되기 때문에 가해자의 입장에서 적극적으로 합의를 원하게 됩니다.

한편 피해자의 입장에서는 가해차량이 종합보험에 들어있다면 보험사로부터 민사상 손해배상을 받을 수 있으므로, 형사합의는 그리 절실하지는 않습니다. 그러나 민사상 손해배상금이 실제로 피해자나 유족이 입은 정신적, 물질적 손해에는 미치지 못하기 때문에, 이미 일어나버린 사고에 대해 가해자를 원망하기보다는 일정한 금전을 받고 가해자의 처벌을 원하지 않는다는 의사표시를 해주는 것이 현명하다는 판단에서 합의를 하게 됩니다.

이러한 형사합의금은 민사상의 손해배상과는 별개의 것입니다. 그러므로 형사합의와 무관하게 민사상 손해배상은 별도로 받을 있습니다.

그러나 손해배상을 받기 위해 재판을 하는 경우에 가해자측으로부터 받은 형사합의금을 손해배상의 일부로 보아 판결금액에서 공제하는 경우가 있습니다. 이에 대해 대법원은 "피해자가 가해자로부터 합의금 명목의 금원을 지급받고 가해자에 대한 처벌을 원치 않는다는 내용의 합의를 한 경우에 그 금원은 손해배상금의 일부로 지급한 것"(대법원 2000다46894 판결)으로 보고 있고, 이에 따라 민사손해배상소송에서 그 사실이 확인되면 실무상 받은 형사합의금의 약 50% 내외에서 공제히고 있습니다. 그리고 합의가 되지 않아 공탁을 한 경우에도 마찬가지입니다(대법원 98다43922 판결).

그래서 일부에는 위 형사합의금을 민사재판에서 공제당하지 않으려고 합의금에 대한 영수증을 수수하지 않는 등 방편을 쓰는 경우도 있으나, 보험회사가 가해자에게 이를 확인하기 때문에 이 방법이 잘 통하는 것은 아닙니다.

그런데 위 형사합의금을 사실상 공제당하지 않는 방법이 있습니다. 즉 가해자는 형사합의금을 보험회사로부터 되돌려 받을 수 있는데(95다53942 판결), 가해자가 보험회사로부터 돌려받을 형사합의금 상당의 이 보험권청구채권을 양도받는 방법입니다.

이 방법은 일반인이 처리하기에는 법률기술적인 어려움이 다소 있으므로, 이 방법을 이용하실 경우에는 전문가와 상의하여 진행하여주시기 바랍니다.

한편 형사합의금 액수는 당사자 간에 결정할 문제이나, 실무에서는 전치 1주당 50만원 내외, 사망의 경우에는 가해자의 재산상태나 피해자의 처지 등에 따라 다양하나, 대략 1,000~2,000만원 정도를 기준으로 인정하고 있습니다. 합의가 되지 않으면 공탁을 하게 되는데, 법원이나 검찰에서 합의에 준하여 인정하는 금액이 대략 그 정도 선으로 보면 됩니다.

6. 교통사고가 발생했을 때

교통사고가 발생하면 사고 경험이 전혀 없는 운전자는 당황하여 꼭 필요한 조치를 취하지 못하거나, 필요한 증거를 확보하는 기회를 놓쳐버려 후일 적절한 배상을 받지 못하는 것은 물론이고, 심지어 피해자와 가해자가 뒤바뀌는 경우까지 발생하여 꼼짝없이 당하는 수도 있습니다. 또한 가해자는 뺑소니로 몰려 가중처벌을 받는 경우도 있습니다.

그러므로 운전대를 잡은 사람이라면 다음의 몇 가지 점은 꼭 숙지해
두어야 할 것입니다.

(1) 사고현장 보존 및 증거확보

교통사고가 발생하면 피해자는 즉시 비상등을 켜고, 지나가는 차량
을 주의하며 즉시 차에서 내려 스프레이 등으로 차량의 위치와 충격지
점을 표시해야 합니다. 평소에 차량에 간이카메라라도 준비해두어 사고
차량과 현장의 지형지물이 잘 나타나도록 사진을 여러 장 찍어 둡니다.
그리고 주변에 목격자가 있는지 살펴보아 목격자가 있으면 연락처를
부탁하여 메모하고, 가능한 한 사고내용에 대한 간단한 자필진술도 받
아 둡니다. 특히 신호위반 등과 같이 현장상황이 보존되기 어려운 경우
녹색불이냐 적색불이냐에 대해 목격자의 진술이 결정적인 역할을 할
수도 있습니다. 상대방이 명백히 잘못을 시인하는 경우에는 그 시인한
다는 의미로 육하원칙에 따라 사고일시, 사고장소, 사고방법 등에 대해
자인서를 받아두며, 적어도 간단한 자필메모라도 받아두어야 합니다.

이와 같이 사진기나 스프레이, 목격자의 진술 등 현장증거를 확보해
두지 않은 상태에서는 차를 이동시키면 나중 낭패를 당하는 수가 있습
니다. 뒤에서 다른 차가 빵빵거리고 가해운전자가 자신의 잘못을 인정
하고, 일단 차를 빼자고 하더라도, 명백히 뒤에서 추돌한 것이 분명한
상황이 아닌 한 현장을 보존하며 증거를 확보해야 합니다. 증거확보가
어렵다면 즉시 112에 신고하여 출동한 경찰관이 현장확보를 한 후 차
를 옮기는 것이 좋습니다.

(2) 사상자 구호 및 안전조치 시행

가해자의 경우에는 사고 직후 즉시 사상자가 있는지 살펴보고 구호
조치를 하여야 합니다. 먼저 후행차량에 의한 2차충격을 막기 위해 비
상등을 켜놓고 긴급표지판을 뒤에 설치하여야 합니다. 경상인 경우에는
환자를 가까운 병원으로 후송합니다. 자기차량으로 후송이 곤란하면 지
나가는 차량의 도움을 청합니다. 경상이 아닌 경우에는 먼저 119구조
대에 신고하여야 합니다. 특히 차량 내에 있는 부상자가 중상을 입은
경우에는 어설프게 구조활동을 하다 더욱 악화될 수 있으므로 구조대

가 도착할 동안 기도확보나 목보호대를 착용시키는 등 최소한의 보호
조치를 하며 기다리는 것이 좋습니다.

(3) 교통사고 발생사실 신고

112에 교통사고 발생신고를 하여야 합니다. 가벼운 접촉사고로 인한
물적피해의 경우 그 자리에서 피해보상의 합의까지 이루어지는 경우를
제외하면, 신고를 하는 것이 원칙이라고 봐야 할 것입니다. 가해자가
자신의 책임을 모두 인정하며 보험처리를 해줄테니 신고를 하지 말아
달라고 하는 경우도 있지만 그런 경우에도 대개의 경우 일단 신고를
하는 것이 좋습니다. 피해를 보상하는 것은 가해자 개인이 아니라 보험
회사인 경우가 많고, 보험회사는 가해자의 과실비율을 줄여 보험금지급
을 줄이려 하므로 이후 책임규명이 불분명해지면 곤란을 겪을 수 있습
니다. 또한 가벼운 충격이라도 뇌출혈 등과 같이 후유증이 사고 후 어
느 정도 시간이 지나서 나타나는 경우도 있으므로 일단 신고하여 사고
의 경위를 정확히 규명해 두어야 합니다.

가해자의 경우에는 차량만이 손괴된 것이 분명하고 도로에서 위험
방지와 다른 차량의 원활한 소통을 위하여 필요한 경우를 제외하고는,
도로교통법상 신고의무가 있습니다.

(4) 뺑소니사고를 당한 경우

뺑소니사고 사고를 당한 경우에는 도주하는 차량의 차량번호나 특징
(색깔, 차종, 차의 흠집이나 각종 부착물 등 특징) 등을 기록하여 두고,
목격자의 연락처와 진술을 받아두어야 합니다. 한편 도주차량을 검거하
지 못하였을 경우에도 뺑소니 사고임을 증명하는 교통사고사실확인원
등 입증자료를 확보하여 보상청구를 하면 최고 6,000만원 한도 내에서
피해보상을 받을 수 있습니다.

즉 자동차손해배상보장법에서 따른 보장사업제도가 있는데 이는 자
동차 사고로 인한 피해자가 다른 수단으로는 전혀 보상을 받을 수 없
는 경우에 피해자에 대한 최소한의 구제를 목적으로 국가에서 시행하
고 있는 일종의 사회보장제도입니다.

1) 제출서류는

· 교통사고사실확인서(관할경찰서 발행)

· 보장사업청구서 겸 위임장(동부화재에 구비된 소정양식)

· 피해자의 진단서

· 피해자의 치료비 영수증 및 명세서

· 피해자의 주민등록등본 또는 가족관계증명서

· 피해자 본인 또는 보상금 청구(수령)자 인감증명서

· 기타 손해액 입증에 필요한 서류

이며 손해의 사실을 안 날로부터 2년 이내에 청구하면 최고 8,000만원 한도 내에서 보상받을 수 있습니다.

2) 시효, 기타

교통사고로 인한 손해배상청구권은 피해자나 법정대리인(미성년자의 부모 등)이 그 손해 및 가해자를 안 날로부터 3년간 이를 행사하지 않으면 시효로 소멸합니다.

또한 사고일로부터 10년이 지나도 소멸합니다.

이것은 손해 및 가해자를 안 날로부터 3년이 지나면 더 이상 손해배상을 청구할 수 없고, 가해자와 손해를 알고 있었던 모르고 있었던 간에 사고일로부터 10년이 지나면 무조건 손해배상을 청구할 수 없다는 뜻입니다.

이 때 손해 및 가해자를 안 날이라 함은 손해의 발생사실과 손해가 가해자의 불법행위로 인하여 발생하였다는 것, 그리고 가해행위와 손해 사이의 인과관계(그 가해행위 때문에 손해가 발생했다는 사실)까지를 안다는 것을 의미합니다. 그러므로 사고 후 한참이 지나 후유증이 발생하고 그 후유증이 교통사고 때문이라는 것을 알게 되었다면 그 알게된 날로부터 3년 이내에 손해배상을 청구할 수 있습니다.

일반적으로는 교통사고가 발생하면 그 순간 대개 가해자나 손해를 알게 되므로 사고난 때로부터 소멸시효를 계산한다고 보고 사고일로부터 3년 이내에 소송을 제기하는 것이 안전할 것입니다.

그런데 사고일로부터 3년이 거의 다 되어가는데 소송을 제기할 준비가 되어 있지 않다면 가해자나 보험회사에게 피해 배상을 청구하는

내용증명을 보내면 6개월 간 시효를 연장할 수 있으므로 그 때부터 6
개월 내에 소송을 하면 됩니다.

3) 위자료

일반적인 손해배상이 물질적, 금전적 손해에 대한 손해배상이라면,
위자료는 정신적 손해에 대한 배상입니다. 일반적인 손해배상금은 지
금까지 본 바와 같은 계산방식에 따라 산정하지만, 위자료는 주관적
요소도 있기 때문에 법원이 여러 가지 사정을 참작하여 정하고 그 액
수를 정하는 것은 판사의 고유권한이라고 할 수 있습니다.

대개 사고경위와 피해정도, 피해자 및 가해자 양측의 제반 사정을
모두 참작하는데, 피해자측 참작사유는 상해의 부위 및 정도, 후유증
(노동능력 상실정도), 입원치료기간, 피해자측 과실정도, 피해자의 연
령, 성별, 직업, 수입정도, 사회적 지위, 재산상태 및 가족관계, 위로금
의 액수 등이며, 가해자측 참작요소로는 가해자의 고의 혹은 과실 정
도, 연령, 직업, 사회적지위, 재산상태 및 사고 후 피해자에게 보인 성
의 등입니다.

그러나 교통사고와 같이 늘상 일어나는 사고의 경우에는 위자료에
대해 일정한 기준이 필요하므로 실무상 법원에서는 위자료 산정의 일
정한 기준을 정하고 있습니다.

4) 위자료 산정 기준(사망사고)(서울지방법원 실무례)

사망 사고일 때나 장해율이 100%일 때는

5,000만원 × { 1 − (피해자과실 × 0.6) }입니다.

* 참고로 보험회사에서 위자료를 계산할 때는 피해자 과실의 60%만을
  빼는 것이 아니고 피해자과실 전체를 그대로 빼는 것이 보통입니다.

5) 위자료 산정기준(장해가 있을 때)(서울지방법원 실무례)

노동능력상실율에 따라

5,000만원 × 노동능력상실율 × { 1 − (피해자과실비율 × 0.6) }
입니다.

예를 들어 장해율이 20% 나오고 피해자과실이 10% 라면

5,000만원 × 0.2 × { 1 - (0.1× 0.6) } = 940만원입니다.

다쳐서 장기간 입원했으나 완치되어 장해가 없는 경우에는 일정한 기준은 없고 피해자의 부상정도, 나이, 치료기간 등을 고려해 법원이 정합니다. 대략 입원기간과 부상정도에 따라 100만원에서 500만원 정도의 위자료를 지급받을 수 있을 것입니다.

7. 교통사고관련 문답

◆ 종합보험가입하고 교통사고야기한 자를 대신하여 허위진술한 경우
  범인도피죄여부

질문 ➡ 김갑돌은 친구 이을남이 운전하고 종합보험에 가입한 이을남소
유 승용차에 동승하고 있던 중 이을남이 운전부주의로 김갑돌
에게 전치 4주의 상해가 발생하는 교통사고를 야기하였음에도
불구하고, 이을남이 그 이전에도 교통사고를 야기한 사실이 있
었다는 말을 듣고 교통사고를 조사하는 경찰관에게 적극적으로
김갑돌 자신이 운전하다 사고를 내었다고 허위의 진술을 하였
습니다. 그런데 그 후 진술의 앞뒤가 맞지 않아 이을남이 진범
임이 밝혀졌으나 이을남은 조사 받기를 회피하고 있으며, 김갑
돌은 범인도피죄로 조사를 받고 있습니다. 이 경우 이을남이
자동차종합보험에 가입하여 교통사고처리특례법에 의하여 공소
권 없음으로 처리될 수 있는 경우에도 범인도피죄가 문제될 수
있는지요?

답변 ➡   허위사실을 진술함으로써 실제 운전자를 도피하게 하였으
므로 범인도피죄가 성립될 여지가 있다고 하겠습니다.

형법 제151조 제1항에서는 "벌금이상의 형에 해당하는 죄
를 범한 자를 은닉 또는 도피하게 한 자는 3년 이하의 징
역 또는 500만원이하의 벌금에 처한다."라고 규정하고 있
습니다.

그런데 위 사안과 관련된 판례를 보면, "형법 제151조에
서 규정하는 범인도피죄는 범인은닉 이외의 방법으로 범
인에 대한 수사, 재판 및 형의 집행 등 형사사법의 작용
을 곤란 또는 불가능하게 하는 행위를 말하는 것으로서,
그 방법에는 어떠한 제한이 없고, 또한 위 죄는 위험범으
로서 현실적으로 형사사법의 작용을 방해하는 결과가 초
래될 것이 요구되지 아니할 뿐만 아니라, 형법 제151조

소정의 「벌금 이상의 형에 해당하는 죄를 범한 자」라 함은 범죄의 혐의를 받아 수사대상이 되어 있는 자도 포함하고, 벌금 이상의 형에 해당하는 자에 대한 인식은 실제로 벌금 이상의 형에 해당하는 범죄를 범한 자라는 것을 인식함으로써 족하고 그 법정형이 벌금 이상이라는 것까지 알 필요는 없으며, 범인이 아닌 자가 수사기관에 범인임을 자처하고 허위사실을 진술하여 진범의 체포와 발견에 지장을 초래하게 한 행위는 위 죄에 해당한다."라고 하면서 "범인에 대하여 적용 가능한 죄가 도로교통법위반죄로부터 교통사고처리특례법위반죄를 거쳐 상해죄에 이르기까지 다양하고, 그 죄들은 모두 벌금 이상의 형을 정하고 있으며 범인에게 적용될 수 있는 죄가 교통사고처리특례법위반죄에 한정된다고 하더라도 자동차종합보험 가입사실만으로 범인의 행위가 형사소추 또는 처벌을 받을 가능성이 없는 경우에 해당한다고 단정할 수 없을 뿐 아니라, 피고인이 수사기관에 적극적으로 범인임을 자처하고 허위사실을 진술함으로써 실제 범인을 도피하게 하였다."는 이유로 범인도피죄의 성립을 인정한 사례가 있습니다(대법원 2000. 11. 24. 선고 2000도4078 판결).

위 판례의 이유를 구체적으로 살펴보면, 운전자의 행위가 교통사고처리특례법 제3조 제1항 위반죄에 한정된다고 하더라도, 자동차종합보험 가입사실은 교통사고처리특례법 제4조 제1항이 규정하는 바와 같이 공소를 제기할 수 없다는 소송조건에 해당하는 것으로서, 그것도 교통사고처리특례법 제3조 제2항에 의하여 피해자가 나중에 사망에 이르거나 또는 교통사고처리특례법 제3조 제2항이 규정하는 10가지의 단서, 특히 음주나 과속운전 등에 해당하는 경우에는 적용되지 아니하는 것이므로, 이러한 경우 수사기관으로서는 위 단서의 적용여부를 가리기 위하여 운전자의 행위에 대하여 얼마든지 수사를 할 수 있는 것이고, 그 결과에 따라 운전자에 대한 소추나 처벌 여부가 가려지게 되는 것이므로, 자동차종합보험 가입사실만으로 운전자의 행위가 형사소추 또는 처벌을 받을 가능성이 없는 경우에 해당한다고 단정할 수 없는 것임은 물론이고, 허위진술자가 수사기관에 적극적으로 자신이 운전자라는 허위사실을 진술함으로써 실제 운전자를 도피하게 하였다면 그로써 수사권의 행사를 비롯한 국가의 형사사법 작용은 곤란 또는 불가능하게 되는 것이라고 아니할 수 없으므로 (예컨대, 수사기관이 초동단계에서 실제 운전자에 대한 음주측정을 하지 못하여 교통사고처리특례법위반죄로 기소하지 못하게 되는 상황이 발생할 수 있음), 허위진술자는 범인도피죄에 해당한다는 것입니다.

따라서 위 사안에서 이을남이 자동차종합보험에 가입하여 결과적으로 교통사고처리특례법에 의하여 공소권이 없는 것으로 된다고 하여도, 김갑돌은 적극적으로 자신이 운전자라는 허위사실을 진술함으로써 실제 운전자를 도피하게 하였으므로 범인도피죄가 성립될 여지가 있다고 하겠습니다.

◆ 음주운전할 생각으로 만취후 운전하여 교통사고 일으킨 경우 심신
  장애로 인한 감경여부

질문 ➡ 제 동생은 평소 가정의 불화로 고민하다가 음주운전을 하겠다
는 생각으로 음주하여 만취된 후 자동차를 운전하다가 피해자
를 상해하는 등의 교통사고를 일으키고 현재 구속기소 되었습
니다. 이 경우 만취상태였으므로 심신장애로 인한 형의 감경을
받을 수 있는지요?

답변 ➡ 심신미약을 이유로 형의 감경을 인정받기는 어려울 것으
로 판단됩니다.

심신장애자의 처벌에 관하여 형법 제10조에서는 "① 심신
장애로 인하여 사물을 판별할 능력이 없거나 의사를 결정
할 능력이 없는 자의 행위는 벌하지 아니한다. ② 심신장
애로 인하여 전항의 능력이 미약한 자의 행위는 형을 감
경(減輕)한다. ③ 위험의 발생을 예견하고 자의로 심신장
애를 야기한 자의 행위에는 전 2항의 규정을 적용하지 아
니한다."라고 규정하고 있습니다.

행위자가 고의 또는 과실로 자기를 심신상실 또는 심신미
약의 상태에 빠지게 한 후 이러한 상태에서 범죄를 실행
하는 것을 「원인에 있어서 자유로운 행위」라고 합니다.
예컨대, 살인을 결심한 자가 용기를 얻기 위하여 음주 대
취한 후 명정상태에서 범행을 저지른 경우 등을 말하는데,
이 경우 행위자는 비록 심신미약이나 심신상실의 상태에
서 행위를 하였다고 할지라도 형이 감경되거나 면제되지
아니하고 형법 제10조 제3항에 따라 그 행위에 대한 완전
한 책임을 부담하게 됩니다.

관련 판례를 보면, "피고인이 자신의 차를 운전하여 술집

에 가서 술을 마신 후 운전을 하다가 교통사고를 일으켰다면, 이는 피고인이 음주할 때 교통사고를 일으킬 수 있다는 위험성을 예견하고도 자의로 심신장애를 야기한 경우에 해당하여, 가사 사고 당시 심신미약 상태에 있었다고 하더라도 심신미약으로 인한 형의 감경을 할 수 없다."라고 하였으며(대법원 1995. 6. 13. 선고 95도826 판결, 1994. 2. 8. 선고 93도2400 판결), 또한 "형법 제10조 제3항은 고의에 의한 원인에 있어서의 자유로운 행위만이 아니라 과실에 의한 원인에 있어서의 자유로운 행위까지도 포함하는 것으로서, 위험의 발생을 예견할 수 있었는데도 자의로 심신장애를 야기한 경우도 그 적용대상이 된다고 할 것이어서, 피고인이 음주운전을 할 의사를 가지고 음주만취 한 후 운전을 결행하여 교통사고를 일으켰다면 피고인은 음주시에 교통사고를 일으킬 위험성을 예견하였는데도 자의로 심신장애를 야기한 경우에 해당하므로 위 법 조항에 의하여 심신장애로 인한 감경 등을 할 수 없다."라고 하였습니다(대법원 1992. 7. 28. 선고 92도999 판결).

따라서 귀하의 동생의 경우에도 비록 고의에 의하지 아니하였다고 하더라도 음주운전의 위험성을 예견한 경우에 해당한다 할 것이므로 심신미약을 이유로 형의 감경을 인정받기는 어려울 것으로 판단됩니다.

◆ 집행명령에 의한 집행개시 후 집행불능되어도 벌금형의 시효가 중단되는지?

> **질문 ➡** 저의 동생은 4년 전 교통사고처리특례법위반으로 50만원의 벌금형을 선고받았으나 이를 납부하지 않은 채 행방불명되었습니다. 위 선고 2년 후 동생 명의의 승용차에 대한 검사의 집행명령에 기하여 집행관이 집행을 하였으나 집행불능으로 종료되었으며, 최근 다시 벌금을 납부하라는 통지를 받았습니다. 벌금은 3년이 지나면 시효완성으로 납부하지 않아도 된다고 하는데 벌금을 납부해야 하는지요?

답변 ➡ 시효기간이 완성되기 전에 중단된 경우이므로 선고된 벌금을 납부해야 될 것으로 보입니다.

현행법상의 형사시효에는 형법상의 형의 시효(형법 제78조 내지 제80조)와 형사소송법상의 공소시효(형사소송법 제249조)의 두 가지가 있으며, 형의 시효란 형의 선고를 받은 자가 재판이 확정된 후 그 형의 집행을 받지 않고 일정한 기간이 경과하면 그 집행이 면제되는 제도를 말하며, 공소시효란 어떤 범죄에 대하여 일정한 기간이 경과한 때에는 공소를 제기할 수 없는 것을 말합니다.

형법 제78조에서 규정하고 있는 형의 시효는 형을 선고하는 재판이 확정된 후 그 집행을 받음이 없이 ① 사형은 30년, ② 무기의 징역 또는 금고는 20년, ③ 10년 이상의 징역 또는 금고는 15년, ④ 3년 이상의 징역이나 금고 또는 10년 이상의 자격정지는 10년, ⑤ 3년 미만의 징역이나 금고 또는 5년 이상의 자격정지는 5년, ⑥ 5년 미만의 자격정지, 벌금, 몰수 또는 추징은 3년, ⑦ 구류 또는 과료는 1년이 경과함으로써 완성되는 것으로 하고 있습니다.

위의 규정에 의하면 벌금의 시효기간은 3년이므로, 위 사안의 경우 재판이 확정된 때로부터 3년이 지났으므로 시효기간이 완성되어 벌금을 납부하지 않아도 되는 것으로 생각될 수도 있습니다.

그러나 형법 제80조에 의하면 시효는 사형, 징역, 금고와 구류에 있어서는 수형자를 체포함으로써, 벌금, 과료, 몰수, 추징에 있어서는 강제처분을 개시함으로 인하여 중단된다고 규정되어 있으므로 위 사안의 경우 검사의 집행명령(형사소송법 제477조)에 의하여 집행관이 집행을 개시한 때에 시효가 중단되었으므로 집행불능이 된 때로부터 다시 3년이 지나야 시효가 완성된다고 보아야 할 것입니다.

따라서 위 사안의 경우 벌금형의 선고를 받고 재판이 확정된 후 3년의 시효기간이 완성되기 전에 중단된 경우이므로 선고된 벌금을 납부해야 될 것으로 보입니다.

참고로 판례도 "검사의 집행명령에 의하여 집달관(현재는 집행관)이 벌금형의 집행을 하였으나 압류대상물건의 평가액이 집행비용에도 미달되어 집행불능이 된 경우에는 강제처분을 개시한 것이라고 해석되므로 이에 의하여 벌금형의 시효기간은 중단된 것이다."라고 하였습니다(대법원 1992. 12. 28.자 92모39 결정).

◆ 교통사고처리특례법상 예외사유

질문 ➡ 교통사고처리특례법상 예외사유에는 어떤 것이 있는지요?

답변 ➡ 특례의 예외규정 11가지는 다음과 같습니다.

교통사고처리특례법이란 업무상과실 또는 중대한 과실로 교통사고를 일으킨 운전자에 관한 형사처벌 등의 특례를 정함으로써 교통사고로 인한 피해의 신속한 회복을 촉진하고 국민생활의 편익을 증진함을 목적으로 제정된 법률입니다.

이에 의하면 교통사고 피해자가 사망하지 않고, 피해자가 운전자의 처벌을 원치 않을 때에는 검사가 공소를 제기하지 못하도록 되어 있습니다. 피해자가 운전자의 처벌을 원치 않을 경우란 통상 피해자와 합의를 함으로써 인정되고, 또한 가해차량이 자동차종합보험이나 공제조합에 가입되어 있을 경우에도 마찬가지입니다(교통사고처리특례법 제4조).

그러나 피해자가 사망한 경우와 차의 운전자가 피해자를 구호조치하지 않고 도주하거나 피해자를 사고장소로부터 옮겨 유기하고 도주한 경우의 뺑소니운전자 및 교통사고처리특례법 제3조 제2항 단서 규정의 11가지 사유에 해당되는 경우에는 피해자와의 합의나 종합보험가입여부에 상관없이 처벌을 받게됩니다. 특례의 예외규정 11가지는 다음과 같습니다.

 1) 신호위반

교통신호기 또는 교통정리를 위한 경찰관(이를 보조하는 교통순시원, 전투경찰대원 포함)의 신호나 통행의

금지 또는 일시정지를 내용으로 하는 안전표지가 표시
하는 지시에 위반한 경우

2) 중앙선 침범

차선이 설치된 도로의 중앙선을 침범하거나 횡단, 회전
이 금지된 도로에서 횡단 또는 회전하는 경우

3) 속도위반

제한속도를 시속 20킬로미터를 초과하여 운전한 경우

4) 앞지르기방법 또는 금지 위반의 경우

5) 건널목 통과방법 위반의 경우

6) 보행자보호 위반과 횡단보도상의 사고

7) 무면허운전

8) 음주운전

9) 보도 설치된 도로의 보도를 침범하거나, 보도횡단방법
에 위반한 경우

10) 승객의 추락방지의무를 위반하여 운전한 경우

11) 어린이 보호구역에서 어린이의 안전에 유의하면서
운전하여야 할 의무를 위반하여 어린이의 신체를 상
해에 이르게 한 경우

◆ 범칙금이란 어떤 것인지?

> **질문 ➡** 교통법규를 위반하면 범칙금을 납부하는데, 범칙금이란 무엇이
> 며 이를 납부하지 않을 경우 어떠한 처벌을 받게 되는지요?

답변 ➡   중대하지 않은 교통법규위반에 대하여 20만원 이하의 벌
금으로 과하는 것이고, 납부하지 않을 경우 관할경찰서장
은 즉결심판에 회부하며, 법원은 도로교통법상의 벌금, 구
류, 과료에 처하게 됩니다.

도로교통법 제156조와 제157조(2009. 4. 1. 법률 제9580
호로 개정 2009. 10. 2.부터 시행)에서는 중대하지 않은
교통법규위반에 대하여 20만원 이하의 벌금이나 구류 또
는 과료의 형으로 벌한다고 규정하고 있습니다. 그러나
경미한 교통법규위반사건 모두에 대하여 정식수사와 재판
을 거쳐야 한다면 너무 많은 사람들이 관할기관에 불려
다니며 시간을 보내야 하므로 일상생활에 적지 않은 지장
을 주게 될 것입니다.

이러한 불합리한 점을 개선하기 위하여 경미한 도로교통
법규위반사범에 대하여는 당해 운전자를 범칙자로 규정하
고 이에 대하여 경찰서장이 범칙금 납부통고서로 납부할
것을 통고할 수 있고, 이러한 처분에 의해 납부하는 돈을
범칙금이라고 합니다(도로교통법 제163조, 제164조). 위
와 같은 범칙금납부통고서를 받은 사람은 10일 이내에 경
찰청장이 지정하는 국고은행, 그 지점이나 대리점 또는
우체국에 납부하여야 하고 다만, 천재·지변 그 밖의 부득
이한 사유로 말미암아 그 기간 내에 범칙금을 납부할 수
없는 때에는 그 부득이한 사유가 없어지게 된 날로부터 5

일 이내에 납부하여야 하며, 위 납부기간 내에 범칙금을
납부하지 아니한 사람은 납부기간이 만료되는 날의 다음
날부터 20일 이내에 통고 받은 범칙금에 그 100분의 20
을 더한 금액을 납부하여야 합니다(도로교통법 제164조
제2항). 그리고 범칙금을 납부하면 그 범칙행위에 대하여
다시 벌받지 아니합니다(도로교통법 제164조 제3항).

그러나 범칙금을 납부기간이 만료되는 날의 다음날부터
20일 이내에 통고 받은 범칙금에 그 100분의 20을 더한
금액을 납부하지도 않을 경우에는 관할경찰서장은 즉결심
판에 회부하고, 법원은 도로교통법상의 벌금, 구류, 과료
에 처하게 됩니다. 다만, 범칙금을 납부기간이 만료되는
날의 다음날부터 20일 이내에 통고 받은 범칙금에 그
100분의 20을 더한 금액을 납부하지도 않은 사람일지라
도 즉결심판이 청구되기 전까지 통고 받은 범칙금에 100
분의 50을 더한 금액을 납부한 사람에 대하여는 즉결심판
청구를 하지 아니하고, 즉결심판이 청구된 피고인이 즉결
심판의 선고 전까지 통고 받은 범칙금액에 그 100분의
50을 더한 금액을 납부하고 증빙서류를 제출한 때에는 경
찰서장은 그 피고인에 대한 즉결심판청구를 취소하게 되
며, 이 경우에도 그 범칙행위에 대하여 다시 처벌받지 아
니합니다(도로교통법 제165조).

즉결심판에 회부되어 즉결심판을 받은 경우 피고인이 즉
결심판에 대하여 불복한다면 7일 이내에 관할경찰서장에
게 정식재판청구서를 제출하면 정식재판을 받을 수 있을
것입니다(즉결심판에 관한 절차법 제14조).

◈ 연습운전면허를 받은 사람이 법령의 준수사항을 지키지 않은 경우
무면허운전인지?

질문 ➡ 저는 연습운전면허를 받은 후 혼자서 주행연습을 하다가 적발
되었습니다. 그런데 제가 연습운전면허를 가진 자임에도 혼자
서 운전연습을 하였다고 무면허운전이 되는지요?

답변 ➡   무면허운전으로 처벌되지는 않을 것으로 보입니다.

도로교통법시행규칙 제55조에서는 "운전면허(연습하고자
하는 자동차를 운전할 수 있는 운전면허에 한한다)를 받
은 날부터 2년이 경과된 사람(소지하고 있는 운전면허의
효력이 정지지간 중인 사람을 제외한다)과 함께 승차하여
그 사람의 지도를 받아야 한다.."라고 규정하고 있습니다.
그런데 도로교통법 제43조는 "누구든지 제80조의 규정에
의하여 지방경찰청장의 운전면허를 받지 아니하거나 운전
면허의 효력이 정지된 경우에는 자동차 등을 운전하여서
는 아니 된다"라고 규정하고 있습니다.

그러므로 귀하와 같이 연습운전면허를 받은 사람이 도로교
통법 시행규칙 55조의 준수사항을 지키지 않고 혼자서 주
행연습을 한 경우 무면허운전죄가 성립되는지에 관하여 판
례를 보면, "연습운전면허를 받은 사람이 도로에서 주행연
습을 하는 때에는 운전면허를 받은 날부터 2년이 경과한
사람과 함께 타서 그의 지도를 받아야 하는바, 연습운전면
허를 받은 사람이 도로에서 주행연습을 함에 있어 위와 같
은 준수사항을 지키지 않았다고 하더라도 준수사항을 지키
지 않은 데에 따른 제재를 가할 수 있음은 별론으로 하고
그 운전을 무면허운전이라고 할 수는 없다."라고 하였습니
다(대법원 2001. 4. 10. 선고 2000도5540 판결).

따라서 위 사안의 경우 귀하가 무면허운전으로 처벌되지
는 않을 것으로 보입니다.

◆ 주차장에서의 음주운전도 도로교통법상의 음주운전에 해당하는지?

질문 ➡ 저의 남편은 친구의 초청으로 가족동반 저녁식사를 하러 승용차를 가지고 근교음식점에 갔다가 그 음식점주차장으로 사용하는 공터에 주차한 후 음주를 겸한 식사를 하였습니다. 그런데 종업원이 남편에게 다른 차의 주차가 어렵다며 비스듬히 세워놓은 남편차량을 바로 해달라고 요청하였고 남편은 다시 주차를 하였습니다. 그러나 때마침 지나가던 경찰관에게 적발되어 음주운전으로 인한 도로교통법위반으로 벌금형의 약식명령을 받았는데, 이것이 정당한지요?

답변 ➡ 죄가 없는 것으로 보아야 할 것입니다. 그러므로 약식명령을 받은 후 1주일 내에 법원에 정식재판청구를 하여 다투어 볼 수 있다고 하겠습니다.

주취 중 운전금지에 관하여 도로교통법 제44조 제1항은 "누구든지 술에 취한 상태에서 자동차 등(건설기계관리법 제26조 제1항 단서의 규정에 의한 건설기계외의 건설기계를 포함)을 운전하여서는 아니된다."라고 규정하고 있습니다. 그리고 도로교통법 제148조의2 제1호는 "제44조 제1항을 2회 이상 위반한 사람으로서 다시 같은 조 제1항을 위반하여 술에 취한 상태에서 자동차등을 운전한 사람은 1년 이상 3년 이하의 징역이나 500만원 이상 1천만원 이하의 벌금에 처한다."라고 규정하고 있습니다.

또한, 도로교통법 제2조 제1호는 도로교통법에서 사용되는「도로」라 함은 도로법에 의한 도로, 유료도로법에 의한 유료도로, 농어촌도로 정비법에 따른 농어촌도로, 그 밖에「현실적으로 불특정 다수의 사람 또는 차마의 통행을 위하여 공개된 장소로서 안전하고 원활한 교통을 확보할 필요가 있는 장소」로 규정하고 있는데, 도로교통법

제148조의2 제1호 소정의 처벌대상자에 해당하기 위해서
는 운전한 장소가 도로교통법 제2조 제1호 소정의 도로이
어야 합니다. 그런데 위 규정의 「일반교통에 사용되는 모
든 곳」에 관한 판례를 보면, "도로교통법 제2조 제1호에
서 도로의 개념으로 정한 「일반교통에 사용되는 모든
곳」이라 함은 현실적으로 불특정 다수의 사람 또는 차량
의 통행을 위하여 공개된 장소로서 교통질서유지 등을 목
적으로 하는 일반 교통경찰권이 미치는 공공성이 있는 곳
을 의미하는 것이므로, 특정인들 또는 그들과 관련된 특
정한 용건이 있는 자들만이 사용할 수 있고 자주적으로
관리되는 장소는 이에 포함된다고 볼 수 없다."라고 하였
습니다(대법원 1999. 12. 10. 선고 99도2127 판결).

그런데 주차장에서의 음주운전이 도로교통법상의 처벌대
상이 되는지에 관련된 판례를 살펴보면, ① 시청 내의 광
장주차장 또는 도로의 노면의 일정구역에 설치된 노상주
차장 등에서 운전한 것을 도로에서 차를 그 본래의 사용
방법에 따라 사용하는 것에 해당한다고 한 판례가 있는
반면(대법원 1992. 9. 22. 선고 92도1777 판결, 1997.
11. 11. 선고 97도1841 판결), ② 주차장으로 사용되는
주점 옆 공터가 일반공중이나 차량들이 자유로이 통행할
수 있는 통행장소가 아니라면 도로법이나 유료도로법 소
정의 도로에 해당한다고 할 수 없고 일반교통에 사용되는
곳이라고 보기도 어려워 도로교통법상의 도로라고 할 수
없다는 사례(대법원 1992. 10. 9. 선고 92도448 판결) 및
나이트클럽 주차장이 도로교통법상의 도로라고 할 수 없
다는 사례(대법원 1992. 10. 9. 선고 92도1330 판결), 아
파트의 구내 노상주차장에 주차된 차량을 아파트 구내 지
하주차장으로 옮기기 위하여 운전한 경우 도로교통법위반

행위에 해당하지 않는다고 한 사례(대법원 1999. 12. 10. 선고 99도2127 판결), 호텔 및 가든을 경영하는 자의 사유지로서 5대 정도의 차가 주차할 수 있도록 주차선을 구획해놓아 그 호텔 등을 찾는 손님들의 주차장소로만 사용되는 곳을 도로교통법상의 도로라고 할 수 없다고 한 사례(대법원 2001. 1. 19. 선고 2000도2763 판결)가 있습니다.

따라서 귀하의 남편의 경우는 위 두 번째 대법원 판례의 사례에 해당되는 것으로 보이므로 죄가 없는 것으로 보아야 할 것입니다. 그러므로 약식명령을 받은 후 1주일 내에 법원에 정식재판청구를 하여 다투어 볼 수 있다고 하겠습니다.

◆ 도로교통법상 음주측정불응죄 성립여부

질문 ➡ 김갑돌은 망년회에서 2홉들이 소주 1병을 마시고 승용차를 운전하여 귀가하던 중 인도를 침범하여 행인에게 중상을 입혔습니다. 김갑돌은 출동한 경찰관의 음주측정요구에 불응하였는데 이 경우 음주측정불응죄로 처벌받아야 하는지요?

답변 ➡ 음주측정불응죄가 성립될 것으로 보입니다.

도로교통법 제44조 제2항에 의하면 "경찰공무원(자치경찰공무원을 제외한다. 이하 이 항에서 같다)은 교통의 안전과 위험방지를 위하여 필요하다고 인정하거나 제1항의 규정을 위반하여 술에 취한 상태에서 자동차등을 운전하였다고 인정할 만한 상당한 이유가 있는 때에는 운전자가 술에 취하였는지의 여부를 호흡조사에 의하여 측정할 수 있다. 이 경우 운전자는 경찰공무원의 측정에 응하여야 한다."라고 규정하고 있습니다.

이 규정은 종전에는 교통안전과 위험방지를 위하여 필요한 때에만 음주측정을 하도록 규정되어 있었으나 이를 개정하여 술에 취한 상태에서 자동차 등을 운전하였다고 인정할 만한 상당한 이유가 있는 때에도 음주측정을 할 수 있도록 하였고, 이에 불응한 경우 음주측정불응죄가 성립되도록 하였습니다(1995. 1. 5. 개정).

그리고 판례도 "교통안전과 위험방지를 위하여 필요한 경우가 아니라고 하더라도 음주측정요구 당시의 객관적 사정을 종합하여 볼 때 운전자가 술에 취한 상태에서 자동차 등을 운전하였다고 인정할 만한 상당한 이유가 있고, 운전자의 음주운전여부를 확인하기 위하여 필요한 경우에는 사후의 음주측정에 의하여 음주운전여부를 확인할 수 없음이 명백하지 않는 한 경찰공무원은 당해 운전자에 대하여 음주측정을 요구할 수 있고, 당해 운전자가 이에 불응한 경우에는 음주측정불응죄가 성립한다."라고 하였으며(대법원 1997. 6. 13. 선고 96도3069 판결), "운전자가 술에 취한 상태에서 자동차 등을 운전하였다고 인정할 만한 상당한 이유가 있는지의 여부는 음주측정요구 당시 개별운전자마다 그의 외관·태도·운전행태 등 객관적 사정을 종합하여 판단하여야 할 것이고, 특히 운전자의 운전이 종료한 후에는 운전자의 외관·태도 및 기왕의 운전행태, 운전자가 마신 술의 종류 및 양, 음주운전의 종료로부터 음주측정의 요구까지의 시간적·장소적 근접성 등 객관적 사정을 종합하여 신중하게 판단할 것이 요구된다."라고 하였습니다(대법원 1999. 12. 28. 선고 99도2899 판결).

그러므로 귀하의 경우에도 이미 사고가 발생하였고 더 이상 차량운행이 불가능하여 교통안전과 위험방지의 필요성이 존재하지 않는다고 하여도 당시의 객관적 사정을 종합하여 볼 때 귀하가 술에 취한 상태에서 자동차 등을 운전하였다고 인정할 만한 상당한 이유가 있을 경우에는 음주측정에 응하여야 하고 음주측정요구에 불응한 때에는 음주측정불응죄가 성립될 것으로 보입니다.

그리고 이러한 경찰공무원의 음주측정에 응하지 아니한 사람은 1년 이상 3년 이하의 징역이나 500만원 이상 1천만원 이하의 벌금으로 벌합니다(도로교통법 제148조의2 제2호).

◆ 호흡측정기에 의한 음주측정결과가 주취운전을 인정하는 절대적 증거가 되는지?

> **질문 ➡** 호흡측정기에 의한 음주측정에 있어서 혈중알콜농도가 예상치 못하게 높아 혈액채취에 의한 측정을 적극적으로 요구하였으나, 경찰관이 이에 응하지 않았을 경우 호흡측정기에 의한 음주측정수치가 그대로 인정될 수 밖에 없는지요?

답변 ➡ 특별한 사정이 있는 경우에는 호흡측정기에 의한 음주측정 결과가 신빙성을 인정받지 못할 가능성도 있습니다.

도로교통법 제44조에서는 "① 누구든지 술에 취한 상태에서 자동차등(「건설기계관리법」 제26조 제1항 단서의 규정에 의한 건설기계 외의 건설기계를 포함한다. 이하 이 조, 제45조, 제47조, 제93조 제1항 제1호 내지 제4호 및 제150조에서 같다)을 운전하여서는 아니된다. ② 경찰공무원(자치경찰공무원을 제외한다. 이하 이 항에서 같다)은 교통의 안전과 위험방지를 위하여 필요하다고 인정하거나 제1항의 규정을 위반하여 술에 취한 상태에서 자동차등을 운전하였다고 인정할 만한 상당한 이유가 있는 때에는 운전자가 술에 취하였는지의 여부를 호흡조사에 의하여 측정할 수 있다. 이 경우 운전자는 경찰공무원의 측정에 응하여야 한다. ③ 제2항의 규정에 의하여 술에 취하였는지의 여부를 측정한 결과에 불복하는 운전자에 대하여는 그 운전자의 동의를 얻어 혈액채취 등의 방법으로 다시 측정할 수 있다. ④ 제1항의 규정에 따라 운전이 금지되는 술에 취한 상태의 기준은 혈중알콜농도가 0.05퍼센트 이상으로 한다. "라고 규정하고 있으며, 도로교통법 제148조의2 제1호에서는 "도로교통법 제44조 제1항의 규정에 위반하여 술에 취한 상태에서 자동차 등을 운전한 사람은 1년 이상 3년 이하의 징역이나 500만원 이상 1천만원 이하의 벌금에 처한다."라고 규정하고 있습니다.

그런데 위 사안과 관련된 판례를 보면, "호흡측정기에 의한 측정방법은 혈중알콜농도에 대한 간접적인 측정방법으로서 그 기계 자체에 내재적인 측정오차가 있고, 사람마다의 체질에 따라 측정치가 달리 나올 가능성이 있으며, 기계의 오작동 내지 고장의 가능성도 전적으로 배제하기 어렵다고 알려져 있는 바, 그러한 사정을 감안하여 도로교통법 제41조 제3항은 술에 취하였는지 여부를 측정한 결과에 불복하는 운전자에 대하여는 운전자의 동의를 얻어 혈액채취 등의 방법으로 다시 측정할 수 있다고 규정하고 있으므로, 피고인이 술을 조금 마셨을 뿐 아니라 술을 마신 후 이미 4시간이 경과하여 그렇게 높은 수치가 나타날 리가 없는데 고지된 수치는 높게 나타났다면서 혈액채취에 의한 측정을 적극적으로 요구하였다면, 단속경찰관으로서는 도로교통법 제41조 제2항의 취지에 따라 불복의 이유를 들어보고 상당한 이유가 있다고 판단될 경우 다시 호흡측정기로 측정을 하여 그 수치를 직접 확인케 해주든지 아니면 피고인의 요구에 따라 혈액채취를 하는 등의 조치를 취하여야 할 것임에도 불구하고, 재측정수치를 육안으로 확인케 해주지도 않은 채 주취운전자 적발보고서를 작성한 후 20분이 경과한 다음에는 혈액채취에 의한 음주측정이 불가능하다는 이유를 들어 이를 행하지 아니한 이상 음주측정기에 의한 최초의 측정결과는 그 신빙성이 의심스럽다고 할 것이어서 음주측정기에 의한 최초 측정결과가 고지된 사실만으로 피고인의 주취운전을 인정하기 어렵다."라고 하였습니다(대법원 2001. 7. 13. 선고 2001도769 판결).

따라서 위 판례의 경우와 같은 특별한 사정이 있는 경우에는 호흡측정기에 의한 음주측정결과가 신빙성을 인정받지 못할 가능성도 있습니다.

◆ 음주측정수치가 나타날 정도로 숨을 불어넣지 아니한 경우 음주측
정불응죄 성립여부

질문 ➡김갑돌은 음주운전을 하다가 적발되었는데, 경찰관의 음주측정
요구를 받고 형식적으로 음주측정에 응하였을 뿐 호흡측정기에
음주측정수치가 나타날 정도로 숨을 불어넣지 아니 하였습니
다. 이러한 경우에도 음주측정불응죄가 성립되는지요?

답변 ➡ 경찰공무원의 거듭된 요구에도 불구하고 호흡측정기에 음
주측정수치가 나타날 정도로 숨을 제대로 불어넣지 아니
하는 경우에 음주측정불응죄가 성립될 수 있을 것으로 보
입니다.

도로교통법 제44조에서는 "① 누구든지 술에 취한 상태에
서 자동차등(「건설기계관리법」 제26조 제1항 단서의 규
정에 의한 건설기계 외의 건설기계를 포함한다. 이하 이
조, 제45조, 제47조, 제93조 제1항 제1호 내지 제4호 및
제150조에서 같다)을 운전하여서는 아니된다. ② 경찰공
무원(자치경찰공무원을 제외한다. 이하 이 항에서 같다)
은 교통의 안전과 위험방지를 위하여 필요하다고 인정하
거나 제1항의 규정을 위반하여 술에 취한 상태에서 자동
차등을 운전하였다고 인정할 만한 상당한 이유가 있는 때
에는 운전자가 술에 취하였는지의 여부를 호흡조사에 의
하여 측정할 수 있다. 이 경우 운전자는 경찰공무원의 측
정에 응하여야 한다. ③ 제2항의 규정에 의하여 술에 취
하였는지의 여부를 측정한 결과에 불복하는 운전자에 대
하여는 그 운전자의 동의를 얻어 혈액채취 등의 방법으로
다시 측정할 수 있다. ④ 제1항의 규정에 따라 운전이 금
지되는 술에 취한 상태의 기준은 혈중알콜농도가 0.05퍼

센트 이상으로 한다.."라고 규정하고 있으며, 도로교통법 제148조의2 제2호에서는 "술에 취한 상태에 있다고 인정할 만한 상당한 이유가 있는 사람으로서 제41조 제2항의 규정에 의한 경찰공무원의 측정에 응하지 아니한 사람은 1년 이상 3년 이하의 징역이나 500만원 이상 1천만원 이하의 벌금에 처한다."라고 규정하고 있습니다.

그런데 경찰공무원으로부터 음주측정을 요구받은 운전자가 형식적으로 음주측정에 응하였을 뿐 호흡측정기에 음주측정수치가 나타날 정도로 숨을 불어넣지 아니한 경우 음주측정불응죄가 성립되는지에 관하여 판례를 보면, "도로교통법 제41조 제2항에서 말하는「측정」이란, 측정결과에 불복하는 운전자에 대하여 그의 동의를 얻어 혈액채취 등의 방법으로 다시 측정할 수 있음을 규정하고 있는 제41조 제3항과의 체계적 해석상, 호흡을 채취하여 그로부터 주취의 정도를 객관적으로 환산하는 측정방법, 즉 호흡측정기에 의한 측정이라고 이해하여야 할 것이고, 한편 호흡측정기에 의한 음주측정은 운전자가 호흡측정기에 숨을 세게 불어넣는 방식으로 행하여지는 것으로서 여기에는 운전자의 자발적인 협조가 필수적이라 할 것이므로, 운전자가 경찰공무원으로부터 음주측정을 요구받고 호흡측정기에 숨을 내쉬는 시늉만 하는 등 형식적으로 음주측정에 응하였을 뿐 경찰공무원의 거듭된 요구에도 불구하고 호흡측정기에 음주측정수치가 나타날 정도로 숨을 제대로 불어넣지 아니하였다면 이는 실질적으로 음주측정에 불응한 것과 다를 바 없다 할 것이고, 운전자가 정당한 사유 없이 호흡측정기에 의한 음주측정에 불응한 이상 그로써 음주측정불응의 죄는 성립하는 것이며, 그 후 경찰공무원이 혈액채취 등의 방법으로 음주여부를 조사하지

아니하였다고 하여 달리 볼 것은 아니다."라고 하였습니
다(대법원 2000. 4. 21. 선고 99도5210 판결).

그러므로 음주측정요구를 받은 운전자가 정당한 사유 없
이 호흡측정기에 숨을 내쉬는 시늉만 하는 등 형식적으로
음주측정에 응하였을 뿐 경찰공무원의 거듭된 요구에도
불구하고 호흡측정기에 음주측정수치가 나타날 정도로 숨
을 제대로 불어넣지 아니하는 경우에 음주측정불응죄가
성립될 수 있을 것으로 보입니다.

◆ 대학구내의 도로상을 음주운전한 경우 도로교통법상 음주운전이 되는
지?

질문 ➡ 저는 개강파티에서 약간의 음주를 한 후 귀가하기 위해 자동차
를 운전하던 중 대학구내에서 접촉사고를 일으켜 피해자에게
전치 3주의 상해를 입혔습니다. 종합보험에 가입한 상태인데,
이 경우 형사처벌을 받게 되는지요?

답변 ➡ 교통사고처리특례법상의 음주운전에 해당되지는 않을 것
으로 보이고, 종합보험에 가입되어 있으므로 형사처벌은
받지 않을 것입니다.

교통사고처리특례법 제4조 제1항은 종합보험에 가입한 경
우에는 교통사고로 업무상과실치상죄를 범하였어도 공소
를 제기할 수 없도록 규정하고 있습니다. 그러나 교통사
고처리특례법 제3조 제2항 제8호에서는 도로교통법 제44
조 제1항(주취 중 운전금지)의 규정에 위반하여 주취 중
에 운전을 한 경우에는 예외로 한다고 규정하고 있습니
다.

그러므로 위 사안의 경우에 교통사고처리특례법상의 음주
운전에 해당되는지에 따라서 형사처벌여부가 결정될 것입
니다.

그런데 판례를 보면 "재학중인 학생들이나 그 곳에 근무
하는 교직원들이 이용하는 대학시설물의 일부로 학교운영
자에 의하여 자주적으로 관리되는 대학구내 도로는 불특
정다수의 사람 또는 차량의 통행을 위하여 공개된 장소로
교통경찰권이 미치는 공공성이 있는 곳으로는 볼 수 없어
도로교통법 제2조 제1호에서 말하는 도로로 볼 수 없다고
하면서, 교통사고처리특례법 소정의 교통사고는 도로교통

법에서 정하는 도로에서 발생한 교통사고의 경우에만 적
용되는 것은 아니고 차의 교통으로 인하여 발생한 모든
경우에 적용되는 것으로 보아야 하지만, 교통사고처리특례
법 제3조 제2항 단서 제8호는 도로교통법 제41조 제1항
의 규정에 위반하여 주취 중에 운전한 경우를 들고 있으
므로, 위 특례법 소정의 주취운전이 도로교통법상의 도로
가 아닌 곳에서의 주취운전을 포함하는 것으로 해석할 수
는 없다."라고 하였습니다(대법원 1996. 10. 25. 선고 96
도1848 판결).

그러므로 위 사안의 경우에도 귀하가 교통사고처리특례법
상의 음주운전에 해당되지는 않을 것으로 보이고, 종합보
험에 가입되어 있으므로 형사처벌은 받지 않을 것입니다.

◆ 손수레를 끌고 횡단보도를 건너는 자가 보행자인지?

> **질문 ➡** 저는 승용차를 운전하던 중 손수레를 끌고 횡단보도를 건너가는 피해자를 발견하고 급정거하였으나 피하지 못하고 충격 하여 전치 4주의 상해를 입혔습니다. 저의 차는 종합보험에 가입되어 있는데 형사처벌을 받게 되는지요?

답변 ➡   횡단보도에서의 보행자보호의무를 위반하였다 할 것이므로 종합보험에 가입되었다 하더라도 교통사고처리특례법에 의한 처벌을 면할 수 없을 것입니다.

업무상과실치상죄 또는 중과실치상죄에 있어서 사고당시 가해차량이 종합보험 또는 공제조합에 가입되어 있거나, 피해자와 합의가 성립된 경우에는 원칙적으로 형사처벌을 받지 않습니다(교통사고처리특례법 제3조 제2항 본문, 제4조).

그러나 피해자가 사망한 경우, 뺑소니운전, 신호위반, 중앙선침범, 제한시속 20킬로미터 초과, 앞지르기위반, 건널목통과위반, 횡단보도상의 보행자보호위반, 무면허·음주 또는 약물복용운전, 인도상의 사고, 개문발차사고 등의 경우에는 가해운전자의 잘못이 크다고 보여지므로 보험가입여부나 합의에 관계없이 처벌을 받습니다(교통사고처리특례법 제3조 제2항 단서 및 제4조 제1항 단서).

귀하의 경우는 손수레를 끌고 횡단보도를 건너가는 사람이 횡단보도상의 보행자에 해당하는지 여부가 문제해결의 열쇠라고 생각됩니다. 손수레는 사람의 힘에 의하여 도로에서 운전되는 것이므로 도로교통법상의 차에는 포함됩니다(도로교통법 제2조 제17호).

그러나 손수레는 자전거나 오토바이와는 달리 끌고 가는

것 외에 다른 이동방법이 없으므로 자전거나 오토바이를 끌고서 횡단보도를 건너는 사람을 보행자로 보는 것과 마찬가지로 손수레를 끌고 횡단보도를 건너는 사람도 횡단보도상의 보행자로서 보호를 받아야 할 것입니다(대법원 1990. 10. 16. 선고 90도761 판결).

따라서 귀하는 횡단보도에서의 보행자보호의무를 위반하였다 할 것이므로 종합보험에 가입되었다 하더라도 교통사고처리특례법에 의한 처벌을 면할 수 없을 것입니다.

참고로 오토바이나 자전거를 타고 횡단보도를 건너는 사람은 보행자로서 취급하지 않습니다.

◆ 횡단보도상에 누워있는 사람을 충격한 경우의 형사책임

> **질문 ➡** 김갑돌은 도로상에서 본인소유 승용차를 운행하던 중 음주 후 횡단보도 위에 누워있는 피해자 이을남을 발견하지 못하고 상해를 입혔습니다. 이 경우 횡단보도상의 교통사고로 처벌받게 되는지요?

답변 ➡ 횡단보도상의 교통사고로 책임은 지지 않을 것으로 사료됩니다.

도로에 횡단보도를 설치하는 이유에 있어서 도로 중의 차도는 원칙적으로 차의 통행을 위주로 하는 곳이므로 사람의 통행(횡단)을 제한하되(도로교통법 제10조 제2항), 어린이가 보호자 없이 도로를 횡단하거나 도로에서 앉아 있거나 서있거나 놀이를 하는 등 어린이에 대한 교통사고의 위험이 있는 것을 발견한 때, 앞을 보지 못하는 사람이 흰색지팡이를 가지고 도로를 횡단하고 있는 때 또는 지하도·육교 등 도로횡단시설을 이용할 수 없는 지체장애인이 도로를 횡단하고 있는 때에는 일시 정지하여야 한다는 등 차도 중의 특정부분을 횡단보도로 지정하여 그 속에는 사람이 차보다 더 우선적으로 통행하도록 하고 이를 보장하기 위하여 차의 운전자로 하여금 보행자가 횡단보도를 통행하고 있는 때에는 일시 정지하는 등 그 통행을 방해하지 아니하도록 하여 고도의 주의의무를 부과하고 있는 것입니다(도로교통법 제49조 제1항 제2호).

즉, 횡단보도상의 보행자보호의무에 관한 위 규정은 차도 중에서 특정부분을 보행자로 하여금 우선적으로 횡단하게 할 뿐 아니라 운전자에게 고도의 주의의무를 부과함으로써 보행자의 안전을 도모하고, 다른 한편으로는 횡단보도

를 제외한 차도의 통행을 제한함으로써 교통의 원활도 함께 도모하고 있는 것입니다.

결국 이 사건의 문제는 횡단보도에 엎드려(누워) 있었던 것이 도로교통법 제48조 제3호의 보행자가 횡단보도를 통행하고 있는 때에 해당하는가가 문제의 초점이 될 것입니다.

이 문제와 관련하여 도로교통법상 횡단보도상의 사고에 대하여 살펴보면, 첫째로 「보행자」이어야 합니다. 여기서 보행자란 말 그대로 걸어다니는 사람을 뜻합니다.

즉, 차를 운전하여 횡단보도를 횡단하거나 자전거나 원동기자동차를 타고 횡단하는 경우는 여기에 해당되지 않습니다.

둘째로 「횡단보도」이어야 합니다. 횡단보도란 보행자가 도로를 횡단할 수 있도록 안전표지로써 표시한 도로의 부분을 말합니다(도로교통법 제2조 제12호). 도로교통법시행규칙 제11조에는 횡단보도설치시는 횡단보도표시와 횡단보도표지판을 같이 설치하는 것을 원칙으로 하고, 다만 횡단보행자용 신호기가 설치되어 있는 경우에는 횡단보도 표시만을, 도로가 포장되지 아니하여 횡단보도를 표시를 할 수 없는 경우에는 횡단보도표지판만을 설치하도록 하고 있습니다.

셋째로 「통행하고 있는 때」라야 합니다. 횡단보도는 사람이 차도를 횡단하기 위하여 지정한 곳이므로 보행자가 횡단보도를 통행하고 있어야 합니다. 따라서 사람이 횡단보도에 존재하고 있었다는 이유만으로 운전자에게 위 규정상의 의무가 부과되는 것이 아니라 할 것입니다.

판례도 "구 도로교통법 제48조 제3호(현행 도로교통법 제24조 제1항)의 보행자가 횡단보도를 통행하고 있는 때라

함은 사람이 횡단보도에 있는 모든 경우를 의미하는 것이
아니라, 도로를 횡단할 의사로 횡단보도를 통행하고 있는
경우에 한하다 할 것이므로, 피해자가 사고당시 횡단보도
에 엎드려 있었다면 횡단보도를 통행하고 있지 아니함이
명백하고, 그러한 피해자에 대한 관계에서는 횡단보도 보
행자의 보호의무가 없다."라고 하였습니다(대법원 1993.
8. 13. 선고 93도1118 판결).

따라서 위 사안의 경우 이을남이 비록 횡단보도상에 있었
더라도 횡단보도상에서 횡단보도를 통행하려는 의사가 없
어 통행인이 아니므로 김갑돌은 횡단보도상의 교통사고로
책임은 지지 않을 것으로 사료됩니다.

◆ 횡단보도상의 적색신호시에 횡단하는 자를 충격한 경우 운전자의 책임

> **질문 ➡** 택시운전사 김갑돌은 도로상에서 직진신호를 받고 진행하던 중 보행자신호등이 적색신호임에도 불구하고 무단횡단 하는 이을 남을 발견하지 못하여 전치 8주의 부상을 입혔습니다. 이 경우 교통사고처리특례법상의 횡단보도사고로 처벌되는지요?

답변 ➡ 무단횡단을 예측할 수 있었을 경우라면 횡단보도상 보행자보호의무에 위반한 과실이 있어 횡단보도상의 교통사고로 인한 책임이 있다고 할 것입니다.

교통사고처리특례법 제3조 제1항에 의하면 차의 운전자가 업무상과실·중과실치사상죄를 범한 때에는 5년 이하의 금고 또는 2,000만원 이하의 벌금으로 처벌함이 원칙이나 다만, 업무상과실치상죄 등을 범한 때에는 피해자가 처벌을 원하지 아니하면 가해자는 처벌받지 아니합니다.

그러나 예외적으로 업무상과실치상죄 등을 범한 경우에도 처벌하는 경우가 있으며, 이에는 횡단보도에서의 보행자보호의무를 위반하여 운전한 경우도 포함됩니다(교통사고처리특례법 제3조 제2항 제6호).

그런데 신호등 있는 횡단보도상에서 보행자신호가 적색신호일 경우에도 이러한 보행자보호의무가 있다고 하여야 할 것인지 문제됩니다.

관련 판례를 보면 보행자신호가 녹색신호에서 정지신호로 바뀔 무렵 전후에 횡단보도를 통과하는 자동차운전자에게는 보행자를 보호할 업무상의 주의의무가 있다고 한 바 있고(대법원 1986. 5. 27. 선고 86도549 판결), 교통이

빈번한 간선도로에서 횡단보도의 보행자신호등이 적색으로 표시된 경우, 보행자가 동 적색신호를 무시하고 갑자기 뛰어나오리라는 것까지 미리 예견하여 운전하여야 할 업무상의 주의의무까지는 없다고 한 바 있으며(대법원 1985. 11. 12. 선고 85도1893 판결), 교통사고발생당시의 신호가 차량진행신호였다면 사고지점이 비록 교통신호대가 있는 횡단보도상이라 하더라도 운전자가 그 횡단보도 앞에서 감속하거나 일단정지하지 아니하였다 하여 횡단보도에서의 보행자보호의무를 위반하였다 할 수 없다고 한 바 있고(대법원 1985. 9. 10. 선고 85도1228 판결), 횡단보도상의 신호등이 보행자정지 및 차량신호를 보내고 있다 하더라도 보행자의 안전을 위해 어느 때라도 정지할 수 있는 태세를 갖추고 자동차를 운전해야 할 주의의무가 있다고 한 바 있습니다(대법원 1987. 9. 29. 선고 86다카2617 판결).

그렇다면 위 판례의 각각의 취지는 단순히 보행자정지신호인 경우 신호등 있는 횡단보도를 건너는 보행자를 충격한 경우 일률적으로 위 규정의 위반여부를 가릴 수 있는 것이 아니라 구체적 사안에 있어서 운전자가 그러한 보행자가 있을 것으로 예측 가능한 경우에는 보행자보호의무 위반이 될 것이고, 그러한 예측가능성을 기대할 수 없을 경우에만 면책되는 것으로 판단하여야 한다는 취지로 보여집니다.

따라서 위 사안에 있어서도 택시운전사 김갑돌이 이을남의 무단횡단을 예측할 수 있었을 경우라면 김갑돌은 횡단보도상 보행자보호의무에 위반한 과실이 있어 횡단보도상의 교통사고로 인한 책임이 있다고 할 것입니다.

◆ 녹색등화점멸상태시 횡단보도진입보행자 적색등화 후 사고당한 경우 횡단보도사고여부

질문 ➡ 김갑돌은 차량을 운전하면서 보행신호등이 적색등화로 변경되고 차량신호등이 녹색등화로 된 상태에서 신호를 따라 진행하던 중 보행신호등의 녹색등화가 점멸되고 있는 상태에서 횡단보도에 진입한 보행자 이을남을 충격 하여 중상을 입히는 교통사고를 야기하였습니다. 이 경우 김갑돌은 횡단보도상의 사고에 해당하는지요?

답변 ➡ 보행자보호의무를 위반한 횡단보도상의 사고라고 할 수는 없을 것으로 보입니다.

도로교통법 제27조 제1항에서는 "모든 차의 운전자는 보행자(제13조의2제6항에 따라 자전거에서 내려서 자전거를 끌고 통행하는 자전거 운전자를 포함한다)가 횡단보도를 통행하고 있을 때에는 보행자의 횡단을 방해하거나 위험을 주지 아니하도록 그 횡단보도 앞(정지선이 설치되어 있는 곳에서는 그 정지선을 말한다)에서 일시정지하여야 한다."라고 규정하고 있으며, 교통사고처리특례법 제3조 제2항 제6호에서는 도로교통법 제27조 제1항의 규정에 의한 횡단보도에서의 보행자보호의무를 위반하여 운전하다가 업무상과실치상죄 또는 중과실치상죄와 도로교통법 제151조의 죄를 범한 운전자에 대하여는 피해자의 명시한 의사에 반하여 공소를 제기할 수 있도록 규정하고 있습니다.

그러므로 위 사안에 있어서도 보행신호등의 녹색등화가 점멸되고 있는 상태에서 횡단보도에 진입한 보행자 이을남이 보행신호등이 적색등화로 변경된 후 차량신호등의 녹색등화에 따라 진행하던 김갑돌의 차량에 충격된 경우

횡단보도상의 사고에 해당하는지 문제됩니다.

그런데 이와 관련된 판례를 보면, "도로를 통행하는 보행자나 차마는 신호기 또는 안전표지가 표시하는 신호 또는 지시 등을 따라야 하는 것이고(도로교통법 제5조), 「보행등의 녹색등화의 점멸신호」의 뜻은, 보행자는 횡단을 시작하여서는 아니 되고 횡단하고 있는 보행자는 신속하게 횡단을 완료하거나 그 횡단을 중지하고 보도로 되돌아와야 한다는 것인바(도로교통법시행규칙 제5조 제2항 [별표 3]), 피해자가 보행신호등의 녹색등화가 점멸되고 있는 상태에서 횡단보도를 횡단하기 시작하여 횡단을 완료하기 전에 보행신호등이 적색등화로 변경된 후 차량신호등의 녹색등화에 따라서 직진하던 피고인 운전차량에 충격된 경우에, 피해자는 신호기가 설치된 횡단보도에서 녹색등화의 점멸신호에 위반하여 횡단보도를 통행하고 있었던 것이어서 횡단보도를 통행중인 보행자라고 보기는 어렵다고 할 것이므로, 피고인에게 운전자로서 사고발생방지에 관한 업무상 주의의무위반의 과실이 있음은 별론으로 하고 도로교통법 제24조 제1항 소정의 보행자보호의무를 위반한 잘못이 있다고는 할 수 없다."라고 하였습니다(대법원 2001. 10. 9. 선고 2001도2939 판결).

그렇다면 위 사안에 있어서도 김갑돌에게 보행자보호의무를 위반한 횡단보도상의 사고라고 할 수는 없을 것으로 보입니다.

◆ 횡단보도상 사고를 발생시킨 운전자가 구속되지 않을 수도 있는
  지?

질문 ➡ 저는 신호등 없는 횡단보도를 건너던 중 과속으로 달려오던
영업택시에 충격 당하여 전치 3주의 상해를 입고 입원치료를
받고 있습니다. 교통사고처리특례법상 이른바 11개 항목에 해
당되면 가해운전자는 무조건 구속이라고 하는데, 가해운전자는
여전히 택시를 운행하고 있습니다. 가해운전자가 구속되지 않
는 이유는 무엇인지요?

답변 ➡ 일정한 주거가 있고 증거인멸이나 도망 또는 도망할 염려
가 없는 경우에 해당된다면 검사는 불구속상태에서 수사
를 하면서 공소제기여부를 결정할 수도 있는 것입니다.

형사소송법 제70조 제1항에 의하면 법원은 피고인이 죄를
범하였다고 의심할 만한 상당한 이유가 있고 피고인이 ①
일정한 주거가 없는 때, ② 증거를 인멸할 염려가 있는
때, ③ 도망하거나 도망할 염려가 있는 때 등의 경우에는
피고인을 구속할 수 있고, 다액 50만원 이하의 벌금, 구
류 또는 과료에 해당하는 사건에 관하여는 일정한 주거가
없는 경우를 제한 외에는 구속할 수 없다고 규정하고 있
습니다.

이와 같이 피의자를 구속하려면 검사는 관할지방법원판사
에게 청구하여 구속영장을 발부 받아 피의자를 구속할 수
있으며 사법경찰관은 검사에게 신청하여 검사의 청구로
관할지방법원판사의 구속영장을 받아 피의자를 구속할 수
있습니다(형사소송법 제201조 제1항).

구속영장의 청구에는 구속의 필요를 인정할 수 있는 자료
를 제출하여야 하고, 이 청구를 받은 지방법원판사는 신속
히 구속영장의 발부여부를 결정하여야 합니다(형사소송법

제201조 제2항, 제3항).

그러나 위 사안의 경우 가해운전자가 교통사고처리특례법 위반으로 처벌되는 것은 별론으로 하고 일정한 주거가 있고 증거인멸이나 도망 또는 도망할 염려가 없는 경우에 해당된다면 검사는 불구속상태에서 수사를 하면서 공소제기여부를 결정할 수도 있는 것입니다.

◆ 진행차선에 나타난 장애물을 피하기 위한 경우도 중앙선침범사고인 지?

질문 ➡ 저는 편도 1차선 국도에서 제 소유 자동차를 운행하던 중 도로전방 30미터지점 우측 농로상에서 과속으로 진입해오는 오토바이를 피하기 위하여 황색실선의 중앙선을 침범하였는데, 때마침 반대방향에서 달려오던 차량과 충돌하여 상대방차량의 운전자에게 전치 4주의 상해를 입혔습니다. 이 경우 저는 교통사고처리특례법상의 중앙선침범사고로 처벌받게 되는지요?

답변 ➡ 위와 같은 보험이나 공제에 가입한 경우에는 공소권 없음에 해당되어 달리 처벌을 받지 아니하게 될 가능성이 많다고 하겠습니다.

교통사고처리특례법 제4조에 의하면 교통사고를 일으킨 차가 보험업법 제4조 및 제126조 내지 제128조, 육운진흥법 제8조 또는 「화물자동차 운수사업법」 제51조의 규정에 의하여 보험 또는 공제에 가입된 경우에는 제3조 제2항 본문에 규정된 죄를 범한 당해 차의 운전자에 대하여 공소를 제기할 수 없다. 다만, 제3조 제2항 단서에 해당하는 경우나 보험계약 또는 공제계약이 무효 또는 해지되거나 계약상의 면책규정등으로 인하여 보험사업자 또는 공제사업자의 보험금 또는 공제금 지급의무가 없게 된 경우에는 그러하지 아니합니다.

귀하의 경우 교통사고처리특례법상의 11개항 중의 하나로 교통사고처리특례법 제3조 제2항 제2호에 규정된 중앙선침범사고인지 여부가 문제된다 하겠습니다.

관련 판례를 보면 "교통사고처리특례법 제3조 제2항 단서 제2호 전단이 규정하는 「도로교통법 제12조 제3항의 규정에 위반하여 차선이 설치된 도로의 중앙선을 침범하였을 때」라 함은 교통사고의 발생지점이 중앙선을 넘어선 모든 경우를 가리키는 것이 아니라 부득이한 사유가 없이 중앙선을 침범하여 교통사고를 발생케 한 경우를 뜻하며, 여기서 「부득이한 사유」라 함은 진행차로에 나타난 장애물을 피하기 위하여 다른 적절한 조치를 취할 겨를이 없었다거나 자기 차로를 지켜 운행하려고 하였으나 운전자가 지배할 수 없는 외부적 여건으로 말미암아 어쩔 수 없이 중앙선을 침범하게 되었다는 등 중앙선침범 자체에는 운전자를 비난할 수 없는 객관적 사정이 있는 경우를 말하는 것이며, 중앙선침범행위가 교통사고발생의 직접적인 원인이 된 이상 사고장소가 중앙선을 넘어선 반대차선이어야 할 필요는 없으나, 중앙선침범행위가 교통사고발생의 직접적인 원인이 아니라면 교통사고가 중앙선침범운행 중에 일어났다고 하여 모두 이에 포함되는 것은 아니고, 피고인 운전차량에게 들이 받힌 차량이 중앙선을 넘으면서 마주 오던 차량들과 충격 하여 일어난 사고가 중앙선침범 사고로 볼 수 없다."라고 하였으며(대법원 1998. 7. 28. 선고 98도832 판결), "차량충돌 사고장소가 편도 1차선의 아스팔트 포장도로이고, 피고인 운전차량이 제한속도(시속 60킬로미터)의 범위 안에서 운행하였으며(시속 40킬로미터 내지 50킬로미터), 비가 내려 노면이 미끄러운 상태였고, 피고인이 우회전을 하다가 전방에 정차하고 있는 버스를 발견하고 급제동조치를 취하였으나 빗길 때문에 미끄러져 미치지 못하고 중앙선을 침범하기에 이른 것이라면, 피고인이 버스를 피하기 위하여 다른 적절한 조치를 취할 방도가 없는 상황에서 부득이 중앙선을 침범하게 된 것이어서 교통사고처리특례법 제3조 제2항 단서 제2호에 해당되지 않는다."라고 하였습니다(대법원 1990. 5. 8. 선고 90도606 판결).

그러므로 중앙선침범행위가 진행차선에 나타난 장애물을 피하기 위하여 다른 적절한 조치를 취할 겨를이 없이 이루어졌다거나, 자기 차선을 지켜 운행하려 하였으나 운전자가 지배할 수 없는 외부적 여건으로 말미암아 어쩔 수 없이 이루어진 경우 등은 교통사고처리특례법상의 중앙선침범사고가 아니라고 할 것입니다.

따라서 위 사안의 경우도 갑자기 진행차선에 뛰어든 오토바이를 피하려고 부득이 중앙선을 침범한 사고라고 볼 수 있다면, 위 판례의 취지에 비추어 귀하의 자동차가 위와 같은 보험이나 공제에 가입한 경우에는 공소권 없음에 해당되어 달리 처벌을 받지 아니하게 될 가능성이 많다고 하겠습니다.

◈ 편도1차로에 정차한 버스 앞서기 위해 황색실선 중앙선 넘어간 행위가 허용되는지?

질문 ➡ 김갑돌은 편도 1자로 도로를 승용차를 운전하다가 앞서가던 버스가 정차하여 진로를 막고 있어 황색실선의 중앙선을 넘어 추월을 하려다가 반대편에서 마주 오던 차량과 충돌하는 교통사고가 발생하였습니다. 이 경우 김갑돌이 중앙선을 침범한 것이 되는지요?

답변 ➡   교통사고처리특례법 제3조 제2항 단서 제2호「도로교통법 제13조 제3항의 규정에 위반하여 중앙선을 침범하거나」에 해당되어 처벌될 것으로 보입니다.

도로교통법 제13조 제3항에서는 "차마의 운전자는 도로(보도와 차도가 구분된 도로에서는 차도를 말한다)의 중앙(중앙선이 설치되어 있는 경우에는 그 중앙선을 말한다. 이하 같다) 우측 부분을 통행하여야 한다."라고 규정하고 있습니다.

그런데 편도 1차로 도로에서 정차한 버스를 앞서가기 위하여 황색실선의 중앙선을 넘어가는 행위가 허용되는지에 관한 판례를 보면, "도로에 중앙선이 설치되어 있는 경우, 차마는 도로의 중앙선으로부터 우측부분을 통행하여야 하고, 다만 도로의 우측부분의 폭이 6미터가 되지 아니하는 도로에서 다른 차를 앞지르고자 하는 때에는, 그 도로의 좌측부분을 확인할 수 있으며 반대방향의 교통을 방해할 염려가 없고 안전표지 등으로 앞지르기가 금지 또는 제한되지 아니한 경우에 한하여 도로의 중앙이나 좌측 부분을 통행할 수 있도록 되어 있으나, 한편 도로교통법 제3조, 제4조, 도로교통법시행규칙 제3조, 제10조, [별표1]에 의하면, 중앙선표지는 안전표지 중 도로교통법 제13조에 따라 도로의 중앙선을 표시하는 노면표지로서 그 중 황색실선은 자동차가 넘어갈 수 없음을 표시하는 것이라고 규정되어 있으므로, 편도 1차로 도로로서 황색실선의 중앙선표지가 있는 장소에서는 설사 앞서가던 버스가 정차하여 후행 차량의 진행로를 막고 있었다고 하더라도, 그 버스를 피하여 앞서가기 위하여 황색실선의 중앙선을 넘어 자동차를 운행할 수는 없다."라고 하였으며(대법원 1997. 7. 25. 선고 97도927 판결), "사고지점에 표시된 중앙선이 자동차가 통과할 수 없음을 표시하는 황색실선이었다면 설령 앞서가던 버스가 정차하여 진행로를 가로막고 있었다 하더라도 이를 피해 앞서가기 위해 그 중앙선을 침범하여 자동차를 운행 할 수는 없는 곳이므로 이에 위반한 행위는 차선이 설치된 도로의 중앙선을 침범한 경우에 해당한다."라고 하였습니다(대법원 1985. 9. 10. 선고 85도1264 판결).

따라서 위 사안에서 김갑돌은 중앙선침범사고로 처리되어 교통사고처리특례법 제3조 제2항 단서 제2호 「도로교통법 제13조 제3항의 규정에 위반하여 중앙선을 침범하거나」에 해당되어 처벌될 것으로 보입니다.

◈ 좌회전 또는 유턴하기 위해 중앙선넘어 반대차선으로 들어간 경우 중앙선침범인지?

> **질문** ➡ 김갑돌은 유턴금지구역에서 유턴을 하던 중 반대차선을 진행하던 이을남의 차량을 충돌하여 이을남에게 전치 3주의 상해를 입도록 하였습니다. 그런데 이처럼 유턴을 하기 위하여 중앙선을 넘어 반대차선으로 들어간 경우에도 제가 중앙선을 침범한 것이 되는지요?

답변 ➡ 교통사고처리특례법 제3조 제2항 단서 제2호「도로교통법 제13조 제3항의 규정에 위반하여 중앙선을 침범하거나」에 해당되어 처벌될 것으로 보입니다.

좌회전 또는 유턴(U-turn)을 하기 위하여 중앙선을 넘어 반대차선으로 들어간 경우에도 중앙선침범의 죄책을 지는지에 관한 판례를 보면, "도로교통법 제12조 제3항에 의하여 차마는 차도의 중앙선으로부터 우측부분을 통행하도록 의무 지워져 있으며, 차선이 설치된 도로상에 차량의 통행이 방향별로 명확하게 구분되게 하기 위하여 도로상에 황색실선으로 표시된 중앙선은 그 선을 경계로 서로 반대방향으로 운행하는 차선이 접하게 되는 것이어서 각 차선을 운행하는 운전자로서는 특단의 사정이 없는 한 반대차선 내에 있는 차량이 그 경계선을 넘어 들어오지 않을 것으로 신뢰하여 운행하는 것이므로 부득이한 사유가 없음에도 고의로 경계인 그 중앙선을 넘어 들어가 침범당하는 차선의 차량운행자의 신뢰에 어긋난 운행을 하였다면 그러한 침범운행의 동기가 무엇인가에 따라 책임의 유무가 달라질 수 없는 것이므로 좌회전 또는 유턴(U-turn)을 하려고 하였다 하더라도 중앙선침범의 죄책을 면할 수 없다."라고 하였습니다(대법원 2000. 7. 7. 선고 2000도2116 판결).

따라서 위 사안의 김갑돌도 중앙선침범사고로 처리되어
교통사고처리특례법 제3조 제2항 단서 제2호 「도로교통
법 제13조 제3항의 규정에 위반하여 중앙선을 침범하거
나」 에 해당되어 처벌될 것으로 보입니다.

◆ 가상의 경계선인 중앙선을 침범한 사고가 중앙선침범사고에 해당하는
　지?

> **질문 ➡** 김갑돌은 황색실선인 중앙선이 곧바로 이어지는 신호등 없는
> 횡단보도를 통로로 하여 반대차선으로 넘어가다가 반대차선을
> 진행하던 이을남의 차량과 충돌하는 사고가 발생하여 이을남에
> 게 상해를 입혔습니다. 그런데 이 경우에도 중앙선침범사고가
> 되는지요?

답변 ➡　중앙선침범사고를 야기한 것이 되어 교통사고처리특례법
　　　　위반으로 처벌될 것으로 보입니다.

　　　　차선이 접속하는 가상의 경계선인 중앙선을 침범한 사고
　　　　가 교통사고처리특례법 제3조 제2항 단서 제2호 소정의
　　　　중앙선침범사고에 해당하는지에 관한 판례를 살펴보면, "
　　　　차선이 설치된 도로의 중앙선은 서로 반대방향으로 운행
　　　　하는 차선이 접속하는 경계선에 다름 아니어서 차선을 운
　　　　행하는 운전자로서는 특단의 사정이 없는 한 반대차선 내
　　　　에 있는 차량은 이 경계선을 넘어 들어오지 않을 것으로
　　　　신뢰하여 운행하는 것이므로, 부득이한 사유가 없는데도
　　　　고의로 이러한 경계선인 중앙선을 넘어 들어가 침범 당한
　　　　차선의 차량운행자의 신뢰에 어긋난 운행을 함으로써 사
　　　　고를 일으켰다면 교통사고처리특례법 제3조 제2항 단서
　　　　제2호가 정한 처벌특례의 예외규정인 중앙선침범사고에
　　　　해당하고, 피고인이 운전하던 차량이 신호등이 설치되어
　　　　있지 아니한 횡단보도를 통로로 하여 반대차선으로 넘어
　　　　들어가다 충돌사고가 발생한 경우, 그 횡단보도에 황색실
　　　　선의 중앙선이 곧바로 이어져 좌회전이 금지된 장소인 점
　　　　등 사고경위에 비추어 피고인 차량이 넘어간 부분이 횡단
　　　　보도로서 실제로 중앙선이 그어져 있지 아니하더라도 반

대차선에서 오토바이를 운행하던 피해자의 신뢰에 크게
어긋남과 아울러 교통사고의 위험성이 큰 운전행위로서
사고발생의 직접적인 원인이 되었다고 보아 교통사고처리
특례법 제3조 제2항 단서 제2호 소정의 중앙선침범사고
에 해당한다."라고 한 사례가 있습니다(대법원 1995. 5.
12. 선고 95도512 판결).

따라서 위 사안에서 김갑돌은 중앙선침범사고를 야기한
것이 되어 교통사고처리특례법위반으로 처벌될 것으로 보
입니다.

◆ 중앙선을 넘다가 다시 넘어 오던 중 사고발생된 경우에도 중앙선 침범사고인지?

질문 ➡️ 김갑돌은 승용차를 운행하던 중 황색실선인 중앙선을 침범하여 진행하려다가 반대차선에서 진행하는 차량과 충돌할 위험이 예상되어 다시 본래의 차선으로 들어오던 중 본래의 차선을 진행하던 이을남의 차량과 충돌하여 이을남에게 상해를 입혔습니다. 이 경우 김갑돌이 중앙선침범이 되는지요?

답변 ➡️ 중앙선침범사고로 인한 교통사고처리특례법위반죄가 문제될 것으로 보입니다.

도로교통법 제13조 제3항에서는 "차마의 운전자는 도로(보도와 차도가 구분된 도로에서는 차도를 말한다)의 중앙(중앙선이 설치되어 있는 경우에는 그 중앙선을 말한다. 이하 같다) 우측 부분을 통행하여야 한다."라고 규정하고 있으며, 교통사고처리특례법 제3조 제2항 단서 제2호에서는 도로교통법 제13조 제3항의 규정에 위반하여 중앙선을 침범한 경우에는 피해자의 명시한 의사에 반하여 공소를 제기할 수 있다고 규정하고, 교통사고처리특례법 제4조 제1항에서는 교통사고를 일으킨 차가 보험업법 제4조 및 제126조 내지 제128조, 여객자동차운수사업법 제60조, 제61조 또는 「화물자동차 운수사업법」 제51조의 규정에 의하여 보험 또는 공제에 가입된 경우에는 제3조 제2항 본문에 규정된 죄를 범한 당해 차의 운전자에 대하여 공소를 제기할 수 없다. 다만, 제3조제2항 단서에 해당하는 경우나 보험계약 또는 공제계약이 무효 또는 해지되거나 계약상의 면책규정등으로 인하여 보험사업자 또는 공제사업자의 보험금 또는 공제금 지급의무가 없게 된 경우에는 그러하지 아니하다고 규정하고 있습니다.

관련 판례를 보면, "차선이 설치된 도로의 중앙선은 서로 반대방향으로 운행하는 차선이 접속하는 경계선이어서 차선을 운행하는 운전자로서는 특단의 사정이 없는 한 반대차선 내에 있는 차량은 이 경계선을 넘어 들어오지 않을 것으로 신뢰하여 운행하는 것이므로, 부득이한 사유 없이 고의로 중앙선을 넘어 들어가, 침범 당한 차선의 차량운행자의 신뢰와 어긋난 운행을 함으로써 사고를 일으켰다면 교통사고처리특례법 제3조 제2항 단서 제2호가 정한 처벌특례의 예외규정에 해당한다."라고 하면서 "피고인이 운행하던 경운기가 일단 중앙선을 넘어 완전히 반대차선에 들어간 다음 반대방향으로 바꾸기 위하여 우회전하면서 다시 중앙선을 거의 직각으로 넘어 원래의 차선에 들어오다가 그 차선에서 운행하던 피해자의 오토바이를 충돌한 경우 피고인이 일단 반대차선 내에 완전히 들어간 다음 방향을 바꾸기 위하여 중앙선을 넘어 이쪽 차선으로 다시 들어온 행위는 이쪽 차선에서 오토바이를 운행하던 피해자의 신뢰에 어긋나는 운전행위로서 이 사건 사고발생의 원인이 되었다고 보지 않을 수 없고, 피고인이 원래부터 반대차선에서 운행해온 것이 아니라 원래 이쪽차선에서 운행하던 자로서 그 사고장소도 원래 피고인이 운행하던 차선 내라고 하여 달리 볼일이 아니다."라고 한 사례가 있습니다(대법원 1989. 4. 11. 선고 88도1678 판결).

따라서 위 사안에서 김갑돌은 중앙선침범사고로 인한 교통사고처리특례법위반죄가 문제될 것으로 보입니다.

◈ 절취한 승용차 운전하다가 그 승용차를 손괴한 때 도로교통법 제151조에 위반인지?

> **질문** ➡ 김갑돌은 이을녀의 승용차를 절취하여 운행하다가 운전부주의로 그 승용차가 손상되는 사고를 발생시켰습니다. 이 경우 김갑돌에게 절도죄 이외에 도로교통법 제151조에 의한 처벌도 가능한지요?

답변 ➡ 절도죄는 별론으로 하고, 도로교통법 제151조 위반으로 처벌되지는 않을 것으로 보입니다.

도로교통법 제151조에서는 "차의 운전자가 업무상 필요한 주의를 게을리 하거나 중대한 과실로 다른 사람의 건조물이나 그 밖의 재물을 손괴한 때에는 2년 이하의 금고나 500만원이하의 벌금의 형으로 벌한다."라고 규정하고 있습니다.

그런데 절취한 승용차를 운전하다가 사고로 그 승용차를 손괴한 경우에 도로교통법 제151조위반이 될 수 있을 것인지에 관한 판례를 보면, "도로교통법 제108조(현행 도로교통법 제151조) 소정의 다른 사람의 건조물이나 그 밖의 재물을 손괴한 때라 함은 차의 운전자가 자기소유이든 타인소유이든 불문하고 어떤 차량을 운전함에 있어 업무상 필요한 주의를 게을리 하거나 중대한 과실로 범행의 수단 또는 도구로써 제공된 차량을 제외한 다른 사람의 건조물이나 그 밖의 재물을 손괴한 경우만을 말하는 것이어서 절취한 승용차를 운전하고 가다가 운전미숙 등으로 그 차량을 손괴한 경우는 이에 해당하지 않는다."라고 하였습니다(대법원 1986. 10. 14. 선고 86도1387 판결).

그렇다면 위 사안에서 김갑돌의 절도죄는 별론으로 하고, 도로교통법 제151조 위반으로 처벌되지는 않을 것으로 보입니다.

◆ 교통사고피해자를 즉시 병원에 후송하였으나 신고하지 않은 때 도
  주운전자인지?

질문 ➡ 저의 아들은 1년 전 새벽에 승용차를 운행하던 중 김갑돌에게
2주간의 상해를 입히는 교통사고를 낸 후 근처 병원으로 김갑
돌을 후송하여 접수창구 의자에 앉히고 접수직원에게 "교통사
고 피해자이니 치료를 잘 부탁한다. 날이 밝으면 다시 오겠다."
라고 말한 후 집으로 돌아왔습니다. 그러나 다음날 아침 경찰
관이 저의 집에 와서 "아들이 뺑소니를 쳤다."라고 하면서 연
행해갔습니다. 이 경우 저의 아들은 피해자 김갑돌을 병원으로
후송하였고 치료도중 병원에 있을 수 없어 다음날 아침 다시
오겠다고 말한 후 병원을 나왔는데, 사고 후 경황이 없어 경찰
에 신고를 하지 않은 것만 가지고 뺑소니사고를 냈다고 할 수
있는지요?

답변 ➡ 연락처를 남겨두지 않았으므로 교통사고 후 뺑소니를 친
경우에 해당하여 가중처벌을 받을 수 있다 하겠습니다.

자동차를 운전하다가 사람을 사상하거나 물건을 손괴하는
교통사고를 낸 경우 운전자는 즉시 정차하여 피해자를 구
호하는 등의 필요한 조치를 취할 의무가 있고 만일 이러
한 조치를 취하지 아니하고 도주한 때에는 특정범죄 가중
처벌 등에 관한 법률에 의하여 가중 처벌되게 됩니다(특
정범죄 가중처벌 등에 관한 법률 제5조의3 제1항).

관련 판례를 보면 "특정범죄가중처벌등에관한법률 제5조
의3 제1항 소정의 「피해자를 구호하는 등 도로교통법 제
50조 제1항(현행 도로교통법 제54조 제1항)의 규정에 의
한 조치를 취하지 아니하고 도주한 때」 라 함은 사고운전
자가 사고로 인하여 피해자가 사상을 당한 사실을 인식하
였음에도 불구하고 피해자를 구호하는 등 도로교통법 제
50조 제1항에 규정된 의무를 이행하기 이전에 사고현장

을 이탈하여 사고를 낸 자가 누구인지 확정될 수 없는 상태를 초래하는 경우를 말하고, 교통사고 야기자가 피해자를 병원에 데려다 준 다음 피해자나 병원 측에 아무런 인적사항을 알리지 않고 병원을 떠났다가 경찰이 피해자가 적어 놓은 차량번호를 조회하여 신원을 확인하고 연락을 취하자 2시간쯤 후에 파출소에 출석한 경우, 특정범죄가중처벌등에관한법률 제5조의3 제1항 소정의 「도주」에 해당한다."라고 하였습니다(대법원 1999. 12. 7. 선고 99도2869 판결).

따라서 귀하의 아들은 피해자를 즉시 병원으로 후송하기는 하였으나 연락처를 남겨놓지 않았으므로, 교통사고 후 뺑소니를 친 경우에 해당하여 가중처벌을 받을 수 있다 하겠습니다. 다만, 치료를 위해 병원에 옮기는 등의 행위는 이른바 재판과정에서 형량을 정하는데 참작이 될 수는 있을 것입니다.

◆ 교통사고 후 처에게 구호조치 등을 부탁하고 도주한 경우 가중처
  벌되는지?

질문 ➡ 김갑돌은 자신의 승용차를 운전하던 중 운전부주의로 이을남의
차량을 추돌 하여 인적·물적 피해를 입혔습니다. 김갑돌은 사
고직후 동승한 그의 처 최병미에게 사고처리를 부탁한 후 자신
은 사고현장을 이탈하였으며 최병미가 피해자의 구호조치 및
사고처리를 하였습니다. 이 경우 김갑돌은 도주한 것으로 되어
가중처벌을 받아야 하는지요?

답변 ➡ 특정범죄 가중처벌 등에 관한 법률상의 도주차량운전자의
가중처벌규정에는 해당되지 않을 것으로 보입니다.

흔히 「뺑소니」라고 속칭되는 도주죄를 규율하는 특정범
죄 가중처벌 등에 관한 법률 제5조의3 제1항은 "도로교통
법 제2조에 규정된 자동차, 원동기장치자전거의 교통으로
인하여 형법 제268조[업무상과실·중과실치사상]의 범죄를
범한 당해 차량의 운전자가 피해자를 구호하는 등 도로교
통법 제54조 제1항의 규정에 의한 조치를 취하지 아니하
고 도주한 때에는 가중 처벌한다."라고 규정하고 있고, 도
로교통법 제54조 제1항은 "차의 교통으로 인하여 사람을
사상하거나 물건을 손괴한 때에는 그 차의 운전자 그 밖
의 승무원은 곧 정차하여 사상자를 구호하는 등 필요한
조치를 취하여야 한다."라고 규정하고 있습니다.

그런데 위 사안에서는 김갑돌이 위와 같은 구호조치를 하
지 않고 사고현장을 이탈하였으며 그의 처(妻)인 최병미
에게 부탁하여 최병미가 피해자의 구호조치 및 사고처리
를 하였으므로, 이러한 경우에도 위 규정에 위반한 것으로
서 도주차량운전자로서 가중처벌이 되는지 여부가 문제된
다 하겠습니다.

관련 판례는 "교통사고시 피고인이 피해자와 사고여부에 관하여 언쟁하다가 동승했던 아내에게 「네가 알아서 처리해라.」 라고 하며 현장을 이탈하고 그의 아내가 사후처리를 한 경우 피고인이 피해자를 구호하지 아니하고 사고현장을 이탈하여 사고야기자로서 확정될 수 없는 상태를 초래한 경우에 해당하지 않는다."라고 하였습니다(대법원 1997. 1. 21. 선고 96도2843 판결).

따라서 김갑돌이 업무상과실치상죄 등으로 처벌되는 것은 별론으로 하고 특정범죄 가중처벌 등에 관한 법률상의 도주차량운전자의 가중처벌규정에는 해당되지 않을 것으로 보입니다

◆ 교통사고 후 구호의무를 위반하고 도주한 경우의 가중처벌

> **질문 ➡** 저는 약간의 술을 마시고 도로를 주행하던 중 무단횡단 하던
> 피해자를 발견하지 못하여 중상을 입히는 사고를 냈습니다. 그
> 런데 저는 일단 그 자리를 피한 후 술이 깨고 나면 사고신고
> 를 하려고 그 현장을 떠나있던 중 검거되었습니다. 사고발생
> 다음날 피해자측과 모든 합의를 하였으나 경찰에서는 구속한다
> 고 하는데, 어떻게 하면 되는지요?

답변 ➡   도주행위에 해당되어 가중처벌을 받아야 할 것으로 판단
됩니다.

귀하의 경우 음주운전에 의한 교통사고를 낸 행위에 대하
여는 피해자와의 합의여부 등에 관계없이 교통사고처리특
례법 제3조 제2항 단서에 의하여 당연히 처벌대상이 된다
고 하겠습니다.

그런데 문제는 귀하의 행위가 특정범죄 가중처벌 등에 관
한 법률상 교통사고를 낸 후 구호조치의무를 위반하고 도
주한 행위에 해당하여 가중처벌의 대상이 되는가 하는 것
입니다.

즉, 위 법 제5조의3에 의하면 "도로교통법 제2조에 규정
된 자동차·원동기장치자전거의 교통으로 인하여 형법 제
268조(업무상과실·중과실치사상)의 죄를 범한 당해 차량
의 운전자가 피해자를 구호하는 등 도로교통법 제54조 제
1항의 규정에 의한 조치를 취하지 아니하고 도주한 때에
는 가중 처벌한다."라고 규정하고 있습니다.

이와 관련된 판례를 보면 "특정범죄가중처벌등에관한법률
제5조의3 제1항 소정의 「피해자를 구호하는 등 도로교통
법 제50조 제1항의 규정(현행 도로교통법 제54조 제1항)

에 의한 조치를 취하지 아니하고 도주한 때」라 함은 사고운전자가 사고로 인하여 피해자가 사상을 당한 사실을 인식하였음에도 불구하고 피해자를 구호하는 등 도로교통법 제50조 제1항(현행 도로교통법 제54조 제1항)에 규정된 의무를 이행하기 이전에 사고현장을 이탈하여 사고를 낸 자가 누구인지 확정될 수 없는 상태를 초래하는 경우를 말한다."라고 하였습니다(대법원 2000. 3. 28. 선고 99도5023 판결).

따라서 운전자가 운전 중 사람을 다치게 하거나 죽게 한 때에는 즉시 차를 멈추어 사상자를 구호하는 등 필요한 조치를 취하여야 하는데, 이를 위반하여 연락처도 알리지 않고 사고현장을 떠난 이상 비록 사후조치를 취할 마음을 갖고 떠났다 하더라도 구호 등 조치의무위반의 책임이 있다 하겠습니다.

특히 귀하의 경우는 교통사고가 발생하고 사고발생으로 사람이 충격 당하여 도로상에 쓰러져 즉시 구호조치를 취하지 않으면 심각한 결과가 초래될지도 모른다는 인식이 있었음에도 불구하고 귀하의 음주사실을 숨기기 위하여 사고장소를 임의로 떠난 것으로 보여지므로, 피해자와의 합의사실여부와 관계없이 위 규정상의 도주행위에 해당되어 가중처벌을 받아야 할 것으로 판단됩니다.

참고로 사고 후 현장을 이탈한 것이 다시 음주를 함으로써 음주운전사실을 은폐하기 위한 것이라는 경우 판례를 보면, "특정범죄가중처벌등에관한법률 제5조의3 제1항 소정의 「피해자를 구호하는 등 도로교통법 제50조 제1항(현행 도로교통법 제54조 제1항)의 규정에 의한 조치를 취하지 아니하고 도주한 때」라 함은 사고 운전자가 사고로 인하여 피해자가 사상을 당한 사실을 인식하였음에도 불구하고 피해자를 구호하는 등 도로교통법 제50조 제1항(현행 도로교통법 제54조 제1항)에 규정된 의무를 이행하기 이전에 사고현장을 이탈하여 사고를 낸 자가 누구인지 확정될 수 없는 상태를 초래하는 경우를 말하는 것이고, 여기에서 말하는 사고로 인하여 피해자가 사상을 당한 사실에 대한 인식의 정도는 반드시 확정적임을 요하지 아니하고 미필적으로라도 인식하면 족한 것이고, 사고 후 현장을 이탈한 것이 다시 음주를 함으로써 음주운전사실을 은폐하기 위한 것이라는 등의 이유로 도주의 범의를 인정하지 아니한 원심판결은 제반 사정에 비추어 도주차량에 관한 법리를 오해하거나 채증법칙을 위배한 위법이 있다."라는 이유로 파기한 사례가 있습니다(대법원 2001. 1. 5. 선고 2000도2563 판결).

◆ 교통사고피해자의 상해가 경미한 경우에도 구호조치 않으면 도주
 차량이 되는지?

질문 ➡ 김갑돌은 신호를 대기하면서 정차중인 이을남의 승용차의 뒷부
분을 충격 하였으나, 이을남의 승용차에는 가볍게 흠집만 난
상태이고, 이을남에게 아픈 곳이 있는지 물었으나 아픈 곳이
없다고 하여 별일이 없는 것으로 알고 연락처도 알려주지 않고
현장을 떠났습니다. 그 후 이을남은 허리부분에 통증이 있어
전치 1주의 상해가 발생하였다고 하면서 뺑소니로 문제삼겠다
고 합니다. 그런데 이을남의 허리통증은 특별한 치료를 요하지
않고 시일이 경과되면 나을 수 있는 경우라고 하는바, 이 경우
에도 김갑돌이 뺑소니로 문제되는지요?

답변 ➡   도주운전에 해당하지 않는다 여겨집니다.

도로교통법 제54조 제1항은 "차의 교통으로 인하여 사람을
사상하거나 물건을 손괴한 때에는 그 차의 운전자 그 밖
의 승무원은 곧 정차하여 사상자를 구호하는 등 필요한
조치를 하여야 한다."라고 규정하고 있으며, 도주차량운전
자의 가중처벌에 관하여 특정범죄 가중처벌 등에 관한 법
률 제5조의3 제1항에서는 도로교통법 제2조에 규정된 자
동차·원동기장치자전거의 교통으로 인하여 형법 제268조
(업무상과실·중과실치상)의 죄를 범한 당해 차량의 운전자
가 피해자를 구호하는 등 도로교통법 제54조 제1항의 규
정에 의한 조치를 취하지 아니하고 도주한 때에는 ① 피
해자를 치사하고 도주하거나, 도주 후에 피해자가 사망한
때에는 무기 또는 5년 이상의 징역에 처하고, ② 피해자를
치상한 때에는 1년 이상의 유기징역 또는 500만원 이상 3
천만원 이하의 벌금에 처한다고 규정하고 있습니다.

그런데 특정범죄 가중처벌 등에 관한 법률 제5조의3 제1

항 소정의 도주운전죄가 성립하기 위한 상해의 정도에 관한 판례를 보면, "특정범죄가중처벌등에관한법률 제5조의3 제1항이 정하는 「피해자를 구호하는 등 도로교통법 제50조 제1항(현행 도로교통법 제54조 제1항)에 의한 조치를 취하지 아니하고 도주한 때」라고 함은 사고운전자가 사고로 인하여 피해자가 사상을 당한 사실을 인식하였음에도 불구하고, 피해자를 구호하는 등 도로교통법 제50조 제1항(현행 도로교통법 제54조 제1항)에 규정된 의무를 이행하기 이전에 사고현장을 이탈하여 사고를 낸 자가 누구인지 확정할 수 없는 상태를 초래하는 경우를 말하는 것이므로, 위 도주운전죄가 성립하려면 피해자에게 사상의 결과가 발생하여야 하고, 생명·신체에 대한 단순한 위험에 그치거나 형법 제257조 제1항에 규정된 「상해」로 평가될 수 없을 정도의 극히 하찮은 상처로서 굳이 치료할 필요가 없는 것이어서 그로 인하여 건강상태를 침해하였다고 보기 어려운 경우에는 위 죄가 성립하지 않는다." 라고 하였으며(대법원 1997. 12. 12. 선고 97도2396 판결), 교통사고로 인하여 피해자가 입은 요추부통증이 굳이 치료할 필요가 없이 자연적으로 치유될 수 있는 것으로서 「상해」에 해당한다고 볼 수 없다는 이유로 특정범죄가중처벌등에관한법률 제5조의3 제1항 소정의 도주운전죄의 성립을 부정한 사례가 있습니다(대법원 2000. 2. 25. 선고 99도3910 판결).

따라서 위 사안의 경우에도 김갑돌에게 도주운전죄의 책임을 묻기는 어려울 것으로 보입니다.

◆ 교통사고장소에서 충돌느낌을 받고서도 확인하지 않은 경우 도주
운전죄가 되는지?

> **질문 ➡** 김갑돌은 비가 내리는 야간에 규정속도 이하로 승용차를 운전
> 하던 중 무엇인가 백미러에 부딪히는 듯한 느낌을 받았지만,
> 서행을 하면서 백미러로 확인한바 아무런 이상이 없는 듯하여
> 그 현장을 떠났습니다. 그런데 목적지에 도달하여 확인하여보
> 니 백미러에 흠집이 생겼지만 별것 아닐 것으로 생각하였는데,
> 다음날 이을남이 김갑돌의 위 차량 백미러에 충격 되어 전치 4
> 주의 상해를 입었고 김갑돌이 도주운전을 하였다고 합의금을
> 과다하게 요구합니다. 이 경우에도 도주운전이 되는지요?

답변 ➡   도주운전죄에 해당될 것으로 보입니다.

위 사안과 관련된 판례를 보면, "특정범죄가중처벌등에관
한법률 제5조의3 제1항 소정의 「피해자를 구호하는 등 도
로교통법 제50조 제1항의 규정에 의한 조치를 취하지 아
니하고 도주한 때」라 함은 사고운전자가 사고로 인하여
피해자가 사상을 당한 사실을 인식하였음에도 불구하고
피해자를 구호하는 등 도로교통법 제50조 제1항(현행 도
로교통법 제54조 제1항)에 규정된 의무를 이행하기 이전
에 사고현장을 이탈하여 사고를 낸 자가 누구인지 확정될
수 없는 상태를 초래하는 경우를 말하고, 여기에서 말하
는 사고로 인하여 피해자가 사상을 당한 사실에 대한 인
식의 정도는 반드시 확정적임을 요하지 아니하고 미필적
으로라도 인식하면 족한 바, 사고운전자가 사고 직후 차
에서 내려 직접 확인하였더라면 쉽게 사고사실을 확인할
수 있었는데도 그러한 조치를 취하지 아니한 채 별일 아
닌 것으로 알고 그대로 사고현장을 이탈하였다면 사고운
전자에게는 미필적으로라도 사고의 발생사실을 알고 도주

할 의사가 있었다고 볼 것이다."라고 하면서 "신빙성이 있
는 「사고장소에서 무엇인가 딱딱한 물체를 충돌한 느낌을
받았다.」는 피고인의 제1심 법정에서의 진술에 비추어
피고인에게는 미필적으로나마 사고의 발생사실을 알고 도
주할 의사가 있었음을 인정할 수 있다."라고 한 사례가 있
습니다(대법원 2000. 3. 28. 선고 99도5023 판결).

따라서 위 사안에서 김갑돌도 무엇인가 차량의 백미러에
충격 되는 느낌을 받았다면 정차 후 하차하여 사고 피해
자가 있는지를 확인하여야 하였음에도 그대로 현장을 떠
난 경우이므로 미필적으로라도 사고의 발생사실을 알고
도주할 의사가 있었다고 볼 수 있어 도주운전죄에 해당될
것으로 보입니다.

◆ 사고자가 경찰에 의해 병원후송 후 병원에서 나와 연락하지 않은 때의 도주운전여부

> **질문** ➡ 김갑돌은 친척소유의 차량을 운전하다가 과실로 교통사고를 야기하여 자기도 부상을 입었고 이을녀과 최병수에게 상해를 입혔는데, 사고현장에 출동한 경찰관에 의해 이을녀·최병수와 함께 병원으로 후송되어 응급치료를 받은 후 병원에서 정밀검사를 받을 것을 요구하므로 병원비가 없어 나중에 치료받을 생각으로 아무런 말도 없이 병원에서 나왔습니다. 경찰에서는 김갑돌이 주민등록증이나 운전면허증을 소지하지 않았으므로 차량등록증만을 건네 받고 후송을 하였는바, 김갑돌은 그 후 경찰에도 아무런 연락을 취하지 않았습니다. 이 경우 도주운전죄가 성립되는지요?

답변 ➡ 도주운전죄로 가중 처벌되지는 않을 것으로 보입니다.

도로교통법 제54조 제1항은 "차의 교통으로 인하여 사람을 사상하거나 물건을 손괴한 때에는 그 차의 운전자 그 밖의 승무원은 곧 정차하여 사상자를 구호하는 등 필요한 조치를 하여야 한다."라고 규정하고 있으며, 특정범죄 가중처벌 등에 관한 법률 제5조의3 제1항에서는 도로교통법 제2조에 규정된 자동차·원동기장치자전거의 교통으로 인하여 형법 제268조(업무상과실·중과실치상)의 죄를 범한 당해 차량의 운전자가 피해자를 구호하는 등 도로교통법 제54조 제1항의 규정에 의한 조치를 취하지 아니하고 도주한 때에는 가중 처벌하도록 규정하고 있습니다.

특정범죄 가중처벌 등에 관한 법률 제5조의3 제1항 소정의 「피해자를 구호하는 등 도로교통법 제54조 제1항의 규정에 의한 조치를 취하지 아니하고 도주한 때」 의 의미에 관하여 판례를 보면, "특정범죄가중처벌등에관한법률 제5조의3 제1항 소정의 「피해자를 구호하는 등 도로교통법

제50조 제1항(현행 도로교통법 제54조 제1항)의 규정에 의한 조치를 취하지 아니하고 도주한 때」라 함은 사고운 전자가 사고로 인하여 피해자가 사상을 당한 사실을 인식 하였음에도 불구하고, 피해자를 구호하는 등 도로교통법 제50조 제1항(현행 도로교통법 제54조 제1항)에 규정된 의무를 이행하기 전에 사고장소를 이탈하여 사고야기자로 서 확정될 수 없는 상태를 초래하는 경우를 말한다."라고 하였습니다(대법원 2001. 1. 5. 선고 2000도2563 판결, 2000. 5. 12. 선고 2000도1038 판결).

그런데 위 사안에서와 같이 경찰관에 의해 구호조치가 이 루어진 경우에도 도주운전죄가 성립되는지에 관하여 판례 를 보면, "피고인은 그 자신이 부상을 입고 경찰에 의하여 병원으로 후송된 것일 뿐 스스로 사고장소에서 이탈한 것 이 아니고, 피고인이 그 후 병원으로 후송되어 치료를 받 던 도중 아무런 말이 없이 병원에서 나와 경찰에 연락을 취하지 아니하였다 하더라도 그 당시에는 이미 경찰에 의 하여 피해자를 구호하는 등의 조치가 이루어진 후이므로, 이를 두고 피고인이 피해자를 구호하는 등 도로교통법 제 50조 제1항(현행 도로교통법 제54조 제1항)에 규정된 의 무를 이행하기 전에 사고장소를 이탈하여 사고야기자로서 확정될 수 없는 상태를 초래한 경우에 해당한다고 볼 수 도 없다."라고 하였습니다(대법원 1999. 4. 13. 선고 98 도3315 판결).

따라서 위 사안에서 김갑돌이 도주운전죄로 가중 처벌되 지는 않을 것으로 보입니다.

◆ 부상없다는 피해자와 합의 중 경적소리에 운전면허증만 교부하고 간 경우 도주여부

질문 ➡ 김갑돌은 승용차를 운전하다가 과실로 이을남의 승용차를 충격 하였는데, 이을남에게 다친 곳이 없는지 물었으나 다친 곳은 없다고 하여 차량의 파손에 대하여 합의를 하던 중 경찰관의 사이렌 소리를 듣고서 운전면허증만을 이을남에게 건넨 후 사 고현장을 떠났으며, 이을남도 역시 자기의 차량을 운전하여 사 고현장을 떠났습니다. 그런데 이을남은 전치 2주의 진단서를 발급 받아 수사기관에 제출하고 도주운전죄라고 주장하면서 합 의금을 과다하게 요구하고 있습니다. 이 경우 김갑돌이 도주운 전죄에 해당되는지요?

답변 ➡ 도주운전죄에 해당하지 않는다고 보여집니다.

특정범죄 가중처벌 등에 관한 법률 제5조의3 제1항 소정 의 「피해자를 구호하는 등 도로교통법 제54조 제1항의 규정에 의한 조치를 취하지 아니하고 도주한 때」의 의미 에 관하여 판례를 보면, "특정범죄가중처벌등에관한법률 제5조의3 제1항 소정의 「피해자를 구호하는 등 도로교통 법 제50조 제1항(현행 도로교통법 제54조 제1항)의 규정 에 의한 조치를 취하지 아니하고 도주한 때」라 함은 사 고운전자가 사고로 인하여 피해자가 사상을 당한 사실을 인식하였음에도 불구하고, 피해자를 구호하는 등 도로교 통법 제50조 제1항(현행 도로교통법 제54조 제1항)에 규 정된 의무를 이행하기 전에 사고장소를 이탈하여 사고야 기자로서 확정될 수 없는 상태를 초래하는 경우를 말한 다."라고 하였습니다(대법원 2001. 1. 5. 선고 2000도 2563 판결, 2000. 5. 12. 선고 2000도1038 판결).

그런데 교통사고 운전자가 사고현장에서 다친 곳이 없다 고 말한 피해자와 합의 중 경찰차의 사이렌 소리가 들리

자 피해자에게 자신의 운전면허증을 건네주고 가버린 경
우 도주에 해당하는지에 관하여 판례를 보면, "피고인은
교통사고를 낸 뒤 길옆으로 차를 세워놓고 피해자에게 가
서 괜찮으냐고 물으면서 여기는 사람들이 많으니 호텔 밖
으로 나가서 변상해주겠다고 했고, 피해자는 현장에서 해
결하자고 하면서 다친 데는 없으니 피해차량이 부서진 곳
을 변상해달라고 하였는데, 마침 사고장소인 호텔 밖에서
경찰차의 사이렌 소리가 나는 것 같자 피고인은 음주사실
이 두려워 피해자에게 피해차량의 견적을 빼보라고 한 다
음 운전면허증을 건네주고 피고인의 차를 운전하여 가버
렸고, 피해자는 피고인의 차량번호도 알고 운전면허증도
교부받았으므로 더 이상 피고인을 따라가지 않고 자신의
택시를 운전하고 간 다음 나중에 전치 2주의 경추 및 요
추염좌상을 입었다는 진단서를 수사기관에 제출한 것이라
면, 피고인이 피해자를 구호하지 아니하고 사고현장을 이
탈하여 사고야기자로서 확정될 수 없는 상태를 초래한 경
우에 해당한다거나 교통질서의 회복을 위한 어떠한 조치
가 필요하였던 것으로 보이지 아니한다고 할 것인바, 이
와 같은 취지에서 피고인이 이 사건 사고 후 현장을 이탈
하였다는 점만을 들어 피고인의 행위가 사고야기 후 도주
에 관한 특정범죄가중처벌등에관한법률위반죄나 도로교통
법위반죄에 해당하는 것으로 볼 수 없다."라고 한 바 있습
니다(대법원 1997. 7. 11. 선고 97도1024 판결).

따라서 위 사안에서 김갑돌이 도주운전죄에 해당된다고
할 수는 없을 것으로 보입니다.

참고로 교통사고 후 피해자와 경찰서에 신고하러 가다가
음주운전이 발각될 것이 두려워 피해자가 경찰서에 들어

간 후 그냥 돌아간 경우에 관한 판례를 보면, "피고인은 피해자에게 약 3주간의 치료를 요하는 우좌골 골절상 등을 입게 하는 교통사고를 일으킨 후 피해자로부터 넘어져서 조금 아프기는 하지만 많이 다치지는 않은 것 같으니 일단 경찰서에 신고하러 가자는 말을 듣고, 먼저 경찰서에 신고를 하고 나중에 병원에 가도 될 것으로 여기고 피해자를 피고인의 자동차에 태우고 경찰서에 신고하러 갔는데, 피해자가 먼저 차에서 내려 경찰서로 들어가자 피고인은 자신의 음주운전이 발각될 것이 두려워 아무런 말도 없이 경찰서 앞에서 그냥 돌아 가버린 경우 당시 피해자의 부상이 걸을 수 있는 정도의 경미한 상태였고, 피고인이 돌아간 이유가 범죄를 은폐하고 도주하기 위한 것이 아니라 음주운전으로 인한 처벌을 면하기 위한 것이었으며, 피해자에게 피고인의 직업과 이름을 알려 주었다는 등의 여러 사정이 있다고 하더라도, 피고인이 피해자의 구호의무를 이행하지 아니하고 사고현장을 이탈하여 도주한 것이라고 할 것이다."라고 한 바 있습니다(대법원 1996. 4. 9. 선고 96도252 판결).

◆ 사고현장에서 구호조치를 취하지 아니한 채 목격자인 양 행동한
때 도주운전죄여부

질문 ➡ 김갑돌은 교통사고를 야기하여 피해자 이을남이 출동한 경찰
순찰차에 실려 병원으로 후송되자 현장조사를 하는 경찰관에게
목격자인 것처럼 행세하다가 귀가하였으나, 그 이후 차량의 사
고흔적으로 인하여 입건되었는바, 이 경우 김갑돌에게 도주운
전죄가 성립되지 않는지요?

답변 ➡   도주운전죄의 책임을 면하기 어려울 것으로 보입니다.

특정범죄 가중처벌 등에 관한 법률 제5조의3 제1항 소정
의 「피해자를 구호하는 등 도로교통법 제54조 제1항의
규정에 의한 조치를 취하지 아니하고 도주한 때」의 의미
에 관하여 판례를 보면, "특정범죄가중처벌등에관한법률
제5조의3 제1항 소정의 「피해자를 구호하는 등 도로교통
법 제50조 제1항(현행 도로교통법 제54조 제1항)의 규정
에 의한 조치를 취하지 아니하고 도주한 때」라 함은 사
고운전자가 사고로 인하여 피해자가 사상을 당한 사실을
인식하였음에도 불구하고, 피해자를 구호하는 등 도로교
통법 제50조 제1항(현행 도로교통법 제54조 제1항)에 규
정된 의무를 이행하기 전에 사고장소를 이탈하여 사고야
기자로서 확정될 수 없는 상태를 초래하는 경우를 말한
다."라고 하였습니다(대법원 2001. 1. 5. 선고 2000도
2563 판결, 2000. 5. 12. 선고 2000도1038 판결).

그리고 사고야기자가 사고현장에서 목격자처럼 행세한 경
우에 대한 판례를 살펴보면, "피고인은 교통사고를 일으
킨 다음 사고현장 부근에 정차하였으나, 출동한 경찰관의
요청으로 파출소에 임의 동행하여 사고야기여부에 관하여
추궁을 받으면서도 피고인 차량에 충격 흔적이 발견되었

다는 지적을 받기까지는 사고사실을 부인하고, 사고현장
에서도 피해자에 대하여 아무런 구호조치도 취하지 아니
한 채 목격자인 양 행동한 사실이 인정되는바, 그렇다면
피고인이 비록 사고현상을 바로 이탈하지는 아니하였다고
하더라도, 사고야기사실 자체를 부인하면서 피해자에 대
한 구호조치를 취하지 아니하고 있다가 사고현장을 떠난
이상, 특정범죄가중처벌등에관한법률 제5조의3 제1항에서
말하는 「도주」에 해당한다고 보지 않을 수 없다."라고
하였습니다(대법원 1999. 11. 12. 선고 99도3781 판결,
1997. 5. 7. 선고 97도770 판결,1996. 11. 12. 선고, 96
도1997 판결).

따라서 위 사안에서 김갑돌도 도주운전죄의 책임을 면하
기 어려울 것으로 보입니다.

◆ 차량을 이용하여 운전을 방해한 경우 위험한 물건을 휴대하여 폭
  행을 가한 것인지?

질문 ➡ 김갑돌은 고속도로상에서 이을남이 끼어 들기를 하였다는 이유
로 이을남의 차량 뒤를 바짝 따라붙어 운전을 방해하고, 자신
의 차량을 이을남의 앞으로 몰고 가 이을남이 급제동하거나 급
차로변경을 하게 하고, 자신의 차량을 이을남의 차량의 옆으로
바짝 밀어붙여 이을남으로 하여금 중앙분리대와 충돌할 위험에
처하게 하고, 이을남이 고속도로를 빠져나가려 하자 진로를 가
로막아 빠져나가지 못하게 하였습니다. 이 경우 김갑돌의 위와
같은 행위를 폭력행위 등 처벌에 관한 법률위반으로 처벌할 수
있는지요?

답변 ➡ 위험한 물건을 「휴대하여」 폭행을 가한 것으로 보아서 폭
력행위 등 처벌에 관한 법률 제3조 제1항에 위반한 것으
로 볼 수 있을 듯합니다.

폭력행위 등 처벌에 관한 법률 제2조 제1항에서는 "상습
적으로 제257조제1항(상해)·제2항(존속상해), 제276조제
2항(존속체포, 존속감금) 또는 제350조(공갈)의 죄를 범
한 자는 3년 이상의 유기징역에 처한다."라고 규정하고
있으며, 폭력행위 등 처벌에 관한 법률 제3조 제1항에서
는 "단체나 다중의 위력으로써 또는 단체나 집단을 가장
하여 위력을 보임으로써 제2조 제1항에 열거된 죄를 범한
자 또는 흉기 기타 위험한 물건을 휴대하여 죄를 범한 자
는 제2조제1항 각 호의 예에 따라 처벌한다."라고 규정하
고 있습니다.

그런데 위 사안에서 김갑돌의 위와 같은 행위가 위험한
물건을 휴대하여 폭행을 가한 것으로 볼 수 있는지에 관
하여 판례를 보면, "폭력행위등처벌에관한법률 제3조 제1
항 소정의 위험한 물건을 「휴대하여」 라는 말은 소지뿐만

아니라 널리 이용한다는 뜻도 포함하는 것인바, 피고인이 고속도로상에서 승용차로 피해자가 타고 가는 승용차 뒤를 바짝 따라붙어 운전을 방해하고, 피고인 차량을 피해자 차량 앞으로 몰고 가 급제동을 하여 피해자로 하여금 충돌을 피하기 위하여 급제동하거나 급차로변경을 하게 하고, 피고인 차량을 피해자 차량의 옆으로 바짝 밀어붙여 피해자로 하여금 중앙분리대와 충돌할 위험에 처하게 하고, 피해자가 고속도로를 빠져나가려 하자 진로를 가로막아 빠져나가지 못하게 하였다면, 이는 위험한 물건인 자동차를 이용하여 피해자를 폭행한 것이라고 하지 않을 수 없다."라고 하였습니다(대법원 2001. 2. 23. 선고 2001도271 판결).

따라서 위 사안에서 김갑돌은 위험한 물건을 「휴대하여」 폭행을 가한 것으로 보아 폭력행위 등 처벌에 관한 법률 제3조 제1항에 위반한 것으로 볼 수 있을 듯합니다.

◆ 신도로 신설 후 자기소유 토지에 개설된 구도로를 폐쇄한 경우 교통방해죄여부

> **질문 ➡** 김갑돌은 자기소유 토지에 개설되었던 구도로가 인접지역으로 신설된 신도로를 이용하는 자가 많고 통행인이 적어지자 그 구도로에 포함된 자기소유의 토지를 되찾고자 자기소유부분의 구도로를 파내고 담을 설치하였습니다. 그런데 이 경우에도 처벌된다고 하는바, 그것이 타당한지요?

답변 ➡   신도로가 개설된 후 구도로가 도로로서의 기능을 상실한 경우라면 일반교통방해죄가 성립되지 않을 수도 있지만, 여전히 일반공중의 통행에 이용되고 있는 상태라면 일반교통방해죄에 해당합니다.

형법 제185조에서는 일반교통방해죄에 관하여 "육로, 수로 또는 교량을 손괴 또는 불통하게 하거나 기타 방법으로 교통을 방해한 자는 10년 이하의 징역 또는 1,500만원 이하의 벌금에 처한다."라고 규정하고 있습니다.

형법 제185조 소정의 「육로」의 의미에 관한 판례를 살펴보면, "형법 제185조의 일반교통방해죄는 일반공중의 교통의 안전을 보호법익으로 하는 범죄로서 여기에서 「육로」라 함은 일반공중의 왕래에 공용된 장소, 즉 특정인에 한하지 않고 불특정다수인 또는 차마가 자유롭게 통행할 수 있는 공공성을 지닌 장소를 말하고, 그 부지의 소유관계나 통행권리관계 또는 통행인의 많고 적음 등을 가리지 않는다."라고 하였습니다(대법원 1999. 4. 27. 선고 99도401 판결, 1994. 11. 4. 선고 94도2112 판결). 또한, "도로가 농가의 영농을 위한 경운기나 리어카 등의 통행을 위한 농로로 개설되었다 하더라도 그 도로가 사실상 일반 공중의 왕래에 공용되는 도로로 된 이상 경운기나

리어카 등만 통행할 수 있는 것이 아니고 다른 차량도 통행할 수 있는 것이므로 이러한 차량의 통행을 방해한다면 이는 일반교통방해죄에 해당한다."라고 하였으나(대법원 1995. 9. 15. 선고 95도1475 판결), "토지의 소유자가 자신의 토지의 한쪽 부분을 일시 공터로 두었을 때 인근주민들이 위 토지의 동서 쪽에 있는 도로에 이르는 지름길로 일시 이용한 적이 있다 하여도 이를 일반공중의 내왕에 공용되는 도로라고 할 수 없으므로 형법 제185조 소정의 육로로 볼 수 없다."라고 하였습니다(대법원 1984. 11. 13. 선고 84도2192 판결).

따라서 위 사안에 있어서도 신도로가 개설된 후에도 구도로가 통행인은 줄었지만 여전히 일반공중의 통행에 이용되고 있는 상태라면 비록 그 도로에 김갑돌소유 토지가 포함되어 있다고 하더라도 김갑돌이 그 도로를 파내고 담을 설치한 것은 일반교통방해죄에 해당될 것으로 보입니다. 판례도 "피고인 소유의 토지를 포함한 구도로 옆으로 신도로가 개설되었으나, 구도로가 여전히 형법 제185조 소정의 「육로」에 해당한다."라고 한 사례가 있습니다(대법원 1999. 7. 27. 선고 99도1651 판결). 그러나 신도로가 개설된 후 구도로가 도로로서의 기능을 상실한 경우라면 일반교통방해죄가 성립되지 않을 수도 있을 것입니다(대법원 1999. 4. 27. 선고 99도401 판결).

◆ 피해자를 승용차에 태운 채 하차요구를 무시하고 내리지 못하게
한 때 감금죄여부

질문 ➡ 김갑돌은 이을녀로 하여금 할 수 없이 그의 승용차에 승차하게
한 후 이을녀가 내려달라고 요청하였음에도 불구하고 당초 목
적지라고 알려준 장소가 아닌 다른 장소를 향하여 시속 약 60
킬로미터 내지 70킬로미터 속도로 진행하여서 이을녀를 위 차
량에서 내리지 못하도록 하였습니다. 그러자 이을녀는 위와 같
은 감금상태를 벗어날 목적으로 위 차량의 뒷좌석 창문을 통하
여 밖으로 빠져 나오려다가 길바닥에 떨어져 상해를 입었습니
다. 이 경우 김갑돌에게 감금죄의 책임을 물을 수 있는지요?

답변 ➡   감금치상죄가 성립될 수 있을 듯합니다.

형법 제276조 제1항에서는 "사람을 체포 또는 감금한 자
는 5년 이하의 징역 또는 700만원이하의 벌금에 처한다."
라고 규정하고 있으며, 형법 제281조 제1항에서는 "제
276조 내지 제280조의 죄를 범하여 사람을 상해에 이르
게 한 때에는 1년 이상의 유기징역에 처한다. 사망에 이
르게 한 때에는 3년 이상의 유기징역에 처한다."라고 규
정하고 있습니다.

그런데 위 사안과 관련된 판례를 보면, "감금죄는 사람의
행동의 자유를 그 보호법익으로 하여 사람이 특정한 구역
에서 나가는 것을 불가능하게 하거나 또는 심히 곤란하게
하는 죄로서 이와 같이 사람이 특정한 구역에서 나가는
것을 불가능하게 하거나 심히 곤란하게 하는 그 장해는
물리적, 유형적 장해뿐만 아니라 심리적, 무형적 장해에
의하여서도 가능하고, 또 감금의 본질은 사람의 행동의
자유를 구속하는 것으로 행동의 자유를 구속하는 그 수단
과 방법에는 아무런 제한이 없어서 유형적인 것이거나 무

형적인 것이거나 가리지 아니하며, 감금에 있어서의 사람의 행동의 자유의 박탈은 반드시 전면적이어야 할 필요도 없다."라고 하면서, "승용차로 피해자를 가로막아 승차하게 한 후 피해자의 하차요구를 무시한 채 당초 목적지가 아닌 다른 장소를 향하여 시속 약 60킬로미터 내지 70킬로미터의 속도로 진행하여 피해자를 차량에서 내리지 못하게 한 행위는 감금죄에 해당하고, 피해자가 그와 같은 감금상태를 벗어날 목적으로 차량을 빠져 나오려다가 길바닥에 떨어져 상해를 입고 그 결과 사망에 이르렀다면 감금행위와 피해자의 사망 사이에는 상당인과관계가 있다고 할 것이므로 감금치사죄에 해당한다."라고 하였습니다 (대법원 2000. 2. 11. 선고 99도5286 판결).

따라서 위 사안에서도 김갑돌의 위와 같은 행위는 감금치상죄가 성립될 수 있을 듯합니다.

제5장. 가정사건 일반

1. 가정사건의 정의 및 대처

(1) 가정사건

가정폭력은 그 정도의 심각성에도 불구하고, 주로 가족 내에서 이루어지고, 또한 여성, 아동, 노인 등 가정내 약자에 대해서 행해져서 피해자들이 제대로 권리구제를 신청하지 못하고, 경찰에 형사사건으로 신고해도 집안 내의 문제라 하여 경찰의 도움을 얻지는 못하는 사례가 많았습니다.

그래서 1997. 12. 31. 가정폭력방지 및 피해자보호 등에 관한 법률(이하 가정폭력방지법이라 합니다) 및 가정폭력범죄의 처벌 등에 관한 특례법(이하 가특법이라 합니다)이 제정되어 국가가 적극적으로 개입하여 가정폭력범에게 보호처분을 하거나 접근금지가처분 등 임시조치를 하는 등 가정폭력의 피해자를 보호하기 위한 제반 조치를 취할 수 있게 하였습니다.

위 법은 가정폭력 가해자에게 형사처벌보다는 폭력행위를 신속하게 제지하고 폭력성을 행사하지 않도록 보호처분을 내림으로써 궁극적으로 가정 내 약자를 보호하고 가정의 평화를 지키고자 하는 의도로 제정되었다고 할 수 있습니다.

(2) 가정폭력의 유형

가정폭력의 피해 대상은 주로 아내, 아동, 노인 등 사회경제적 약자입니다. 그리고 그 중에서도 아내에 대한 폭력은 가족해체의 직접적인 원인이 되며 다른 가족구성원에게도 장기적이고 심각한 영향을 미친다는 특성을 갖고 있습니다.

가특법에서 정하는 가정폭력은 흔히 말하는 폭행의 범위보다 훨씬 넓습니다. 물론 때리거나 밀치거나, 가재도구를 부수는 등 폭력은 말할 것도 없고, 가정 내에서의 체포, 감금, 협박, 모욕, 사기, 공갈, 원하지 않은 성행위를 강요하거나 기타 성적인 괴롭힘, 끼니를 주지 않는 행위, 불결한 생활환경에 장시간 놔두는 행위, 교육을 시키지 않는 행위, 아파도 병원에 데려가지 않는 행위, 문을 잠가놓고 나가는 행위 등을 포괄하는 개념입니다.

(3) 신고, 고소

먼저 누구든지 가정폭력범죄를 안 때에는 이를 수사기관에 신고할 수 있습니다.

그리고 아동상담소, 가정폭력방지법에 의한 상담소 보호시설의 상담원 및 의료기관 등의 장 및 그 종사자가 직무를 수행하면서 알게 된 가정폭력범죄는 즉시 수사기관에 신고하여야 할 의무가 있습니다.

그리고 형사소송법상 직계존속을 고소할 수는 없으나, 가특법에 의하면 형사소송법상 고소할 수 없는 자기 또는 배우자의 직계존속인 경우에도 고소할 수 있습니다.

한편 피해자의 부모 등 법정대리인이 폭력행위자인 경우 또는 폭력행위자와 공동하여 가정폭력범죄를 범한 경우에는 피해자의 친족이 고소할 수 있습니다

또한 피해자에게 고소할 법정대리인이나 친족이 없는 경우에 이해관계인의 신청이 있으면 검사는 10일 이내에 고소할 수 있는 자를 지정하여야 합니다.

(4) 응급조치

진행중인 가정폭력범죄에 대하여 신고를 받은 사법경찰관리는 즉시 현장에 가서 다음 조치를 취하여야 합니다.

– 폭력행위의 제지 및 범죄수사
– 피해자의 가정폭력관련상담소 또는 보호시설 인도(피해자의 동의가 있는 경우에 한한다)
– 긴급치료가 필요한 피해자의 의료기관 인도
– 폭력행위의 재발시 격리 또는 접근 금지 등의 임시조치를 신청할 수 있음을 통보

(5) 임시조치의 신청

응급조치에도 불구하고 가정폭력범죄가 재발할 우려가 있다고 인정하는 때에는 검사는 법원에 임시조치를 청구할 수 있습니다. 임시조치의 내용은 피해자 또는 가정구성원의 주거 또는 점유하는 방실로부터의 퇴거 등 격리, 피해자의 주거, 직장 등에서 100미터 이내의 접근금지 등입니다.

(6) 사건송치

사법경찰관은 가정폭력범죄를 신속히 수사하여 사건을 검사에게 송치하여야 합니다.

가정폭력범죄에 대하여 검사는 ① 기소유예 등 불기소처분 ② 형사처벌을 위한 기소 ③ 가정보호사건 처리 등 세 가지 중 선택하여 처리할 수 있게 됩니다.

(7) 가정보호사건처리

검사는 가정폭력범죄로서 사건의 성질, 동기 및 결과, 행위자의 성행 등을 고려하여 보호처분에 처함이 상당하다고 인정할 때에는 가정보호사건으로 처리할 수 있습니다. 이 경우 검사는 피해자의 의사를 존중하여야 합니다.

가정보호사건의 경우 그 사건을 가정법원 또는 지방법원 가사부에 송치하여야 합니다.

검사는 가정폭력범죄와 그 외의 범죄가 경합하는 때에는 가정폭력범죄에 대한 사건만을 분리하여 관할법원에 송치할 수도 있습니다.

법원도 형사사건으로 기소된 사건을 심리한 결과 가특법에 의한 보호처분에 처함이 상당하다고 인정하는 때에는 결정으로 사건을 가정보호사건의 관할 법원에 송치할 수도 있습니다. 이 경우에도 피해자의 의사를 존중하여여야 합니다.

(8) 임시조치

판사는 가정보호사건의 원활한 조사심리 또는 피해자의 보호를 위하여 필요하다고 인정한 때에는 결정으로 행위자에게 다음의 임시조치를 할 수 있습니다.

1호 - 피해자 또는 가정구성원에게 접근하는 행위의 제한.

2호 - 피해자 또는 가정구성원에 대한 「전기통신기본법」 제2조제1호의 전기통신을 이용하여 접근하는 행위의 제한

3호 - 가정폭력행위자가 친권자인 경우 피해자에 대한 친권 행사의 제한

4호 - 「보호관찰 등에 관한 법률」에 따른 사회봉사 수강명령

5호 - 「보호관찰 등에 관한 법률」에 따른 보호관찰

6호 - 「가정폭력방지 및 피해자보호 등에 관한 법률」에서 정하는 보호시설에의 감호위탁

7호 - 의료기관에의 치료위탁

8호 - 상담소등에의 상담위탁

(제1호부터 제3호까지 및 제5호부터 제8호까지의 보호처분의 기간은 6개월을 초과할 수 없으며, 제4호의 사회봉사 수강명령의 시간은 200시간을 각각 초과할 수 없습니다.)

(9) 조사 · 심리

법원은 가정보호조사관에게 행위자피해자 및 가정구성원의 심문이나 가정폭력범죄의 동기·원인 및 실태 등의 조사하게 할 수 있습니다.

법원은 또한 전문가에게 행위자의 전신상태에 대한 진단소견 및 가정폭력범죄의 원인에 하여 관한 의견조회를 할 수 있습니다.

또한 피해자의 신청이 있는 경우 피해자를 증인으로 신문하여야 하고 피해자에게 의견진술권을 주어야 합니다.

한편 가정폭력행위자는 변호사 등을 보조인으로 선임할 수 있습니다.

(10) 불처분의 결정

판사는 가정보호사건을 심리한 결과 다음에 해당할 때에는 처분을 하지 아니한다는 결정을 하여야 합니다.

· 보호처분을 할 수 없거나 할 필요가 없다고 인정한 때

· 사건의 성질 및 행위자의 성행 등에 비추어 가정보호사건으로 부

　　적절하다고 인정될 때

(11) 보호처분

　　판사는 심리의 결과 보호처분이 필요하다고 인정한 때에는 결정으로 다음에 해낭하는 처분을 할 수 있습니다.

　　1호 – 피해자 또는 가정구성원에게 접근하는 행위의 제한.

　　2호 – 피해자 또는 가정구성원에 대한 「전기통신기본법」 제2조제 1호의 전기통신을 이용하여 접근하는 행위의 제한

　　3호 – 가정폭력행위자가 친권자인 경우 피해자에 대한 친권 행사의 제한

　　4호 – 「보호관찰 등에 관한 법률」에 따른 사회봉사 수강명령

　　5호 – 「보호관찰 등에 관한 법률」에 따른 보호관찰

　　6호 – 「가정폭력방지 및 피해자보호 등에 관한 법률」에서 정하는 보호시설에의 감호위탁

　　7호 – 의료기관에의 치료위탁

　　8호 – 상담소등에의 상담위탁

　　　　(제1호부터 제3호까지 및 제5호부터 제8호까지의 보호처분의 기간은 6개월을 초과할 수 없으며, 제4호의 사회봉사 수강 명령의 시간은 200시간을 각각 초과할 수 없습니다.)

(12) 배상명령

　　피해자는 가정보호사건이 계속된 제1심 법원에 배상명령을 신청할 수 있고, 이 경우 인지의 첩부는 필요하지 않습니다.

　　법원은 제1심의 가정보호사건 심리절차에서 보호처분을 선고할 경우 직권 또는 피해자의 신청에 의하여 다음과 같은 금전지급이나 배상을 명할 수 있습니다.

　　– 피해자 또는 가정구성원의 부양에 필요한 금전의 지급

　　– 가정보호사건으로 인하여 발생한 직접적인 물적피해 및 치료비손해의 배상

(13) 가특법 시행의 문제점

첫 번째로는 가정폭력을 최초로 접하여 이를 처리하는 경찰의 미온적 대응입니다. 피해자나 이웃이 신고를 해도 이에 대해 적극적인 조치를 취하지 못하거나 출동했다가도 문이 닫혀 있다고 그냥 돌아오기도 합니다.

그리고 아직은 가정 내의 약자인 피해자가 이러한 신고를 하는데 있어서 제약요인이 많다는 것입니다. 예를 들어 어머니를 때린 아버지를 신고한 아이에게 "아버지를 신고하는 호로자식이 어디 있느냐?"고 주위 사람들이 비난하거나 신고를 빌미로 더한 폭행을 당하는 일도 일어나게 됩니다.

그 다음으로 법원이 내리는 접근금지나 이를 위반할 때의 벌금형 등 명령이 실효성이 없다는 문제입니다. 이를 감시, 감독할 기관이 미비하고, 벌금형을 받은 남편의 벌금이 결국 가계의 생활비에서 지출되어 오히려 가정내의 불안이 악화되는 경우도 있습니다.

그러므로 이와 같은 문제점을 시정할 수 있는 여러 가지 제도적 장치가 보완되어야 할 것입니다.

2. 가정사건 법률문답

◆ 본인의 승낙없이 허위로 혼인신고를 한 경우 처벌할 수 있는지?

질문 ➡ 저는 소규모 무역회사 경리사원으로 근무하는 여성으로 회사 거래처직원 김갑돌로부터 여러 차례 청혼을 받았으나 매번 거절하였습니다. 그런데 얼마 전 김갑돌이 자기의 가족관계증명서를 보여주면서 아무리 해도 말을 듣지 않아 이렇게 혼인신고까지 해놓았으니 알아서 하라며 협박까지 하는 것이었습니다. 이제 창피하여 회사에도 다닐 수가 없는데 김갑돌을 처벌할 수 없는지요?

답변 ➡ 공정증서원본불실기재 및 동행사죄가 성립된다 할 것입니다.

혼인은 가족관계의 등록 등에 관한 법률에 정한 바에 의하여 신고함으로써 그 효력이 생기며 당사자간에 혼인의 합의 없이 당사자일방이 임의적으로 한 혼인신고는 무효입니다(민법 제812조, 제815조 제1호).

그러므로 혼인의 의사 없이 혼인신고 된 당사자는 가정법원에 혼인무효확인소송을 제기하여 그 재판이 확정된 후 판결문등본과 확정증명서를 관할구청에 제출하여 가족관계등록부정정신청을 할 수 있고, 그로 인한 정신상의 고통에 대하여 민사상 손해배상청구는 물론 형사적으로도 공정증서원본불실기재죄 등으로 고소할 수 있습니다.

이와 같이 허위로 혼인신고를 한 자에 대하여는 형법 제228조 및 제229조에서 공무원에 대하여 허위신고를 하여 공정증서원본 또는 이와 동일한 전자기록 등 특수매체기록에 부실의 사실을 기재 또는 기록하게 한 자는 5년 이하의 징역 또는 1천만원 이하의 벌금에 처하고 이를 행사한 자도 또한 같다고 규정하고 있으므로 공정증서원본불실기재 및 동행사죄가 성립된다 할 것입니다.

◈ 가장이혼신고가 공정증서원본불실기재죄에 해당되는지?

질문 ➡ 저는 국제무역회사를 운영하던 중 경기침체로 회사를 부도내고 20여년간 모은 재산을 잃고 말았으며 채권자들이 집까지 찾아와 변제독촉을 하고 있습니다. 그런데 3년 전 저의 아내는 친정아버지로부터 시골의 땅 수 필지를 상속받아 아내의 명의로 소유권이전등기를 하였고 채권자들이 이를 내놓으라고 하였습니다. 이에 이를 회피할 목적으로 아내와 상의하여 형식상 이혼을 하기로 하였고 최근에 협의이혼으로 이혼신고를 마쳤습니다. 아내와 저는 여전히 같이 살고 있는데, 이러한 경우 저의 행위가 공정증서원본불실기재죄 등에 해당되는지요?

답변 ➡   공정증서원본불실기재죄가 성립되지 않을 것으로 보입니다.

형법 제228조 제1항에서는 "공무원에 대하여 허위신고를 하여 공정증서 원본 또는 이와 동일한 전자기록 등 특수매체기록에 불실의 사실을 기재 또는 기록하게 한 자는 5년 이하의 징역 또는 1천만원 이하의 벌금에 처한다."라고 규정하고 있습니다.

가장이혼(假裝離婚)이 위 규정에 위반하여 공정증서원본불실기재죄가 성립되는지에 관하여 판례를 보면, "협의상 이혼이 가장이혼으로서 무효로 인정되려면 누구나 납득할 만한 특별한 사정이 인정되어야 하고, 그렇지 않으면 이혼 당사자간에 일시적으로나마 법률상 적법한 이혼을 할 의사가 있었다고 보는 것이 이혼신고의 법률상 및 사실상의 중대성에 비추어 상당하고(대법원 1993. 6. 11.선고, 93므171 판결), 협의상 이혼의 의사표시가 기망에 의하여 이루어진 것일지라도 그것이 취소되기까지는 유효하게 존재하는 것이므로, 협의상 이혼의사의 합치에 따라 이혼신

고를 하여 호적에 그 협의상 이혼사실이 기재되었다면, 이
는   공정증서원본불실기재죄(公正證書原本不實記載罪)에
정한 불실의 사실에 해당하지 않는다."라고 하였습니다(대
법원 1997. 1. 24. 신고 95노448 판결).

그러므로 귀하의 경우에도 일시적이나마 법률상의 부부관
계를 해소하고자 하는 의사의 합치하에 이혼신고를 하였
다면, 혼인 및 이혼의 효력발생여부에 있어 신고제도라는
형식주의를 취하는 현행법제에서 그 이혼신고는 유효하다
고 할 것이며, 귀하에게 공정증서원본불실기재죄가 성립되
지 않을 것으로 보입니다.

◆ 남편이 간통한 경우 상대방 여자만 고소하여 처벌할 수 있는지?

질문 ➡저는 10년 전 김갑돌과 혼인하여 두 자녀를 양육하는 주부이며 김갑돌은 42세의 회사원입니다. 김갑돌이 최근 들어 옷에서 여자향수냄새가 나고 귀가시간이 일정하지 않아 교제하는 여자가 있다는 확신을 가지고 미행하던 중 김갑돌과 이을녀가 여관으로 들어가는 것을 목격하였습니다. 김갑돌의 행위는 괘씸하지만 아이들 때문에 용서 한 후 같이 살기를 원하지만, 이을녀는 고소하여 처벌하려고 합니다. 이것이 가능한지요?

답변 ➡   남편과 이혼하지 않고서는 남편을 간통죄로 처벌할 수 없고 남편의 정부만 처벌받게 하는 방법도 없습니다.

간통죄(형법 제241조)는 배우자 있는 자가 다른 사람과 정교관계를 가지면 성립하는 범죄로 배우자의 고소가 있어야 논할 수 있는 친고죄(親告罪)이며, 그 행위를 안 날로부터 6개월 이내에 고소하여야 적법한 고소가 됩니다.

형사소송법 제233조에 의하면 "친고죄의 공범 중 그 1인 또는 수인에 대한 고소 또는 그 취소는 다른 공범자에 대하여도 효력이 있다."라고 규정하고 있으므로 친고죄의 고소는 공범관계에 있는 1인에 대하여만 하여도 전원에 대하여 한 것과 같은 효력이 있습니다.

따라서 귀하가 이을녀만을 고소한다고 하여도 김갑돌에 대하여도 고소한 것과 마찬가지의 효력이 있다고 하겠습니다.

그리고 간통한 자의 배우자가 간통죄를 고소하려면 혼인이 해소되거나 이혼소송을 제기한 후가 아니면 고소할 수 없고 이에 위반된 고소는 고소로서 효력이 없으며, 고소 후 다시 혼인을 하거나 이혼소송을 취하한 때에는 고소는 취소된 것으로 간주합니다(형사소송법 제229조).

따라서 귀하는 남편과 이혼하지 않고서는 남편을 간통죄로 처벌할 수 없고 남편의 정부만 처벌받게 하는 방법도 없습니다.

◆ 사실혼관계의 당사자일방이 타인과 동거하는 경우 간통죄가 되는 지?

질문 ➡ 저는 13년 전 처와 결혼하였으나 혼인신고를 하지 않은 채 지 내오던 중 처가 갑자기 가출하였습니다. 그 후 처의 소재를 탐 문한 결과 다른 남자와 함께 살고 있음을 확인하였는데, 처를 간통죄로 고소할 수 있는지요?

답변 ➡ 사실혼해소 및 손해배상을 청구할 수 있을 것이나, 간통 죄는 성립하지 않습니다.

형법 제241조 제1항 전단을 보면 "배우자있는 자가 간통 한 때에는 2년 이하의 징역에 처한다."라고 규정되어 있 습니다. 그러므로 간통죄의 주체는 「배우자있는 자」가 될 것이며 여기서 「배우자」란 법률상의 혼인관계에 있는 배우자를 의미한다 하겠습니다.

귀하의 경우처럼 혼인신고를 하지 않은 사실상의 배우자 관계에 불과한 경우에는 귀하의 처를 간통죄의 주체로 볼 수 없을 것입니다.

우리 민법도 법률혼주의를 채택하여 가족관계의 등록 등 에 관한 법률에 따른 혼인신고가 있을 때에만 법률상 배 우자로 보게 됩니다(민법 제810조, 제812조). 따라서 귀 하와 처가 13년 동안 사실혼관계를 맺어 왔다 하더라도 혼인신고가 되어 있지 않으므로, 귀하가 처를 간통죄로 고소할 수 없을 것으로 생각됩니다.

그런데 위와 같은 사실혼은 법률혼과 달리 당사자일방이 임의로 해소할 수 있지만, 정당한 사유가 없는 한 사실혼 관계파기에 책임 있는 당사자는 상대방에 대하여 그로 인 한 손해배상책임이 있습니다.

그러므로 귀하는 사실혼관계에 있는 처(妻)의 부정을 이유로 사실혼해소 및 손해배상을 청구할 수 있을 것이며, 그 상간한 남자에 대하여도 민사상으로 사실혼의 부부관계를 불법하게 침해한 것에 대한 손해배상을 청구해 볼 수 있다고 하겠습니다(민법 제750조).

◆ 간통행위 유죄된 경우 고소인을 무고죄로 고소한 피고인에게 무고
　 죄가 인정되는지?

질문 ➡ 김갑순은 남편 이을남이 최병미와 부정행위를 하여 그들을 간
통죄로 고소하였는데, 최병미는 이을남과 간통한 사실이 없음
에도 김갑순이 간통죄로 고소하였다는 이유로 김갑순을 무고죄
로 고소하였습니다. 그런데 이을남과 최병미가 간통죄로 유죄
판결을 받았는바, 이 경우 최병미를 무고죄로 문제삼을 수 있
는지요?

답변 ➡　무고죄가 성립될 것으로 보입니다.

형법 제156조에서는 "타인으로 하여금 형사처분 또는 징
계처분을 받게 할 목적으로 공무소 또는 공무원에 대하여
허위의 사실을 신고한 자는 10년 이하의 징역 또는
1,500만원 이하의 벌금에 처한다."라고 규정하고 있습니
다.

그리고 피고인의 간통행위가 유죄로 인정된다면 그 간통
행위를 고소한 고소인을 무고죄로 고소한 피고인에게 무
고죄의 범의가 인정되는지에 관한 판례를 보면, "피고인
의 간통행위가 유죄로 인정된다면, 그 간통행위를 고소한
고소인의 행위를 허위사실의 신고라고 하여 무고죄로 고
소하기에 이른 피고인에게는 그 신고사실이 허위라는 인
식이 있었다고 보아야 하므로, 설사 피고인의 고소가 간
통사실이 없다는 점을 강조하고 피의사실을 적극 방어하
기 위한 것이었다 하더라도 피고인에게 무고죄의 범의(犯
意)를 인정할 수밖에 없다."라고 하였습니다(대법원
1995. 3. 17. 선고 95도162 판결).

따라서 위 사안에서 최병미는 간통행위가 유죄로 인정된
다면 김갑순에 대한 무고죄가 성립될 것으로 보입니다.

◆ 간통사실을 안 후 상간자(相姦者)로부터 각서를 받은 경우 간통유서에 해당되는지?

> **질문 ➡** 김갑순은 남편 이을남이 초병미와 간통한 사실을 알고 최병미를 만나 다시는 이을남과 만나지 않겠다는 각서를 받았습니다. 그런데 다시 생각해보니 분해서 견딜 수가 없으므로 이을남과 최병미를 간통죄로 고소하려고 하는데, 이 경우 고소하면 이을남과 최병미가 처벌을 받게 되는지요?

답변 ➡ 고소할 수 없습니다. 하지만 각서작성 이후에도 다시 만나서 간통행위를 하였다면 그 부분에 대해서는 간통죄로 고소할 수 있을 것입니다.

형법 제241조에서는 간통죄에 대하여 "① 배우자있는 자가 간통한 때에는 2년 이하의 징역에 처한다. 그와 상간한 자도 같다. ② 전항의 죄는 배우자의 고소가 있어야 논한다. 단, 배우자가 간통을 종용(慫慂) 또는 유서(宥恕)한 때에는 고소할 수 없다."라고 규정하고 있습니다.

그러므로 위 사안에서 김갑순이 최병미로부터 「다시는 이을남과 만나지 않겠다.」는 각서를 받은 행위가 위 규정 중 유서(宥恕)에 해당되는지에 관하여 판례를 보면, "간통죄에 있어서의 유서는 배우자의 일방이 상대방의 간통사실을 알면서도 혼인관계를 지속시킬 의사로 악감정을 포기하고 상대방에게 그 행위에 대한 책임을 묻지 않겠다는 뜻을 표시하는 일방행위로서, 간통의 유서는 명시적으로 할 수 있음은 물론 묵시적으로도 할 수 있는 것이어서 그 방식에 제한이 있는 것은 아니지만, 감정을 표현하는 어떤 행동이나 의사의 표시가 유서로 인정되기 위해서는, 첫째 배우자의 간통사실을 확실하게 알면서 자발적으로 한 것이어야 하고, 둘째 그와 같은 간통사실에도 불구하고 혼인관계를 지속시키려는 진실한 의사가 명백하고 믿을 수 있는 방법으로 표현되어야 하는 것이다."라고 하면서 "배우자의 간통사실을 알고 난 후 그 상대방으로부터 배우자를 더 이상 만나지 않겠다는 합의각서를 받은 경우, 간통의 유서에 해당한다."라고 하였습니다(대법원 1999. 8. 24. 선고 99도2149 판결).

따라서 위 사안에서 김갑순은 이을남과 최병미가 각서를 작성하기 이전에 행한 간통행위에 대해서는 간통죄로 고소할 수 없을 것으로 보입니다. 다만, 간통죄는 성교행위마다 1개의 죄가 성립하는 것이므로(대법원 1989. 9. 12. 선고 89도54 판결), 각서작성 이후에도 이을남과 최병미가 다시 만나서 간통행위를 하였다면 그 부분에 대해서는 간통죄로 고소할 수 있을 것입니다.

참고로 "배우자의 객관적인 의사표시, 즉 「용서해줄 것이니 자백하라.」고 말한 것만으로는 간통을 유서한 때에 해당한다고 보기 어렵다."라고 한 사례가 있습니다(대법원 1991. 11. 26. 선고 91도2409 판결).

◆ 수년간 동거함을 알면서 특별한 의사표시나 행동을 하지 않은 경우 간통유서여부

질문 ➡ 김갑순은 남편 이을남이 최병미와 수년간 동거하면서 간통하고 있음을 알고 있었지만, 자녀들의 문제 등을 고려하여 그대로 놔두었으나 이제는 더 참을 수가 없어서 간통죄로 고소하려고 합니다. 이 경우 김갑순은 고소를 할 수 있는지요?

답변 ➡ 수년간 문제삼지 않았다는 것만으로 간통의 유서에 해당되어 고소할 수 없다고 할 수는 없을 것이므로 고소할 수 있다고 여겨집니다.

형법 제241조에서는 간통죄에 대하여 "① 배우자있는 자가 간통한 때에는 2년 이하의 징역에 처한다. 그와 상간한 자도 같다. ② 전항의 죄는 배우자의 고소가 있어야 논한다. 단, 배우자가 간통을 종용(慫慂) 또는 유서(宥恕)한 때에는 고소할 수 없다."라고 규정하고 있습니다. 위 규정의 종용이란 사전 동의를 의미하고, 유서란 사후 용서를 의미합니다.

간통의 유서의 방식과 요건에 관한 판례를 살펴보면, "간통의 유서는 명시적으로 할 수 있음은 물론 묵시적으로도 할 수 있는 것이어서 그 방식에 제한이 있는 것은 아니지만, 감정을 표현하는 어떤 행동이나 의사의 표시가 간통의 유서로 인정되기 위해서는 배우자의 간통사실을 확실하게 알면서 그와 같은 간통사실에도 불구하고 혼인관계를 지속시키려는 진실한 의사가 명백하고 믿을 수 있는 방법으로 표현되어야만 하고, 피고소인들이 수년간 동거하면서 간통하고 있음을 고소인이 알면서 특별한 의사표시나 행동을 하지 않은 경우에 그러한 사정만으로는 고소인이 그

간통을 묵시적으로 유서 하였다고 볼 수 없다."라고 하였
습니다(대법원 1999. 5. 14. 선고 99도826 판결).

또한, "간통죄에 있어서의 유서는 배우자의 일방이 상대방
의 간통사실을 알면서도 혼인관계를 지속시킬 의사로 악
감정을 포기하고 상대방에게 그 행위에 대한 책임을 묻지
않겠다는 뜻을 표시하는 일방행위로서, 간통의 유서는 명
시적으로 할 수 있음은 물론 묵시적으로도 할 수 있는 것
이어서 그 방식에 제한이 있는 것은 아니지만, 감정을 표
현하는 어떤 행동이나 의사의 표시가 유서로 인정되기 위
해서는, 첫째 배우자의 간통사실을 확실하게 알면서 자발
적으로 한 것이어야 하고, 둘째 그와 같은 간통사실에도
불구하고 혼인관계를 지속시키려는 진실한 의사가 명백하
고 믿을 수 있는 방법으로 표현되어야 하고, 간통죄의 고
소 이후 이혼 등 청구의 소가 계속 중에 혼인 당사자인
고소인과 피고소인이 동침한 사실이 있다는 사정만으로는
고소인이 피고소인의 간통행위를 유서 하였다고 볼 수 없
다."라고 하였습니다(대법원 2000. 7. 7. 선고 2000도868
판결).

따라서 위 사안에서 구체적으로 김갑순이 수년간 이을남
의 간통사실을 알고도 문제삼지 않은 사정을 파악하여 그
러한 행동이 간통의 유서에 해당되는지를 파악하여야 할
것이지만, 단순히 수년간 문제삼지 않았다는 것만으로 간
통의 유서에 해당되어 고소할 수 없다고 할 수는 없을 것
으로 보입니다.

◆ 간통죄로 고소하려면 반드시 범죄현장을 목격하여야만 하는지?

질문 ➡ 저는 남편 이을남이 제3의 여자와 간통하는 듯하여 그것을 문제삼고자 하는데, 그들의 그러한 행동이 은밀히 이루어지므로 증거를 확보하기가 어려워 망설이고 있습니다. 이 경우 그들의 간통현장을 목격하여야만 간통죄로 처벌할 수 있는지요?

답변 ➡ 심증이 간다는 정도로서는 고소하기에 부족하고, 범행의 전후 정황에 관한 제반 간접증거들을 종합하여 경험칙상 범행이 있었다는 것을 인정할 수 있을 때에는 고소를 해볼 수도 있을 것입니다.

남녀간의 정사에 관한 범죄의 증거인정에 관련된 판례를 보면, "남녀간의 정사를 내용으로 하는 강간, 간통, 강제추행, 업무상 위력 등에 의한 간음 등의 범죄에 있어서는 행위의 성질상 당사자간에서 극비리에 또는 외부에서 알기 어려운 상태하에서 감행되는 것이 보통이고, 그 피해자 외에는 이에 대한 물적 증거나 직접적 목격증인 등의 증언을 기대하기가 어려운 사정이 있는 것이라 할 것이니, 이런 범죄는 피해자의 피해전말에 관한 증언을 토대로 하여 범행의 전후사정에 관한 제반증거를 종합하여 우리의 경험법칙에 비추어서 범행이 있었다고 인정될 수 있는 경우에는 이를 유죄로 인정할 수 있는 것이다."라고 하였으며(대법원 1976. 2. 10. 선고 74도1519 판결), "남녀간의 정사를 내용으로 하는 간통죄는 행위의 성질상 통상 당사자간에 극비리에, 또는 외부에서 알아보기 어려운 상태하에서 감행되는 것이어서 이에 대한 직접적인 물적 증거나 증인의 존재를 기대하기가 극히 어렵다 할 것이어서, 간통죄에 있어서는 범행의 전후 정황에 관한 제반 간접증거들을 종합하여 경험칙상 범행이 있었다는 것을 인정할 수 있을 때에는 이를 유죄로 인정하여야 하고, 서로 사랑하여 상대방을 재혼대상으로까지 생각하고 있었던 성인 남녀가 심야에 여관에 함께 투숙하였고, 투숙한지 1시간 30분 가량 지난 뒤에 그들이 함께 묵고 있던 여관 객실에 다른 사람들이 들어가 보니 남자는 팬티만을 입고 있었고 여자는 팬티와 브라우스만을 입고 있었으며 방바닥에 구겨진 화장지가 여러 장 널려 있었다면 두 남녀가 서로 정을 통하였다고 인정하는 것이 경험칙에 비추어 상당하다."라고 본 사례가 있습니다(대법원 1997. 7. 25. 선고 97도974 판결, 헌법재판소 2000. 11. 30. 선고 2000헌마439 결정).

따라서 귀하가 이을남을 간통죄로 고소하기 위해서는 막연히 이을남의 행동이 수상하고 간통의 심증이 간다는 정도로서는 고소하기에 부족하고, 반드시 간통현장을 목격하여야 하는 것은 아니지만, 위 판례에 비추어 범행의 전후 정황에 관한 제반 간접증거들을 종합하여 경험칙상 범행이 있었다는 것을 인정할 수 있을 때에는 고소를 해볼 수도 있을 것입니다.

◆ 남편이 사망한 후 시어머니에게 상해를 입힌 경우 존속상해죄가 되는
　지?

질문 ➡ 저는 1년 전 남편이 교통사고로 사망한 후 최근 따로 살고 있
던 시어머니와의 사소한 다툼으로 시어머니에게 부상을 입혔습
니다. 저의 행위가 존속상해죄에 해당하는지요?

답변 ➡　보통상해죄에 해당된다고 보여집니다.

형법 제257조 제1항에 의하면 "사람의 신체를 상해한 자
는 7년 이하의 징역, 10년 이하의 자격정지 또는 1,000만
원 이하의 벌금에 처한다."라고 규정하고 있으며, 형법 제
257조 제2항에서는 "자기 또는 배우자의 직계존속에 대하
여 제1항의 죄를 범한 때에는 10년 이하의 징역 또는
1,500만원 이하의 벌금에 처한다."라고 규정하고 있습니
다.

이와 같이 제1항은 보통상해죄를, 제2항은 존속상해죄를
규정하고 있는바, 위 제2항에서 「배우자의 직계존속」 이
라 함은 그 배우자가 사망한 후 까지를 포함하는지가 문
제됩니다.

민법 제775조에 의하면 혼인으로 인하여 발생한 인척관계
는 혼인의 취소 또는 이혼으로 인하여 종료하고, 부부의
일방이 사망한 경우 생존배우자가 재혼한 때에도 종료한다
고 규정하고 있으므로, 귀하가 아직 재혼하지 않았다면 인
척관계는 그대로 유지되는 것으로 볼 수 있을 것입니다.

그러나 무엇보다도 형법의 죄형법정주의의 원칙상 그 의
미를 엄격히 해석하여야 하기 때문에 위 조항에서 「배우
자의 직계존속」 이란 살아있는 배우자의 직계존속을 의미
하고, 사망한 「배우자였던 자의 직계존속」 을 의미하는 것
은 아니라 할 것입니다.

따라서 귀하의 경우 보통상해죄에 해당된다고 보여집니다.

◆ 의붓아버지가 의붓딸을 강간한 경우에는 어떻게 되는지?

> **질문** ➡ 김갑순은 어머니가 친정에 있는 동안 어머니와 혼인신고를 하고 함께 사는 의붓아버지 이을남에게 강간을 당했습니다. 이 경우 김갑순이 이을남을 고소하지 않아도 처벌이 되는지요? 또한, 형법상의 강간죄가 적용되는지, 아니면 성폭력범죄의 처벌 등에 관한 법률 제5조의 친족관계에 의한 강간죄가 적용되는지요?

답변 ➡ 의붓아버지는 2촌 이내의 인척에 포함되어 성폭력범죄의 처벌 등에 관한 법률이 적용될 것이고 고소가 없어도 처벌할 수 있습니다.

폭행 또는 협박으로 부녀를 강간한 자는 3년 이상의 유기징역으로 처벌되는데, 이러한 강간죄는 고소권자의 고소가 있어야 공소를 제기할 수 있는 친고죄입니다(형법 제297조, 제306조).

그리고 성폭력범죄의 처벌 등에 관한 법률 제5조는 존속 등 연장의 친족이 강간죄를 범한 때에는 7년 이상의 유기징역으로 처벌되는데, 여기에서의 존속 또는 친족은 사실상의 관계에 의한 존속 또는 친족을 포함한다고 규정하고 있으나 형법상의 강간죄와는 달리 고소가 있어야만 공소를 제기할 수 있다는 규정이 없습니다.

한편, 성폭력범죄의 처벌 등에 관한 법률 제5조상의 친족의 범위에 대한 판례를 보면, "성폭력범죄의처벌및피해자보호등에관한법률 제7조 제4항에서 규정하는 사실상의 관계에 의한 존속이란, 자연혈족관계에 있으나 법정절차 미이행으로 인하여 법률상의 존속으로 인정되지 못하는 자(예컨대, 인지전의 혼인외의 출생자의 생부) 또는 법정혈족관계를 맺고자 하는 의사합치 등 법률이 정하는 실질관계는 갖추었으나 신고 등 법정절차 미이행으로 인하여 법률상의 존속으로 인정되지 못하는 자(예컨대, 사실상의 양자의 양부)를 말하고, 위와 같은 관계가 없거나 법률상의 인척에 불과한 경우는 그 생활관계, 당사자의 역할·의사 등이 존속관계와 유사한 외관을 가진다는 이유만으로 위의 사실상의 관계에 의한 존속에 포함된다고 할 수 없다."라고 하여(대법원 1996. 2. 23. 선고 95도2914 판결) 의붓아버지는 의붓딸과 아무런 혈연관계가 없고 단지 인척관계에 있을 뿐이므로 위 법률에서 규정하는 존속에 해당하지 아니한다고 하였습니다.

그러나 성폭력범죄의 처벌 등에 관한 법률 제5조 제4항이 친족의 범위를 4촌 이내의 혈족과 인척으로 규정하고 있으므로 의붓아버지는 2촌 이내의 인척에 포함되어 성폭력범죄의 처벌 등에 관한 법률이 적용될 것이고 고소가 없어도 처벌할 수 있게 되었습니다.

◆ 이혼소송 중 처가 남편친구에게 명예훼손문구의 서신을 동봉한 경우 명예훼손여부

질문 ➡ 김갑순은 남편 이을남을 상대로 이혼소송을 제기하여 소송계속 중인데, 이을남의 친구 최병수에게 서신으로 남편의 명예를 훼손하는 허위사실에 대한 문구가 기재된 서신을 발송한 사실이 있습니다. 그런데 그것을 알게 된 이을남이 김갑순을 명예훼손 죄로 고소하겠다고 하는바, 이 경우에도 명예훼손죄가 문제되는지요?

답변 ➡ 명예훼손죄가 성립되기는 어려울 것으로 보입니다.

형법 제307조 제2항은 "공연히 허위의 사실을 적시하여 사람의 명예를 훼손한 자는 5년 이하의 징역, 10년 이하의 자격정지 또는 1,000만원 이하의 벌금에 처한다."라고 규정하고 있습니다.

위 규정에 의한 명예훼손죄가 성립되려면 「공연성」이 인정되어야 하는바, 공연성에 관련된 판례를 보면, "명예훼손죄에 있어서 공연성은 불특정 또는 다수인이 인식할 수 있는 상태를 의미하므로 비록 개별적으로 한 사람에 대하여 사실을 유포하더라도 이로부터 불특정 또는 다수인에게 전파될 가능성이 있다면 공연성의 요건을 충족한다 할 것이지만, 이와 달리 전파될 가능성이 없다면 특정한 한 사람에 대한 사실의 유포는 공연성을 결한다 할 것이다."라고 하면서 이혼소송 계속중인 처가 남편의 친구에게 서신을 보내면서 남편의 명예를 훼손하는 문구가 기재된 서신을 동봉한 경우, 공연성이 결여되었다고 본 사례가 있습니다(대법원 2000. 2. 11. 선고 99도4579 판결).

따라서 위 사안에 있어서도 김갑순이 최병수에게 서신으로 이을남에 대한 허위의 사실을 알렸다고 하여도 공연성

이 인정되기 어려워 김갑순에 대한 명예훼손죄가 성립되기는 어려울 것으로 보입니다.

참고로 공연성과 관련하여 직장의 전산망에 설치된 전자게시판에 타인의 명예를 훼손하는 내용의 글을 게시한 행위가 명예훼손죄를 구성한다고 한 사례가 있습니다(대법원 2000. 5. 12. 선고 99도5734 판결).

◆ 처가 남자를 불러들여 간통한 때 그 남자의 주거침입죄 성립여부

질문 ➡ 김갑돌이 출장간 동안 김갑돌의 처 최병미는 이을남을 집으로 불러들여 불륜관계를 맺었습니다. 그러나 김갑돌은 자녀의 장래를 생각하여 최병미의 간통을 불문에 붙이기로 하고 이을남을 주거침입죄로 고소하고자 합니다. 이을남은 최병미의 승낙을 얻었다고 오히려 큰소리를 치는데 이 경우 이을남에게 주거침입죄가 성립되는지요?

답변 ➡   주거침입죄가 성립될 수 있을 것입니다.

형법 제319조에서는 "사람의 주거, 관리하는 건조물, 선박이나 항공기 또는 점유하는 방실(房室)에 침입한 자는 3년 이하의 징역 또는 500만원 이하의 벌금에 처한다."라고 규정하고 있습니다.

주거침입죄는 사실상의 주거의 평온(平穩)을 보호법익으로 하는 것이므로, 그 거주자 또는 관리자가 건조물 등에 거주 또는 관리할 권한을 가지고 있는가 여부는 범죄의 성립을 좌우하는 것이 아니고(대법원 1995. 9. 15. 선고 94도3336 판결), 일반인의 출입이 허용된 음식점이라 하더라도, 영업주의 명시적 또는 추정적 의사에 반하여 들어간 것이라면 주거침입죄가 성립되며(대법원 1997. 3. 28. 선고 95도2674 판결),

그 거주자나 관리자와의 관계 등으로 평소 그 건조물에 출입이 허용된 사람이라 하더라도 주거에 들어간 행위가 거주자나 관리자의 명시적 또는 추정적 의사에 반함에도 불구하고 감행된 것이라면 주거침입죄는 성립하고(대법원 1995. 9. 15. 선고 94도3336 판결), 반드시 행위자의 신체의 전부가 범행의 목적인 타인의 주거 안으로 들어가야만 성립하는 것이 아니라 신체의 일부만 타인의 주거 안

으로 들어갔다고 하더라도 거주자가 누리는 사실상의 주거의 평온(平穩)을 해할 수 있는 정도에 이르렀다면 범죄구성요건을 충족하는 것이라고 보아야 하고, 따라서 주거침입죄의 범의(犯意)는 반드시 신체의 전부가 타인의 주거 안으로 들어간다는 인식이 있어야만 하는 것이 아니라 신체의 일부라도 타인의 주거 안으로 들어간다는 인식이 있으면 됩니다(대법원 1995. 9. 15. 선고 94도2561 판결).

그런데 위 사안은 남편의 일시부재 중 간통의 목적으로 그 처의 승낙을 얻어 주거에 들어간 경우에도 형법 제319조의 주거침입죄가 성립하느냐에 대한 것으로 관련 판례를 보면 "형법상 주거침입죄의 보호법익은 주거권이라는 법적 개념이 아니고 사적 생활관계에 있어서의 사실상 주거의 자유와 평온(平穩)으로서 그 주거에서 공동생활을 하고 있는 전원이 평온(平穩)을 누릴 권리가 있다 할 것이나 복수의 주거권자가 있는 경우 한 사람의 승낙이 다른 거주자의 의사에 직접·간접으로 반하는 경우에는 그에 의한 주거에의 출입은 그 의사에 반한 사람의 주거의 평온(平穩) 즉 주거의 지배·관리의 평온(平穩)을 해치는 결과가 되므로 주거침입죄가 성립하고, 동거자 중의 1인이 부재중인 경우라도 주거의 지배관리관계가 외관상 존재하는 상태로 인정되는 한 위 법리에는 영향이 없다고 볼 것이니, 남편이 일시 부재중 간통의 목적하에 그 처의 승낙을 얻어 주거에 들어간 경우라도 남편의 주거에 대한 지배관리관계는 여전히 존속한다고 봄이 옳고 사회통념상 간통의 목적으로 주거에 들어오는 것은 남편의 의사에 반한다고 보여지므로 처의 승낙이 있었다 하더라도 남편의 주거의 사실상의 평온(平穩)은 깨어졌다 할 것이므로, 이러한 경우에는 주거침입죄가 성립한다고 할 것이다."라고 하였습니다(대법원 1984. 6. 26. 선고 83도685 판결, 1958. 5. 23. 선고 4291형상117 판결).

따라서 이을남은 김갑돌의 의사에 반하여 위 집에 들어갔으므로 김갑돌의 주거의 평온(平穩)을 침해하였다고 할 수 있고, 주거침입죄가 성립될 수 있을 것입니다.

◆ 동거하는 삼촌소유의 전축을 훔친 경우 친족간의 범행으로 처벌받지 않는지?

질문 ➡ 저는 저의 집에서 함께 살고 있는 삼촌의 휴대용 전축을 훔친 죄로 고소당하여 경찰서에서 조사를 받고 있습니다. 주위에서 친족간의 범행은 처벌받지 않고 전과기록에도 기재되지 않는다고 하는데 사실인지요?

답변 ➡ 친족으로서 형법 제328조, 제344조에 의해 형이 면제되므로 불기소처분에 해당하는 범죄피의자이고 수사자료표를 작성치 않으므로 전과자로 기록되지 않을 것입니다.

전과기록이라 함은 검찰청 및 군검찰부에서 관리하는 수형인명부(受刑人名簿), 수형인의 본적지 시·구·읍·면사무소에서 관리하는 수형인명표(受刑人名票) 및 경찰청에서 관리하는 범죄경력자료를 말합니다(형의실효 등에 관한 법률 제2조 제7호).

형법 제328조 및 제344조에 의하면 직계혈족, 배우자, 동거친족, 가족 또는 그 배우자간의 절도의 죄는 형을 면제한다고 규정하고 있으며, 형의실효 등에 관한 법률 제5조 제1항에 의하면 즉결심판대상자, 사법경찰관리가 수리한 고소 또는 고발사건 중 불기소처분사유에 해당하는 사건의 피의자에 대해서는 수사자료표를 작성치 않도록 되어 있습니다.

따라서 위 사안의 경우 귀하는 삼촌과 동거하는 친족으로서 형법 제328조, 제344조에 의해 형이 면제되므로 불기소처분에 해당하는 범죄피의자이고 수사자료표를 작성치 않으므로 전과자로 기록되지 않을 것입니다.

◈ 친구와 함께 그 친구의 할아버지의 물건을 훔친 경우 처벌되는지?

질문 ➡ 저의 아들 김갑돌은 친구 이을남과 함께 이을남의 조부 이병수의 집에 침입하여 시가 200만원 상당의 금품을 절취하여 유흥비로 소비하였습니다. 그런데 이병수는 손자인 이을남에게는 책임을 묻지 않고 저의 아들 김갑돌에게만 위 금품의 변상을 요구하며 변상하지 않으면 형사상 고소하겠다고 합니다. 이병수가 고소할 경우 저의 아들만 처벌받아야 하는지요?

답변 ➡ 귀하의 아들은 신분관계가 없는 공범으로서 제328조 제3항과 이를 준용하는 제344조에 의하여 형사처벌을 면제받을 수 없게 됩니다.

일정한 재산죄에 대하여 형법은 친족사이의 범죄에 관하여 특례를 규정하고 있는바, 이를 「친족상도례(親族相盜例)」라고 합니다.

형법 제328조 제1항에 의하면 직계혈족, 배우자, 동거친족, 가족, 또는 그 배우자간의 권리행사방해죄는 그 형을 면제하도록 규정하고 형법 제344조에서 이를 절도죄에도 준용하고 있습니다. 그러나 이러한 특별규정은 친족 이외의 공범자에게는 적용하지 아니한다고 규정하고 있습니다 (형법 제328조 제3항).

따라서 위 사안의 경우 손자인 이을남은 이병수의 직계혈족이므로 범죄는 성립되나 그 처벌을 받지 않게 되고, 귀하의 아들 김갑돌은 이병수와 위와 같은 신분관계가 없는 공범으로서 제328조 제3항과 이를 준용하는 제344조에 의하여 형사처벌을 면제받을 수 없게 됩니다.

참고로 친족이 타인의 재물을 보관하고 있는 경우에 친족관계에 있는 자가 절취행위를 하였을 때에는 위 특례는 적용되지 아니합니다. 왜냐하면 재물의 점유자 뿐만 아니라 그 소유자에 대하여도 절취행위자와의 사이에 위와 같은 신분관계가 있어야 하기 때문입니다. 판례도 "친족상도례에 관한 규정은 범인과 피해물건의 소유자 및 점유자 모두 사이에 친족관계가 있는 경우에만 적용되는 것이고, 절도범인이 피해물건의 소유자나 점유자의 어느 일방과 사이에서만 친족관계가 있는 경우에는 그 적용이 없다."라고 하였습니다(대법원 1980. 11. 11. 선고 80도131 판결).

그러므로 제3자가 보관하고 있는 재물을 그 소유자와 친족관계에 있는 자가 절취한 경우에도 위 특례는 적용되지 아니합니다.

◈ 친족상도례규정이 특정경제범죄 가중처벌 등에 관한 법률 위반죄
  에도 적용되는지?

질문 ➡ 김갑돌은 이을남의 사위로서 있지도 않은 사업체를 운영한다면
서 수차에 걸쳐 5억원을 사업자금으로 차용해가고서 단 한푼도
변제하지 않았고, 그로 인하여 이을남의 딸인 이병미와 이혼까
지 하게 되었습니다. 그러므로 이을남은 김갑돌을 사기죄로 고
소하여 구속·기소되었으나, 김갑돌이 백배사죄하고 이병미도
자녀들의 아버지임을 감안하여 고소를 취하해주기를 원하므로
고소를 취하해주려고 하는데, 이 경우 고소를 취하해주면 김갑
돌이 전혀 처벌을 받지 않게 되는지요?

답변 ➡ 공소기각의 판결을 받아 처벌되지 않을 것입니다.

사기죄에 관하여 형법 제347조 제1항에서는 "사람을 기망
하여 재물의 교부를 받거나 재산상의 이익을 취득한 자는
10년 이하의 징역 또는 2,000만원 이하의 벌금에 처한
다."라고 규정하고 있으며, 형법 제328조, 제354조에 의
하면 동거하지 아니하는 친족간에 사기죄를 범한 경우에
는 고소가 있어야 공소를 제기할 수 있다고 규정하고 있
습니다.

그런데 특정경제범죄 가중처벌 등에 관한 법률 제3조 제1
항 제2호에 의하면 사기죄를 범한 자가 그 범죄행위로 인
하여 취득한 재물 또는 재산상 이득액이 5억원 이상 50
억원 미만인 때에는 3년 이상의 유기징역에 처하고, 이득
액 이하에 해당하는 벌금을 병과(倂科)할 수 있다고 규정
하고 있습니다.

그러므로 위 사안에서 김갑돌은 편취한 금원이 5억원 이
상이므로 특정경제범죄 가중처벌 등에 관한 법률 위반죄
가 문제될 것인데, 친족상도례(親族相盜例 : 친족간의 범

행의 특례)에 관한 형법규정이 특정경제범죄가중처벌등에 관한법률 제3조 제1항 위반죄에도 적용되는지에 관하여 판례를 살펴보면, "형법 제354조, 제328조의 규정을 종합하면, 직계혈족, 배우자, 동거친족, 가족 또는 그 배우자간의 사기 및 사기미수의 각 죄는 그 형을 면제하여야 하고, 그 외의 친족간에는 고소가 있어야 공소를 제기할 수 있으며, 또한 형법상 사기죄의 성질은 특정경제범죄가중처벌등에관한법률 제3조 제1항에 의해 가중처벌 되는 경우에도 그대로 유지되고, 특별법인 특정경제범죄가중처벌등에관한법률에 친족상도례에 관한 형법 제354조, 제328조의 적용을 배제한다는 명시적인 규정이 없으므로, 형법 제354조는 특정경제범죄가중처벌등에관한법률 제3조 제1항 위반죄에도 그대로 적용된다."라고 하였습니다(대법원 2000. 10. 13. 선고 99오1 판결).

위 사안에 있어서 김갑돌과 이을남의 관계는 1촌인 인척이므로 민법 제777조가 친족의 범위 중 4촌 이내의 인척을 친족으로 규정하고 있으므로 김갑돌과 이을남은 친족상도례의 적용에 있어서 친족이 됩니다. 또한, 김갑돌과 최병미가 이혼을 하였다고 하더라도 친족상도례의 신분관계는 범죄행위시에 존재하면 그 이후에 소멸하여도 친족상도례가 적용되게 됩니다.

형사소송법 제327조 제5호는 고소가 있어야 죄를 논할 사건에 대하여 고소의 취소가 있은 때에는 판결로써 공소기각의 선고를 하여야 한다고 규정하고 있습니다. 따라서 위 사안에서 이을남이 고소를 취소한다면 김갑돌은 공소기각의 판결을 받아 처벌되지 않을 것입니다. 다만, 판례는 "친고죄에 있어서의 고소의 취소는 제1심 판결선고 전까지만 할 수 있다고 형사소송법 제232조 제1항에 규정되어 있어 제1심 판결선고 후에 고소가 취소된 경우에는 그 취소의 효력이 없으므로 형사소송법 제327조 제5호의 공소기각의 재판을 할 수 없다."라고 하였으므로(대법원 1985. 2. 8. 선고 84도2682 판결), 이을남이 고소를 취하하려면 제1심 판결이 선고되기 이전에 하여야 할 것입니다.

◆ 인지의 소급효(遡及效)가 친족상도례(親族相盜例)규정에도 미치는
   지 여부

질문 ➡ 성년인 김갑돌은 김을남과 혼인하지 않은 최병미와의 사이에
출생한 김을남의 혼인외의 자로서 김을남이 가족관계증명서에
기재를 해주지도 않고 김갑돌과 최병미의 생활을 전혀 돌보아
주지도 않자 김을남을 상대로 인지청구의 소를 제기해둔 상태
에서 김을남의 승용차에 넣어둔 서류가방을 승용차의 문이 잠
겨 있지 않음을 기화로 몰래 가져갔으므로 김을남이 절도죄로
고소하겠다고 하는바, 이 경우 김갑돌이 인지청구소송에서 승
소하였을 경우에도 처벌받게 되는지요?

답변 ➡ 형사사건이 종결되기 이전에 인지청구의 소송에서 승소하
여 자(子)로서 인지된다면 친족상도례가 적용되어 형이 면
제될 것으로 보입니다.

형법 제328조와 제344조에 의하면 직계혈족, 배우자, 동
거친족, 가족 또는 그 배우자간의 절도죄는 형을 면제한
다고 규정하고 있습니다. 이러한 친족간의 범행에 관한
특례를 친족상도례(親族相盜例)라고 합니다.

그런데 민법 제860조에서는 "인지(認知)는 그 자의 출생
시에 소급하여 효력이 생긴다. 그러나 제3자의 취득한 권
리를 해하지 못한다."라고 규정하여 인지의 소급적 효력을
인정하고 있습니다.

그러므로 위 사안에서 김갑돌이 김을남에 대한 인지청구
의 소송에서 승소하여 김을남의 자로서 인지될 경우에도
친족상도례가 적용될 수 있을 것인지에 관한 판례를 살펴
보면, "형법 제344조, 제328조 제1항 소정의 친족간의 범
행에 관한 규정이 적용되기 위한 친족관계는 원칙적으로
범행 당시에 존재하여야 하는 것이지만, 부(父)가 혼인외

의 출생자를 인지하는 경우에 있어서는 민법 제860조에 의하여 그 자의 출생시에 소급하여 인지의 효력이 생기는 것이며, 이와 같은 인지의 소급효는 친족상도례에 관한 규정의 적용에도 미친다고 보아야 할 것이므로, 인지가 범행 후에 이루어진 경우라고 하더라도 그 소급효에 따라 형성되는 친족관계를 기초로 하여 친족상도례의 규정이 적용된다."라고 하였습니다(대법원 1997. 1. 24. 선고 96도1731 판결).

따라서 위 사안에서 형사사건이 종결되기 이전에 김갑돌이 김을남에 대한 인지청구의 소송에서 승소하여 김을남의 자로서 인지된다면 친족상도례가 적용되어 형이 면제될 것으로 보입니다.

참고로 판례를 보면, "피고인들이 법정에서 피해자 중 피고인들과 친족관계에 있는 사람은 없다고 진술하였다면 법원이 친족상도례 적용여부를 더 이상 심리하지 아니하였더라도 심리미진의 위법이 없다."라고 한 바 있습니다(대법원 1996. 6. 14. 선고 96도835 판결).

◆ 야간공갈죄로 폭력행위 등 처벌에 관한 법률 위반으로 되는 경우 친족상도례 적용되는지?

> **질문 ➡** 감갑돌은 삼촌 김을남이 운영하는 개인사업체의 고용원으로 일하다가 불화가 발생하여 그만둔 후 야간에 김을남을 만나 김을남이 탈세한 것을 국세청에 고발하겠다고 고발장을 보이면서 위협하고 300만원을 요구하여 받아갔습니다. 그러나 그 이후에도 다시 만나자고 전화를 걸어오므로 김을남은 김갑돌을 관할 경찰서에 고소하였으나, 김갑돌의 부모가 고소취하를 간절히 원하고 김갑돌도 뉘우치고 있으므로 고소를 취하하려고 하는데, 고소를 취하하면 김갑돌이 처벌받지 않을 수 있는지요?

답변 ➡ 고소를 취하한다면 처벌되지 않을 것으로 보입니다.

형법 제350조 제1항에서는 공갈죄에 관하여 "사람을 공갈하여 재물의 교부를 받거나 재산상의 이익을 취득한 자는 10년 이하의 징역 또는 2,000만원 이하의 벌금에 처한다."라고 규정하고 있으며, 형법 제328조, 제354조에 의하면 동거하지 아니하는 친족간에 공갈죄를 범한 경우에도 고소가 있어야 공소를 제기할 수 있다고 규정하고 있습니다.

위 사안에서 김갑돌이 탈세사실을 국세청에 고발한다고 하는 것이 공갈에 해당할 수 있을 것인지에 관련하여 판례를 보면, "피해자의 고용인을 통하여 피해자에게 피해자가 경영하는 기업체의 탈세사실을 국세청이나 정보부에 고발한다는 말을 전하였다면 이는 공갈죄의 행위에 착수한 것이라 할 것이다."라고 하였으며(대법원 1969. 7. 29. 선고, 69도984 판결), "정당한 권리가 있다 하더라도 그 권리행사를 빙자하여 사회통념상 용인되기 어려운 정도를 넘는 협박을 수단으로 상대방을 외포(畏怖)케 하여 재물의 교부 또는 재산상의 이익을 받으려 하였다면 공갈죄가

성립한다."라고 하였습니다(대법원 1996. 3. 22. 선고 95
도2801 판결, 1995. 3. 10. 선고 94도2422 판결). 따라
서 위 사안에서 김갑돌의 김을남에 대한 행위는 공갈죄의
공갈에 해당된다고 볼 수 있을 것입니다.

그런데 폭력행위 등 처벌에 관한 법률 제2조 제2항에서는
2인 이상이 공동하여 형법 제350조(공갈)의 죄를 범한
자는 형법 제350조에 정한 형의 2분의 1까지 가중한다고
규정하고 있습니다.

여기서 공갈죄가 야간에 범하여져 폭력행위 등 처벌에 관
한 법률 제2조 제2항에 의해 가중처벌 되는 경우 친족상
도례의 적용이 있는지에 관한 판례를 보면, "공갈죄가 야
간에 범하여져 폭력행위등처벌에관한법률 제2조 제2항에
의해 가중처벌 되는 경우에도 형법상 공갈죄의 성질은 그
대로 유지되는 것이고, 특별법인 위 법률에 친족상도례에
관한 형법 제354조, 제328조의 적용을 배제한다는 명시
적인 규정이 없으므로, 형법 제354조는 위 특별법 제2조
제2항 위반죄에도 그대로 적용된다고 보아야 할 것이다."
라고 하였습니다(대법원 1994. 5. 27. 선고 94도617 판
결).

그러므로 위 사안에서 김을남이 고소를 취하한다면 김갑
돌은 처벌되지 않을 것으로 보입니다.

◆ 종중부동산의 명의수탁자가 그 부동산을 임의로 처분한 경우 횡령
   죄가 되는지?

질문 ➡ 저의 종중은 5대조를 비롯한 선조들의 묘가 설치된 임야 1필
지를 소유하고 있는데, 이는 1914년 토지사정당시 저의 증조부
외 3인 공동명의로 되어 있었습니다. 그 후 등기명의인들은 모
두 사망하였고 1980년 부동산소유권이전등기 등에 관한 특별
조치법에 근거하여 종중원이 모여 선출한 대표자 3인 명의로
이전등기를 하였습니다. 그러나 최근 부동산가격이 상승하자
등기명의인 3명이 서로 짜고 제3자에게 위 임야를 팔아버렸습
니다. 이 경우 이들을 고소하고 아울러 위 임야를 다시 찾을
수 있는지요?

답변 ➡ 종중 명의로 위 임야를 다시 찾기는 어려울 것으로 보이
고, 임야를 불법으로 매매한 대표자 3명에 대하여는 민사
상 채무불이행 또는 불법행위에 기한 손해배상책임을 물
어야 할 것으로 생각됩니다.

부동산실권리자명의 등기에 관한 법률(약칭 부동산실명
법)의 시행일인 1995년 7월 1일 이후에는 모든 부동산에
관한 물권은 명의신탁을 이용하여 다른 사람의 이름으로
등기할 수 없고, 반드시 실권리자의 명의로만 등기하도록
의무화하였습니다. 즉, 부동산실명법 제4조에 의하면, 명
의신탁을 하는 경우 명의신탁자와 명의수탁자간의 명의신
탁을 하기로 한 약정은 무효가 되고, 명의신탁약정에 의
해 이루어진 등기도 무효가 됩니다. 그리고 부동산실명법
시행이전에 명의신탁 한 경우에는 부동산실명법 제11조가
정하는 바에 따라 실명등기 등을 하여야 하였으며, 그 유
예기간은 1996년 6월 30일까지였고, 다만 그 이전에 소
송이 법원에 제기된 경우에는 확정판결이 있은 날로부터
1년 이내에 실명등기 등을 하여야 합니다.

그러나 부동산실명법 제8조 제1호는 조세포탈, 강제집행의 면탈 또는 법령상 제한의 회피를 목적으로 하지 아니하는 경우로서 종중이 보유한 부동산에 관한 물권을 종중(종중과 그 대표자를 같이 표시하여 등기한 경우를 포함) 외의 자의 명의로 등기한 경우에는 위와 같은 제한을 받지 않도록 예외를 규정하고 있습니다.

그리고 형법 제355조 제1항에서는 횡령죄에 관하여 "타인의 재물을 보관하는 자가 그 재물을 횡령하거나 그 반환을 거부한 때에는 5년 이하의 징역 또는 1,500만원 이하의 벌금에 처한다."라고 규정하고 있습니다.

따라서 위 사안에서 임야의 등기명의인들은 종중소유 임야의 명의수탁자로서 명의신탁자인 종중의 재산을 보관하는 자의 지위에 있는 자들이므로, 그들이 위 임야를 임의로 처분한 행위는 형법 제355조 제1항의 횡령죄에 해당한다고 할 것입니다. 판례도 "부동산을 소유자로부터 명의수탁 받은 자가 이를 임의로 처분하였다면 명의신탁자에 대한 횡령죄가 성립한다."라고 하였습니다(대법원 2000. 2. 22. 선고 99도5227 판결).

그러나 명의신탁관계에 기한 등기명의인은 대외적으로는 정당한 소유자로 인정되므로, 등기명의인 3명과 매매계약을 체결하여 임야를 매수한 제3자는 특별한 경우를 제외하고는 적법하게 소유권을 취득하게 될 것입니다.

따라서 귀하의 종중 명의로 위 임야를 다시 찾기는 어려울 것으로 보이고, 임야를 불법으로 매매한 대표자 3명에 대하여는 민사상 채무불이행 또는 불법행위에 기한 손해배상책임을 물어야 할 것으로 생각됩니다.

◆ 처가 타인의 자식을 출산하고도 국가유공자의 처로서 보상을 받은 경우 처벌여부

질문 ➡ 김갑순은 경찰관으로서 순직한 남편 이을남의 유족으로서 국가유공자 등 예우 및 지원에 관한 법률에 의한 연금을 지급 받고 있습니다. 그런데 김갑순은 이을남과 일시적으로 별거를 한 사실이 있었으며, 그 기간 중 일시 동거하던 최병수와의 사이에 자식을 출산한 사실이 있으나, 지금은 이을남과의 사이에 출산한 자녀들을 기르며 생활하고 있습니다. 이 경우 국가유공자 등 예우 및 지원에 관한 법률위반이 되는지요?

답변 ➡ 위반이 되지 않는다고 보여집니다.

국가유공자 등 예우 및 지원에 관한 법률 제85조 제1항은 "허위 기타 부정한 방법으로 이 법에 의한 보상을 받거나 보상을 받게 한 자는 5년 이하의 징역 또는 500만원 이하의 벌금에 처한다."라고 규정하고 있으며, 국가유공자 등 예우 및 지원에 관한 법률 제5조 제1항 제1호는 국가유공자 등 예우 및 지원에 관한 법률에 의하여 보상을 받는 국가유공자의 유족 또는 가족의 범위 중 배우자에 관하여 "사실상의 배우자를 포함한다. 다만, 배우자 및 사실상의 배우자가 국가유공자와 혼인 또는 사실혼 후 당해 국가유공자 외의 자와 사실혼 중에 있거나 있었던 경우를 제외한다."라고 규정하고 있습니다.

그런데 관련 판례를 보면, "사실혼이 성립하기 위해서는 그 당사자 사이에 주관적으로 혼인의사의 합치가 있고, 객관적으로 부부공동생활이라고 인정할 만한 혼인생활의 실체가 존재하여야 하고, 국가유공자등예우및지원에관한법률 제5조 제1항 제1호는 국가유공자의 유족 또는 가족의 범위에 국가유공자의 법률상 및 사실상의 배우자를 포

함시키면서 그 배우자가 국가유공자와 혼인 또는 사실혼 후 당해 국가유공자 외의 자와 사실혼 중에 있거나 있었던 경우에는 국가유공자의 유족 또는 가족의 범위에서 제외하는 것으로 규정하고 있는바, 여기에서 국가유공자의 유족 또는 가족의 범위에 해당하는 국가유공자와의 사실혼관계에 있는 배우자의 경우에 있어서의 사실혼의 요건도 위와 같은 요건을 갖추어야 하고, 국가유공자의 유족 또는 가족의 범위에서 제외되는 경우로서 그 배우자가 국가유공자 외의 자와 사실혼 중에 있거나 있었던 경우에 있어서의 국가유공자 외의 자와의 사실혼이 성립되기 위하여도 마찬가지로 보아야 하는데, 국가유공자의 처가 국가유공자 외의 자와의 사이에 자식을 출산하고 그 출산을 전후한 약 2개월 동안 동거 또는 간헐적인 정교관계가 있은 경우, 그것만으로는 서로 혼인의사의 합치나 혼인생활의 실체가 존재한다고 보여지지 않는다."라고 하였습니다 (대법원 2001. 1. 30. 선고 2000도4942 판결).

따라서 위 사안에서 김갑순이 최병수와 사이에 자식을 출산하였다고 하여도 그 동거형태나 기간 등이 혼인생활의 실체가 존재한다고 보여지지 않는 경우라면 김갑순이 이을남의 유족으로서 연금을 받고 있는 것이 국가유공자등예우및지원에관한법률 제85조 제1항에 해당된다고 할 수는 없을 것으로 보입니다.

◆ 사실혼으로 인한 인척이 성폭력범죄처벌법상 사실상의 관계에 의한 친족인지?

> **질문 ➡** 김갑순은 그의 어머니 이을녀와 혼인신고는 하지 않았지만, 혼인식을 거행하고 실질적인 혼인생활을 하고 있는 최병수로부터 이을녀가 집에 없는 동안 강간을 당하였습니다. 이 경우 최병수의 위와 같은 행위가 성폭력범죄의 처벌 등에 관한 특례법위반으로 문제될 수 있는지요?

답변 ➡ 성폭력범죄처벌법 제5조에 정해진 형으로 처벌을 받게 될 것이고, 고소가 없어도 처벌할 수 있게 될 것입니다.

형법 제297조에서는 "폭행 또는 협박으로 부녀를 강간한 자는 3년 이상의 유기징역에 처한다."라고 규정하고 있으며, 형법 제306조에서 강간죄는 고소가 있어야 공소를 제기할 수 있다고 규정하고 있습니다.

그리고 성폭력범죄의 처벌 등에 관한 특례법(약칭 성폭력범죄처벌법) 제5조 제1항에서는 "친족관계인 사람이 형법 제297조(강간)의 죄를 범한 경우에는 7년 이상의 유기징역에 처한다."라고 규정하고 있으며, 성폭력범죄처벌법 제5조 제4항에서는 "제1항부터 제3항까지의 친족의 범위는 4촌 이내의 혈족 및 인척으로 한다."라고 규정하고 있고, 성폭력범죄처벌법 제5조 제5항에서는 "제1항부터 제3항까지의 친족은 사실상의 관계에 의한 친족을 포함한다."라고 규정하고 있습니다. 또한, 성폭력범죄처벌법 제15조에서는 "제10조제1항, 제11조 및 제12조의 죄는 고소가 있어야 공소를 제기할 수 있다."라고 규정하여 성폭력범죄처벌법 제5조 위반의 경우에는 고소가 없어도 공소를 제기할 수 있습니다.

그런데 위 사안에서 이른바 사실혼으로 인하여 형성되는

인척이 성폭력범죄처벌법 제5조 제5항 소정의 「사실상의 관계에 의한 친족」에 해당하는지에 관하여 판례를 보면, "성폭력범죄의처벌및피해자보호등에관한법률 제7조 제1항은 친족관계에 있는 자가 형법 제297조(강간)의 죄를 범한 때에는 5년 이하의 유기징역에 처한다고 규정하고 있고, 성폭력범죄의처벌및피해자보호등에관한법률 제7조 제4항은 제1항의 친족의 범위는 4촌 이내의 혈족과 2촌 이내의 인척으로 한다고 규정하고 있으며, 성폭력범죄의처벌및피해자보호등에관한법률 제7조 제5항은 제1항의 친족은 사실상의 관계에 의한 친족을 포함한다고 규정하고 있는바, 법률이 정한 혼인의 실질관계는 모두 갖추었으나 법률이 정한 방식, 즉 혼인신고가 없기 때문에 법률상 혼인으로 인정되지 않는 이른바 사실혼으로 인하여 형성되는 인척도 성폭력범죄의처벌및피해자보호등에관한법률 제7조 제5항이 규정한 사실상의 관계에 의한 친족에 해당한다."라고 하였습니다(대법원 2000. 2. 8. 선고 99도5395 판결).

따라서 위 사안에서 최병수가 김갑순과 사실혼으로 인하여 형성되는 인척이라고 하여도 최병수는 김갑순을 강간함으로 인하여 성폭력범죄처벌법 제5조에 정해진 형으로 처벌을 받게 될 것이고, 고소가 없어도 처벌할 수 있게 될 것입니다.

참고로 중혼적 사실혼으로 인한 친족이 성폭력범죄의 처벌 등에 관한 특례법 제5조 제5항 소정의 사실상의 관계에 의한 친족에 해당하는지에 관하여 판례는 "법률이 정한 혼인의 실질관계는 모두 갖추었으나 법률이 정한 방식, 즉 혼인신고가 없기 때문에 법률상 혼인으로 인정되

지 않는 이른바 사실혼으로 인하여 형성되는 인척도 성폭
력범죄의처벌및피해자보호등에관한법률 제7조 제5항이 규
정한 사실상의 관계에 의한 친족에 해당하고, 비록 우리
법제가 일부일처주의를 채택하여 중혼을 금지하는 규정을
두고 있다 하더라도 이를 위반한 때를 혼인 무효의 사유
로 규정하고 있지 아니하고 단지 혼인 취소의 사유로만
규정함으로써 중혼에 해당하는 혼인이라도 취소되기 전까
지는 유효하게 존속하는 것이므로 중혼적 사실혼이라 하
여 달리 볼 것은 아니다."라고 하였습니다(대법원 2002.
2. 22. 선고 2001도5075 판결).

◆ 중혼적 사실혼으로 인한 인척도 성폭력범죄처벌법상 사실상의 관계에 의한 친족인지?

> **질문** ➡ 김갑순의 어머니 이을녀는 수년전 가출하여 생사가 불명한 김갑순녀의 아버지 김병수와 혼인관계를 정리하지 않은 상태에서 박정인과 혼인식을 거행하고 실질적인 혼인생활을 하고 있습니다. 그런데 박정인은 이을녀가 집에 없는 동안 김갑순을 강간하였습니다. 이 경우 박정인의 위와 같은 행위가 성폭력범죄의 처벌 등에 관한 특례법위반으로 문제될 수 있는지요?

답변 ➡ 성폭력범죄처벌법 제5조에 정해진 형으로 처벌을 받게 될 것이고, 고소가 없어도 처벌할 수 있게 될 것입니다.

형법 제297조에서는 "폭행 또는 협박으로 부녀를 강간한 자는 3년 이상의 유기징역에 처한다."라고 규정하고 있으며, 형법 제306조에서 강간죄는 고소가 있어야 공소를 제기할 수 있다고 규정하고 있습니다.

그리고 성폭력범죄의 처벌 등에 관한 특례법(약칭 성폭력범죄처벌법) 제5조 제1항에서는 "친족관계인 사람이 형법 제297조(강간)의 죄를 범한 경우에는 7년 이상의 유기징역에 처한다."라고 규정하고 있으며, 성폭력범죄처벌법 제5조 제4항에서는 "제1항부터 제3항까지의 친족의 범위는 4촌 이내의 혈족 및 인척으로 한다."라고 규정하고 있고, 성폭력범죄처벌법 제5조 제5항에서는 "제1항부터 제3항까지의 친족은 사실상의 관계에 의한 친족을 포함한다."라고 규정하고 있습니다. 또한, 성폭력범죄처벌법 제15조에서는 "제10조제1항, 제11조 및 제12조의 죄는 고소가 있어야 공소를 제기할 수 있다."라고 규정하여 성폭력범죄처벌법 제5조 위반의 경우에는 고소가 없어도 공소를 제기할 수 있습니다.

그런데 위 사안에서와 같이 중혼적 사실혼(이을녀가 김병
수와의 혼인관계를 정리하지 않은 상태에서 박정인과 사
실적 혼인관계를 형성하고 있으므로 중혼적 사실혼으로
보아야 할 듯함)으로 인하여 형성된 인척이 성폭력범죄처
벌법 제5조 제5항 소정의 「사실상의 관계에 의한 친족」
에 해당하는지에 관하여 판례를 보면, "법률이 정한 혼인
의 실질관계는 모두 갖추었으나 법률이 정한 방식, 즉 혼
인신고가 없기 때문에 법률상 혼인으로 인정되지 않는 이
른바 사실혼으로 인하여 형성되는 인척도 성폭력범죄의처
벌및피해자보호등에관한법률 제7조 제5항이 규정한 사실
상의 관계에 의한 친족에 해당하고, 비록 우리 법제가 일
부일처주의를 채택하여 중혼을 금지하는 규정을 두고 있
다 하더라도 이를 위반한 때를 혼인 무효의 사유로 규정
하고 있지 아니하고 단지 혼인 취소의 사유로만 규정함으
로써 중혼에 해당하는 혼인이라도 취소되기 전까지는 유
효하게 존속하는 것이므로 중혼적 사실혼이라 하여 달리
볼 것은 아니다."라고 하였습니다(대법원 2002. 2. 22. 선
고 2001도5075 판결).

따라서 위 사안에서 박정인이 김갑순과 중혼적 사실혼으
로 인하여 형성되는 인척이라고 하여도 박정인은 김갑순
을 강간함으로 인하여 성폭력범죄처벌법 제5조에 정해진
형으로 처벌을 받게 될 것이고, 고소가 없어도 처벌할 수
있게 될 것입니다.

제2편 형사소송절차 및 고소고발

제1장. 고소 · 고발

1. 고소의 의의

범죄의 피해자 등 고소권을 가진 사람이 수사기관에 대하여 범죄사실을 신고하여 범인을 처벌해 달라고 요구하는 것입니다.

단순히 피해신고를 하는 것과는 다르다는 것을 알아두어야 합니다.

2. 고소권을 가진 사람

모든 범죄의 피해자와 피해자가 무능력자인 경우의 법정대리인 그리고 피해자가 사망한 경우의 배우자, 직계친족, 형제 자매입니다.

다만 자기나 배우자의 직계존속 즉 부모나 시부모, 장인, 장모등은 원칙적으로 고소할 수 없으나 예외적으로 직계존속으로부터 성폭력을 당했을 때는 직계존속이라도 고소할 수 있습니다.

3. 고소는 수사기관에 해야 한다.

대통령이나 국무총리, 국회의장, 대법원장, 법무부장관 등 수사기관이 아닌 고위공직자에게 고소장을 제출하는 것은 해당수사기관으로 고소장이 전달되기는 하나 전달되기까지 상당한 기간이 소요되므로 그만큼 수사가 지연되어 고소인에게 손해가 되고 불필요한 국가의 일만 만드는 것이 됩니다. 그러므로 가까운 법원이나 경찰서에 접수하는 것이 가장 빠르다 할 것입니다.

4. 고소를 하는 방식은 제한이 없다.

직접 수사기관에 출석하여 구두로 고소할 수도 있고 고소장을 작성하여 제출할 수도 있습니다. 고소장은 일정한 양식이 없고 고소인과 피고소인의 인적사항, 그리고 피해를 입은 내용, 처벌을 원한다는 뜻만 들어 있으면 반드시 무슨 죄에 해당하는지 밝힐 필요는 없습니다. 다만 피해사실 등의 내용이 무엇인지 알 수 있을 정도로 가능한 한 명확하고 특정되어야 합니다.

가명이나 허무인 또는 다른 사람의 명의를 도용하여 고소해서는 안됩니다. 그렇게 되면 피고소인만 수사기관에 불려다니면서 근거없이 조사를 받는 불이익을 입게 되므로 수사기관은 수사를 중단하고 사건을 종결할 수 있습니다.

5. 적법한 고소가 있으면

고소인은 수사기관에 출석하여 고소사실을 진술할 권리가 있고 수사에 협조할 의무도 있습니다. 또 검사가 고소사건을 불기소처분 하게 되면 그 처분통지를 받을 권리가 있고 불기소처분의 사유를 알고 싶으면 알려달라고 요구할 수 있으며, 불기소처분에 불만이 있으면 상급 고등검찰청과 대검찰청에 항고 및 재항고를 할 수 있습니다. 그 외 특별한 범죄에 대하여는 재정신청도 할 수 있습니다.

6. 친고죄

① 범죄중에는 피해자의 명예나 입장을 고려하여 고소가 없으면 처벌할 수 없는 죄가 있는데 그것을 친고죄라 합니다. 강간죄, 간통죄, 모욕죄 등이 있습니다.

② 친고죄는 범인을 알게된 날로부터 6개월이 지나면 고소를 할 수 없습니다. 다만 성폭력범죄의 처벌 및 피해자 보호 등에 관한 법률상의 친고죄(업무상 위력등에 의한 추행, 공중밀집장소에서의 추행, 통신매체이용음란)는 범인을 알게된 날로 부터 1년이 지나면 고소할 수 없습니다. 또 한번 고소를 취소하면 다시 고소할 수 없고, 1심의 판결이 선고된 후에는 고소를 취소하더라도 소용이 없습니다. 그리고 공범이 있는 경우에는 고소인 마음대로 일부만 고소하거나 취소할 수 없고 공범 전부에게 고소와 취소를

하여야 합니다.

③ 특히 간통죄의 경우에는 배우자에게 이혼소송을 제기하거나 혼인이 해소된 후에만 고소를 할 수 있고, 이혼하기로 일단 합의한 후에 간통한 것은 고소할 수 없습니다.

④ 친고죄와 달리 고소가 없어도 처벌할 수 있으나 피해자가 처벌을 원하지 않는다는 의사를 표시하면 처벌할 수 없는 죄가 있는데 명예훼손죄, 폭행죄 등이 그것 입니다. 처벌을 원하지 않는 의사표시는 친고죄의 고소취소와 같은 효력이 있습니다.

7. 고 발

범죄의 피해자나 고소권자가 아닌 제3자가 수사기관에 대하여 범죄사실을 신고하여 범인을 처벌해 달라는 의사표시를 고발이라고 하는데 형사소송절차에서는 대체로 고소와 그 취급을 같이 합니다

8. 무고죄

① 고소인은 있는 사실 그대로 신고하여야 합니다. 허위의 사실을 신고하는 것은 국가기관을 속여 죄없는 사람을 억울하게 처벌받게 하는 것이므로 피해자에게 큰 고통을 줄 뿐만 아니라 억울하게 벌을 받은 사람이 국가를 원망하게 되어 결국 국가의 기강마저 흔들리게 되므로 무고죄는 엄벌로 다스리고 있습니다.

② 흔히 고소장에 상대방을 나쁜 사람으로 표현하기 위하여 자신의 피해사실과 관계가 없는 사실을 근거없이 과장되게 표현하는 고소인들이 있는데 이는 옳지 않은 일일 뿐 아니라 잘못하면 그때문에 무고죄에 해당될 수가 있습니다. 예컨대 소문난 사기꾼이라든지, 노름꾼으로 사회의 지탄을 받는다든지 하는 등의 표현이 있습니다.

③ 또 수사기관에서 불기소처분이 내려졌다거나 국가기관에서 법률상 들어줄 수 없다고 판정이 된 문제에 관하여 고소인 자신이 그와 다른 견해를 가지고 있다 하여 자기의 뜻을 관철하고자 같은

내용의 고소나 진정을 수없이 제기하는 것도 무고죄에 해당될 가
능성이 많은 것입니다

9. 고소에 앞서 생각할 일

일시적 기분에 좌우되어 경솔하게 고소를 하여 후회를 하는 수가 많
습니다. 우리는 고소가 사건해결의 첩경이라고 생각하기 전에 당사자
끼리 상호 원만히 해결하는 자세가 필요합니다. 피해를 핑계삼아 과중
한 돈을 요구하다가 화해가 결렬되자 홧김에 고소를 하거나, 수십통의
고소장이나 진정서를 작성하여 여러 곳에 제출하는 사람이 있으나 모
두 바람직한 일은 아닙니다. 또한 가해자측에서도 자신의 잘못을 피해
자에게 정중히 사과하고 상호 원만한 합의를 이루도록 노력하여야 할
것입니다

제2장. 형사소송절차

형사소송순서 및 각종 절차에 관해서는 제1편 제1장 형사사건의 정의 및 용어해설에서 서술하였으므로 본 상에서는 재판절차만 간략히 기술하도록 하겠습니다.

1. 형사 재판절차

(1) 인정신문

1) 처음절차

재판은 재판장이 피고인을 호명하면서부터 시작됩니다. 구속피고인은 재판정리의 호송을 받아 피고인석에 서게됩니다. 불구속 피고인은 미리 방청석에 와 앉아서 대기하고 있다가 재판장이 호명하면 "네"하고 크게 대답하고 피고인석에 가 서면 됩니다. 불구속 피고인은 법원에서 주민등록증을 통해 신분을 확인하므로 반드시 주민등록증을 휴대해야 합니다.

2) 인정신문

피고인이 피고인석에 가 서면 재판장은 공소장에 기재된 피고인과 공판정에 출석한 피고인이 동일인인가를 확인하기 위해서 피고인의 성명·연령·본적·주거와 직업 등을 하나씩 물어 봅니다. 이것을 '인정신문'이라고 합니다.

3) 진술거부권 등의 고지

인정신문이 끝나면 재판장은 피고인에게 신문에 대하여 불리한 진술을 거부할 수 있고, 이익 되는 사실을 진술할 수 있다는 취지를 이야기합니다.

(2) 사실심리절차

1) 피고인신문

인정신문이 끝나면 재판장이 검사에게 신문하라고 한다. 검사는 공소장을 보면서 신문을 합니다. 보통은 검사가 미리 공소사실을 요약해 가지고 있다가 아주 간단하게 물어봅니다. 때로는 너무 간단해서 검사가 물어본 것이 과연 범죄가 될 것인가 의문을 가지는 경우도 많습니다. 따라서 검사의 질문을 잘 듣고 대답을 해야합니다. 이해되지 않는 부분이 있는데도 무조건 "네"라고 대답하지 말고 " 그렇지 않다"거나 "사실과 다르다"고 대답해야 합니다. 검사의 신문이 끝나면 변호인이 있을 때는 변호인 반대신문을 하게 되고 변호인이 없으면 재판장이 한두가지 질문을 하게 됩니다. 피고인 신문은 보통 5~10분이면 끝납니다.

2) 증거조사

피고인에 대한 신문이 끝나면 증거조사를 하게 됩니다. 검찰이 제시하는 증거들은 피고인이 피의자로서 경찰이나 검찰에게 조사받을 때 작성된 피의자 신문조서, 피해자의 진술들이나 참고인 조서 등이 증거입니다. 폭행 같은 경우는 깨진 맥주병, 칼들이, 절취 사건은 절취한 물건들이 증거로 제시됩니다. 재판장이 피고인에게 이런 증거를 동의하느냐 또는 경찰이나 검찰에서 조서작성 할 때 모두 읽어보고 지장을 찍었냐고 물어봅니다. 공소 사실을 모두 인정하는 자백사건 같은 경우는 그렇다고 대답하면 됩니다. 그러나 무죄를 다툴 때는 분명히 동의하지 않겠다고 대답해야 합니다.

3) 검사의 의견 진술(논고)

피고인신문과 증거조사가 끝나면 검사는 사실과 법률적용에 관하여 의견을 진술합니다. 검사의 의견 중에서 양형에 관한 의견을 구형이라고 합니다. 보통은 짤막하게 "피고인에게 징역 3년에 처해주십시오"라고 합니다.

4) 변호인 ·피고인의 최후진술

검사의 의견진술이 끝나면 변호인과 피고인은 최종적으로의견을 진술할 기회를 갖게 됩니다. 피고인은 "죄송하다" "잘못했다" 등 짤막하게 자기의 의견을 이야기합니다. 실제 법정에서보면 아무 말도 하지 않는 피고인도 많습니다. 그러나 피해자가 있다면 피해자에게 죄송하다고 사과하고 "다시는 이런 일이 없을 것입니다."라고 반성하는 취지의 말을 하는 것이 좋습니다.

(3) 판결선고절차

사실심리를 마치면 보통 2주일쯤 뒤에 선고기일을 잡습니다. 선고기일에 재판장이 피고인을 출석시키고 선고를 하는 것입니다.

제3장. 법률문답

◆ 검사 구형보다 더 높은 형을 선고할 수 있는지?

답변 ➡ 　보통 검사구형보다 적거나 같게 선고하지만 더 높게 선
　　　　　고할 수도 있습니다.

1. 검사 구형

　재판이 결심 단계가 되면 검사 구형을 하게 됩니다. "피고인에게 징역 5년에 처해 주십시오" 하고 검사가 재판장에게 형량에 대하여 의견을 진술하는 것이 구형입니다. 옛날 신파극 등에서 많이 보았을 것입니다. 일반인이 잘못 이해하는 부분이 법원이 검사 구형보다 더 높게 형을선고 할 수 없다고 알고 있는 것입니다. 그러나 사실은 그렇지 않습니다. 법원은 검사의 구형을 참작하여 양형을 정하는 것이 보통이기는 합니다. 그러나 검사의 구형은 양형에 관한 의견진술에 불과하고 법원이 그 의견에 구속 되는 것은 아닙니다.

2. 검사구형과 다른 형 선고여부

　따라서 법원은 검사의 구형보다 무거운 형을 얼마든지 선고할 수 있는 것 입니다. 또 검사의 구형에 포함되지 아니한 벌금형을 징역형을 선고할때 병과하여 선고할 수도 있습니다. 즉 검사가 징역 1년을 구형하였는데 법원은 " 징역 2년"을 선고할 수 있습니다. 그리고 "징역 2년, 벌금 100만원" 도 얼마든지 가능하다는 이야기입니다.

3. 실제 법원은 검사 구형보다 낮게 선고하고 있다.

　검사는 형법에 규정돼 있는 형을 기준으로 구형합니다. 따라서 구형량은 높을 수밖에 없습니다. 이에 비하여 판사는 작량감경 등을 하기 때문에 선고형은 구형량보다 현저히 낮아지는 것입니다.

◆ 집행유예기간중의 집행유예판결시 피고인 석방되는지?

답변 ➡ 먼저 받은 집행유예는 실효되므로 나머지 양형기간을 복
역해야 합니다.

1. 집행유예 기간중의 집행유예선고

피고인이 집행유예 기간중 다시 금고 이상의 형의 선고를 받아 그
판결이 확정된 때에는 집행유예의 선고는 그 효력을 잃게 됩니다. (형
법 제63조)

여기서 금고 이상의 형에는 실형의 선고 뿐 아니라 형이 선고된 이
상, 그 집행이 유예된 경우도 포함됩니다.(대결 1979.9.14.,79모30)
유예기간중 금고 이상의 형을 선고받아 그 판결이 확정되면 족하며,
언제 죄를 범하였는가는 문제가 되지 않습니다.

따라서 징역 4월에 1년간 집행유예의 판결을 선고받고 그 유예기간
중에 다시 징역 8월에 2년간 집행유예의 판결을 선고받은 경우는 먼저
선고받은 집행유예는 실효 되어 징역 4월을 복역하여야 합니다. 또한
집행유예의 선고를 받은 후 금고 이상의 형의 선고를 받아 집행을 종
료한 후 또는 집행이 면제된 후로부터 5년이 경과하지 아니한 사유가
발각된 때에는 집행유예의 선고를 취소하게 됩니다 (형법 제64조 제1
항).

여기서 금고 이상의 형에는 실형의 선고 뿐 아니라 그 집행이 유예
된 경우도 포함됩니다(대결 1975. 11. 13., 75모63).

2. 따라서 후에 선고받은 집행유예의 선고는 취소될 가능성이 있습니다.

하지만 위와 같은 사유는 집행유예의 선고를 받은 후에 발각되어야
하므로 그 판결확정 전에 발견된 경우는 집행유예 결격자임에도 법원
이 이를 간과하고 집행유예를 선고한 경우에는 상소 등의 방법으로 이

를 다툴 수 있을 뿐이고 그 판결이 확정되면 그 집행유예의 선고를 취소할 수 없게 된다.(대결 1984. 1. 18, 83모58) 그러므로 위와 같은 경우에는 먼저 선고받은 집행유예는 실효 되어 징역 4월을 복역하여야 하지만, 그러한 전과가 있었음에도 다시 집행유예를 선고한 나중 의 집행유예 선고는 취소되지 아니하므로 징역 8월을 집행 당하지 아니하게 됩니다.

◆ 집행유예기간중의 집행유예 판결도 가능한지?

답변 ➡ 예외적인 경우를 제외하고는 안됩니다.

1. 집행유예 결격자

집행유예란 형은 선고하되 교도소에서 복역을 유예시켜주는 제도입니다. 구속된 피고인은 집행유예가 선고되면 일단 구치소로 돌아 갔다가 절차를 밟아서는 그날 밤 늦게 (보통 10시 내외) 석방됩니다.

그런데 다음과 같은 경우는 아예 집행유예를 선고 받을 수 없습니다. 형법에 아예 집행유예를 할 수 없다고 못박고 있습니다.

· 첫째
① 금고 이상의 형의 선고를 받아
② 집행을 종료한 후로부터
③ 또는 집행이 면제된 후로부터
④ 3년이 경과하지 아니한 자(형법 제62조 제1항 단서).

· 둘째 형의 집행유예를 선고받고 그 유예기간이 경과하지 아니한자

2. 예 외

여러 죄가 경합됐는데 그중 일부에 대해서만 집행유예 선고를 받았다. 그런데 다른 일부죄가 다시 재판을 받게 되는 경우에 다시 집행유예를 선고 할 수 없다면 그 수죄가 같은 절차에서 동시에 재판을 받아 한꺼번에 집행유예를 선고받을 수 있었던 경우와 비교할 때 균형이 맞지 않습니다. 따라서 이런 경우에 한하여 집행유예 기간중에 다시 집행유예가 선고될 수 있습니다.

3. 어떤 경우에 집해유예 기간 중 다시 집행유예가 선고되나

예를 들어 2001. 5. 1일 절도죄 1회, 5. 10일 절도죄 1회를 범한 초범이다. 이 사람이 7. 1일 에 서울 지방법원에서 첫번째 절도죄에 대

하여 집행유예가 선고됐다. 그런데 그뒤인 8. 10일에 두번째 절도죄가 발각돼 9. 10 부산 지방 법원에서 다시 재판을 받는 경우입니다. 이 사람은 만일 두 죄가 한꺼번에 기소됐다면 초범이고 절취품이 많지않았을 경우 집행유예 가능성이 매우 높았을 것입니다. 이런 경우에 집행유예 중에 다시 집행유예가 선고되는 것입니다. 하지만 이런 경우는 집행유예가 불가능합니다. 2001. 5. 1 절도죄를 저질러 7. 10일에 징역 10년에 집행유예 2년을 선고 받았는데 그 후인 8. 20에 다시 절도죄를 저지른 경우는 다시 집행유예선고가 불가능합니다.

4. 이러한 경우 다른 구제방법은 없나

위와 같은 경우 석방될 길이 전혀 없는 것인가. 방법은 있습니다. 벌금형을 선고받는 것입니다. 집행유예 기간 중에도 벌금형은 가능하고 벌금형을 선고받게 되면 이전의 집행유예 선고가 실효 되는 일도 없습니다.

따라서 구속된 피고인은 벌금형이 선고되면 석방되는 것입니다. 그러나 실무상 아주 경미한 사고가 아니면 다시 벌금형을 선고하는 경우는 거의 없습니다.

◆ 형사고소사건의 처리기간은 얼마나 되는지?

> **질문** ➡ 저는 6개월 전 김갑돌을 사기죄로 고소하였으나 수사기관에서는 매번 조사중이라고만 할 뿐 처벌하지 않아 그 동안 수차례 진정한 사실이 있습니다. 고소를 접수할 경우 이를 처리하는 기간은 정해져 있는지? 또한, 이 경우 저는 언제까지 기다려야 하는지요?

답변 ➡ 수리한 날로부터 3개월 이내에 수사를 완료하여 공소제기 여부를 결정하도록 규정하고 있습니다. 하지만 3개월 후의 공소제기여부도 유효합니다.

형사소송법상의 고소·고발은 검사 또는 사법경찰관에게 하도록 되어 있습니다(형사소송법 제237조). 그리고 사법경찰관(경찰서 등)에게 고소·고발을 한 경우는 사법경찰관리 집무규칙 제39조에 따라 2개월 이내에 수사를 완료하지 못하면 관할지방검찰청 또는 지청검사의 지휘를 받도록 되어 있으며, 모든 고소·고발사건은 검사에게 송치하여야 하고(형사소송법 제238조) 검사가 공소제기여부를 결정하는바, 이것은 검사의 기소독점주의의 원칙에 따른 것입니다(형사소송법 제246조)(예외: 재판상의 준기소절차 및 즉결심판).

고소·고발사건의 처리기간은 구속사건과 불구속사건으로 나누어지는데 귀하의 경우는 불구속사건으로 보여지며, 그 처리기간은 형사소송법 제257조에서 검사는 고소·고발을 수리한 날로부터 3개월 이내에 수사를 완료하여 공소제기여부를 결정하도록 규정하고 있습니다.

그러나 위와 같은 기간은 훈시기간에 불과하여 3개월경과 후의 공소제기여부의 결정도 유효한 것이라 할 것입니다.

따라서 귀하도 수사기관이 고소사건을 처리하지 못하는 사유를 알아보고 신속히 처리될 수 있도록 수사기관에 협조하심이 바람직하다고 생각됩니다.

참고로 형사고소사건에 대하여 검사가 불기소처분을 하게 되면 고소인이 이의를 제기하는 방법은 두 가지가 있는바, 첫째는 검찰에 항고 및 재항고를 한 후 헌법재판소에 헌법소원심판청구를 하는 방법이 있고, 둘째는 일정한 요건에 해당하는 경우 고등법원에 재정신청을 하는 경우가 있습니다{이것은 특정범죄(공무원의 직무에 관한 죄의 일부)에 한정되어 있음}. 다만, 이 두 가지 경우는 모두 수사가 종결된 후 검사의 불기소처분통지를 받고 이에 이의를 제기하는 방법일 뿐, 귀하의 경우와 같이 아직 수사가 진행중인 사건에 이의를 제기하는 방법은 아닙니다.

◆ 고소인이 관련수사기록을 어느 범위까지 열람·등사할 수 있는지?

질문 ➡ 저는 김갑순을 상대로 사기죄로 고소하였으나 수사결과 김갑순
이 무혐의결정을 받았습니다. 하지만 공소부제기이유고지만으
로는 확인되지 않은 참고인의 진술 등 김갑순이 저에게 채무가
있다는 것을 뒷받침할 만한 부분이 수사기록상 있을 것으로 보
여져 수사기록일체를 열람·등사 신청하여 김갑순에 대한 민
사소송제기여부를 결정하고자 합니다. 제가 고소인 자격으로
그 수사기록전부를 열람 또는 등사할 수 있는지요?

답변 ➡ 불기소처분이 되었으므로 검사의 처분으로 완결된 사건기
록 중 본인의 진술이 기재된 서류에 대하여는 열람을, 본
인이 제출한 증거서류에 대하여는 열람·등사를 청구할
수 있을 것이고, 그렇지 아니한 기록의 열람 또는 등사는
정보공개에 관한 제한이 있으므로 검사의 허가여부에 따
라 열람 또는 등사여부가 결정될 것으로 보입니다.

공공기관의 정보공개에 관한 법률 제5조 제1항에 의하면
"모든 국민은 정보의 공개를 청구할 권리를 가진다."라고
규정하고 있습니다. 그리고 검찰보존사무규칙 제20조의2
는 피의자였던 자, 피의자였던 자의 변호인·법정대리인·배
우자·직계친족·형제자매, 고소인·고발인 또는 피해자, 참고
인으로 진술한 자 등은 불기소사건기록, 진정내사 사건기
록 등 검사의 처분으로 완결된 사건기록 중 본인의 진술
이 기재된 서류(녹음물·영상녹화물을 포함한다)와 본인이
제출한 서류에 대하여 열람·등사를 청구할 수 있다고 규정
하고 있습니다.

검찰보존사무규칙 제22조는 형사사건기록의 열람·등사를
검사가 제한할 수 있는 경우로서 ① 기록의 공개로 인하
여 국가의 안전보장, 선량한 풍속 그 밖의 공공의 질서유

지나 공공복리를 현저히 해칠 우려가 있는 경우, ② 기록의 공개로 인하여 사건관계인의 명예나 사생활의 비밀 또는 생명·신체의 안전이나 생활의 평온을 현저히 해칠 우려가 있는 경우, ③ 기록의 공개로 인하여 공범관계에 있는 자 등의 증거인멸 또는 도주를 용이하게 하거나 관련사건의 수사 또는 재판에 중대한 장애를 가져올 우려가 있는 경우, ④ 기록의 공개로 인하여 비밀로 보존하여야 할 수사방법상의 기밀이 누설되거나 불필요한 새로운 분쟁이 야기될 우려가 있는 경우, ⑤ 그 밖에 기록을 공개함이 적합하지 아니하다고 인정되는 현저한 사유가 있는 경우를 규정하고 있습니다.

따라서 귀하의 경우에는 불기소처분이 되었으므로 검사의 처분으로 완결된 사건기록 중 본인의 진술이 기재된 서류에 대하여는 열람을, 본인이 제출한 증거서류에 대하여는 열람·등사를 청구할 수 있을 것이고, 그렇지 아니한 기록의 열람 또는 등사가 절대적으로 금지되는 것이라고는 할 수 없을 것이나 위와 같이 정보공개에 관한 제한이 있으므로 검사의 허가여부에 따라 열람 또는 등사여부가 결정될 것으로 보입니다.

귀하가 수사기록 열람·등사청구를 한 경우 검사가 청구의 전부나 일부를 허가하지 아니하는 경우에는 청구인에게 사건기록 열람·등사 불허가통지서에 그 이유를 명시하여 통지하여야 하는데(검찰보존사무규칙 제21조 제3항), 판례는 "구체적인 경우에 수사기록에 대한 정보공개청구권의 행사가 범위를 벗어난 것이라고 하여 그 공개를 거부하기 위하여는 그 대상이 된 수사기록의 내용을 구체적으로 확인·검토하여 그 어느 부분이 어떠한 법익 또는 기본권과 충돌되는지를 주장·입증하여야만 할 것이고, 그에 이르지 아니한 채 수사기록 전부에 대하여 개괄적인 사유만을 들어 그 공개를 거부하는 것은 허용되지 아니하고, 종결된 수사기록에 대한 고소인의 열람·등사 청구에 대하여 그 내용을 이루는 각각의 수사기록에 대한 거부의 구체적 사유를 밝히지 아니한 채 고소인이 제출한 서류이외의 내용에 대한 열람·등사를 거부한 것이 고소인의 알 권리를 침해하였다."라고 하였습니다(대법원 1999. 9. 21. 선고 98두3426 판결).

다음으로 검사가 수사기록에 대한 열람·등사를 거부한 처분에 대하여 불복하는 방법으로는 이의신청을 할 수 있을 것이며, 이의신청을 거치지 않고도 행정심판을 청구할 수 있고, 최종적으로는 행정소송으로 다툴 수 있을 것이며(공공기관의 정보공개에 관한 법률 제18조, 제19조, 제20조), 직접 헌법소원심판의 대상으로 삼을 수는 없습니다(헌법재판소 2001. 2. 22. 선고 2000헌마620 결정).

참고로 수사기록의 열람·등사의 방법은 검사가 지정하는 일시·장소에서 하여야 하며, 보존사무담당직원은 열람에 참여하여 기록훼손 기타 불법행위가 발생하지 아니하도록 필요한 조치를 하여야 하고, 검사가 기록의 일부에 대하여서만 열람·등사를 허가한 경우 보존사무담당직원은 허가된 부분만 발췌하거나 다른 부분은 밀봉하는 등의 방법으로 허가되지 아니한 부분이 누설되지 아니하도록 필요한 조치를 하도록 되어 있습니다.

◈ 가해자에게 합의해준 것이 고소취소가 되는지?

> **질문 ➡** 저는 미혼의 직장여성으로 회사에서 잔무를 처리하던 중 직장 상사의 친척 김갑돌이 강제로 옥을 보이려는 것을 겨우 방어하 였습니다. 저는 심한 모욕감을 느껴 고소하려 하였으나 직장상 사 김을남이 반 협박조로 화해를 종용하였고 저도 직장을 계속 다닐 수밖에 없어 조건 없이 「민·형사상 어떠한 이의도 제 기하지 않겠다.」는 합의서를 작성해주었습니다. 그러나 김갑 돌은 합의서를 받자마자 저를 비웃고 다니는데, 이 경우 김갑 돌을 엄중 처벌할 수 있는 방법은 없는지요?

답변 ➡ 고소취소가 되었다고 할 수 없을 것입니다.

고소라 함은 범죄의 피해자 등이 수사기관에 대하여 범죄 사실을 신고하여 범인의 처벌을 요구하는 의사표시로서 위 사안과 같은 강간미수는 친고죄이고 이러한 친고죄에 있어서는 고소가 특히 중요한 의미를 가지므로 고소가 있 어야 처벌할 수 있고(형법 제306조), 일단 고소를 하였더 라도 제1심 판결선고 전까지 고소를 취소하면 공소기각판 결이 내려져 가해자를 처벌할 수 없게 됩니다(형사소송법 제232조 제2항, 제327조 제5호).

우선 위 사안에 있어서 귀하가 김갑돌에게 합의서를 작성 해준 것이 과연 고소의 포기로 보아 고소할 수 없는지 문 제됩니다.

고소의 사전포기와 관련된 판례를 보면, 피해자의 고소권 은 형사소송법상 부여된 권리로서 친고죄에 있어서 고소 의 존재는 공소의 제기를 유효하게 하는 것이며 공법상의 권리라고 할 것이므로 그 권리의 성질상 법이 특히 명문 으로 인정하는 경우를 제외하고는 자유처분을 할 수 없다 고 할 것이며, 형사소송법 제232조에 의하면 일단 한 고소는 취소할 수 있도록 규정하였으나, 고소권의 포기에 관하여는 아무런 규정이 없으므로 고소하기 이전에 고소권을 포기할 수는 없다고 한 바 있으며(대법원 1967. 5. 23. 선고 67도471 판결), 고소하기 이전에 피해자가 처벌을 원하지 않았다고 하더라도 그 후에 한 피해자의 고소는 유효하다고 하였습니다(대법원 1993. 10. 22. 선고 93도1620 판결, 1999. 12. 21. 선고 99도4670 판결).

그러므로 귀하가 김갑돌에게 합의서를 작성해주었다고 하더라도 고소권은 고소 전에 포기할 수 없다는 것이 판례의 태도이므로 귀하가 지금이라도 고소를 하게되면 김갑돌에 대하여 조사가 진행될 것으로 보여집니다.

그리고 위 사안의 경우에는 민사상 문제에 있어서도 직장상사가 합의서를 작성하도록 종용한 것이 귀하의 자유의사에 의한 것으로 볼 수 없을 정도의 강박(強迫)이 된다면 당해 합의는 무효로 되거나 또는 취소될 가능성도 있다고 보여집니다(민법 제110조).

참고로 귀하가 일단 고소한 후 고소를 취소할 경우에 관하여 살펴보면, 고소취소는 제1심 판결선고 전까지 할 수 있는데, 만일 그 전까지 고소를 취소하면 공소기각의 판결이 내려져 가해자를 처벌할 수 없게 됩니다(형사소송법 제327조 제5호). 그런데 고소의 제기와 취소를 피해자의 의사에 전적으로 맡겨두면 고소권이 남용될 우려가 있으므로 고소를 취소한 자는 다시 고소하지 못하도록 규제하고 있습니다(형사소송법 제232조 제2항).

그리고 고소를 제기한 후에 고소를 취소한다면 그 고소의 취소는 공소제기 전에는 수사기관에, 공소가 제기된 후에는 담당법원에 하여야 할 것인데 삭제요망☞(형사소송법

제329조, 제237조 제2항), 고소취소장이 아닌 단순한 합의서를 가해자에게 작성하여 준 경우일 뿐이라면 고소취소의 효력이 없을 것이지만(대법원 1983. 9. 27. 선고 83도516 판결), 수사기관이나 법원에 합의서를 제출한 경우 그에 부가하여 피고인에 대한 관대한 처벌을 바란다는 탄원서가 제출되어 있는 경우 고소취소로 볼 수도 있으므로 구체적 사안에 따라서 그것이 고소의 취소로 볼 수 있는 것인지를 검토해 보아야 할 것입니다.

결국 피해당사자에게 단순한 합의서만을 작성해주었을 뿐이라면 이 경우에는 고소취소가 되었다고 할 수 없을 것입니다.

◆ 친고죄의 피해자인 미성년자가 고소취소한 때 법정대리인이 고소
　할 수 있는지?

질문 ➡ 저의 17세 된 딸은 미팅에서 만난 남학생에게 강간(강간치상이
　　　아님)을 당하여 수사기관에 고소하였고 그 남학생은 구속되었
　　　습니다. 그런데 딸은 수사기관에서 조사를 받던 중 겁도 나고
　　　수치심도 생겨 친권자인 저희들 몰래 고소를 취하하였고, 수사
　　　기관에서는 친권자인 부모의 의사도 확인하지 않은 채 공소권
　　　없음을 이유로 가해자를 불기소처분하여 석방시켰습니다. 비록
　　　딸이 고소를 취하하였지만 저는 가해자를 도저히 용서할 수 없
　　　어 처벌받게 하고 싶은데, 이 경우 가능한 방법이 있는지요?

답변 ➡　범인을 안 날로부터 1년 이내에 고소할 수 있을 것으로
　　　　보입니다.

　　　　고소라 함은 범죄의 피해자 기타의 고소권자가 수사기관
　　　　에 대하여 범죄사실을 신고하여 범인의 수사와 처벌을 요
　　　　구하는 의사표시를 말합니다. 그런데 강간죄는 친고죄로
　　　　서 친고죄의 경우에는 고소가 소송조건이므로 고소권자의
　　　　고소가 없거나 공소가 제기되었더라도 제1심판결 전에 고
　　　　소가 취소되면 처벌할 수 없습니다.

　　　　형사소송법상 범죄로 인한 피해자는 고소할 수 있고, 피해
　　　　자가 미성년자인 경우에 피해자의 법정대리인도 독립하여
　　　　고소할 수 있으며, 또한 고소권자는 자기가 제기한 고소
　　　　를 취소할 수도 있습니다(형사소송법 제223조, 제225조
　　　　제1항).

　　　　고소는 의사표시를 내용으로 하는 소송행위이므로 고소가
　　　　유효하기 위해서는 고소능력이 있어야 하며, 이에 관하여
　　　　판례를 보면 "고소를 함에는 소송행위능력, 즉 고소능력이
　　　　있어야 하는바, 고소능력은 피해를 받은 사실을 이해하고

고소에 따른 사회생활상의 이해관계를 알아차릴 수 있는 사실상의 의사능력으로 충분하므로 민법상의 행위능력이 없는 자라도 위와 같은 능력을 갖춘 자에게는 고소능력이 인정된다고 할 것이고, 고소위임을 위한 능력도 위와 마찬가지라고 할 것이다."라고 하였습니다(대법원 1999. 2. 9. 선고 98도2074 판결).

그러므로 고소능력은 고소의 의미를 이해할 수 있는 사실상의 의사능력으로 충분하며 민법상의 행위능력과는 구별되는 것이고, 위 사안에서 17세의 미성년자인 귀하의 딸은 강간죄의 피해자이며 고소능력도 있다고 생각되므로 적법하게 고소하고 또한 이미 제기한 고소를 취소할 수 있으며 딸의 고소취소에 따른 검사의 불기소처분은 타당하다 하겠습니다.

따라서 딸은 이미 고소를 취소하였으므로 고소권이 소멸되어 다시 고소하지 못한다 할 것입니다(형사소송법 제232조 제2항).

그런데 형사소송법 제225조에 의하면 "피해자의 법정대리인은 독립하여 고소할 수 있다."라고 규정하고 있는바, 이에 관한 판례는 "형사소송법 제225조 제1항이 규정한 법정대리인의 고소권은 무능력자의 보호를 위하여 법정대리인에게 주어진 고유권이므로, 법정대리인은 피해자의 고소권 소멸여부에 관계없이 고소할 수 있고, 이러한 고소권은 피해자의 명시한 의사에 반하여도 행사할 수 있다."라고 하였으며(대법원 1999. 12. 24. 선고 99도3784 판결), "법정대리인의 고소기간은 법정대리인 자신이 범인을 알게 된 날로부터 진행한다."라고 하였습니다(대법원 1984. 9. 11. 선고 84도1579 판결, 1987. 6. 9. 선고 87

도857 판결).

그렇다면 위 사안의 경우 귀하 등 법정대리인은 딸의 고소취소로 인한 고소권의 소멸여부에 관계없이 고소를 할 수 있고, 귀하 등이 범인을 안 날로부터 1년 이내에 고소할 수 있을 것으로 보입니다(성폭력범죄의처벌및피해자보호등에관한법률 제19조).

나아가 일단 검사가 불기소처분을 내린 사건이라고 할 지라도 그 불기소처분은 확정판결과 달리 기판력이 없으므로, 다시 고소하여 혐의가 인정될 경우 검사는 전의 불기소처분을 번복하여 피의자를 기소할 수 있는 것입니다.

◈ 형사고소도 대리인이 할 수 있는지?

질문 ➡ 70세이신 저의 아버님은 평소 행동이 불량한 동네청년 甲을 꾸짖다가 도리어 김갑돌에게 폭행 당하여 전치 6주의 상해를 입었습니다. 치료를 위해 입원중인 아버님을 대신하여 제가 김갑돌을 직접 고소할 수 있는지요?

답변 ➡ 부친으로부터 대리권을 수여 받아 형사소송법 제236조 및 사법경찰관리집무규칙 제37조의 대리에 의한 방법으로 고소하실 수 있습니다.

범죄의 피해자 기타 고소권자가 수사기관에 대하여 범죄사실을 신고하여 범인의 처벌을 요구하는 의사표시를 고소(告訴)라고 하며, 형사소송법 제237조 제1항에 의하면 "고소 또는 고발은 서면 또는 구술로써 검사 또는 사법경찰관에게 하여야 한다."라고 규정하고 있습니다.

형사소송법상 고소할 수 있는 사람으로는 ① 범죄의 피해자, ② 그 피해자의 법정대리인(부모, 후견인 등)이며, ③ 피해자가 사망한 때에는 그 배우자, 직계친족 또는 형제자매는 피해자의 명시한 의사에 반하지 않는 한 고소할 수 있습니다(형사소송법 제223조, 제225조).

그리고 형사소송법 제236조에 의하면 고소 또는 그 취소는 대리인으로 하여금 하게 할 수 있다고 규정하고 있는데, 대리인에 의한 고소의 방식 및 그 경우 고소기간의 산정기준에 관하여 판례를 보면, "형사소송법 제236조의 대리인에 의한 고소의 경우, 대리권이 정당한 고소권자에 의하여 수여되었음이 실질적으로 증명되면 충분하고, 그 방식에 특별한 제한은 없으므로, 고소를 할 때 반드시 위임장을 제출한다거나 「대리」라는 표시를 하여야 하는 것

은 아니고, 또 고소기간은 대리고소인이 아니라 정당한
고소권자를 기준으로 고소권자가 범인을 알게 된 날부터
기산한다."라고 하였습니다(대법원 2001. 9. 4. 선고
2001도3081 판결).

따라서 위 사안의 경우 귀하는 피해자 또는 피해자의 법
정대리인 등이 아니므로 독자적으로 고소할 수는 없으나,
피해자인 부친으로부터 대리권을 수여 받아 형사소송법
제236조 및 특별사법경찰관리집무규칙 제44조의 대리에
의한 방법으로 고소하실 수 있습니다.

◈ 간통고소 후 이혼청구소송만을 취하할 경우의 법적 효력

질문 ➡ 저의 남편은 혼인 직후부터 바람기가 있더니 날로 심하여져 이
제는 며칠에 한번 집에 들러 폭행만을 일삼고 있습니다. 최근
저는 남편을 미행하여 동거하는 김갑순을 목격하고는 이혼소송
을 제기 후 그들을 간통죄로 고소하였고, 현재는 1심 재판이
진행 중에 있습니다. 하지만 아이들 장래를 위하여 남편과의
이혼소송만은 취하하고 싶은데, 그럴 경우 남편과 김갑순에 대
한 형사고소는 취소하지 않았으므로 처벌을 받게 되는지요?

답변 ➡   이혼소송을 취하하면 형사고소도 공소기각이 됩니다.

귀하의 질문내용을 요약하면 귀하의 남편과 甲녀에 대하
여는 귀하가 받은 만큼의 형사처벌을 통하여 고통을 주
고, 자녀들의 장래를 위하여 이혼은 하지 않겠다는 뜻으
로 이해됩니다. 귀하의 심정은 충분히 이해됩니다만 법률
은 그렇지 않다는 것을 결론적으로 말씀드립니다.

형사소송법 제229조에 의하면 "간통고소는 혼인이 해소되
거나 이혼소송을 제기한 후가 아니면 할 수 없다."라고 규
정하고 있으므로, 위 고소는 혼인관계의 부존재 또는 이혼
소송의 계속을 그 유효요건으로 하고 있다 할 것입니다.
그리고 이러한 조건은 공소제기시부터 재판이 종결될 때
까지 구비해야 하는 것이므로, 소취하를 하면 처음부터 이
혼소송이 제기되지 않은 것으로 되어 공소제기된 간통사
건은 소추요건을 결한 공소제기로 법률규정에 위반되며
법원은 공소기각판결을 해야 할 것입니다(대법원 1981.
10. 13. 선고 81도1975 판결).

따라서 귀하가 이혼소송을 취하하게 되면 간통고소사건은
소추요건을 결하여 공소기각판결이 선고될 것이므로 귀하
의 남편과 김갑순은 간통죄로 처벌받지 않게 된다고 하겠
습니다.

◆ 간통죄의 제1심 판결선고 후 이혼심판청구를 취하한 경우 그 효력
은 어떻게 되는지?

질문 ➡ 저는 두 명의 자녀를 둔 주부로 간통한 남편과 그 상간한 여자
를 고소하였습니다. 그런데 간통죄에 대한 제1심 판결에서 실
형이 선고된 후 잘못을 뉘우친 남편은 한번만 용서해 달라고
애원하였고, 저 또한 아이들의 장래를 위하여 남편이 처벌받는
것을 원치 않아 법원에 제기한 이혼심판청구를 취하하였습니
다. 이 경우 남편은 형사재판 제1심에서 선고받은 실형을 면제
받을 수 있는지요?

답변 ➡ 공소기각판결이 내려질 것으로 보입니다.

법률상 혼인신고를 마친 부부 중 일방이 배우자 아닌 자
(者)와 성관계를 가진 경우 다른 일방 배우자는 혼인을
해소되거나 이혼소송을 제기한 후 수사기관에 간통고소를
할 수 있습니다.

간통죄에 대하여 형법 제241조는 "배우자 있는 자가 간통
한 때에는 2년 이하의 징역에 처한다. 그와 상간한 자도
같다."라고 규정하고 있으며, 형사소송법 제229조에 의하
면 형법 제241조의 경우에는 혼인이 해소되거나 이혼소송
을 제기한 후가 아니면 고소할 수 없고, 이 경우 다시 혼
인을 하거나 이혼소송을 취하한 때에 고소는 취소된 것으
로 간주한다고 규정하고 있습니다. 그러므로 간통죄는 고
소당시 제기한 이혼소송을 취하하게 되면 간통고소는 취
소된 것으로 봅니다.

그런데 형사소송법 제232조 제1항에서는 "고소는 제1심
판결선고 전까지 취소할 수 있다."라고 규정하고 있으며,
간통죄가 아닌 다른 친고죄인 강간죄의 경우 판례를 보면,
"친고죄에 있어서의 고소의 취소는 제1심 판결선고 전까

지만 할 수 있다고 형사소송법 제232조 제1항에 규정되어 있어 제1심 판결선고 후에 고소가 취소된 경우에는 그 취소의 효력이 없으므로 형사소송법 제327조 제5호의 공소기각의 재판을 할 수 없다."라고 하였습니다(대법원 1985. 2. 8. 선고 84도2682 판결).

그러나 간통죄의 경우에는 친고죄이면서도 간통죄의 고소는 혼인관계의 부존재 또는 이혼소송의 계속을 그 유효요건으로 하고 있다 할 것이므로, 강간죄 등의 친고죄와는 달리 보아야 할 것입니다.

즉, 간통죄에 대한 제1심 판결선고 후 고소인이 이혼심판청구를 취하한 경우의 효과와 관련된 판례를 보면 "간통죄에 대한 제1심 판결선고 후 고소인이 이혼심판청구를 취하하였다면 취하의 소급효로 인하여 간통고소 역시 소급하여 그 효력을 상실하므로, 간통죄의 공소 또한 소추요건을 결한 것으로 공소제기절차가 법률의 규정에 위반하여 무효인 때에 해당된다."라고 하였으며(대법원 1981. 10. 13. 선고 81도1975 판결), "간통피고사건에 대한 제1심 판결선고 후에 고소인의 이혼심판청구사건이 취하간주된 경우에는 간통고소는 소급하여 효력을 상실하고 간통의 상간자가 이미 유죄판결을 받아 확정되었어도 이론을 달리하지 않는다."라고 하였고(대법원 1975. 6. 24. 선고 75도1449 판결), "형사소송법 제229조 제1항 소정의 간통고소의 유효조건인 혼인관계의 부존재 또는 이혼소송의 계속은 공소제기시부터 재판이 종결될 때까지 구비하여야 하는 것이며, 고소당시 제기된 이혼소송은 그 후 소장이 각하되었다면 최초부터 이혼소송은 제기하지 아니한 것과 같다 할 것이므로, 그 각하 일자가 간통피고사건의 제2심

판결선고 이후라 하여도 본건 간통고소는 소추조건을 결한 것이 되어 공소제기절차가 법률의 규정에 위반하여 무효인 때에 해당한다."라고 하였습니다(대법원 1975. 10. 7. 선고 75도1489 판결).

따라서 귀하의 남편은 형사소송법 제232조의 "고소는 제1심 판결선고 전까지 취소해야 한다."는 규정에도 불구하고, 제1심 판결선고 후 귀하의 이혼심판청구취소로 인하여 이미 제1심에서 선고받은 간통죄는 공소제기요건이 없어져 형사소송법 제327조 제2호에 의해 법원에 의하여 공소기각판결이 내려질 것으로 보입니다.

◆ 협의이혼 후 이혼 전의 간통행위에 대하여 고소할 수 있는지?

질문 ➡저는 얼마 전 협의이혼을 하였는데, 그 후 알고 보니 처(妻)는 혼인기간 중 이미 다른 남자와 간통한 사실이 있었습니다. 지금이라도 그들을 간통죄로 고소할 수 있는지요?

답변 ➡   협의이혼의사의 확인 전 혼인생활 중에 있었던 간통사실에 대하여도 이혼 당시 간통행위를 용서한다는 특별한 의사표시가 없었다면 간통죄로 고소가 가능할 것입니다.

형법 제241조에서는 "① 배우자 있는 자가 간통한 때에는 2년 이하의 징역에 처한다. 그와 상간한 자도 같다. ② 전항의 죄는 배우자의 고소가 있어야 논한다. 단, 배우자가 간통을 종용(慫慂) 또는 유서(宥恕)한 때에는 고소할 수 없다."라고 규정하고 있으며, 형사소송법 제229조 제1항에 의하면 "형법 제241조의 경우에는 혼인이 해소되거나 이혼소송을 제기한 후가 아니면 고소할 수 없다."라고 규정하고 있습니다.

그런데 원칙적으로 협의이혼의 확인이 있다고 하여 거기에 혼인생활 중에 있었던 간통행위를 용서한다는 의사가 당연히 내포되어 있다고는 할 수 없으므로(대법원 1986. 6. 24. 선고 86도482 판결), 귀하의 경우에도 협의이혼의사의 확인 전 혼인생활 중에 있었던 간통사실에 대하여도 이혼 당시 간통행위를 용서한다는 특별한 의사표시가 없었다면 간통죄로 고소가 가능할 것입니다.

참고로 협의이혼의사의 확인을 받고 이에 의한 이혼신고를 하기 전에 한 간통고소의 효력은 혼인이 해소되었거나 이혼소송을 제기한 후에 해당되지 않으므로, 형사소송법 제229조 제1항에 위반된 고소라 할 수 있으나, 위 고소가 있은 뒤 위 협의이혼의 확인에 의한 협의이혼신고를 하여 혼인이 해소되었다면 위 고소는 혼인의 해소(解消)시로부터 장래를 향하여 유효한 고소가 된다 하겠습니다.

그리고 협의이혼의사확인을 받은 후 이혼신고 전에 행한 간통에 관하여 판례는 "혼인당사자가 더 이상 혼인관계를 지속할 의사가 없고 이혼의사의 합치가 있는 경우에는 비록 법률적으로 혼인관계가 존속한다고 하더라도 간통에 대한 사전동의인 종용(慫慂)에 해당하는 의사표시가 그 합의 속에 포함되어 있는 것으로 보아야 할 것이고, 그러한 합의가 없는 경우에는 비록 잠정적·임시적·조건적으로 이혼의사가 쌍방으로부터 표출되어 있다고 하더라도 간통 종용의 경우에 해당하지 않는다."라고 하였습니다(대법원 2000. 7. 7. 선고 2000도868 판결). 그러므로 협의이혼의사확인을 받은 후 이혼신고 전에 행한 간통에 관하여 협의이혼의사의 확인이 간통의 종용(慫慂)인지는 구체적인 사안에 따라 개별적·구체적으로 결정되어야 할 것으로 보입니다.

◆ 송달불능으로 이혼소송이 각하된 경우 간통죄로 고소한 사건은 어떻게 되는지?

> **질문 ➡** 저는 간통한 처(妻) 김갑순과 그 상간자인 이을남을 간통죄로 고소하였습니다. 그러나 김갑순과 이을남이 도주하여 수사가 진행되지 못하였고, 간통고소 전에 제기한 이혼소송은 소장의 송달불능으로 주소보정명령이 발하여졌으나 보정기간 내에 보정하지 못하여 각하 되었습니다. 이 경우 간통고소사건도 종결된다고 하는데 그렇다면 이을남을 처벌할 수 없는지요?

답변 ➡ 공소기각이 되고, 재고소 할 수 없다고 보여집니다.

형사소송법 제229조에 의하면 "간통죄의 경우 혼인이 해소되거나 이혼소송을 제기한 후가 아니면 고소할 수 없다."라고 규정하고 있습니다.

또한, 관련 판례를 보면 "간통의 고소는 혼인관계가 해소 또는 이혼소송의 계속을 조건으로 하는 것이므로, 간통고소 당시 이혼소송을 제기하였다 할지라도 그 소장이 각하되는 경우에는 최초부터 이혼소송을 제기하지 아니한 것과 같아서 그 간통고소는 효력을 상실하게 된다."라고 하였습니다(대법원 1994. 6. 10. 선고 94도774 판결).

따라서 귀하가 고소한 간통사건이 기소되기 이전이었다면 공소권이 없다 하여 공소권 없음으로 불기소처분되어 종결될 것으로 보이고, 이미 공소가 제기되었다면 형사소송법 제327조 제2호 공소제기의 절차가 법률의 규정에 위반한 때에 해당되어 공소기각 될 것으로 보입니다.

참고로 형사소송법 제232조 제2항에 의하면 고소를 취소한 자는 다시 고소하지 못한다고 규정하고 있습니다. 이혼소장이 각하된 경우 고소가 소급하여 효력을 상실하게 됨으로써 고소를 취소한 것이나 다름없게 된 이상 이 경우

에도 고소의 취소와 동일하게 취급하여 다시 고소할 수
없다 하겠습니다. 물론 고소인의 자유로운 의사에 기한 고
소취소와 소장각하에 의한 고소의 효력상실은 달리 취급
하여 소장각하의 경우에는 재고소가 가능하다고 보는 견
해도 있으나, 판례는 고소취소와 동일하게 취급하고 있습
니다(대법원 1997. 5. 23. 선고 95도477 판결).

◆ 성폭력범죄인 강간죄의 경우에도 고소가능기간이 6개월인지?

> **질문 ➡** 저는 8개월 전 김갑돌으로부터 강간당한 후 수치스럽기도 하고 주위에 알려지는 것이 두려워 김갑돌을 고소하지 않았습니다. 그런데 김갑돌은 사과는 커녕 지금도 저를 괴롭히며 모욕까지 하고 있어 처벌받게 하고 싶습니다. 지금이라도 김갑돌을 고소할 수 있는지요?

답변 ➡ 판례에서의 강간죄의 고소기간은 범인을 알게 된 날로부터 6월이 아닌 1년으로 볼 수 있고, 위 사안에서는 고소할 수 있을 것으로 보입니다.

형법 제297조에서는 강간죄에 관하여 "폭행 또는 협박으로 부녀를 강간한 자는 3년 이상의 유기징역에 처한다."라고 규정하고 있으며, 이러한 강간죄는 고소가 있어야만 처벌이 가능한 친고죄이고(형법 제306조), 그 고소기간은 범인을 안 날로부터 6월이 경과하기 전에 하여야 하는 것으로 규정되어 있습니다(형사소송법 제230조 제1항).

그러나 성폭력범죄의 처벌 등에 관한 특례법 제2조 제1항 제3호에서는 형법 제297조의 강간죄도 성폭력범죄로 규정하고 있으며, 성폭력범죄의 처벌 등에 관한 특례법 제18조 제1항 본문에서는 "성폭력범죄 중 친고죄에 대하여 형사소송법 제230조(고소기간) 제1항의 규정에 불구하고 범인을 알게 된 날부터 1년을 경과하면 고소하지 못한다."라고 규정하고 있습니다.

그리고 관련 판례도 "성폭력범죄의처벌및피해자보호등에관한법률 제2조 제1항 제3호는 형법 제297조의 강간죄도 「성폭력범죄」로 정의하고 있고, 성폭력범죄의처벌및피해자보호등에관한법률 제19조 제1항은 성폭력범죄 중 친

고죄에 대하여는 형사소송법 제230조 제1항(6개월 고소
기간 규정)에도 불구하고 범인을 알게 된 날로부터 1년을
경과하면 고소하지 못한다고 규정하고 있으므로, 형법 제
297조의 강간죄에 대하여는 범인을 알게 된 날로부터 6
월이 지났으나 1년 이내에 고소한 사건을 고소기간 경과
를 이유로 공소기각한 원심은 위법하다."라고 하였습니다
(대법원 1998. 3. 27. 선고 97도3308 판결).

그러므로 강간죄의 고소기간은 범인을 알게 된 날로부터
6월이 아닌 1년으로 볼 수 있고, 위 사안에서 귀하는 강
간에 대한 입증자료만 충분하다면 김갑돌을 고소하여 법
의 심판을 받게 할 수 있을 것입니다.

◆ 강간고소사건에 대한 검찰의 무혐의결정이 있은 경우 간통죄의 고
소기간 기산점

질문 ➡ 김갑돌은 그의 처 이을녀와 최병수의 성행위가 있음을 알게 되
었습니다. 그런데 이을녀는 최병수에게 강간을 당하였다고 최
병수를 강간죄로 고소하였으므로 강간고소사건의 결과를 보고
난 후 간통죄고소여부를 결정하려고 기다렸습니다. 그 후 7개
월이 지나서 최병수에 대한 강간고소사건이 검찰에서 무혐의결
정 되었습니다. 이 경우 김갑돌이 지금이라도 이을녀와 최병수
를 간통죄로 고소할 수 있는지요?

답변 ➡ 무혐의결정이 있은 때로부터 6월 이내에 간통죄로 고소할
수 있을 것으로 보입니다.

형법 제241조에서는 "① 배우자있는 자가 간통한 때에는
2년 이하의 징역에 처한다. 그와 상간한 자도 같다. ② 전
항의 죄는 배우자의 고소가 있어야 논한다. 단, 배우자가
간통을 종용 또는 유서한 때에는 고소할 수 없다."라고
규정하여 간통죄를 고소가 있어야 처벌할 수 있는 친고죄
로 규정하고 있습니다. 그런데 이러한 친고죄의 고소기간
에 관하여 형사소송법 제230조 제1항에서는 "친고죄에
대하여는 범인을 알게 된 날로부터 6월을 경과하면 고소
하지 못한다. 단, 고소할 수 없는 불가항력의 사유가 있는
때에는 그 사유가 없어진 날로부터 기산한다."라고 규정
하고 있습니다.

그러므로 위 사안에서 김갑돌은 이을녀와 최병수의 성행위
가 있었음을 알게 된 것은 7개월 전이었지만, 이을녀가 최
병수에게 강간을 당하였다고 주장하면서 최병수를 강간죄
로 고소하였으므로 그 강간고소사건의 처분결과를 기다리
다가 7개월이 경과된 것이므로 이러한 경우 간통죄로 고

소할 수 있는 기간이 경과되었다고 볼 것인지 문제됩니다.

이에 관련된 판례를 보면, "형사소송법 제230조 제1항 본문은 「친고죄에 대하여는 범인을 알게 된 날로부터 6월을 경과하면 고소하지 못한다.」 라고 규정하고 있는바, 여기서 범인을 알게 된다 함은 통상인의 입장에서 보아 고소권자가 고소를 할 수 있을 정도로 범죄사실과 범인을 아는 것을 의미하고, 범죄사실을 안다는 것은 고소권자가 친고죄에 해당하는 범죄의 피해가 있었다는 사실관계에 관하여 확정적인 인식이 있음을 말한다."라고 하면서, "고소인이 처와 상간자간에 성관계가 있었다는 사실을 알게 되었으나, 처가 상간자와의 성관계는 강간에 의한 것이라고 주장하며 상간자를 강간죄로 고소하였고, 이에 대하여 검찰에서 무혐의결정이 나자 이들을 간통죄로 고소한 경우, 고소인으로서는 그 강간고소사건에 대한 검찰의 무혐의결정이 있은 때 비로소 처와 상간자 간의 간통사실을 알았다고 봄이 상당하므로, 그 때로부터 고소기간을 기산(起算)하여야 한다."라고 하였습니다(대법원 2001. 10. 9. 선고 2001도3106 판결).

따라서 위 사안에 있어서도 김갑돌은 이을녀가 최병수를 강간죄로 고소한 사건에 대하여 검찰의 무혐의결정이 있은 때로부터 6월 이내에 이을녀와 최병수를 간통죄로 고소할 수 있을 것으로 보입니다.

◈ 아동·청소년의 성보호에 관한 법률상의 청소년에 대한 강간 및
  강제추행죄가 친고죄인지?

질문 ➡ 김갑돌은 17세의 이을녀를 강제추행하였으므로 이을녀는 고소
를 하였습니다. 그런데 김갑돌은 크게 뉘우치고 이을녀의 정신
적 고통에 대한 손해배상도 모두 하였으며, 김갑돌의 홀어머니
가 사정을 하므로 이을녀와 그 부모들은 고소를 취소해주려고
합니다. 이 경우 고소가 취하되면 김갑돌이 처벌받지 않게 되
는지요?

답변 ➡　고소를 취하한다면 처벌받지 않을 것으로 보입니다.

　　　　형법 제298조는 강제추행죄에 관하여"폭행 또는 협박으로
사람에 대하여 추행 을 한 자는 10년 이하의 징역 또는
1,500만원 이하의 벌금에 처한다."라고 규정하 고 있으며,
같은 법 제306조는 강제추행죄는 고소가 있어야 공소를
제기할 수 있는 친고죄로 규정하고 있습니다. 그런데 「아
동·청소년의 성보호에 관한 법률」 제2조 제1호는"아동·청
소년은 19세 미만의 자를 말한다. 다만, 19세에 도달하는
해의 1월 1일을 맞이하는 자를 제외한다."고 규정하고 있
습니다. 한편, 「청소년의 성보호에 관한 법률」 (2005. 12.
29. 법률 제7801호로 개정되기 전 의 것) 은 청소년을
상대로 한 성범죄에 대하여 친고죄인지의 여부에 관하여
는 별도 의 규정이 없었으나, 이에 관하여 판례는"청소년
의성보호에관한법률에는 친고죄 여 부에 대한 명시적 규
정이 없으므로 위 법 제10조 위반죄를 친고죄라고 해석하
는 것 이 죄형법정주의의 원칙과'이 법을 해석·적용함에
있어서는 국민의 권리가 부당하 게 침해되지 아니하도록
주의하여야 한다.'고 규정한 청소년의성보호에관한법률 제
3 조의 취지에도 부합하는 점, 청소년의성보호에관한법률

의 제정취지는 청소년의 보호 에 있는데 위 법 제10조를 비친고죄로 해석하여 성폭행을 당한 모든 청소년을 그의 의사에 불구하고 조사를 하게 되면 오히려 청소년의 보호에 역행하게 될 여지도 있 게 되는 점 등에 비추어 보면 위 법률 제10조 위반죄에 대하여도 형법 제306조가 적용된다."라고 하여(대법원 2001. 6. 15. 선고 2001도1017 판결), 친고죄라는 입장 을 취하였습니다. 그 후 2005. 12. 29. 법률 제7801호로 개정·공포된 「청소년의 성보호에 관한 법률」 제10조의2는 "제10조 제1항 내지 제5항의 죄에 대한 고소기간은 형사소송법 제 230조 제1항의 규정에 불구하고 범인을 알게된 날부터 2년으로 한다. 이 경우 고소 할 수 없는 불가항력의 사유가 있는 때에는 그 사유가 없어진 날부터 고소기간을 기산한다."라는 규정을 신설하여 법규정상으로도 친고죄임을 명확히 하였습니다. 따라서 위 사안에서도 피해자인 이을녀가 고소를 취소한다면 김갑돌은 처벌받지 않을 것으 로 보입니다. 한편, 청소년 대상 성범죄를 친고죄로 하고 있어 형사처벌을 민사손해배상으로 전락 시켜서 범죄자에 대한 정당한 처벌을 가로 막고 있다는 지적에 따라 「아동·청소년의 성보호에 관한 법률」 제16조에서는 청소년 대상 성범죄를 현행 친고죄에서 반의사불벌죄(反意思不罰罪)로 변경하였습니다.

◆ 강간고소하여 합의 후 강간고소만 취하하고 폭행·협박만을 처벌
　 할 수 있는지?

질문 ➡ 서의 진구는 강간사건의 피의자로 구속수사를 받고 있습니다.
만약, 피해자와 합의하여 피해자가 고소를 취소한다면 그 수단
인 폭행·협박사실만을 분리하여 처벌받게 되는지요?

답변 ➡　강간죄의 고소가 취하된 경우에는 그 수단인 폭행·협박
만으로 처벌할 수 없다고 보는 것이 타당할 것입니다.

　강간죄에 관하여 형법 제297조에서는 "폭행 또는 협박으
로 부녀를 강간한 자는 3년 이상의 유기징역에 처한다."
라고 규정하고 있으며, 형법 제306조에서는 강간죄는 고
소가 있어야 공소를 제기할 수 있는 친고죄로 규정하고
있습니다. 그런데 이처럼 강간죄는 친고죄에 해당되지만
강간죄의 수단·방법인 폭행·협박죄는 친고죄가 아니므로
강간죄의 고소취하가 있는 경우 폭행·협박죄의 공소제기의
적법여부가 문제됩니다.

　이에 관해서는 적법하다는 학설도 있으나 단일한 범죄는
소송상 취급에 있어서 불가분의 단위로 판단하는 것이 타
당하고, 이를 인정할 때에는 강간죄를 친고죄로 한 취지
에 반하며, 고소불가분의 원칙과 일치하지 않는다고 할
것이므로 이를 허용하지 않는다고 해석하는 것이 타당할
것입니다. 판례도 "강간죄에 대한 고소가 취하된 이상 그
강간죄의 수단이었던 폭행죄가 성립할 수 없다 할 것이
고, 이와 같은 경우에 폭행만을 분리하여 공소제기 하였
다면 이는 범죄로 되지 아니하는 경우에 해당한다."라고
하였습니다(대법원 1976. 4. 27. 선고 75도3365 판결).

　따라서 강간죄의 고소가 취하된 경우에는 그 수단인 폭행·

협박만으로 처벌할 수 없다고 보는 것이 타당할 것입니다.

참고로 감금행위가 강간죄의 수단이 된 경우에 감금죄에 있어서는 강간죄에 흡수되지 아니하고 별죄(別罪)를 구성한다는 것이 판례의 입장입니다(대법원 1997. 1. 21. 선고 96도2715 판결).

◆ 친고죄나 반의사불벌죄가 아닌 범죄에 대하여 고소취하한 경우 그
   효력

질문 ➡ 저는 몇달전 김갑돌로부터 사기혐의로 고소당하여 수사기관에
서 조사를 받던 중 김갑돌에게 피해를 보상한 후 김갑돌이 고
소를 취하하여 모두 해결된 것으로 알고 있었습니다. 그런데
며칠 전 법원으로부터 벌금 100만원에 처한다는 약식명령이
송달되었는데 그 처분이 정당한지요?

답변 ➡ 사기죄는 친고죄나 반의사불벌죄에 해당되지 아니하므로
처벌받을 수 있으므로 정당하다고 보여집니다.

법률적으로 친고죄(親告罪)라 하여 피해자 또는 일정한
고소권자의 고소가 있어야 비로소 처벌받게 되는 범죄(간
통죄, 강간죄 등)와 반의사불벌죄(反意思不罰罪)라 하여
피해자의 고소와 관계없이 수사기관의 인지(認知) 등에
의해 수사를 착수할 수는 있으나, 피해자가 가해자의 처
벌을 원하지 않을 경우 처벌할 수 없는 범죄(폭행죄, 명
예훼손죄 등)는 고소권자의 고소가 있어서 재판진행 중인
경우에도 제1심 판결이 선고되기 전에 고소를 취소하거나
처벌을 희망하지 않는 의사표시를 하면 공소기각판결(형
사소송법 제327조 제5항, 제6항)에 의하여 처벌받지 않
게 됩니다.

그런데 위 사안의 사기죄 등과 같이 친고죄나 반의사불벌
죄가 아닌 범죄에 있어서는 고소권자의 고소는 단순히 수
사의 단서로 됨에 지나지 않으며 고소의 유무 또는 그 고
소의 취소여부에 관계없이 그 죄를 논할 수 있습니다.

위 사안의 경우 사기죄는 친고죄나 반의사불벌죄에 해당
되지 아니하므로 고소권자인 김갑돌이 사기죄의 고소를
취하하였다 하더라도 이것은 단지 양형에 참고할 사유는

될 수 있을지라도 사기죄로 처벌됨에 있어서는 아무런 장애가 되지 않습니다(대법원 1987. 11. 10. 선고 87도2020 판결, 1967. 2. 7. 선고 66도1761 판결).

◆ 친고죄의 고소불가분의 원칙을 규정한 규정이 반의사불벌죄에도 준용되는지?

질문 ➡ 김갑돌은 이을남과 최병수가 공모하여 김갑돌에 대한 허위의 사실을 출판물을 통하여 유포하였으므로 그들을 출판물 등에 의한 명예훼손죄로 고소를 하였습니다. 그런데 이을남은 잘못을 시인하고 용서를 빌었으므로 고소를 취하해주려고 하지만, 최병수는 전혀 뉘우치는 바가 없으므로 최병수는 처벌받도록 하고 싶은데, 이을남에 대한 고소를 취하하여도 최병수가 처벌받게 되는지요?

답변 ➡ 반의사불벌죄에서는 두명의 공범중 일인에 대한 고소만 취하하고 다른 일인은 처벌받을 수 있도록 할 수 있습니다.

형사소송법 제233조에서는 "친고죄의 공범 중 그 1인 또는 수인에 대한 고소 또는 그 취소는 다른 공범자에 대하여도 효력이 있다."라고 친고죄에 있어서 고소불가분의 원칙을 규정하고 있습니다. 그런데 출판물에 의한 명예훼손죄는 친고죄가 아니고 피해자의 명시한 의사에 반하여 공소를 제기할 수 없는 반의사불벌죄(反意思不罰罪)로 규정하고 있습니다(형법 제312조 제2항).

위 사안에서는 출판물에 의한 명예훼손죄와 같은 반의사불벌죄에도 친고죄의 고소불가분의 원칙이 준용되어 김갑돌이 이을남에 대한 고소를 취하하면 최병수에 대하여도 고소취하의 효력이 인정되어 최병수도 처벌받지 않게 되는지가 문제됩니다.

친고죄에 있어서의 고소불가분의 원칙을 규정한 형사소송법 제233조의 규정이 반의사불벌죄에 준용되는지에 관한 판례를 보면, "형사소송법이 고소와 고소취소에 관한 규정을 하면서 제232조 제1항, 제2항에서 고소취소의 시한과 재고소의 금지를 규정하고 제3항에서는 반의사불벌죄에 제1항, 제2항의 규정을 준용하는 규정을 두면서도, 제233조에서 고소와 고소취소의 불가분에 관한 규정을 함에 있어서는 반의사불벌죄에 이를 준용하는 규정을 두지 아니한 것은 처벌을 희망하지 아니하는 의사표시나 처벌을 희망하는 의사표시의 철회에 관하여 친고죄와는 달리 공범자간에 불가분의 원칙을 적용하지 아니하고자 함에 있다고 볼 것이지, 입법의 불비(不備)로 볼 것은 아니다." 라고 하였습니다(대법원 1994. 4. 26. 선고 93도1689 판결, 1999. 5. 14. 선고 99도900 판결).

그렇다면 위 사안에 있어서도 김갑돌이 이을남에 대한 고소만 취하하고 최병수에 대한 고소를 취하하지 않는다면 최병수는 처벌을 받게 될 것으로 보입니다.

◆ 실형선고를 집행유예선고로 잘못 듣고 항소기간을 도과한 때 상소권회복청구가능한지?

> **질문 ▶** 김갑돌은 횡령죄로 기소된 형사사건의 제1심 선고기일에 법정에 출석하였으나, 징역 8월의 실형선고를 집행유예를 선고한 것으로 잘못 듣고 항소를 제기하지 않은 채 항소기간을 도과하였습니다. 이 경우 김갑돌이 상소권회복청구를 할 수 없는지요?

답변 ▶ 상소회복청구를 하지 못할 것으로 보입니다.

형사소송법 제345조에서는 "제338조 내지 제341조의 규정에 의하여 상소할 수 있는 자는 자기 또는 대리인이 책임질 수 없는 사유로 인하여 상소의 제기기간 내에 상소를 하지 못한 때에는 상소권회복의 청구를 할 수 있다."라고 규정하고 있습니다.

그런데 위 사안에서와 같이 형의 선고를 잘못 알아듣고 항소를 하지 못한 경우에 관하여 판례를 보면, "징역형의 실형이 선고되었으나 피고인이 형의 집행유예를 선고받은 것으로 잘못 전해 듣고, 또한 판결주문을 제대로 알아들을 수가 없어서 항소제기기간 내에 항소하지 못한 것이라면 그 사유만으로는 형사소송법 제345조가 규정한 「자기 또는 대리인이 책임질 수 없는 사유로 상소제기기간 내에 상소하지 못한 경우」에 해당된다고 볼 수 없다."라고 하였습니다(대법원 2000. 6. 15.자 2000모85 결정, 1987. 4. 8.자,87모19 결정).

따라서 위 사안에서 김갑돌도 형의 선고를 잘못 듣게 되어 항소기간 내에 항소를 하지 못한 것이 형사소송법 제345조가 규정한 「자기 또는 대리인이 책임질 수 없는 사유로 상소제기기간 내에 상소하지 못한 경우」에 해당된다고 볼 수 없을 것이므로, 그러한 이유로 상소회복청구를 하지 못할 것으로 보입니다.

◆ 폭행사건으로 구속되었을 경우 최장구속수사기간은 얼마나 되는
지?

질문 ➡ 저의 남편은 퇴근 후 동료들과 회식 중, 사소한 시비로 동료를
때려 전치 4주의 부상을 입힌 후 관할경찰서에 구속되어 현재
조사를 받고 있습니다. 폭행사건으로 구속된 저의 남편은 언제
까지 구속되어 있어야 하는지요?

답변 ➡ 검사는 범죄의 혐의 있다고 사료하는 때에는 범인, 범죄
사실과 증거를 수사하여야 하고, 수사관, 경무관, 총경, 경
감, 경위는 사법경찰관으로서 검사의 지휘를 받아 수사를
하여야 하며, 경사 및 순경은 사법경찰리로서 검사 또는
사법경찰관의 지휘를 받아 수사의 보조를 하여야 합니다
(형사소송법 제195조, 제196조).

이 경우 범인으로 지칭되는 자를 피의자(被疑者)라고 하
고, 피의자가 죄를 범하였다고 의심할 만한 상당한 이유
가 있으며 형사소송법상의 구속사유 즉, ① 피고인이 일
정한 주거가 없는 때, ② 피고인이 증거를 인멸할 염려가
있는 때, ③ 피고인이 도망하거나 도망할 염려가 있는 때
등의 경우 검사는 관할지방법원판사에게 청구하여 구속영
장을 받아 피의자를 구속할 수 있고, 사법경찰관은 검사
에게 신청하여 검사의 청구로 관할지방법원판사의 구속영
장을 받아 피의자를 구속할 수 있습니다(형사소송법 제
201조, 제70조).

사법경찰관이 피의자를 구속한 때에는 10일 이내에 피의자
를 검사에게 인치(引致)하지 아니하면 석방하여야 하고,
검사가 피의자를 구속한 때 또는 사법경찰관으로부터 피의
자의 인치를 받은 때에는 10일 이내에 공소를 제기하지 아

니하면 석방하여야 합니다(형사소송법 제202조, 제203조).

이 경우 구속기간은 피의자를 체포 또는 구인한 날부터 기산하며, 지방법원판사는 검사의 신청에 의하여 수사를 계속함에 상당한 이유가 있다고 인정한 때에는 10일을 초과하지 아니하는 한도에서 제203조의 구속기간의 연장을 1차에 한하여 허가할 수 있습니다(형사소송법 제203조, 제205조).

따라서 귀하의 남편은 최장 30일 내의 기간을 구속된 상태에서 조사를 받을 수 있습니다. 그러나 이 기간은 수사상 필요한 경우에 따른 최장기간이므로 모든 사건이 이에 따라 처리되는 것은 아닙니다.

그리고 공소제기 후에는 2개월간 구속된 채 공판을 진행할 수 있습니다. 그러나 이 기간도 형사소송법 제92조에 의거하여 특히 구속을 계속할 필요가 있는 경우에는 각 심급마다 2차에 한하여 결정으로 갱신(更新)할 수 있고 갱신한 기간도 2월로 하기 때문에, 귀하의 남편에 대한 공판절차의 기간은 최장 1심에서 6개월까지도 소요될 수 있으며 2심과 3심에서의 구금기간을 2차 갱신하는 경우 각 4개월간 구금될 수 있으므로 3심까지는 14개월까지도 구금될 수 있습니다. 그리고 특별한 사유로 인하여 공판절차가 정지된 기간은 위 기간에 산입되지 아니합니다(형사소송법 제92조 제3항).

◈ 구속된 피의자 또는 피고인이 석방될 수 있는 것은 어떤 경우인
지?

질문 ➡ 저의 남동생(22세)은 한달 전 유원지에서 술을 마신 후 인근상
점에서 물건을 사면서 양주 1병을 훔치다가 현행범으로 붙잡혀
구속되었습니다. 초범인 동생이 술김에 한 행동임을 이해한 상
점주인은 처벌을 원하지 않고 있는데 동생이 최대한 빨리 석방
될 수 있는 방법은 무엇인지요?

답변 ➡ 구속적부심심사 등 네가지를 들 수 있습니다.

귀하의 동생인 구속피의자가 구속 후 사건종료에 이르기
까지에 있어서 석방될 가능성 있는 기회를 순차적으로 살
펴보면 다음과 같습니다.

첫째, 경찰 또는 검찰의 수사단계에 있어서는 구속적부심
사청구(拘束適否審査請求)를 할 수 있습니다. 구속적부심
사청구가 있으면 법원은 지체없이 체포 또는 구속된 피의
자를 심문하고 수사관계서류와 증거물을 조사하여 그 청
구가 이유 없다고 인정한 때에는 결정으로 이를 기각하
고, 이유 있다고 인정할 때에는 결정으로 체포 또는 구속
된 피의자의 석방을 명하여야 합니다(형사소송법 제214조
의2 제4항). 그리고 이 경우 피의자의 출석을 보증할 만
한 보증금의 납입을 조건으로 석방을 명할 수도 있는데,
이것이 피의자에 대한 보석제도입니다(형사소송법 제214
조의2 제5항 본문).

둘째, 검찰수사종결시에는 무혐의 불기소처분과 기소유예처
분 및 약식명령청구(법원이 피고인에 대하여 벌금, 과료,
몰수에 해당하는 형에 처하는 경우)가 있을 수 있습니다.
이 경우에는 구속되었던 피의자를 석방하게 됩니다.

셋째, 검사가 법원에 대하여 공판의 청구를 하는 공소제기 후에는 보석허가청구(保釋許可請求)를 해볼 수 있습니다.

보석을 허가하는 경우에는 피고인의 출석을 보증할 만한 보증금액을 정하게 되고, 이 보증금을 납입한 후가 아니면 보석이 되지 않습니다. 그리고 보석을 허가하는 경우에는 피고인의 주거를 제한하고 기타 적당한 조건을 부가할 수 있습니다(형사소송법 제98조, 제99조).

넷째, 공판의 재판결과로 무죄와 벌금 또는 집행유예, 선고유예 등이 있을 경우에도 구속된 자를 석방하여야 합니다.

◆ 구속된 피의자가 석방되어 조사 및 재판을 받을 수 있는 구속적부
심사청구의 절차

질문 ➡ 저의 아들 김갑돌(26세)은 친구들과 어울려 술을 마시던 중 사람을 구타하여 전치 8주의 상해를 입혀 구속되었고 저는 아들을 석방시키기 위해 피해를 보상하고 합의서를 받았습니다. 이 경우 구속적부심사를 청구할 수 있는지? 그 방법과 절차는 어떻게 되는지요?

답변 ➡ 청구할 수 있을 것으로 보여집니다.

형사소송법 제214조의2 제1항 및 제2항에 의하면 체포영장 또는 구속영장에 의하여 체포 또는 구속된 피의자 또는 그 변호인, 법정대리인, 배우자, 직계친족, 형제자매나 가족, 동거인 또는 고용주는 관할법원에 체포 또는 구속의 적부심사를 청구할 수 있습니다.

다만, 청구가 청구권자 아닌 자가 청구하거나 동일한 체포영장 또는 구속영장의 발부에 대하여 재청구한 때, 공범 또는 공동피의자의 순차청구가 수사방해의 목적임이 명백한 때 등에는 법원은 심문없이 결정으로 청구를 기각할 수 있습니다.

그러므로 귀하는 위 규정에 따라 체포 또는 구속의 적부심사를 청구할 수 있습니다.구속적부심사를 청구하려면 그 심사청구서를 관할법원에 제출하여야 하며, 그 청구서에는 ① 체포 또는 구속된 피의자의 성명, 주민등록번호(주민등록번호가 없거나 이를 알 수 없는 경우에는 생년월일, 성별), 주거, ② 체포영장 또는 구속영장의 발부일자, ③ 청구취지 및 청구이유, ④ 청구인의 성명 및 구속된 피의자와의 관계 등을 기재하여야 합니다(형사소송규칙 제102조). 또한, 청구권자임을 인정할 수 있는 서류

(예를 들면 주민등록등본이나 가족관계증명서)와 피해자로부터 받은 합의서 기타 피해보상을 입증할 수 있는 서류를 그 청구서에 첨부하여야 합니다.

법원에서는 피의자를 심문한 때로부터 24시간 이내에 피의자를 석방할 것인가의 여부를 결정하게 되어 있으며(형사소송규칙 제106조), 법원이 석방결정을 하여야 구속된 피의자는 석방되게 됩니다.

그리고 법원은 구속된 피의자에 대하여 피의자의 출석을 보증할 만한 보증금의 납입을 조건으로 하여 결정으로 위와 같은 피의자의 석방을 명할 수 있고(형사소송법 제214조의2 제5항 본문), 일정한 사유가 있는 경우에는 그 보증금을 몰수할 수도 있습니다(형사소송법 제214조의4).

◆ 구속·기소된 피고인이 석방되어 재판을 받을 수 있는 보석절차

질문 ➡ 사업을 하는 저의 남편은 술을 마신 후 싸움을 하여 폭력행위 등처벌에관한법률위반죄로 구속·기소되어 현재 법원의 재판을 기다리고 있습니다. 남편은 전과도 없고 구속된 후 피해자와 합의까지 하였으며, 회사는 남편의 구속으로 사업을 대신할 사람이 없어 부도날 위기에 처해 있는데 재판을 받기 전에 석방될 방법은 없는지요?

답변 ➡ 주거가 확실하고 도망하거나 증거를 인멸할 염려가 없다는 것과 피해자와 합의한 사실, 사업상의 어려움 등의 유리한 정상을 주장하여 법원에 보석허가를 신청해보시기 바랍니다.

「형사피고인은 유죄의 판결이 확정될 때까지는 무죄로 추정된다.」는 헌법의 규정이 있으나(헌법 제27조 제4항), 다른 한편으로 죄를 범하였다고 의심이 되는 자에 대하여는 형사소송법의 규정에 의해서 수사와 재판을 용이하게 하고, 유죄의 판결이 날 경우 형의 집행을 확보하기 위하여 미리 구속영장에 의하여 피의자를 구속할 수 있습니다.

일단 구속되어 법원에 기소가 되면 그에 대한 재판이 끝날 때까지 통상 짧게는 2~3개월, 길게는 1년 가량의 시일이 걸리므로 설사 재판을 받고 무죄나 집행유예로 석방된다고 하여도 개인의 사업이라든가 생활에 회복할 수 없는 손해가 발생할 수가 있습니다.

그래서 법은 구속된 피고인에 대하여 재판이 확정되기 전에도 석방될 수 있는 몇 가지 제도를 두고 있는데, 그 중에서 많이 이용되는 것이 보석제도(保釋制度)입니다.

보석이란 일정한 보증금을 내고 구속의 집행을 정지하여

피고인을 석방하는 제도입니다. 보석의 청구는 피고인이 직접 할 수도 있고, 배우자, 직계친족, 형제자매, 법정대리인, 변호인 등이 할 수도 있으며, 보석의 청구가 있으면 법원은 범죄의 종류·전과유무·증거인멸이나 도망의 염려, 주거의 확실성 등을 고려하여 보석의 허가여부를 결정하게 됩니다(형사소송법 제94조).

보석이 허가되면 보석허가조건에서 정한 보증금을 납부하고 석방됩니다. 그리고 보석을 허가하는 경우에 피고인의 주거를 제한하고 기타 적당한 조건을 부가할 수 있습니다(형사소송법 제99조).

보석으로 석방된 후 도망을 한다든가 기타 보석허가에서 정한 조건을 위배하면 보석이 취소되어 다시 구속되고 보증금은 몰수될 수 있습니다. 그리고 재판결과 징역이나 금고 등 실형이 선고되어 집행을 위한 소환을 받고서도 출석하지 않거나 도망하면 보증금은 몰수됩니다(형사소송법 제102조, 제103조).

따라서 귀하의 경우 구속된 남편이 주거가 확실하고 도망하거나 증거를 인멸할 염려가 없다는 것과 피해자와 합의한 사실, 사업상의 어려움 등의 유리한 정상을 주장하여 법원에 보석허가를 신청해보시기 바랍니다.

◆ 보석으로 석방된 경우 사업상 지방에 내려가도 문제가 없는지?

> **질문** ➡ 저는 형사사건으로 구속되었다가 보석(保釋)이 허가되어 보석
> 보증금을 납부하고 석방되었습니다. 그런데 사업상 지방으로
> 다니며 할 일이 많은바, 저의 경우 행동에 제한을 받아야 하는
> 지요?

답변 ➡ 주거의 제한조건이 부가되어 있을 경우에는 법원이 정한
제한을 위반하지 않아야 할 것입니다.

「형사소송법」 제98조는 "법원은 보석을 허가하는 경우에는
필요하고 상당한 범위 안에서 다음 각 호의 조건 중 하나
이상의 조건을 정하여야 한다."고 하면서 9가지 의 조건
을 규정하고 있으며, 제3호에서 "법원이 지정하는 장소로
주거를 제한하고 이를 변경할 필요가 있는 경우에는 법원
의 허가를 받는 등 도주를 방지하기 위하여 행하는 조치
를 수인할 것"을 그 조건 중 하나로 규정하고 있습니다.
그리고 같은 법 제102조는 법원이 직권 또는 검사의 청
구에 의하여 결정으로 보석 을 취소할 수 있는 경우로서,
피고인이 ① 도망한 때, ② 도망하거나 죄증(罪證)을 인
멸할 염려가 있다고 믿을 만한 충분한 이유가 있는 때,
③ 소환을 받고 정당한 이유없 이 출석하지 아니한 때,
④ 피해자, 당해 사건의 재판에 필요한 사실을 알고 있다
고 인정되는 자 또는 그 친족의 생명·신체나 재산에 해를
가하거나 가할 염려가 있다 고 믿을 만한 충분한 이유가
있는 때, ⑤ 그 밖에 법원이 정한 조건을 위반한 때를 규
정하고 있습니다. 보석이 취소되면 보증금의 전부 또는
일부를 몰수할 수 있으며 검사는 취소결정에 의하여 피고
인을 다시 구금하게 됩니다. 또한, 보석허가결정의 취소
여부와 상관없이 피고인이 정당한 사유 없이 보석조건을

위반한 경우에는 결정으로 피고인에 대하여 1천만원 이하
의 과태료를 부과하거나 20일 이내의 감치에 처할 수도
있습니다(같은 법 제102조 제3항). 따라서 귀하에게 주거
의 제한조건이 부가되어 있을 경우에는 법원이 정한 제한
을 위반하지 않아야 할 것이며, 주거의 제한을 변경하고
자 할 경우에는 법원의 허가를 받아야 할 것입니다.

◈ 보석 후 입원치료중 도주한 경우 보석의 효력이 어떻게 되는지?

질문 ➡ 저의 부친은 사기죄로 구속·기소되어 재판을 받던 중 질병이 악화되어 보석을 청구하였고, 법원의 보석허가결정으로 석방되어 병원에 입원한 후 치료를 받던 중 도주하였습니다. 이 경우 보석의 효력은 어떻게 되는지요?

답변 ➡ 보석이 취소되어 재수감될 수 있고 보석보증금 역시 전부 또는 일부가 몰수될 수도 있을 것입니다.

형사소송법 제102조에 의하면 "법원은 직권 또는 검사의 청구에 의하여 결정으로 보석 또는 구속의 집행정지를 취소할 수 있다."라고 규정하고 있습니다.

이 경우 보석취소사유로는 피고인이 ① 도망한 때, ② 도망하거나 또는 죄증(罪證)을 인멸(湮滅)할 염려가 있다고 믿을 만한 충분한 이유가 있는 때, ③ 소환을 받고 정당한 이유없이 출석하지 아니한 때, ④ 피해자, 당해 사건의 재판에 필요한 사실을 알고 있다고 인정되는 자 또는 그 친족의 생명·신체나 재산에 해를 가하거나 가할 염려가 있다고 믿을 만한 충분한 이유가 있는 때, ⑤ 주거의 제한 기타 법원이 정한 조건을 위반한 때 등입니다(다만, 국회의원에 대하여는 예외규정 있음).

보석이 취소되면 피고인은 그 취소결정서의 등본에 의해서 재수감되며, 납입한 보증금의 전부 또는 일부가 법원의 결정에 의해 몰수될 수 있습니다(형사소송법 제103조 제1항).

따라서 귀하의 부친이 보석 중 도주하였다면 법원의 직권 또는 검사의 청구에 의해 보석이 취소되어 재수감될 수 있고 보석보증금 역시 전부 또는 일부가 몰수될 수도 있을 것입니다.

◈ 보석 후 실형이 선고되자 도주한 때 보석보증금의 처리는 어떻게 되는지?

질문 ➡ 저의 남편은 종합보험에 가입되지 않은 회사차량을 운전하다 행인을 치어 사망케 함으로써 교통사고처리특례법위반으로 구속·기소되었습니다. 그 후 피해자 유족에 대한 손해배상금을 공탁한 후 보석을 청구하여 법원으로부터 보석허가를 받고 석방되어 재판을 받던 중 실형이 선고되자 도주하였습니다. 이 경우 납입한 보석보증금은 어떻게 되는지요?

답변 ➡ 보증금몰수결정의 확정에 의해서 보증금의 소유권은 국고에 귀속된다 하겠습니다.

보석보증금의 몰수는 직권 또는 검사의 청구에 의하여 법원의 결정으로 하는데 보증금의 몰수에는 임의적 몰수와 필요적 몰수가 있습니다.

임의적 몰수의 경우로는 형사소송법 제102조 제2항에서 "판결확정 전의 보석을 취소하는 경우에 보증금의 전부 또는 일부를 몰수할 수 있다."라고 규정하고 있으며, 이 경우는 보증금의 몰수여부가 법원의 재량에 속합니다.

그러나 필요적 몰수의 경우에 관하여 형사소송법 제103조에서는 "보석된 자가 형의 선고를 받고 그 판결이 확정된 후 집행하기 위한 소환을 받고 정당한 이유 없이 출석하지 아니하거나 도망한 때에는 직권 또는 검사의 청구에 의하여 결정으로 보증금의 전부 또는 일부를 몰수하여야 한다."라고 규정하고 있는바, 이 경우 법원은 반드시 보증금의 전부 또는 일부를 몰수하여야 하나, 다만 보증금의 전부를 몰수하느냐 그 일부만을 몰수하느냐는 법원의 재량에 속합니다.

귀하의 남편이 자유형의 집행을 위한 소환에 불응하였다

면 납부한 보증금의 전부 또는 일부는 법원의 결정에 의
해 몰수되며, 보증금몰수결정의 확정에 의해서 보증금의
소유권은 국고에 귀속된다 하겠습니다.

◆ 집행유예기간 중에 다시 죄를 범한 피고인에 대한 보석도 가능할
수 있는지?

질문 ➡ 김갑돌은 교통사고를 야기하여 집행유예를 선고받고 그 집행유
예기간이 경과되기 전에 다시 폭행죄를 범하여 구속되었습니
다. 그런데 김갑돌은 점포를 운영하고 있는데 김갑돌이 구속됨
으로 인하여 가족의 생계가 어렵게 되었는바, 집행유예기간 중
죄를 범한 경우에는 절대적으로 보석이 허용되지 않는지요?

답변 ➡   보석이 허가될 것인지는 구체적 사안에 따라서 판단될 것
입니다.

형사소송법 제95조에서는 필요적 보석에 관하여 "보석의
청구가 있는 때에는 ① 피고인이 사형, 무기 또는 장기
10년이 넘는 징역이나 금고에 해당하는 죄를 범한 때, ②
피고인이 누범(累犯)에 해당하거나 상습범(常習犯)인 죄
를 범한 때, ③ 피고인이 죄증(罪證)을 인멸하거나 인멸
할 염려가 있다고 믿을 만한 충분한 이유가 있는 때, ④
피고인이 도망하거나 도망할 염려가 있다고 믿을 만한 충
분한 이유가 있는 때, ⑤ 피고인의 주거가 분명하지 아니
한 때, ⑥ 피고인이 피해자, 당해 사건의 재판에 필요한
사실을 알고 있다고 인정되는 자 또는 그 친족의 생명.
신체나 재산에 해를 가하거나 가할 염려가 있다고 믿을
만한 충분한 이유가 있는 때 이외의 경우에는 보석을 허
가하여야 한다."라고 규정하고 있습니다.

그렇다면 집행유예기간 중에 있는 피고인에 대한 보석은
불가능한 것인지에 관하여 판례를 보면, "피고인이 집행
유예의 기간 중에 있어 집행유예의 결격자라고 하여 보석
을 허가할 수 없는 것은 아니고, 형사소송법 제95조는 그
제1호 내지 제5호 이외의 경우에는 필요적으로 보석을 허

가하여야 한다는 것이지 여기에 해당하는 경우에는 보석을 허가하지 아니할 것을 규정한 것이 아니므로, 집행유예기간 중에 있는 피고인의 보석을 허가한 것이 누범과 상습범에 대하여는 보석을 허가하지 아니할 수 있다는 형사소송법 제95조 제2호의 취지에 위배되어 위법이라고 할 수 없다."라고 하였습니다(대법원 1990. 4. 18.자 90모22 결정).

따라서 김갑돌이 집행유예기간 중 다시 죄를 범하였다는 사유만으로 반드시 보석허가를 받을 수 없다고 할 수는 없을 것이지만, 보석이 허가될 것인지는 구체적 사안에 따라서 판단될 것입니다.

◆ 긴급체포되어 수사기관에서 석방한 후 구속영장에 의하여 다시 구
속된 경우 위법여부

질문 ➡ 김갑돌은 마약류관리에관한법률위반으로 긴급체포 되었다가 수
사기관의 조치로 석방된 후 법원이 발부한 구속영장에 의하여
구속되었습니다. 이러한 경우 형사소송법 제200조의4 제3항 및
제208조의 재구속의 제한규정에 위반된 것이 아닌지요?

답변 ➡ 재구속의 제한규정에 위반되지 않는다고 할 것입니다.

긴급체포와 영장청구기간에 관하여 형사소송법 제200조의
4에서는 "① 검사 또는 사법경찰관이 제200조의3의 규정
에 의하여 피의자를 체포한 경우 피의자를 구속하고자 할
때에는 지체 없이 검사는 관할지방법원판사에게 구속영장
을 청구하여야 하고, 사법경찰관은 검사에게 신청하여 검
사의 청구로 관할지방법원판사에게 구속영장을 청구하여
야 한다. 이 경우 구속영장은 피의자를 체포한 때부터 48
시간 이내에 청구하여야 하며, 제200조의3제3항에 따른
긴급체포서를 첨부하여야 한다. ② 제1항의 규정에 의하
여 구속영장을 청구하지 아니하거나 발부 받지 못한 때에
는 피의자를 즉시 석방하여야 한다. ③ 제2항의 규정에
의하여 석방된 자는 영장 없이는 동일한 범죄사실에 관하
여 체포하지 못한다."라고 규정하고 있으며, 형사소송법
제208조에서는 "① 검사 또는 사법경찰관에 의하여 구속
되었다가 석방된 자는 다른 중요한 증거를 발견한 경우를
제외하고는 동일한 범죄사실에 관하여 재차 구속하지 못
한다. ② 전항의 경우에는 1개의 목적을 위하여 동시 또
는 수단결과의 관계에서 행하여진 행위는 동일한 범죄사
실로 간주한다."라고 규정하고 있습니다.

그런데 위 질의에서와 같이 긴급체포 되었다가 수사기관의 조치로 석방된 후 법원이 발부한 구속영장에 의하여 구속이 이루어진 경우, 형사소송법 제200조의4 제3항, 제208조에 위배되는 위법한 구속인시에 관하여 판례를 보면, "형사소송법 제200조의4 제3항은 영장 없이는 긴급체포 후 석방된 피의자를 동일한 범죄사실에 관하여 체포하지 못한다는 규정으로, 위와 같이 석방된 피의자라도 법원으로부터 구속영장을 발부 받아 구속할 수 있음은 물론이고, 형사소송법 제208조 소정의 「구속되었다가 석방된 자」라 함은 구속영장에 의하여 구속되었다가 석방된 경우를 말하는 것이지, 긴급체포나 현행범으로 체포되었다가 사후영장발부 전에 석방된 경우는 포함되지 않는다 할 것이므로, 피고인이 수사 당시 긴급체포 되었다가 수사기관의 조치로 석방된 후 법원이 발부한 구속영장에 의하여 구속이 이루어진 경우 앞서 본 법조에 위배되는 위법한 구속이라고 볼 수 없다."라고 하였습니다(대법원 2001. 9. 28. 선고 2001도4291 판결).

따라서 긴급체포 되었다가 수사기관의 조치로 석방된 후 법원이 발부한 구속영장에 의하여 구속이 이루어진 경우에는 재구속의 제한규정에 위반되지 않는다고 할 것입니다.

◆ 유치장 수용자에 대한 신체검사의 범위에 알몸신체검사도 허용되는
　지?

질문 ➡ 유치장 수용자에 대한 신체검사가 허용된다고 하는데, 그 신체
검사의 범위에 알몸신체검사가 허용되는지요?

답변 ➡　합리적인 이유가 있는 경우에 한하여 허용된다고 할 것입
니다.

형의 집행 및 수용자의 처우에 관한 법률 제93조(신체검
사 등)에서는 "① 교도관은 시설의 안전과 질서유지를 위
하여 필요하면 수용자의 신체·의류·휴대품·거실 및 작
업장 등을 검사할 수 있다. ② 수용자의 신체를 검사하는
경우에는 불필요한 고통이나 수치심을 느끼지 아니하도록
유의하여야 하며, 특히 신체를 면밀하게 검사할 필요가
있으면 다른 수용자가 볼 수 없는 차단된 장소에서 하여
야 한다. ③ 교도관은 시설의 안전과 질서유지를 위하여
필요하면 교정시설을 출입하는 수용자 외의 사람에 대하
여 의류와 휴대품을 검사할 수 있다. 이 경우 출입자가
제92조의 금지물품을 소지하고 있으면 교정시설에 맡기도
록 하여야 하며, 이에 응하지 아니하면 출입을 금지할 수
있다. ④ 여성의 신체·의류 및 휴대품에 대한 검사는 여
성교도관이 하여야 한다. ⑤ 소장은 제1항에 따라 검사한
결과 제92조의 금지물품이 발견되면 형사 법령으로 정하
는 절차에 따라 처리할 물품을 제외하고는 수용자에게 알
린 후 폐기한다. 다만, 폐기하는 것이 부적당한 물품은 교
정시설에 영치하거나 수용자로 하여금 자신이 지정하는
사람에게 보내게 할 수 있다."라고 규정하고 있으며, 형의
집행 및 수용자의 처우에 관한 법률 제87조(유치장)에서

는 "경찰관서에 설치된 유치장은 미결수용실에 준한다."라고 규정하고 있습니다.

그런데 유치장에 수용된 피의자에 대한 알몸신체검사가 신체검사의 범위를 벗어난 것이 아닌지에 관하여 판례를 보면, "행형법에서 유치장에 수용되는 피체포자에 대한 신체검사를 허용하는 것은 유치의 목적을 달성하고, 수용자의 자살, 자해 등의 사고를 미연에 방지하며, 유치장 내의 질서를 유지하기 위한 것인 점에 비추어 보면, 이러한 신체검사는 무제한적으로 허용되는 것이 아니라 위와 같은 목적달성을 위하여 필요한 최소한도의 범위 내에서 또한 수용자의 명예나 수치심을 포함한 기본권이 부당하게 침해되는 일이 없도록 충분히 배려한 상당한 방법으로 행하여져야만 할 것이고, 특히 수용자의 옷을 전부 벗긴 상태에서 앉았다 일어서기를 반복하게 하는 것과 같은 방법의 신체검사는 수용자의 명예나 수치심을 심하게 손상하므로 수용자가 신체의 은밀한 부위에 흉기 등 반입이나 소지가 금지된 물품을 은닉하고 있어서 다른 방법(외부로부터의 관찰, 촉진에 의한 검사, 겉옷을 벗고 가운 등을 걸치게 한 상태에서 속옷을 벗어서 제출하게 하는 등)으로는 은닉한 물품을 찾아내기 어렵다고 볼 만한 합리적인 이유가 있는 경우에 한하여 허용된다고 할 것이다."라고 하면서, "수용자들이 공직선거및선거부정방지법상 배포가 금지된 인쇄물을 배포한 혐의로 현행범으로 체포된 여자들로서, 체포될 당시 신체의 은밀한 부위에 흉기 등 반입 또는 소지가 금지되어 있는 물품을 은닉하고 있었을 가능성은 극히 낮았다고 할 것이고, 그 후 변호인 접견시 변호인이나 다른 피의자들로부터 흉기 등을 건네받을 수도 있었다고 의심할 만한 상황이 발생하였기는 하나, 변호인

접견절차 및 접견실의 구조 등에 비추어, 가사 수용자들
이 흉기 등을 건네 받았다고 하더라도 유치장에 다시 수
감되기 전에 이를 신체의 은밀한 부위에 은닉할 수 있었
을 가능성은 극히 낮다고 할 것이어서, 신체검사 당시 다
른 방법으로는 은닉한 물품을 찾아내기 어렵다고 볼 만한
합리적인 이유가 있었다고 할 수 없으므로, 수용자들의
옷을 전부 벗긴 상태에서 앉았다 일어서기를 반복하게 한
신체검사는 그 한계를 일탈한 위법한 것이다."라고 한 사
례가 있습니다(대법원 2001. 10. 26. 선고 2001다51466
판결, 헌법재판소 2002. 7. 18. 선고 2000헌마327 결정).

그러므로 유치장에 수용된 피의자에 대한 알몸신체검사가
항상 신체검사의 허용범위를 벗어난 것이라고는 할 수 없
지만, 수용자의 명예나 수치심을 심하게 손상하므로 수용
자가 신체의 은밀한 부위에 흉기 등 반입이나 소지가 금
지된 물품을 은닉하고 있어서 다른 방법(외부로부터의 관
찰, 촉진에 의한 검사, 겉옷을 벗고 가운 등을 걸치게 한
상태에서 속옷을 벗어서 제출하게 하는 등)으로는 은닉한
물품을 찾아내기 어렵다고 볼 만한 합리적인 이유가 있는
경우에 한하여 허용된다고 할 것입니다.

◈ 친국선변호인의 선임절차

질문 ➡ 형사사건에 있어서 변호사를 선임할 수 없는 경우 국선변호인을 선임할 수 있다고 하는데, 국선변호인의 선임절차는 어떻게 되는지요?

답변 ➡ 선임절차는 법원의 직권에 의해 선임되는 경우와 피고인 또는 피의자에 의해 요청되는 경우입니다.

형사피고인(체포·구속적부심사청구의 경우에는 피의자)에 대하여 국선변호인이 선임되는 경우는 크게 2가지로 나누어 볼 수 있습니다.

먼저, 법원의 직권에 의하여 선임되는 경우로는 피고인이 ① 미성년자인 때, ② 70세 이상의 자인 때, ③ 피고인이 농아자인 때, ④ 피고인이 심신장애의 의심이 있는 자인 때에 변호인이 없는 경우에는 법원이 직권으로 변호인을 선정하게 됩니다(형사소송법 제33조 제1호 내지 제5호).

그리고 필요적 변호사건인 사형, 무기 또는 단기 3년 이상의 징역이나 금고에 해당하는 사건에 관하여는 변호사 없이 개정(開廷)하지 못하므로(형사소송법 제282조), 이 경우 피고인 또는 피의자가 상당한 기간 내에 변호인을 선임하지 아니한 때에는 법원에서 변호인을 선정하고, 피고인 및 변호인에게 그 뜻을 고지하게 됩니다(형사소송규칙 제17조 제3항).

또한, 국선변호인은 원래 피고인에게만 인정되고 피의자에게는 인정되지 않으나 다만 체포·구속적부심사를 청구한 피의자가 위 제33조의 국선변호인 선임사유에 해당하고 변호인이 없는 때에는 국선변호인을 선정하여야 합니다(형사소송법 제214조의2 제10항).

나아가 재심개시결정이 확정된 사건에 있어서도 일정한
경우에는 국선변호인을 선임하여야 하는 경우가 있습니다
(형사소송법 제438조 제4항).

다음으로 피고인 또는 피의자의 청구에 의하여 선임되는
경우입니다. 즉, 형사소송법 제33조 제2항의 규정에 의하
면 피고인이 빈곤 기타의 사유로 변호인을 선임할 수 없
는 때에는 피고인의 청구에 의하여 국선변호인을 선임하
는 경우가 있습니다.

위와 같은 피고인 또는 피의자의 청구에 의하여 국선변호
인이 선임되는 경우에는 그 사유에 대한 소명자료(영세민
증명 등)를 법원에 제출하여야 하나, 사건기록에 의하여
그 사유가 명백히 소명되었다고 인정될 때에는 그러하지
아니하도록 되어 있습니다(형사소송규칙 제17조의 2).

◈ 공동피고인간에 이해상반되는 사건에 동일한 국선변호인이 선정된 경우 구제방법

> **질문** ➡ 김갑돌과 이을남은 공범은 폭력행위등처벌에관한법률위반죄의 공동피고인인데, 법원에서는 변호사 최병수를 김갑돌·이을남 모두의 국선변호인으로 선정하였습니다. 그런데 김갑돌과 이을남 중 일방 피고인에게 유리한 변론이 다른 피고인에게는 불리한 결과를 초래하는 것으로 생각되는바, 이 경우 김갑돌과 이을남이 취할 수 있는 방법이 있는지요?

답변 ➡ 상고해야 한다고 보여집니다.

형사소송규칙 제15조에서는 "① 국선변호인은 피고인 또는 피의자마다 1인을 선정한다. 다만, 사건의 특수성에 비추어 필요하다고 인정할 때에는 1인의 피고인 또는 피의자에게 수인의 국선변호인을 선정할 수 있다. ② 피고인 또는 피의자 수인간에 이해가 상반되지 아니할 때에는 그 수인의 피고인 또는 피의자를 위하여 동일한 국선변호인을 선정할 수 있다."라고 규정하고 있습니다.

그리고 관련 판례를 보면, "공범관계에 있지 않은 공동피고인들 사이에서도 공소사실의 기재 자체로 보아 어느 피고인에 대한 유리한 변론이 다른 피고인에 대하여는 불리한 결과를 초래하는 사건에 있어서는 공동피고인들 사이에 이해가 상반된다고 할 것이어서, 그 공동피고인들에 대하여 선정된 동일한 국선변호인이 공동피고인들을 함께 변론한 경우에는 형사소송규칙 제15조 제2항에 위반된다고 할 것이며, 그러한 공동피고인들 사이의 이해상반 여부의 판단은 모든 사정을 종합적으로 판단하여야 하는 것은 아니지만, 적어도 공동피고인들에 대하여 형을 정함에 있어 영향을 미친다고 보이는 구체적 사정을 종합하여 실

질적으로 판단하여야 한다."라고 하면서 피고인에 대한
공소사실 범행의 피해자가 공동피고인이고 범행동기도 공
동피고인에 대한 공소사실 범행에 있어 피고인에 대한 유
리한 변론은 공동피고인의 정상에 대하여 불리한 결과를
초래하므로 공소사실들 자체로 피고인과 공동피고인은 이
해가 상반되는 관계에 있다고 보아 동일한 국선변호인을
선정한 것은 형사소송규칙 제15조 제2항에 위배된다."라
고 하였습니다(대법원 2000. 11. 24. 선고 2000도4398
판결).

그러므로 이러한 위법은 피고인으로 하여금 국선변호인의
조력을 받아 효과적인 방어권을 행사하지 못한 결과를 가
져옴으로써 판결에 영향을 미쳤다고 할 것이므로 상고이
유가 될 수 있을 것으로 보입니다.

◆ 형사피해자가 공판정에서 진술할 권리가 있는지?

> **질문 ➡** 저는 얼마 전 여자친구와 길을 가던 중 50대 중반의 만취한 아저씨가 여자친구에게 시비를 걸어와 말리는 과정에서 폭행 당하여 상해를 입었습니다. 그런데 그 아저씨는 경찰조사에서 "시비는 있었지만 폭행한 적은 없다."라고 주장합니다. 너무 억울하여 법정에서 진술을 하고 싶은데 피해자가 형사재판절차에 참여할 수도 있는지요?

답변 ➡ 재판부에 증인으로 법정에서 진술하고 싶다는 취지의 증인신청을 하여 증인의 자격으로 진술을 할 수 있을 것입니다.

형사재판은 원칙적으로 범죄자의 범죄행위를 국가가 처벌하기 위한 재판절차입니다.

따라서 국가의 대리인인 검사와 피고인이 당사자가 되어 법원에서 유무죄여부와 형량에 대하여 다투는 재판입니다.

그러나 형사피해자의 권리에 관하여 형사소송법 제294조의2 제1항에 의하면 "법원이 범죄로 인한 피해자의 신청이 있는 경우에는 그 피해자를 증인으로 심문하여야 한다.

다만, 신청인이 이미 당해 사건에 관하여 수사절차 또는 공판절차에서 충분히 진술하여 다시 진술할 필요가 없다고 인정되는 경우에는 그러하지 아니할 수 있다."라고 하며, 형사소송법 제294조의2 제2항에서 "법원은 제1항의 규정에 의하여 범죄로 인한 피해자를 심문하는 경우에는 당해 사건에 관한 의견을 진술할 기회를 주어야 한다."라고 규정하여 피해자가 형사재판과정에 참여를 원하는 경우에는 그 참여를 허용하고 있습니다.

그러므로 귀하가 경찰이나 검찰단계에서 진술하지 못한

다른 중요한 사항이 있다고 생각한다면 당해 사건을 심리하고 있는 재판부에 증인으로 법정에서 진술하고 싶다는 취지의 증인신청을 하여 증인의 자격으로 진술을 할 수 있을 것입니다.

◆ 사망한 피해자의 부모가 형사소송법상 피해자진술권 보장되는 피해자에 해당되는지?

> **질문 ➡** 김갑돌이 아들 김을남은 최병수가 야기한 교통사고로 사망하였습니다. 그런데 최병수에 대한 형사사건의 조사과정에서 사고경위가 사실과 다르게 조사된 채로 재판에 회부되어 공판이 진행되고 있습니다. 이러한 경우 김갑돌이 피해자 망 김을남의 부모로서 형사소송법 제294조의2에 의한 피해자의 진술권에 의한 진술신청을 할 수 있는지요?

답변 ➡ 형사소송법 제294조의2에서 규정하는 피해자에 해당되어 진술신청을 해볼 수 있을 것입니다.

헌법 제27조 제5항에서는 "형사피해자는 법률이 정하는 바에 의하여 당해 사건의 재판절차에서 진술할 수 있다."라고 규정하고 있으며, 형사소송법 제294조의2에서는 피해자의 진술권에 관하여 "① 법원은 범죄로 인한 피해자의 신청이 있는 경우에는 그 피해자를 증인으로 신문하여야 한다. 다만, 피해자가 아닌 자가 신청한 경우, 신청인이 이미 당해 사건에 관하여 공판절차 또는 수사절차에서 충분히 진술하여 다시 진술할 필요가 없다고 인정되는 경우, 신청인의 진술로 인하여 공판절차가 현저하게 지연될 우려가 있는 경우에 해당하는 경우에는 그러하지 아니하다. ② 법원은 제1항의 규정에 의하여 범죄로 인한 피해자를 신문하는 경우에는 당해 사건에 관한 의견을 진술할 기회를 주어야 한다. ③ 법원은 동일한 범죄사실에서 제1항의 규정에 의한 신청인의 수가 다수인 경우에는 증인으로 신문할 자의 수를 제한할 수 있다. ④ 제1항의 규정에 의한 신청인의 소환을 받고도 정당한 이유없이 출석하지 아니한 때에는 그 신청을 철회한 것으로 본다."라고 규정

506 제2편 형사소송절차 및 고소고발

하고 있습니다.

그런데 헌법재판소의 판례는 형사소송법 제294조의2 제1
항 본문의 「범죄로 인한 피해자」의 개념은 헌법 제27조
제5항의 취지에 맞추어 재판절차진술권을 보장하는 「형사
피해자」의 개념과 동일한 뜻으로 풀이하는 것이 올바른
해석일 것이라고 하면서, 피해자의 부모가 헌법 제27조
제5항에 의한 재판절차진술권이 보장되는 형사피해자에
해당되는지에 관하여 "헌법 제27조 제5항에서 형사피해자
의 재판절차진술권을 독립된 기본권으로 보장한 취지는
피해자 등에 의한 사인소추를 전면 배제하고 형사소추권
을 검사에게 독점시키고 있는 현행 기소독점주의의 형사
소송체계 아래에서 형사피해자로 하여금 당해 사건의 형
사재판절차에 참여할 수 있는 청문의 기회를 부여함으로
써 형사사법의 절차적 적정성을 확보하기 위한 것이므로,
위 헌법조항의 형사피해자의 개념은 반드시 형사실체법상
의 보호법익을 기준으로 한 피해자개념에 한정하여 결정
할 것이 아니라 형사실체법상으로는 직접적인 보호법익의
향유주체로 해석되지 않는 자라 하더라도 문제된 범죄행
위로 말미암아 법률상 불이익을 받게 되는 자의 뜻으로
풀이하여야 할 것이고, 교통사고로 사망한 사람의 부모는
형사실체법상 고소권자의 지위에 있을 뿐만 아니라, 비록
교통사고처리특례법의 보호법익인 생명의 주체는 아니라
고 하더라도, 그 교통사고로 자녀가 사망함으로 인하여
극심한 정신적 고통을 받은 법률상 불이익을 입게 된 자
임이 명백하므로, 헌법상 재판절차진술권이 보장되는 형
사피해자의 범주에 속한다."라고 하였습니다(헌법재판소
1997. 2. 20. 선고 96헌마76 결정).

따라서 위 사안에서의 김갑돌은 형사소송법 제294조의2에서 규정하는 피해자에 해당되어 진술신청을 해볼 수 있을 것입니다. 그러나 형사소송법 제294조의2 제1항 단서에 해당될 경우에는 진술 등이 허용되지 않을 수 있을 것입니다.

◈ 한번 발부 받은 압수·수색영장으로 재차 압수수색 할 수 있는지?

질문 ➡ 저는 법원판사가 발부한 압수·수색영장을 제시받고 저의 주소지에 대하여 압수·수색을 당한 적이 있습니다. 그런데 또 다시 같은 날짜에 발부한 압수·수색영장을 제시받고 재차 압수·수색을 당하였습니다. 비록 영장의 유효기간이 경과하지 않았다지만 한번 압수수색을 했던 영장으로 재차 압수·수색을 행한다는 것이 납득이 가지 않는데, 위와 같은 행위가 적법한 행위인지요?

답변 ➡ 위법하다 할 수 있습니다.

관련 판례를 보면 "형사소송법 제215조에 의한 압수수색영장은 수사기관의 압수수색에 대한 허가장으로서 거기에 기재되는 유효기간은 집행에 착수할 수 있는 종기(終期)를 의미하는 것일 뿐이므로, 수사기관이 압수·수색영장을 제시하고 집행에 착수하여 압수수색을 실시하고 그 집행을 종료하였다면 이미 그 영장은 목적을 달성하여 효력이 상실되는 것이고, 동일한 장소 또는 목적물에 대하여 다시 압수·수색할 필요가 있는 경우라면 그 필요성을 소명하여 법원으로부터 새로운 압수수색영장을 발부 받아야 하는 것이지, 앞서 발부 받은 압수수색영장의 유효기간이 남아 있다고 하여 이를 제시하고 다시 압수·수색을 할 수는 없는 것이다."라고 하였습니다(대법원 1999. 12. 1.자 99모161 결정).

이와 같이 판례는 한번 발부 받은 압수수색영장으로 재차 압수·수색을 실시하는 것은 위법하다고 하고 있으므로 한번 발부 받은 압수수색영장으로 재차 압수·수색을 실시하여 압수한 물건이 있는 경우 그 물건에 대한 압수처분은 취소될 수 있는 것이고, 압수처분에 대하여 준항고를 하여 압수처분의 취소를 청구하여 법원의 결정을 받은 후 압수물을 돌려 받을 수 있을 것입니다.

◆ 조사과정의 허위진술로 벌금형을 받았을 때 정식재판에서 진술번
복 가능여부

질문 ➡ 저는 평소 잘 알고 지내는 김갑돌과 언쟁하던 중 일방적으로
폭행을 당하여 김갑돌을 상해죄로 고소하였고, 김갑돌은 허위
의 내용으로 맞고소를 하면서 제가 김갑돌을 폭행하여 2주정도
의 상해를 입혔다고 하였습니다. 그 후 김갑돌은 제가 김갑돌
을 폭행하였다고 경찰에 자백해주면 벌금 등 형사처벌에 대하
여는 김갑돌이 배상하겠다고 간청하였고, 저는 김갑돌을 폭행
한 사실이 없으면서도 있다고 허위진술을 하여 벌금 50만원의
약식명령을 받았습니다. 그러나 김갑돌은 벌금을 부담하지 않
고 피하고만 있어 정식재판을 청구하여 위 자백을 번복하려고
하는데, 이 경우 저는 죄책을 면할 수 있는지요?

답변 ➡ 진술번복하면 상해죄의 죄책을 면할 수 있을 것으로 보입
니다.

자백은 범인이 자기의 범죄사실의 존재를 인정하는 진술
을 말하는데, 역사적으로 인권을 유린하는 고문과 결합하
는 것이었으므로 자백이 법원을 구속하지 못하게 하는 한
편 자백의 증거능력을 제한하고 있습니다.

즉, 고문, 폭행, 협박, 신체구속의 부당한 장기화 또는 기
타 방법으로 임의로 진술한 것이 아니라고 의심할 만한
이유가 있을 때에는 자백을 유죄의 증거로 하지 못하며
(형사소송법 제309조), 또한 피고인의 자백이 그 피고인
에게 불리한 유일한 증거인 때에는 이를 유죄의 증거로
하지 못합니다(형사소송법 제310조).

따라서 귀하가 경찰에서 한 자백을 정식재판절차에서 김
갑돌의 기망과 회유에 의한 임의성 없는 자백이라 하여
번복하면 위 자백은 증거능력이 없게 되므로, 김갑돌의
진술 또는 귀하의 자백경위에 관한 입증을 통하여 진실이

아님이 밝혀지면 귀하의 자백은 증거능력이 없어서 유죄
의 증거로 할 수 없습니다.

나아가 귀하가 폭행사실이 없음을 밝히게 되거나 또는 수
사기관에서 귀하의 자백 외에는 폭행사실에 관한 입증을
할 수 없다면 즉, 자백에 대한 보강증거가 없다면 귀하는
상해죄의 책임을 면할 수 있을 것입니다.

그리고 판례는 "수사기관에 대하여 피의자가 허위자백을
하거나 참고인이 허위진술을 한 사실만으로서는 위계에
의한 공무집행방해죄가 성립된다고 할 수 없다."라고 한
바 있으므로(대법원 1971. 3. 9.선고, 71도186 판결), 귀
하가 허위진술을 한 부분에 대하여는 귀하에게 위계에 의
한 공무집행방해도 문제되지는 않을 것으로 보여집니다.

◆ 즉결심판을 받은 후 피해자가 사망한 경우 다시 처벌받게 되는지?

질문 ➡ 저는 23세의 청년으로 시장에서 노점상을 하는데, 자리문제로 김갑돌과 다투던 중 심한 욕설을 하기에 김갑순을 밀어 넘어뜨리자 주변 사람들이 말렸고 경찰관이 와서 싸움을 중단하였습니다. 경찰관이 화해를 종용하여 서로 합의하였으나 당시 경찰관은 시장에서 불안감을 조성하였다는 이유로 저를 즉결심판에 넘겼습니다. 그런데 15일쯤 지나서 김갑순의 남편이 나타나 자신의 처가 그때 싸움 도중 콘크리트 바닥에 넘어져 뇌를 다친 후 그 후유증으로 사망하였다며 충분한 보상을 해주지 않으면 형사고소하여 구속시키겠다고 협박하고 있습니다. 저는 보상해 줄 만한 재력이 없고 또한 고소를 당하여 처벌받는다면 그 전과기록으로 인해 앞으로 사회생활에 막대한 지장을 받을까 걱정도 됩니다. 좋은 방법이 없는지요?

답변 ➡ 형사처벌을 받지 않을 것으로 보이며, 민사상의 배상책임은 존재합니다.

즉결심판절차는 지방법원, 지원 또는 시·군법원의 판사가 20만원 이하의 벌금·구류 또는 과료에 처할 경미한 범죄에 대하여 경찰서장의 청구로 간이절차에 의해 처벌하는 심판절차로서, 경미한 형사사건의 신속·적절한 처리를 통하여 소송경제를 도모하는데 주된 목적이 있습니다.

이와 같은 즉결심판절차는 간이한 소송절차이면서도 확정된 때에는 확정판결과 동일한 효력이 있습니다(즉결심판에 관한 절차법 제16조).

위 사안의 경우 귀하는 정식재판을 청구하지 않았으므로 정식재판청구기간(선고·고지를 받은 날부터 7일)이 지나서 확정되었다면 위의 재판은 당연히 기판력을 발생하게 됩니다.

그런데 위 사안에서는, 첫째 즉결심판을 받은 사건에 대하여 다시 폭행 등의 혐의로 공소를 제기하여 처벌할 수 있는지, 둘째 피해자의 사망에까지 즉결심판의 기판력이 미칠 수 있느냐가 문제됩니다.

첫째의 문제에 대하여는 정당한 이유없이 싸움을 하여 불안감을 조성한 행위와 폭행 등을 가한 행위가 동일하다고 볼 수 있느냐에 관하여 학설·판례는 기본적으로 동일한 사실관계에 해당한다고 보고 있으므로 공소사실의 동일성이 인정되어 처벌할 수 없습니다(대법원 1996. 6. 28. 선고 95도1270 판결). 설령 공소를 제기하더라도 공소사실에 대하여 이미 확정판결이 있는 때에 해당하여 면소의 판결이 선고되게 됩니다(형사소송법 제326조 제1호).

두 번째 문제에 대하여는 판결확정 후 사건의 내용이 변화한 경우, 예를 들면 상해사건으로 판결이 확정된 후에 피해자가 사망한 경우에도 상해사건의 기판력이 사망의 부분에까지 미치느냐에 관하여 학설·판례가 이를 미친다고 보고 있으므로, 위 사안의 경우에도 즉결심판의 기판력이 사망에까지 미치게 되어 동일한 결론에 이를 수 있습니다(대법원 1979. 1. 30. 선고 78도3062 판결).

따라서 귀하의 경우에는 즉결심판의 기판력으로 인하여 위 사안으로서는 또 다시 형사처벌을 받을 가능성이 없다고 보여집니다. 그러나 귀하가 민사상의 배상책임까지 면하는 것은 아닙니다.

참고로 즉결심판이 확정된 경범죄처벌법위반죄의 범죄사실과 폭력행위 등 처벌에 관한 법률 위반죄의 공소사실 사이에 동일성이 있는지에 관하여 "공소사실이나 범죄사실의 동일성 여부는 사실의 동일성이 갖는 법률적 기능을 염두에 두고 피고인의 행위와 그 사회적인 사실관계를 기

본으로 하되 그 규범적 요소도 고려에 넣어 판단하여야
하고, 경범죄처벌법위반죄의 범죄사실인 음주소란과 폭력
행위등처벌에관한법률위반죄의 공소사실은 범행장소가 동
일하고 범행일시도 같으며 모두 피고인과 피해자의 시비
에서 발단한 일련의 행위들임이 분명하므로, 양 사실은 그
기본적 사실관계가 동일한 것이어서 이미 확정된 경범죄
처벌법위반죄에 대한 즉결심판의 기판력이 폭력행위등처
벌에관한법률위반죄의 공소사실에도 미친다."라고 보아 면
소의 판결을 선고한 원심판결을 수긍한 사례가 있습니다
(대법원 1996. 6. 28. 선고 95도1270 판결).

◆ 행형법상의 징벌을 받은 자에 대한 형사처벌이 일사부재리의 원칙
에 위반되는지?

질문 ➡ 김갑돌은 징역형을 선고받은 수형자로서 교도관을 폭행하는 행
위로 인하여 형의 집행 및 수용자의 처우에 관한 법률상의 징
벌로서 징벌 2월의 처분을 받아 그 집행을 종료하였습니다. 그
런데 김갑돌의 행위에 대하여 형법상 공무집행방해죄가 문제될
수 있다고 하는바, 형의 집행 및 수용자의 처우에 관한 법률상
의 징벌을 받은 자에 대한 형사처벌은 일사부재리의 원칙에 위
배되는 것이 아닌지요?

답변 ➡   거듭 징벌을 받지는 않을 것이지만, 형사처벌을 할 수 없
는 것은 아닙니다.

형의 집행 및 수용자의 처우에 관한 법률 제107조에서는
"수용자가 ① 「형법」, 「폭력행위 등 처벌에 관한 법률」,
그 밖의 형사 법률에 저촉되는 행위 ② 수용생활의 편의
등 자신의 요구를 관철할 목적으로 자해하는 행위, ③ 정
당한 사유 없이 작업·교육 등을 거부하거나 태만히 하는
행위, ④ 제92조의 금지물품을 반입·제작·소지·사용·
수수·교환 또는 은닉하는 행위, ⑤ 다른 사람을 처벌받
게 하거나 교도관의 직무집행을 방해할 목적으로 거짓 사
실을 신고하는 행위, ⑥ 그 밖에 시설의 안전과 질서유지
를 위하여 법무부령으로 정하는 규율을 위반하는 행위를
한 때에는 징벌을 부과할 수 있다."라고 규정하고 있으며,
형의 집행 및 수용자의 처우에 관한 법률 제108조에서는
징벌의 종류로서 ① 경고, ② 50시간 이내의 근로봉사, ③
3개월 이내의 작업장려금 삭감 등을 규정하고 있습니다.
그리고 형의 집행 및 수용자의 처우에 관한 법률 제109조
제3항에서는 "징벌은 동일한 행위에 관하여 거듭하여 부

과할 수 없으며, 행위의 동기 및 경중, 행위 후의 정황, 그 밖의 사정을 고려하여 수용목적을 달성하는 데에 필요한 최소한도에 그쳐야 한다."라고 규정하고 있습니다.

그런데 헌법 제13조 제1항에서는 "모든 국민은 행위시의 법률에 의하여 범죄를 구성하지 아니하는 행위로 소추되지 아니하며, 동일한 범죄에 대하여 거듭 처벌받지 아니한다."라고 규정하고 있으므로 형의 집행 및 수용자의 처우에 관한 법률상의 징벌을 받은 자에 대한 형사처벌이 일사부재리의 원칙에 위반되는지 여부가 문제됩니다.

그런데 형의 집행 및 수용자의 처우에 관한 법률상의 징벌을 받은 자에 대한 형사처벌이 일사부재리의 원칙에 위반되는지에 관한 판례를 보면, "피고인이 행형법(형의 집행 및 수용자의 처우에 관한 법률)에 의한 징벌을 받아 그 집행을 종료하였다고 하더라도 행형법(형의 집행 및 수용자의 처우에 관한 법률)상의 징벌은 수형자의 교도소 내의 준수사항위반에 대하여 과하는 행정상의 질서벌의 일종으로서 형법 법령에 위반한 행위에 대한 형사책임과는 그 목적, 성격을 달리하는 것이므로 징벌을 받은 뒤에 형사처벌을 한다고 하여 일사부재리의 원칙에 반하는 것은 아니다."라고 하였습니다(대법원 2000. 10. 27. 선고 2000도3874 판결).

위 사안에서도 김갑돌은 형의 집행 및 수용자의 처우에 관한 법률 제109조 제3항에 의하여 동일한 행위로 인하여 거듭 징벌을 받지는 않을 것이지만, 형사처벌을 할 수 없는 것은 아닙니다.

◆ 실형선고 피고인에게 항소심이 집행유예·사회봉사명령 함께 부과
시 불이익변경여부

질문 ➡ 김갑돌은 교통사고를 야기하고 도주하여 특정범죄가중처벌등에
관한법률위반으로 제1심에서 징역 3년을 선고받고, 항소하여
항소심에서 징역 2년 6월에 집행유예 3년, 240시간의 사회봉
사를 명하였습니다. 이 경우 형사소송법상의 불이익변경금지의
원칙에 위반되지 않는지요?

답변 ➡ 형사소송법상의 불이익변경금지의 원칙에 위반한 것이라
고 할 수는 없을 것으로 보입니다.

형법 제62조의2에서는 "① 형의 집행을 유예하는 경우에
는 보호관찰을 받을 것을 명하거나 사회봉사 또는 수강을
명할 수 있다. ② 제1항의 규정에 의한 보호관찰의 기간
은 집행을 유예한 기간으로 한다. 다만, 법원은 유예기간
의 범위 내에서 보호관찰기간을 정할 수 있다. ③ 사회봉
사명령 또는 수강명령은 집행유예기간 내에 이를 집행한
다."라고 규정하고 있습니다.

그리고 불이익변경의 금지에 관하여 형사소송법 제368조
에서는 "피고인이 항소한 사건과 피고인을 위하여 항소한
사건에 대하여는 원심판결의 형보다 중한 형을 선고하지
못한다."라고 규정하고 있습니다.

그런데 제1심에서 실형을 선고받은 피고인에 대하여 항소
심에서 집행유예와 함께 사회봉사명령을 부과한 경우 불
이익변경금지의 원칙에 위반되는지에 관하여 판례를 보
면, "형법 제62조의2 제1항에 의하면 형의 집행을 유예하
는 경우에는 사회봉사를 명할 수 있다고 규정하고 있는
바, 위 조항에서 말하는 사회봉사는 형벌이 아니므로, 제1
심에서 징역 3년의 형을 선고받은 피고인에 대하여 항소

심이 징역 2년 6월에 집행유예 3년을 선고하면서 240시
간의 사회봉사를 명하였다고 하여 형사소송법 제368조의
불이익변경금지의 원칙에 위반되는 것은 아니다."라고 하
였습니다(대법원 1999. 7. 27. 선고 99도2074 판결).

그렇다면 위 사안에 있어서도 제1심에서 징역 3년형을 선
고받은 김갑돌에게 항소심에서 징역 2년 6월에 집행유예
3년을 선고하면서 240시간의 사회봉사를 명하였다고 하여
도 그것이 형사소송법상의 불이익변경금지의 원칙에 위반
한 것이라고 할 수는 없을 것으로 보입니다.

◆ 벌금형은 감경되었으나 노역장유치환산금액이 낮아진 경우 불이익
  변경금지위배여부

질문 ➡ 김갑돌은 조세범처벌법위반으로 제1심에서 벌금 150,000,000원을
선고하고 위 벌금을 납입하지 아니할 때에는 150,000원을 1일로
환산한 기간동안 김갑돌을 노역장에 유치할 것을 명하였습니
다. 그런데 위 판결에 대하여 김갑돌이 항소한 항소심에서는
벌금 39,800,000원을 선고하면서 노역장유치기간을 정함에 있
어 50,000원을 1일로 환산하였습니다. 이처럼 벌금형이 감경되
고 그 노역장유치기간도 줄어들었지만, 노역장유치환산의 기준
금액이 제1심의 그것보다 낮아졌으므로, 형이 불이익하게 변경
되었다고 할 수는 없는지요?

답변 ➡   형이 불이익하게 변경되었다고 할 수는 없다고 할 것입니
다.

벌금형과 노역장유치에 관련된 규정을 보면, 형법 제69조
에서 "① 벌금과 과료는 판결확정일로부터 30일 내에 납
입하여야 한다. 단, 벌금을 선고할 때에는 동시에 그 금액
을 완납할 때까지 노역장에 유치할 것을 명할 수 있다.
② 벌금을 납입하지 아니한 자는 1일 이상 3년 이하, 과
료를 납입하지 아니한 자는 1일 이상 30일 미만의 기간
노역장에 유치하여 작업에 복무하게 한다."라고 규정하고
있습니다.

그리고 관련 판례를 보면, "피고인에 대한 벌금형이 제1심
보다 감경되었다면 비록 그 벌금형에 대한 노역장유치기
간이 제1심보다 더 길어졌다고 하더라도 전체적으로 보아
형이 불이익하게 변경되었다고 할 수는 없다 할 것이고,
피고인에 대한 벌금형이 제1심보다 감경되었을 뿐만 아니
라 그 벌금형에 대한 노역장유치기간도 줄어든 경우라면
노역장유치환산의 기준금액이 제1심의 그것보다 낮아졌다

하여도 형이 불이익하게 변경되었다고 할 수는 없다. 벌금형에 대한 노역장유치기간의 산정에는 형법 제69조 제2항에 따른 제한이 있을 뿐 그 밖의 다른 제한이 없으므로, 징역형과 벌금형 가운데서 벌금형을 선택하여 선고하면서 그에 대한 노역장유치기간을 환산한 결과 선택형의 하나로 되어 있는 징역형의 장기보다 유치기간이 더 길수 있게 되었다 하더라도 이를 위법이라고 할 수는 없다."라고 하였습니다(대법원 2000. 11. 24. 선고 2000도3945 판결).

따라서 위 사안에서 김갑돌이 항소한 항소심에서 제1심보다 벌금의 형이 감경되었을 뿐만 아니라 그 벌금형에 대한 노역장유치기간도 줄어든 경우라면 노역장유치환산의 기준금액이 제1심의 그것보다 낮아졌다 하여도 형이 불이익하게 변경되었다고 할 수는 없다고 할 것입니다.

◆ 심신상실을 이유로 무죄판결 확정된 경우 독립하여 치료감호청구
  를 할 수 있는지?

질문 ➡ 김갑돌은 정신질환자로서 심신상실의 상태에서 살인죄를 범하
여 공소가 제기되었으나, 심신상실을 이유로 무죄판결을 받아
확정되었습니다. 그런데 이 경우 김갑돌에 대하여 독립하여
「치료감호법」에 의한 치료감호청구가 청구될 수 있는지요?

답변 ➡ 치료감호법에 의한 치료감호청구가 청구될 수도 있을 것
으로 보입니다.

「형법」 제10조는 "① 심신장애로 인하여 사물을 판별할
능력이 없거나 의사를 결정할 능력이 없는 자의 행위는
벌하지 아니한다. ② 심신장애로 인하여 전항의 능력이
미약한 자의 행위는 형을 감경한다. ③ 위험의 발생을 예
견하고 자의로 심신장애를 야기한 자의 행위에는 전2항의
규정을 적용하지 아니한다."라고 규정하고 있으며, 위 규
정에서의 심신장애 유무 및 정도에 대한 판단기준에 관하
여 판례는 "형법 제10조에 규정된 심신장애의 유무 및 정
도의 판단은 법률적 판단으로서 반드시 전문감정인의 의
견에 기속되어야 하는 것은 아니고, 정신질환의 종류와
정도, 범행의 동기, 경위, 수단과 태양, 범행 전후의 피고
인의 행동, 반성의 정도 등 여러 사정을 종합하여 법원이
독자적으로 판단할 수 있다."라고 하였습니다(대법원
1999. 1. 26. 선고 98도3812 판결). 그런데 위 사안과
관련하여 공소제기된 사건이 심신상실을 이유로 무죄판결
로 확정되어 다시 공소를 제기할 수 없는 경우에도 「치료
감호법」 제7조 제1호에 따라 독립하여 치료감호를 청구할
수 있는지에 관하여 2005. 8. 4. 폐지된 구 「사회보호
법」 하의 판례는 "사회보호법 제15조 제1호(현행 치료감호

법 제7조 제1호 참조)는 검사가 당초부터 피의자에 대하여 공소를 제기하지 아니하는 결정을 하는 경우에만 감호의 독립청구를 할 수 있는 것으로 제한하여 해석할 것이 아니라 공소가 제기된 피고사건에 관하여 심신상실을 이유로 한 무죄판결이 확정되어 다시 공소를 제기할 수 없는 경우를 포함하는 것으로 해석함이 상당하므로, 법원이 심급에 따른 제약 때문에 치료감호에 관한 조치를 취할 수 없는 상태에서 피고사건에 관하여 항소심에서 심신상실을 이유로 한 무죄판결이 선고되어 확정되었다면, 피고인의 정신질환이 계속되고 재범의 위험성이 있어 피고인의 치료 후 사회복귀와 사회안전을 도모하기 위하여 피고인에 대한 치료감호처분이 반드시 필요하다고 인정되는 경우 검사는 사회보호법 제15조 제1호의 규정에 따라 치료감호를 독립하여 청구할 수 있다."라고 하였습니다(대법원 1999. 8. 24. 선고 99도1194 판결). 따라서 위 사안의 경우 甲도 비록 심신상실을 이유로 무죄판결을 받아 확정되었다고 하여도, 독립하여 「치료감호법」에 의한 치료감호청구가 청구될 수도 있을 것으로 보입니다.

◆ 피의자가 타인의 성명 등을 모용(冒用)한 경우의 형사소송은 어떻게 되는지?

질문 ➡ 저는 전혀 알지 못하는 범죄피의자가 저의 성명과 주민등록번호를 수사기관에 허위로 진술하여 저에게 벌금을 납부하라는 약식명령이 송달되었습니다. 그러므로 저는 약식명령에 대하여 정식재판을 청구해두고 있는데, 이 경우 저는 어떻게 대처하여야 하는지요?

답변 ➡ 정식재판에서 성명모용사실이 밝혀지면 법원은 귀하에게 적법한 공소의 제기가 없었음을 밝혀주는 의미에서 형사소송법 제327조 제2호를 유추적용하여 공소기각의 판결을 할 것으로 보입니다.

공소제기의 효력이 미치는 인적 범위에 관하여 형사소송법 제248조에서는 "공소는 검사가 피고인으로 지정한 이외의 다른 사람에게 그 효력이 미치지 아니한다."라고 규정하고 있습니다.

그리고 타인의 성명을 모용(冒用)한 경우 공소제기의 효력이 미치는 인적 범위에 관하여 판례를 보면, "형사소송법 제248조에 의하여 공소는 검사가 피고인으로 지정한 이외의 다른 사람에게 그 효력이 미치지 아니하는 것이므로, 공소제기의 효력은 검사가 피고인으로 지정한 자에 대하여만 미치는 것이고, 따라서 피의자가 다른 사람의 성명을 모용한 탓으로 공소장에 피모용자가 피고인으로 표시되었다 하더라도 이는 당사자의 표시상의 착오일 뿐이고, 검사는 모용자에 대하여 공소를 제기한 것이므로 모용자가 피고인이 되고 피모용자에게 공소의 효력이 미친다고는 할 수 없다. 따라서 검사가 공소장의 피고인표시를 정정하여 바로 잡은 경우에는 처음부터 모용자에 대

한 공소의 제기가 있었고, 피모용자에 대한 공소의 제기
가 있었던 것은 아니므로 법원은 모용자에 대하여 심리하
고 재판을 하면 될 것이지, 원칙적으로는 피모용자에 대
하여 심판할 것은 아니다."라고 하였으며, 피모용자가 약
식명령에 대하여 정식재판청구를 한 경우, 모용자와 피모
용자에 대한 법원의 조치에 관하여 "피모용자가 약식명령
을 송달 받고 이에 대하여 정식재판의 청구를 하여 피모
용자를 상대로 심리를 하는 과정에서 성명모용 사실이 발
각되고 검사가 공소장을 정정하는 등 사실상의 소송계속
이 발생하고 형식상 또는 외관상 피고인의 지위를 갖게
된 경우에는 법원으로서는 피모용자에게 적법한 공소의
제기가 없었음을 밝혀주는 의미에서 형사소송법 제327조
제2호를 유추적용하여 공소기각의 판결을 함으로써 피모
용자의 불안정한 지위를 명확히 해소해주어야 할 것이지
만, 진정한 피고인인 모용자에게는 아직 약식명령의 송달
이 없었다고 할 것이므로 검사는 공소장에 기재된 피고인
표시를 정정하고 법원은 이에 따라 약식명령의 피고인 표
시를 정정하여 본래의 약식명령과 함께 이 경정결정을 모
용자인 피고인에게 송달하면 이때야 비로소 위 약식명령
은 적법한 송달이 있다고 볼 것이고, 이에 대하여 소정의
기간 내에 정식재판의 청구가 없으면 이 약식명령은 확정
된다."라고 하였습니다(대법원 1997. 11. 28. 선고 97도
2215 판결).

따라서 위 사안에서 귀하는 정식재판의 공판기일에 출석
하여 성명을 모용당하였음을 진술하여야 할 것이고, 그러
한 성명모용사실이 밝혀지면 법원은 귀하에게 적법한 공
소의 제기가 없었음을 밝혀주는 의미에서 형사소송법 제
327조 제2호를 유추적용하여 공소기각의 판결을 할 것으

로 보입니다.

참고로 성명모용사실이 판명되지 아니한 채 형을 선고한 판결이 확정되어 수형인명부에 피모용자가 전과자로 기재된 경우에는 피모용자는 검사에게 전과말소신청을 하여 검사의 결정으로 수형인명부의 전과기재를 말소할 수 있습니다.

◆ 즉결심판받은 피고인이 정식재판청구한 경우에도 국선변호인선정이 가능한지?

질문 ➡ 김갑돌은 도로교통법위반으로 벌금 10만원을 부과받고 납부하지 않아 즉결심판에 회부되어 역시 벌금 10만원의 형을 선고받았습니다. 그런데 김갑돌은 즉결심판에 불복하여 정식재판을 청구하였는데, 김갑돌은 71세의 고령이었으므로 자기를 변호하기 어려운 형편인바, 이 경우에도 국선변호인이 선정될 수 있는지요?

답변 ➡ 변호인이 없을 경우에는 국선변호인이 선정될 것으로 보입니다.

즉결심판에 관한 절차법 제14조에서는 "① 정식재판을 청구하고자 하는 피고인은 즉결심판의 선고·고지를 받은 날부터 7일 이내에 정식재판청구서를 경찰서장에게 제출하여야 한다. 정식재판청구서를 받은 경찰서장은 지체없이 판사에게 이를 송부하여야 한다. ② 경찰서장은 제11조제5항의 경우에 그 선고·고지를 한 날부터 7일 이내에 정식재판을 청구할 수 있다. 이 경우 경찰서장은 관할 지방검찰청 또는 지청의 검사의 승인을 얻어 정식재판청구서를 판사에게 제출하여야 한다. ③ 판사는 정식재판청구서를 받은 날부터 7일 이내에 경찰서장에게 정식재판청구서를 첨부한 사건기록과 증거물을 송부하고, 경찰서장은 지체없이 관할 지방검찰청 또는 지청의 장에게 이를 송부하여야 하며, 그 검찰청 또는 지청의 장은 지체없이 관할 법원에 이를 송부하여야 한다. ④ 형사소송법 제340조 내지 제342조, 제344조 내지 제352조, 제354조, 제454조, 제455조의 규정은 정식재판의 청구 또는 그 포기·취하에 이를 준용한다."라고 규정하고 있습니다.

그리고 형사소송법 제455조 제3항은 "정식재판의 청구가
적법한 때에는 공판절차에 의하여 심판하여야 한다."라고
규정하고 있으며, 형사소송법 제283조 및 제33조 제2호
에 의하여 피고인이 70세 이상의 자인 때에 변호인이 없
거나 출석하지 아니한 때에는 법원은 직권으로 변호인을
선정하여야 한다고 규정하고 있습니다.

그런데 즉결심판을 받은 피고인이 정식재판청구를 함으로
써 공판절차가 개시된 경우, 국선변호인 선정에 관한 형
사소송법 제283조의 규정이 적용되는지에 관하여 판례를
보면, "즉결심판에관한절차법 제14조 제4항은 형사소송법
제455조의 규정은 정식재판의 청구에 이를 준용한다고 규
정하고 있고, 형사소송법 제455조 제3항은 「정식재판의
청구가 적법한 때에는 공판절차에 의하여 심판하여야 한
다.」고 규정하고 있는바, 위 각 규정 내용에 비추어 보면
즉결심판을 받은 피고인이 정식재판청구를 함으로써 공판
절차가 개시된 경우에는 통상의 공판절차와 마찬가지로
국선변호인의 선정에 관한 형사소송법 제283조의 규정이
적용된다."라고 하였습니다(대법원 1997. 2. 14. 선고 96
도3059 판결).

따라서 위 사안의 경우에도 김갑돌이 변호인이 없을 경우
에는 국선변호인이 선정될 것으로 보입니다.

◈ 형사재판에서 증인이 증언을 거부할 수 있는지?

質問 ➡ 친구 김갑돌은 제가 분실한 신용카드를 습득하여 물품을 구입하고는 그 대금을 지불하지 않아 신용카드불법사용 혐의로 재판을 받고 있습니다. 재판정에서 김갑돌은 그 카드를 제가 빌려준 것이라고 주장하여 법원에서는 저를 증인으로 채택하였습니다. 저는 김갑돌과는 절친한 친구사이로 법정에서 사실내용을 진술하기가 매우 난처하므로 증언을 거부하려 하는데 가능한지? 아니면 제가 신용카드를 김갑돌에게 빌려주었다고 허위진술을 하면 어떻게 되는지요?

답변 ➡ 증언거부사연에 해당하면 증언을 거부할 수 있습니다.

법원은 법률에 다른 규정이 없으면 누구든지 증인으로 신문할 수 있습니다(형사소송법 제146조). 다만, 공무원 또는 공무원이었던 자가 그 직무에 관하여 알게 된 사실이 증인신문사항으로써 발표될 경우 국가의 중대한 이익을 해하는 사항일 때 본인 또는 당해 공무소가 신고한 경우, 자기나 자기와 근친관계 있는 자(친족 또는 친족관계가 있었던 자 및 법정대리인, 후견감독인)가 형사소추 또는 공소제기를 당하거나 유죄판결을 받은 사실이 드러난 경우와 변호사·변리사·공인회계사 등의 직(職)에 있는 자나 있었던 자가 업무상 위탁을 받은 관계로 알게 된 사실로써 타인의 비밀에 관한 것(본인의 승낙이 있거나 중대한 공익상 필요 있는 때는 예외)일 경우에는 법원에 소명하고 증언을 거부할 수 있습니다(형사소송법 제147조, 제148조, 제149조).

그런데 귀하의 경우는 위 증언거부사유에 해당되지 않으므로 증언을 거부할 수 없다고 보여집니다.

따라서 귀하가 법정에 출석하지 않는다면 법원은 결정으

로 500만원 이하의 과태료에 처할 수 있으며, 소환에 불응할 경우에는 구인(拘引)할 수도 있습니다(형사소송법 제151조, 제152조). 또한, 법정에서 선서한 증인이 기억에 반하는 허위내용을 진술하면 위증죄에 해당하게 되어 5년 이하의 징역 또는 1,000만원 이하의 벌금형을 받을 수 있는바(형법 제152조 제1항), 만일 귀하가 법정에서 허위의 진술을 할 경우 위증죄로 처벌을 받을 수 있습니다.

◆ 사법경찰관리의 수사단계에서의 자백을 유죄증거로 사용할 수 없도록 하는 방법

질문 ➡ 김갑돌은 경찰서에 연행되어 피의자신문조서를 작성하면서 담당형사의 강요에 견디지 못하여 절도사실을 자백하였고, 이를 근거로 구속·기소되었습니다. 위 피의자신문조서를 유죄의 증거로 사용하지 못하도록 할 수 있는지요?

답변 ➡ 형사소송법 제312조 제3항에 의하면 "검사 이외의 수사기관작성의 피의자신문조서는 공판준비기일 또는 공판기일에 그 피의자였던 피고인이나 변호인이 그 내용을 인정한 때에 한하여 증거로 할 수 있다."라고 규정하여 경찰의 조사단계에서의 자백조서의 증거능력을 제한하고 있습니다.

판례도 "피고인이 당해 공소사실에 대하여 법정에서 부인한 경우에는 사법경찰리작성의 피의자신문조서의 내용을 인정하지 아니한 것이므로 그 피의자신문조서의 기재는 증거능력이 없고, 이러한 경우 피고인을 조사하였던 경찰관이 법정에 나와 「피고인의 진술대로 조서가 작성되었고, 작성 후 피고인이 조서를 읽어보고 내용을 확인한 후 서명·무인하였으며 피고인이 내용의 정정을 요구한 일은 없었다」고 증언하더라도 그 피의자신문조서가 증거능력을 가지게 되는 것은 아니다."라고 하였습니다(대법원 1997. 10. 28. 선고 97도2211 판결).

이와 같은 경찰조사단계에서의 자백이 기재된 피의자신문조서의 증거능력을 제한하고 있는 것은 경찰수사단계에서의 자백강요로 인한 인권침해를 방지함으로써 피의자의 인권보장을 도모하기 위함에 있다고 할 것입니다.

그러므로 귀하가 공판준비기일 또는 공판기일에 귀하의 수사기관에서의 진술이 사실이 아니라고 부인하면 위 자

백이 증거로 인정되기 어려울 것으로 보입니다.

그러나 검사가 피고인이 된 피의자의 진술을 기재한 조서는 적법한 절차와 방식에 따라 작성된 것으로서 피고인이 진술한 내용과 동일하게 기재되어 있음이 공판준비 또는 공판기일에서의 피고인의 진술에 의하여 인정되고, 그 조서에 기재된 진술이 특히 신빙할 수 있는 상태하에서 행하여졌음이 증명된 때에 한하여 증거로 할 수 있습니다(형사소송법 제312조 제1항 단서).

다만, 형사소송법 제310조에서는 "피고인의 자백이 그 피고인에게 불이익한 유일의 증거인 때에는 이를 유죄의 증거로 하지 못한다."라고 규정하고 있으므로 위와 같이 검사작성의 조서가 증거능력을 가지는 경우에도 자백에 대한 보강증거가 요구되는바, 자백의 신빙성여부의 판단기준 및 자백에 대한 보강증거의 정도에 관한 판례를 보면, "자백의 신빙성여부를 판단함에 있어서는 자백의 진술내용 자체가 객관적으로 합리성을 띠고 있는지, 자백의 동기나 이유가 무엇이며 자백에 이르게 된 경위는 어떠한지, 그리고 자백 이외의 정황증거 중 자백과 저촉되거나 모순되는 것이 없는지 하는 점을 고려하여 피고인의 자백에 형사소송법 제309조 소정의 사유 또는 자백의 동기나 과정에 합리적인 의심을 갖게 할 상황이 있었는지를 판단하여야 하고, 자백에 대한 보강증거는 범죄사실의 전부 또는 중요부분을 인정할 수 있는 정도가 되지 아니하더라도 피고인의 자백이 가공적인 것이 아닌 진실한 것임을 인정할 수 있는 정도만 되면 족할 뿐만 아니라 직접증거가 아닌 간접증거나 정황증거도 보강증거가 될 수 있으며, 또한 자백과 보강증거가 서로 어울려서 전체로서 범죄사실을 인정할 수 있으면 유죄의 증거로 충분하다."라고 하였습니다(대법원 2000. 12. 8. 선고 99도214 판결).

◈ 사법경찰관리가 작성한 조서와 검사가 작성한 조서의 법적 효력의 차이

질문 ➡ 저는 얼마 전 야긴운전을 하다가 급차선번경 차량을 피하려다 중앙선을 침범하여 상대차선의 승용차와 접촉사고를 내어 경찰서에서 피의자조서를 받았습니다. 당시는 몸이 아픈 상태로 기억이 잘 나지 않아 생각나는 대로 진술했었는데, 나중에 치료를 받고 생각해보니 경찰에서의 진술이 사실과 달라 검사에게서 조서를 받을 때에는 진술을 번복하고 바른 기억대로 진술하였습니다. 경찰조서와 검찰조서가 다른 경우 그 조서의 효력은 어떻게 되는지요?

답변 ➡   검찰조서가 더 우선한다 하겠습니다.

수사기관(검사 또는 사법경찰관)이 피의자를 신문하여 그 진술을 기재한 조서를'피 의자신문조서'라고 하고 현행법은 이러한 피의자신문조서의 증거능력을 제한하고 있 습니다. 이는 피의자의 인권보장을 위한 것으로 그 안에서도 다시 검사작성의 조서 와 사법경찰관(리)작성의 조서에 따라 증거능력이 달라집니다. 「형사소송법」 제312조는 "① 검사가 피고인이 된 피의자의 진술을 기재한 조서는 적 법한 절차와 방식에 따라 작성된 것으로서 피고인이 진술한 내용과 동일하게 기재되어 있음이 공판준비 또는 공판기일에서의 피고인의 진술에 의하여 인정되고, 그 조서 에 기재된 진술이 특히 신빙할 수 있는 상태 하에서 행하여졌음이 증명된 때에 한하여 증거로 할 수 있다. ② 제1항에 불구하고 피고인이 그 조서의 성립의 진정을 부인 하는 경우에는 그 조서에 기재된 진술이 피고인이 진술한 내용과 동일하게 기재되어 있음이 영상녹화물이나 그 밖의 객관적인 방법에 의하여 증명되고, 그 조서에 기재 된 진술이 특히 신빙할 수 있는 상태하에서 행하여졌

음이 증명된 때에 한하여 증거 로 할 수 있다."라고 규정
하고 있어 조서의 실질적 진정성립을 인정하는 방법으로
'원진술자의 진술'과'영상녹화물 기타 객관적 방법'에 의한
증명을 정하고 있습니다. 한편, 검사 이외의 수사기관이
작성한 피의자신문조서는 적법한 절차와 방식에 따 라 작
성된 것으로 공판준비 또는 공판기일에 그 피의자였던 피
고인 또는 변호인이 그 내용을 인정할 때에 한하여 증거
로 할 수 있습니다(같은 조 제3항). 위 규정을 볼 때 사
법경찰관(리)작성의 조서는 공판절차에서 그 내용을 인정
하여야 증거능력이 인정되는 것과 달리, 검사작성의 조서
는 그 성립의 진정함이 인정된 때에는 특신상태가 인정되
면 증거능력이 인정되고, 피고인이 조서의 진정성립을 부
인하는 경우에는 영상녹화물 기타 객관적인 방법에 의하
여 조서의 진정성립이 증명되고 특신상태가 인정되면 증
거능력이 인정되므로 그 효력면에서 좀 더 강하다고 할
수 있습니다. 귀하의 경우 경찰에서 조사를 받고 다시 검
사로부터 조사를 받았으므로 조서상의 틀 부분이 대부분
해소되었다고 보여지지만, 만약 법정에서 틀린 부분이 문
제가 된다 면 검사작성조서가 더 강한 증거능력을 갖고
있다는 것을 염두에 두시고 사실관계를 솔직히 밝히시기
를 바랍니다. 검사작성 조서의 진술의 임의성 성립 여부
에 관하여 판례는"검사작성의 피의자신문 조서는 피고인
이 공판정에서의 진술 등에 의하여 성립의 진정함이 인정
되면 조서에 기재된 피고인의 진술이 임의로 한 것이 아
니라고 특히 의심할 만한 사유가 없는 한 증거능력이 있
고, 피고인이 진술을 임의로 한 것이 아니라고 다투는 경
우에는 법원 은 구체적인 사건에 따라 당해 조서의 형식
과 내용, 피고인의 학력, 경력, 직업, 사 회적 지위, 지능

정도 등 제반사정을 참작하여 자유로운 심증으로 피고인이 진술을 임의로 한 것인지의 여부를 판단하면 된다."라고 하였습니다(대법원 1998. 3. 13. 선 고 98도159 판결). 또한,"피고인이 검사작싱의 피고인에 대한 피의자신문조서의 성 립의 진정과 임의성을 인정하였다가 그 뒤 임의성을 부인하는 진술을 하거나 서면을 제출한 경우에도 법원이 그 조서의 기재 내용, 조서를 작성하게 된 경위, 피고인의 법정에서의 범행에 관련된 진술 등 제반사정에 비추어 진술의 임의성을 인정한 최초 의 진술이 신빙성이 있다고 보아 그 임의성에 관하여 심증을 얻은 때에는 그 피의자 신문조서는 여전히 증거능력이 인정된다."라고 하였으므로(대법원 2001. 4. 27. 선 고 99도484 판결), 검사작성조서의 진술의 임의성 성립 여부에 관하여 법원은 위와 같은 기준으로 판단하게 될 것입니다.

◈ 경찰관의 대질신문과정에서 피해자가 피고인의 자백사실을 진술한 경우 그 증거능력

질문 ➡ 김갑돌은 이을남이 야기한 교통사고의 피해자로서 수사경찰관이 대질신문을 위하여 김갑돌과 이을남을 동석시킨 자리에서 이을남이 신호위반 하였음을 피해자에게 자백하였다는 사실을 진술하였고, 이을남은 이에 대하여 별다른 반응을 보이지 않았습니다. 그런데 이을남은 공판기일에 법정에서는 신호위반사실을 부인하고 있습니다. 이 경우 위와 같은 김갑돌의 진술이 증거능력을 인정받지 못하는지요?

답변 ➡ 증거능력이 인정되기 어려울 것입니다.

사법경찰관 작성의 피의자신문조서와 관련하여 「형사소송법」 제312조 제3항은"검사 이외의 수사기관이 작성한 피의자신문조서는 적법한 절차와 방식에 따라 작성된 것으로 공판준비 또는 공판기일에 그 피의자였던 피고인 또는 변호인이 그 내용을 인 정할 때에 한하여 증거로 할 수 있다."라고 규정하고 있습니다. 그런데 「형사소송법」 제312조 제3항의 적용대상 및 전문자(傳聞者)의 진술이 검사 이외의 수사기관 앞에서의 피고인의 진술을 내용으로 하고 있는데 피고인이 그 진술 의 내용을 부인하는 경우, 그 진술의 증거능력 유무에 관하여 판례는"형사소송법 제312조 제2항(현행 제3항)은 검사 이외의 수사기관의 피의자신문은 이른바 신용성 의 정황적(情況的) 보장이 박약하다고 보아 피의자신문에 있어서 진정성립 및 임의성이 인정되더라도 공판 또는 그 준비절차에 있어 원진술자인 피고인이나 변호인이 그 내용을 인정하지 않는 한 그 증거능력을 부정하는 취지로 입법된 것으로, 그 입법취지와 법조의 문언에 비추어 볼 때 피의자였던 피고인에

대한 검사 이외의 수사기관 작성의 피의자신문조서에만
적용되는 것이 아니고, 피의자였던 피고인의 검사 이외
의 수사기관 앞에서의 진술자체를 그 적용대상으로 하고
있는 것이라고 보아야 힐 것 이어서 전문사(傳聞者)의 진
술이 검사 이외의 수사기관 앞에서의 피고인의 진술을 내
용으로 하고 있는 경우에 피고인이 그 진술의 내용을 부
인하고 있는 이상 그 진술의 내용이 피의자신문조서에 기
재된 것인지 또는 전문자(傳聞者)가 수사경찰관이 아닌
피해자 등 제3자에 해당하는지 여부 등에 관계없이 증거
능력이 없고, 수사경찰관이 피해자와의 대질신문을 위하
여 피고인을 피해자와 동석시킨 자리에서 피해자가 피고
인으로부터 자신의 범행을 자백하는 진술을 들었다는 취
지의 진술의 경우, 피고인이 법정에서 그 진술의 내용을
부인하고 있는 이상 형사소송법 제312조 제2항(현행 제3
항)의 규정과 그 취지에 비추어 볼 때 그 증거능력을 인
정할 수 없다."라고 한 사례 가 있습니다(대법원 2001. 3.
27. 선고 2000도4383 판결). 따라서 위 사안에서 피해자
인 김갑돌의 진술은 이을남이 법정에서 부인하고 있는 이
상 증거 능력이 인정되기 어려울 것으로 보입니다. 참고
로 2008. 1. 1.부터 시행중인 개정「형사소송법」은 제
312조 제4항 및 제5항을 신설하여"④ 검사 또는 사법경
찰관이 피고인이 아닌 자의 진술을 기재한 조서는 적 법
한 절차와 방식에 따라 작성된 것으로서 그 조서가 검사
또는 사법경찰관 앞에서 진술한 내용과 동일하게 기재되
어 있음이 원진술자의 공판준비 또는 공판기일에서의 진
술이나 영상녹화물 또는 그 밖의 객관적인 방법에 의하여
증명되고, 피고인 또는 변호인이 공판준비 또는 공판기일
에 그 기재 내용에 관하여 원진술자를 신문할 수 있 었던

때에는 증거로 할 수 있다. 다만, 그 조서에 기재된 진술이 특히 신빙할 수 있는 상태하에서 행하여졌음이 증명된 때에 한한다. ⑤ 제1항부터 제4항까지의 규정은 피고인 또는 피고인이 아닌 자가 수사과정에서 작성한 진술서에 관하여 준용한다." 고 규정하고 있습니다.

◆ 수사기관이 피의자신문을 하면서 피의자에게 진술거부권을 고지하
지 아니한 경우

질문 ➡ 저는 절도의 혐의를 받고 조사를 받으면서 검사가 질문하는 사
항에 관하여 모두 진술을 했습니다. 그러나 이는 검사의 진술
거부권에 관한 고지도 없는 상태에서 두려움 속에서 있었던 일
입니다. 이러한 상태에서의 진술도 증거능력이 인정되는지요?

답변 ➡ 증거능력은 부정된다고 할 수 있을 것으로 보입니다.

형사소송법 제200조에서는 "검사 또는 사법경찰관은 수사
에 필요한 때에는 피의자의 출석을 요구하여 진술을 들을
수 있다."라고 규정하고 있습니다.

그리고 피의자에게 진술거부권을 고지하지 아니하고 작성
한 피의자신문조서의 증거능력에 관하여 판례를 보면, "
형사소송법 제200조 제2항은 검사 또는 사법경찰관이 출
석한 피의자의 진술을 들을 때에는 미리 피의자에 대하여
진술을 거부할 수 있음을 알려야 한다고 규정하고 있는
바, 이러한 피의자의 진술거부권은 헌법이 보장하는 형사
상 자기에 불리한 진술을 강요당하지 않는 자기부죄거부
의 권리에 터 잡은 것이므로 수사기관이 피의자를 신문함
에 있어서 피의자에게 미리 진술거부권을 고지하지 않은
때에는 그 피의자의 진술은 위법하게 수집된 증거로서 진
술의 임의성이 인정되는 경우라도 증거능력이 부인되어야
한다."라고 하였습니다(대법원 1992. 6. 26. 선고 92도
682 판결).

따라서 귀하의 경우에는 귀하의 진술이 비록 임의성은 인
정된다고 할지라도 수사기관으로부터 진술거부권을 고지
받지 못한 상태에서 이루어진 진술이라고 할 수 있으므로,
그 증거능력은 부정된다고 할 수 있을 것으로 보입니다.

◆ 피고인이 검사작성조서에 대하여 간인·서명·무인 인정하나 진술
내용 다투는 경우

질문 ➡ 이을남은 김갑돌을 상습적으로 폭행하여 폭력행위 등 처벌에
관한 법률위반사건으로 검사의 조사를 받는 과정에서 작성된
피의자신문조서서상의 폭행사실에 관하여 서명·무인 등의 사실
은 인정하면서도 진술내용은 사실이 아니라고 법정에서 주장하
고 있습니다. 이러한 경우 위 조서가 증거능력이 인정될 수 있
는지요?

답변 ➡ 피의자에게 불이익한 유일의 증거가 아닌 한 증거능력이
인정될 것으로 보입니다.

형사소송법 제312조 제1항에서는 "검사가 피고인이 된 피
의자의 진술을 기재한 조서는 적법한 절차와 방식에 따라
작성된 것으로서 피고인이 진술한 내용과 동일하게 기재
되어 있음이 공판준비 또는 공판기일에서의 피고인의 진
술에 의하여 인정되고, 그 조서에 기재된 진술이 특히 신
빙할 수 있는 상태하에서 행하여졌음이 증명된 때에 한하
여 증거로 할 수 있다.."라고 규정하고 있습니다.

그런데 원진술자인 피고인이 검사작성의 피의자신문조서
에 대하여 간인·서명·무인한 사실을 인정하면서 진술내용
을 다투는 경우, 증거능력을 인정할 수 있는지에 관하여
판례를 보면, "원진술자인 피고인이 간인과 서명·무인한
사실이 있음을 인정하는 검사작성의 피의자신문조서는 그
간인과 서명·무인이 형사소송법 제244조 제2항, 제3항의
절차를 거치지 않고 된 것이라고 볼 사정이 없는 한 원진
술자의 진술내용대로 기재된 것이라고 추정된다 할 것이
므로 원진술자인 피고인이 공판정에서 검사작성의 피의자
신문조서에 기재된 진술내용이 자기의 진술내용과 다르게

기재되었다고 다투더라도 그 조서에 간인·서명·무인한 사실이 있음을 시인하여 조서의 형식적 진정성립을 인정하고 한편, 그 간인과 서명·무인이 위의 법조항에 정한 절차를 거치지 않는 등 특히 신빙할 수 없는 상태에서 이루어진 것이라고 볼 만한 사정이 발견되지 않는 경우라면 그 피의자신문조서는 원진술자의 공판기일에서의 진술에 의하여 성립의 진정함이 인정된 것으로 볼 수 있다."라고 하였습니다(대법원 2000. 7. 28. 선고 2000도2617 판결).

따라서 위 사안에서도 이을남이 검사작성의 피의자신문조서의 진술내용을 부정한다고 하여도 간인·서명·무인한 사실을 시인하는 경우 그 진술내용인 자백이 이을남에게 불이익한 유일의 증거가 아닌 한 증거능력이 인정될 것으로 보입니다.

◆ 사인이 피고인과 제3자와의 대화를 비밀녹음한 경우 녹음테이프 검증조서의 증거능력

질문 ➡ 김갑돌은 그의 처 이을순과 최병수 사이에 부정행위가 있었으므로 간통죄로 고소하여 공소제기 되었습니다. 그런데 위 사건의 공판과정에서 김갑돌이 이을순과 최병수 사이에 부정행위에 대한 증거를 확보하기 위하여 이을순이 무속인 박정인에게 대화하는 내용을 그들 몰래 녹음하였습니다. 이 경우 위와 같은 녹음테이프의 검증조서가 이을순·최병수에 대한 간통고소사건에 있어서 증거능력이 인정될 수 있는지요?

답변 ➡ 증거로 채택될 수 없을 것으로 보입니다.

통신비밀보호법 제3조(통신 및 대화비밀의 보호) 본문에서는 "누구든지 이 법과 형사소송법 또는 군사법원법의 규정에 의하지 아니하고는 우편물의 검열·전기통신의 감청 또는 통신사실확인자료의 제공을 하거나 공개되지 아니한 타인간의 대화를 녹음 또는 청취하지 못한다."라고 규정하고 있으며, 통신비밀보호법 제4조(불법검열에 의한 우편물의 내용과 불법감청에 의한 전기통신내용의 증거사용금지)에서는 "제3조의 규정에 위반하여, 불법검열에 의하여 취득한 우편물이나 그 내용 및 불법감청에 의하여 지득 또는 채록된 전기통신의 내용은 재판 또는 징계절차에서 증거로 사용할 수 없다."라고 규정하고 있습니다. 또한, 통신비밀보호법 제14조(타인의 대화비밀 침해금지)에서는 "① 누구든지 공개되지 아니한 타인간의 대화를 녹음하거나 전자장치 또는 기계적 수단을 이용하여 청취할 수 없다. ② 제4조 내지 제8조, 제9조 제1항 전단 및 제3항, 제9조의2, 제11조 제1항·제3항·제4항 및 제12조의 규정은 제1항의 규정에 의한 녹음 또는 청취에 관하여 이를

적용한다."라고 규정하고 있습니다.

그러므로 위 사안에서와 같이 피고인과 제3자의 대화내용을 그들 몰래 녹음한 녹음테이프의 검증조서가 위 공판절차에서 증거능력이 인정될 수 있을 것인지 문제됩니다.

이에 관련된 판례를 살펴보면, "통신비밀보호법은 누구든지 이 법과 형사소송법 또는 군사법원법의 규정에 의하지 아니하고는 우편물의 검열 또는 전기통신의 감청을 하거나 공개되지 아니한 타인간의 대화를 녹음 또는 청취하지 못하고(제3조 본문), 이에 위반하여 불법검열에 의하여 취득한 우편물이나 그 내용 및 불법감청에 의하여 지득 또는 채록된 전기통신의 내용은 재판 또는 징계절차에서 증거로 사용할 수 없고(제4조), 누구든지 공개되지 아니한 타인간의 대화를 녹음하거나 전자장치 또는 기계적 수단을 이용하여 청취할 수 없고(제14조 제1항), 이에 의한 녹음 또는 청취에 관하여 위 제4조의 규정을 적용한다(제14조 제2항)고 각 규정하고 있는바, 녹음테이프 검증조서의 기재 중 피고인과 공소외인 간의 대화를 녹음한 부분은 공개되지 아니한 타인간의 대화를 녹음한 것이므로, 위 법 제14조 제2항 및 제4조의 규정에 의하여 그 증거능력이 없고, 피고인들 간의 전화통화를 녹음한 부분은 피고인의 동의없이 불법감청한 것이므로 위 법 제4조에 의하여 그 증거능력이 없다."라고 하였습니다(대법원 2001. 10. 9. 선고 2001도3106 판결).

따라서 위 사안에서도 김갑돌이 그의 처 이을순과 무속인 박정인과의 대화내용을 몰래 녹음한 녹음테이프의 검증조서는 증거로 채택될 수 없을 것으로 보입니다.

◈ 개인이 제3자와의 대화내용을 비밀녹음한 경우 그 녹음테이프의 진술부분 증거능력

질문 ➡ 수사기관이 아닌 사인(私人)이 자기와 피고인 아닌 사람과의 대화내용을 몰래 녹음한 경우 그 녹음테이프가 피고인의 형사사건에서 증거능력이 인정될 수 있는지요?

답변 ➡ 원본이거나 인위적 개작없는 사본으로서 원진술자의 진술에 의하여 자신이 진술한 대로 녹음된 것이라는 점이 인정되면 증거능력이 인정될 수도 있습니다.

형사소송법 제313조 제1항에서는 "전2조의 규정(제311조 [법원 또는 법관의 조서], 제312조[검사 또는 사법경찰관의 조서])이외에 피고인 또는 피고인이 아닌 자가 작성한 진술서나 그 진술을 기재한 서류로서 그 작성자 또는 진술자의 자필이거나 그 서명 또는 날인이 있는 것은 공판준비나 공판기일에서의 그 작성자 또는 진술자의 진술에 의하여 그 성립의 진정함이 증명된 때에는 증거로 할 수 있다. 단, 피고인의 진술을 기재한 서류는 공판준비 또는 공판기일에서의 그 작성자의 진술에 의하여 그 성립의 진정함이 증명되고 그 진술이 특히 신빙할 수 있는 상태하에서 행하여진 때에 한하여 피고인의 공판준비 또는 공판기일에서의 진술에 불구하고 증거로 할 수 있다."라고 규정하고 있습니다.

그런데 사인(私人)이 자기와 피고인 아닌 자와의 대화내용을 상대방 몰래 녹음한 경우 그 녹음테이프 또는 상대방 몰래 비디오로 촬영·녹음한 경우 그 비디오테이프 중 진술부분의 증거능력에 관하여 판례를 보면, "수사기관이 아닌 사인(私人)이 피고인 아닌 사람과의 대화내용을 녹

음한 녹음테이프는 형사소송법 제311조, 제312조 규정 이외의 피고인 아닌 자의 진술을 기재한 서류와 다를 바 없으므로, 피고인이 그 녹음테이프를 증거로 할 수 있음에 동의하지 아니하는 이상 그 증기능력을 부여하기 위해서는 첫째, 녹음테이프가 원본이거나 원본으로부터 복사한 사본일 경우(녹음디스크에 복사할 경우에도 동일함)에는 복사과정에서 편집되는 등의 인위적 개작 없이 원본의 내용 그대로 복사된 사본일 것, 둘째 형사소송법 제313조 제1항에 따라 공판준비나 공판기일에서 원진술자의 진술에 의하여 그 녹음테이프에 녹음된 각자의 진술내용이 자신이 진술한 대로 녹음된 것이라는 점이 인정되어야 할 것이고, 사인이 피고인 아닌 사람과의 대화내용을 대화상대방 몰래 녹음하였다고 하더라도 위와 같은 조건이 갖추어진 이상 그것만으로는 그 녹음테이프가 위법하게 수집된 증거로서 증거능력이 없다고 할 수 없으며, 사인이 피고인 아닌 사람과의 대화내용을 상대방 몰래 비디오로 촬영·녹음한 경우에도 그 비디오테이프의 진술부분에 대하여도 위와 마찬가지로 취급하여야 할 것이다."라고 하였습니다(대법원 1999. 3. 9. 선고 98도3169 판결, 1997. 3. 28. 선고 96도2417 판결).

따라서 사인(私人)이 자기와 피고인 아닌 자와의 대화내용을 몰래 녹음한 경우 그 녹음테이프에 증거능력이 인정되기 위해서는 피고인이 그 녹음테이프를 증거로 할 수 있음에 동의하거나, 녹음테이프가 원본이거나 인위적 개작없는 사본으로서 원진술자의 진술에 의하여 자신이 진술한 대로 녹음된 것이라는 점이 인정되어야 할 것입니다.

◈ 고소인이 피고인과의 통화를 피고인 몰래 녹음한 녹음테이프의 검
증조서의 증거능력

질문 ➡ 김갑돌은 그의 처 이을순이 최병수와 부정행위를 하였음을 알
게 되어 고소하였습니다. 그런데 최병수가 이을순에게 전화를
걸어와 김갑돌이 그 전화를 받았으며, 김갑돌과 최병수 사이의
통화내용에 위 부정행위에 관하여 최병수가 언급한 부분이 있
었고, 김갑돌이 최병수 몰래 위 통화내용을 녹음하였습니다. 이
경우 위 녹음테이프의 검증조서가 위 고소사건의 형사재판에서
증거능력이 인정될 수 있는지요?

답변 ➡ 증거능력이 인정될 것으로 보입니다.

통신비밀보호법 제3조(통신 및 대화비밀의 보호) 본문에
서는 "누구든지 이 법과 형사소송법 또는 군사법원법의
규정에 의하지 아니하고는 우편물의 검열·전기통신의 감청
또는 통신사실확인자료의 제공을 하거나 공개되지 아니한
타인간의 대화를 녹음 또는 청취하지 못한다."라고 규정
하고 있으며, 통신비밀보호법 제4조(불법검열에 의한 우
편물의 내용과 불법감청에 의한 전기통신내용의 증거사용
금지)에서는 "제3조의 규정에 위반하여, 불법검열에 의하
여 취득한 우편물이나 그 내용 및 불법감청에 의하여 지
득 또는 채록된 전기통신의 내용은 재판 또는 징계절차에
서 증거로 사용할 수 없다."라고 규정하고 있습니다. 또
한, 통신비밀보호법 제14조(타인의 대화비밀 침해금지)에
서는 "① 누구든지 공개되지 아니한 타인간의 대화를 녹
음하거나 전자장치 또는 기계적 수단을 이용하여 청취할
수 없다. ② 제4조 내지 제8조, 제9조 제1항 전단 및 제3
항, 제9조의2, 제11조 제1항·제3항·제4항 및 제12조의 규
정은 제1항의 규정에 의한 녹음 또는 청취에 관하여 이를

적용한다."라고 규정하고 있습니다.

그런데 위 사안에서와 같이 고소인이 자기와 피고인과의 통화내용을 상대방 몰래 녹음한 녹음테이프의 검증조서가 위 고소사건의 형사재판설자에서 증거능력이 인정될 수 있을 것인지 문제됩니다.

이에 관련된 판례를 보면, "피고인이 범행 후 피해자에게 전화를 걸어오자 피해자가 증거를 수집하려고 그 전화내용을 녹음한 경우, 그 녹음테이프가 피고인 모르게 녹음된 것이라 하여 이를 위법하게 수집된 증거라고 할 수 없다."라고 하였으며(대법원 1997. 3. 28. 선고 97도240 판결), 또한 "녹음테이프 검증조서의 기재 중 고소인이 피고인과의 대화를 녹음한 부분은 타인간의 대화를 녹음한 것이 아니므로 통신비밀보호법 제14조의 적용을 받지는 않지만, 그 녹음테이프에 대하여 실시한 검증의 내용은 녹음테이프에 녹음된 대화의 내용이 검증조서에 첨부된 녹취서에 기재된 내용과 같다는 것에 불과하여 증거자료가 되는 것은 여전히 녹음테이프에 녹음된 대화의 내용이라 할 것인바, 그 중 피고인의 진술내용은 실질적으로 형사소송법 제311조, 제312조 규정 이외에 피고인의 진술을 기재한 서류와 다를 바 없으므로, 피고인이 그 녹음테이프를 증거로 할 수 있음에 동의하지 않은 이상 그 녹음테이프 검증조서의 기재 중 피고인의 진술내용을 증거로 사용하기 위해서는 형사소송법 제313조 제1항 단서에 따라 공판준비 또는 공판기일에서 그 작성자인 고소인의 진술에 의하여 녹음테이프에 녹음된 피고인의 진술내용이 피고인이 진술한 대로 녹음된 것이라는 점이 증명되고 그 진술이 특히 신빙할 수 있는 상태하에서 행하여진 것으로 인정되어야 한다."라고 하였습니다(대법원 2001. 10. 9.
선고 2001도3106 판결).

그러므로 위 사안에서도 최병수가 녹음테이프를 증거로
할 수 있음에 동의하거나, 위 사건의 공판준비 또는 공판
기일에서 그 작성자인 김갑돌의 진술에 의하여 녹음테이
프에 녹음된 최병수의 진술내용이 최병수가 진술한 대로
녹음된 것이라는 점이 증명되고, 그 진술이 특히 신빙할
수 있는 상태 아래서 행하여진 것으로 인정되어야만 위
녹음테이프의 검증조서의 증거능력이 인정될 것으로 보입
니다.

◆ 전문진술이 기재된 수사기관 작성의 조서에 대한 증거능력

> **질문 ➡** 저는 얼마 전 타인으로부터 전해들은 사실을 증언하였는데, 이
> 는 증거능력이 없다고 합니다. 도대체 형사소송법상 전문진술
> 이 기재된 조서의 증거능력과 그 내용의 의미는 어떠한 것인지
> 요?

답변 ➡   전문진술(傳聞陳述)이라 함은 경험사실을 들은 타인이 전
해들은 사실의 진술을 말하는 것입니다.

전문진술(傳聞陳述)이라 함은 경험사실을 들은 타인이 전
해들은 사실의 진술을 말하는 것으로서 전문진술에도 당
연히 전문법칙(傳聞法則)이 적용되며, 이에 관하여 형사
소송법 제310조의2에 의하면 "제311조 내지 제316조(법
원 또는 법관의 조서, 검사 또는 사법경찰관의 조서, 진술
서 등, 증거능력에 대한 예외, 당연히 증거능력이 있는 서
류, 전문의 진술)에 규정한 것 이외에는 공판준비 또는
공판기일에서의 진술에 대신하여 진술을 기재한 서류나
공판준비 또는 공판기일 외에서의 타인의 진술을 내용으
로 하는 진술은 이를 증거로 할 수 없다."라고 규정하고
있고, 형사소송법 제312조 제1항에 의하면 "검사가 피고
인이 된 피의자의 진술을 기재한 조서는 적법한 절차와
방식에 따라 작성된 것으로서 피고인이 진술한 내용과 동
일하게 기재되어 있음이 공판준비 또는 공판기일에서의
피고인의 진술에 의하여 인정되고, 그 조서에 기재된 진
술이 특히 신빙할 수 있는 상태하에서 행하여졌음이 증명
된 때에 한하여 증거로 할 수 있다."라고 규정하고 있으
며, 형사소송법 제314조에 의하면 "제312조 또는 제313
조의 경우에 공판준비 또는 공판기일에 진술을 요하는 자
가 사망·질병·외국거주·소재불명 그 밖에 이에 준하는 사
유로 인하여 진술할 수 없는 때에는 그 조서 및 그 밖의

서류를 증거로 할 수 있다. 다만, 그 진술 또는 작성이 특히 신빙할 수 있는 상태하에서 행하여졌음이 증명된 때에 한한다.."라고 규정하고 있습니다. 또한, 형사소송법 제316조 제2항에 의하면 "피고인 아닌 자의 공판준비 또는 공판기일에서의 진술이 피고인 아닌 타인의 진술을 그 내용으로 하는 것인 때에는 원진술자가 사망, 질병, 외국거주, 소재불명 그 밖에 이에 준하는 사유로 인하여 진술할 수 없고, 그 진술이 특히 신빙할 수 있는 상태하에서 행하여졌음이 증명된 때에 한하여 이를 증거로 할 수 있다."라고 규정하고 있습니다.

그리고 관련 판례에 의하면 "전문진술이나 전문진술을 기재한 조서는 형사소송법 제310조의2의 규정에 의하여 원칙적으로 증거능력이 없는 것인데, 다만 전문진술은 형사소송법 제316조 제2항의 규정에 따라 원진술자가 사망, 질병, 외국거주 기타 사유로 인하여 진술할 수 없고 그 진술이 특히 신빙할 수 있는 상태하에서 행하여진 때에 한하여 예외적으로 증거능력이 있다고 할 것이고, 전문진술이 기재된 조서는 형사소송법 제312조 또는 제314조의 규정에 의하여 각 그 증거능력이 인정될 수 있는 경우에 해당하여야 함은 물론 나아가 형사소송법 제316조 제2항의 규정에 따른 위와 같은 요건을 갖추어야 예외적으로 증거능력이 있다."라고 하였습니다(대법원 2001. 7. 27. 선고 2001도2891판결).

그러므로 공판준비 또는 공판기일 외에서의 타인의 진술을 내용으로 하는 전문진술은 그 진술자 및 그 조서의 작성자에 따라 그 증거능력을 인정하는 요건이 다를 뿐 아니라, 그 판단은 구체적 상황에 따라 다를 수 있다 하겠습니다.

◆ 유아도 증언능력이 인정될 수 있는지?

> **질문** ➡ 김갑돌은 만 5세인 그의 딸 김을순이 최병수로부터 성추행을 당하여 형사고소를 하려고 하는데, 김을순의 진술 이외에 별다른 증거가 없습니다. 이 경우 김을순의 증언도 증언능력이 인정될 수 있는지요?

답변 ➡ 증언의 신빙성 유무는 사실심법관의 자유심증에 의하여 결정할 문제입니다.

형사소송법 제159조 제1호에서는 증인이 16세미만의 자에 해당하는 때에는 선서하게 하지 아니 하고 신문하여야 한다고 규정하고 있고, 증인의 자격에 관하여 형사소송법 제146조에서는 "법원은 법률에 다른 규정이 없으면 누구든지 증인으로 신문 할 수 있다."라고 규정하고 있습니다. 증언능력과 관련된 판례를 보면, 비록 선서무능력자라 하여도 그 증언 내지 진술의 전후 사정으로 보아 의사판단능력이 있다고 인정된다면 증언능력이 있다고 하였으며(대법원 1984. 9. 25. 선고 84도619 판결), 그 증언의 신빙성 유무는 사실심법관의 자유심증에 의하여 결정할 문제라고 하였습니다(형사소송법 제308조, 대법원 1964. 3. 19. 선고 63도328 판결).

그런데 유아의 증언능력유무의 판단기준에 관하여 판례를 보면, "증인의 증언능력은 증인 자신이 과거에 경험한 사실을 그 기억에 따라 공술할 수 있는 정신적인 능력이라 할 것이므로, 유아의 증언능력에 관해서도 그 유무는 단지 공술자의 연령만에 의할 것이 아니라 그의 지적수준에 따라 개별적이고 구체적으로 결정되어야 함은 물론 공술의 태도 및 내용 등을 구체적으로 검토하고, 경험한 과거의 사실이 공술자의 이해력, 판단력 등에 의하여 변식될 수 있는 범위 내에 속하는가의 여부도 충분히 고려하여 판단하여야 한다."라고 하면서, 사건 당시 만 4세 6개월, 제1심 증언 당시 만 6세 11개월 된 피해자인 유아의 증언능력을 인정한 사례가 있고(대법원 1999. 11. 26. 선고 99도3786 판결), 사고 당시 만 4세 6개월 남짓된 여아 진술의 증언능력 및 신빙성을 인정한 사례가 있습니다(대법원 2001. 7. 27. 선고 2001도2891 판결).

따라서 위 사안에 있어서도 만 5세인 김을순의 증언능력이 인정될 수 있을 것인지는 위 판례에서 제시한 기준에 따라 결정될 것이고, 단순히 선서무능력자라는 이유만으로 증언능력이 인정될 수 없는 것은 아닙니다. 다만, 그 증언의 신빙성 유무는 사실심법관의 자유심증에 의하여 결정할 문제입니다.

◆ 검사가 법정에서 증언한 증언내용을 번복시키는 것으로 작성한 진술조서의 증거능력

질문 ➡ 김갑돌에 대한 형사사건의 공판기일에 법정에서 이을남이 김갑돌에게 유리한 증언을 하였는데, 검사가 이을남을 소환하여 김갑돌에게 유리한 증언내용을 번복하는 것으로 조서를 작성하였습니다. 이러한 경우 증언 후 검사가 이을남을 소환하여 작성한 조서가 증거능력이 인정되는지요?

답변 ➡ 증거능력이 없다고 보여집니다.

공판준비 또는 공판기일에서 이미 증언을 마친 증인을 검사가 소환한 후 피고인에게 유리한 그 증언내용을 추궁하여 이를 일방적으로 번복시키는 방식으로 작성한 진술조서의 증거능력을 인정할 수 있는지에 관하여 판례를 보면, "공판준비 또는 공판기일에서 이미 증언을 마친 증인을 검사가 소환한 후 피고인에게 유리한 그 증언내용을 추궁하여 이를 일방적으로 번복시키는 방식으로 작성한 진술조서를 유죄의 증거로 삼는 것은 당사자주의·공판중심주의·직접주의를 지향하는 현행 형사소송법의 소송구조에 어긋나는 것일 뿐만 아니라, 헌법 제27조가 보장하는 기본권, 즉 법관의 면전에서 모든 증거자료가 조사·진술되고 이에 대하여 피고인이 공격·방어할 수 있는 기회가 실질적으로 부여되는 재판을 받을 권리를 침해하는 것이므로, 이러한 진술조서는 피고인이 증거로 할 수 있음에 동의하지 아니하는 한 그 증거능력이 없다고 하여야 할 것이고, 그 후 원진술자인 종전 증인이 다시 법정에 출석하여 증언을 하면서 그 진술조서의 성립의 진정함을 인정하고 피고인측에 반대신문의 기회가 부여되었다고 하더라도 그 증언자체를 유죄의 증거로 할 수 있음은 별론으로 하고

위와 같은 진술조서의 증거능력이 없다는 결론은 달리할
것이 아니다."라고 하였습니다.

또한, "헌법은 제12조 제1항에서 적법절차에 의하지 아니
하고는 처벌을 받지 않을 권리를, 제27조 제1항 및 제3항
에서 법관의 법률에 의한 공정하고 신속한 공개재판을 받
을 권리를 각 명문으로 규정하고 있고, 이러한 기본권을
실현하기 위하여 형사소송법은 제161조의2에서 피고인의
반대신문권을 포함한 교호신문제도를 규정함과 동시에,
제310조의2에서 법관의 면전에서 진술되지 아니하고 피
고인에 대한 반대신문의 기회가 부여되지 아니한 진술에
대하여는 원칙적으로 증거능력을 부여하지 아니함으로써,
형사재판에 있어서 모든 증거는 법관의 면전에서 진술·심
리되어야 한다는 직접주의와 피고인에게 불리한 증거에
대하여는 반대신문할 수 있는 권리를 원칙적으로 보장하
고 있으므로 형사소송법 제310조의2에서 정한 예외규정
인 제312조와 제313조가 엄격하게 해석·적용되어야 하고,
형사소송법은 ① 공소제기 이전 단계에서 검사가 피의자
나 피의자 아닌 자에 대하여 작성한 조서는 형사소송법
제312조에서, ② 제1회 공판기일 이전 단계에서 수소법원
이 아닌 판사가 행한 증거보전절차 등에 따라 작성된 증
인신문조서는 형사소송법 제311조 후문에서, ③ 제1회 공
판기일 이후에 수소법원에 의하여 작성된 증인신문조서는
형사소송법 제311조 전문에서 각 그 증거능력을 규정하고
있음을 알 수 있으므로, 공판준비 또는 공판기일에서 이
미 증언을 마친 증인을 검사가 소환한 후 피고인에게 유
리한 그 증언내용을 추궁하여 이를 일방적으로 번복시키
는 방식으로 작성한 진술조서는 공소제기에 따라 피의자
가 피고인이 됨으로써 피의자라는 개념이 없어진 이후에

작성된 것으로서 형사소송법 제312조가 예정하는 「피의자 아닌 자」의 진술을 기재한 조서에 해당하지 아니하고, 형사소송법 제313조도 형사소송법 제311조와 제312조 이외의 진술서 등 서류를 규정한 것으로서 역시 위 진술조서와 같은 것을 예정하고 있는 것이라고 볼 수 없어 위 진술조서는 형사소송법 제312조의 조서나 제313조의 진술서 등에 해당하지 아니하며, 형사소송법 제312조나 제313조가 규정하는 조서나 서류는 수사기관이 수사 업무를 수행하면서 작성하거나 수집한 증거를 말하는 것인데, 증인을 위증혐의로 입건·수사한 바 없이 위와 같은 진술조서를 작성하는 행위는 그 실질에 있어서 증인의 종전 증언을 탄핵할 목적으로 증인을 상대로 재신문을 행하되, 법정이 아닌 자기의 사무실에서 증인신문절차가 아닌 임의의 방법을 취한 것에 불과하다고 봄이 상당하므로, 결국 이러한 검사의 행위는 수사기관이 행하는 수사라기보다는 공소유지기관인 당사자가 행하는 재신문이라는 소송행위의 연장선상에 있는 것으로 봄이 마땅하고, 그 결과 작성된 진술조서는 형사소송법 제312조나 제313조가 규정하는 조서나 서류에 해당한다고 볼 수도 없다 할 것이며, 참고인이 증인으로 소환되어 법관의 면전에서 자기가 경험한 사실을 직접 진술한 바 있고 그 후에도 재차 증언이 가능한 경우, 수소법원으로서는 그 증인의 종전 증언내용에 의문이 있다고 판단되면 직권이나 당사자의 신청에 따라 그를 다시 소환하여 증언을 직접 들으면 되고 또한 그것으로 충분한 것이며, 그럼에도 불구하고 검사가 종전 증인을 상대로 진술조서를 작성하여 유죄의 증거로 제출하였다면, 그것은 법원의 직접심리가 얼마든지 가능한 상황에서 의도적으로 만들어진 전문증거로서 직접주의에 역

행하는 산물임이 분명하므로, 여기에 제312조나 제313조
를 내세워 증거능력을 부여할 수 없는 것이다."라고 하였
습니다(대법원 2000. 6. 15. 선고 99도1108 전원합의체
판결).

그렇다면 위 사안에서도 법정에서 증언한 후 검사가 증인
이을남을 소환하여 증언내용과 다른 내용을 작성한 조서
는 증거능력이 없습니다.

◆ 검사작성 공동피고인에 대한 조서를 그 공동피고인이 인정한 경우 증거능력여부

질문 ➡ 김갑돌과 이을남은 사기죄의 공범으로서 공동피고인인데, 김갑돌이 이을남의 범죄사실에 대하여 검사작성의 피의자신문조서상 진술하였고, 법정에서도 그 조서의 진정성립 및 임의성을 인정하였으나, 이을남은 위 사실을 부인하고 있습니다. 이 경우 위 조서가 증거능력이 인정되는지요?

답변 ➡ 증거능력이 인정될 수 있을 것으로 보입니다.

형사소송법 제312조 제1항에서는 "검사가 피고인이 된 피의자의 진술을 기재한 조서는 적법한 절차와 방식에 따라 작성된 것으로서 피고인이 진술한 내용과 동일하게 기재되어 있음이 공판준비 또는 공판기일에서의 피고인의 진술에 의하여 인정되고, 그 조서에 기재된 진술이 특히 신빙할 수 있는 상태하에서 행하여졌음이 증명된 때에 한하여 증거로 할 수 있다."라고 규정하고 있습니다.

그런데 검사작성의 공동피고인에 대한 피의자신문조서를 그 공동피고인이 법정에서 성립 및 임의성을 인정한 경우, 그 조서가 다른 공동피고인에 대한 범죄사실에 대하여 증거능력이 인정되는지에 관하여 판례를 보면, "검사작성의 공동피고인에 대한 피의자신문조서는 공동피고인이 그 성립 및 임의성을 인정한 이상 피고인이 이를 증거로 함에 동의하지 않았다고 하더라도 그 증거능력이 있다."라고 하였습니다(대법원 1996. 3. 8. 선고 95도2930 판결, 1998. 12. 22. 선고 98도2890 판결, 2001. 4. 27. 선고 99도484 판결).

따라서 위 사안에서 김갑돌의 진술에 의하여 검사가 작성한 위 조서는 이을남의 범죄사실에 대하여 증거능력이 인정될 수 있을 것으로 보입니다.

◆ 공동피고인아닌 공범에 대한 검사작성 피의자신문조서등본에 증거능력이 인정되는지?

> **질문** ➡ 김갑돌과 이을남은 사기죄의 공범인데, 김갑돌은 공판에 회부되어 형을 선고받고 재판이 종료되었습니다. 그런데 이을남은 도피하였다가 최근에서야 붙들려 조사를 받고 있는데, 김갑돌이 자신의 사건과 관련하여 이을남의 범죄사실에 관하여 진술하고 그 조서에 대하여 공판절차에서 성립 및 임의성을 인정한 바 있습니다. 이 경우 위 조서가 증거능력이 인정될 수 있는지요?

답변 ➡ 공판절차에서 증인으로 진정성립을 인정하여야 할 것입니다.

형사소송법 제312조 제1항에서는 "검사가 피고인이 된 피의자의 진술을 기재한 조서는 적법한 절차와 방식에 따라 작성된 것으로서 피고인이 진술한 내용과 동일하게 기재되어 있음이 공판준비 또는 공판기일에서의 피고인의 진술에 의하여 인정되고, 그 조서에 기재된 진술이 특히 신빙할 수 있는 상태하에서 행하여졌음이 증명된 때에 한하여 증거로 할 수 있다 "라고 규정하고 있습니다.

그런데 공범이나 제3자에 대한 검사작성의 피의자신문조서등본의 증거능력에 관한 판례를 보면, "공범이나 제3자에 대한 검사작성의 피의자신문조서등본이 증거로 제출된 경우 피고인이 위 공범 등에 대한 피의자신문조서를 증거로 함에 동의하지 않는 이상, 원진술자인 공범이나 제3자가 각기 자신에 대한 공판절차나 다른 공범에 대한 형사공판의 증인신문절차에서 위 수사서류의 진정성립을 인정해놓은 것만으로는 증거능력을 부여할 수 없고, 반드시 공범이나 제3자가 현재의 사건에 증인으로 출석하여 그 서류의 성립의 진정을 인정하여야 증거능력이 인정된다."
라고 하였으며(대법원 1999. 10. 8. 선고 99도3063 판
결), 또한 "검사작성의 공동피고인이 아닌 다른 공범에
대한 피의자신문조서는 형사소송법 제312조 제1항에 의
하여 공판준비 또는 공판기일에서의 원진술자의 진술에
의하여 그 성립의 진정이 인정되는 때에 증거로 할 수 있
고, 성립의 진정이라 함은 간인·서명·날인 등 조서의 형식
적인 진정성립뿐만 아니라, 그 조서가 진술자의 진술내용
대로 기재된 것이라는 실질적인 진정성립까지 포함하는
의미이나, 형식적인 진정성립이 인정되는 피의자신문조서
는 특별한 사정이 없는 한 원진술자의 진술내용대로 기재
된 것이라고 추정된다."라고 하였습니다(대법원 1999. 7.
23. 선고 99도1860 판결).

따라서 위 사안에서도 검사가 작성한 김갑돌에 대한 진술
조서가 증거능력이 인정되기 위해서는 김갑돌이 자기의
공판절차에서 진정성립을 인정하였다고 하여도 그것만으
로는 부족하고, 이을남의 공판절차에서 증인으로 진정성
립을 인정하여야 할 것입니다

◆ 거짓말탐지기의 검사결과가 증거능력이 인정되는지?

질문 ➡ 저는 형사피의사건으로 수사기관에서 조사를 받으면서 사실대로 진술하였으나 수사기관에서는 저의 진술내용의 사실여부를 가리기 위해 거짓말탐지기 검사를 하려고 합니다. 저는 결백을 입증하기 위해 위 검사에 응하고 싶으나 검사결과가 잘못 나올 경우 저에게 불리할 것 같아 걱정도 되는데, 거짓말탐지기를 증거로 하여 처벌받을 수도 있는지요?

답변 ➡　진술의 신빙성을 헤아리는 정황증거로서 인정될 뿐이므로 그 검사결과를 유일한 증거로 하여 처벌할 수는 없을 것으로 생각됩니다.

거짓말탐지기의 검사결과에 대하여 증거능력을 인정할 수 있는지에 관하여 관련 판례를 살펴보면, "거짓말탐지기 검사결과와 그 보고서의 증거능력을 인정하기 위하여는 기계의 성능, 피검자의 정신상태, 질문방법, 검사자 및 판정자의 지식·경험, 검사장소의 상황 등 제반사정에 비추어 검사결과의 정확성이 보증되고 피검자의 동의가 있는 경우에 한하여 증거능력이 인정된다고 판시하면서, 이러한 조건이 갖추어진 상태에서 검사가 시행되었다고 볼 자료가 없는 검사결과의 증거능력은 부정되어야 한다."라고 한 바 있고(대법원 1979. 5. 22. 선고 79도547 판결), "거짓말탐지기의 검사결과에 대하여 증거능력을 인정할 수 있으려면, ① 거짓말을 하면 반드시 일정한 심리상태의 변동이 일어나고, ② 그 심리상태의 변동은 반드시 일정한 생리적 반응을 일으키며, ③ 그 생리적 반응에 의하여 피검자의 말이 거짓인지의 여부가 정확히 판정될 수 있다는 전제요건이 충족되어야 하며, ④ 특히 생리적 반응에 대한 거짓여부의 판정은 거짓말탐지기가 위 생리적 반응을 정확히 측정할 수 있는 장치어야 하고, ⑤ 검사자가 탐지기의 측정내용을 객관성 있고 정확하게 판독할 능력을 갖춘 경우라야 그 정확성을 담보할 수 있는 증거능력을 부어할 것이다."라고 하였습니다(대법원 1986. 7. 21. 선고 87도968 판결).

한편, 거짓말탐지기의 검사결과가 위에서 들고 있는 요건을 갖추어 증거능력이 인정되는 경우라 할지라도 그 검사, 즉 감정의 결과는 검사를 받는 사람의 신빙성을 헤아리는 정황증거로서의 기능을 다하는데 그친다고 하고 있습니다(대법원 1987. 7. 21. 선고 87도968 판결).

그러므로 귀하가 귀하의 결백을 입증하기 위하여 거짓말탐지기 검사에 응하고 그 검사결과가 위의 요건을 갖추어 증거능력이 인정되는 경우라 할지라도 귀하의 진술의 신빙성을 헤아리는 정황증거로서 인정될 뿐이므로 그 검사결과를 유일한 증거로 하여 처벌할 수는 없을 것으로 생각됩니다.

◆ 병원에 보관중인 피의자 혈액을 음주측정에 이용한 경우 그 증거
  능력이 인정되는지?

질문 ➡ 저는 얼마 전 술을 마시고 화물차를 운전하다가 중앙선을 침범
하여 반대차선에서 진행해 오던 승용차와 충돌하였습니다. 당
시 저는 의식을 잃어 병원으로 후송되었고 경찰은 저의 음주운
전 여부를 수사하기 위하여 응급실 간호사가 치료를 목적으로
채취한 혈액의 일부를 제출 받아 혈중알콜농도를 측정하였습니
다. 경찰은 저의 동의 없이 채취된 혈액을 증거로 사용하였는
데 이것은 위법이 아닌지요?

답변 ➡ 혈액을 이용한 혈액감정결과는 위법수집증거가 아니어서
증거능력이 있다고 할 수 있습니다.

형사소송법 제218조는 임의제출된 물건에 대하여 영장없
이 압수할 수 있다고 되어 있고, 형사소송법 제219조에
의하여 준용되는 제112조 본문은 "변호사, 변리사, 공증
인, 공인회계사, 세무사, 대서업자, 의사, 한의사, 치과의
사, 약사, 약종상, 조산사, 간호사, 종교의 직(職)에 있는
자 또는 이러한 직(職)에 있던 자가 그 업무상 위탁을 받
아 소지 또는 보관하는 물건으로 타인의 비밀에 관한 것
은 압수를 거부할 수 있다."라고 규정하고 있을 뿐, 형사
소송법 및 기타 법령상 의료인이 진료목적으로 채혈한 혈
액을 수사목적으로 압수하는 절차에 대하여는 특별한 제
한을 두지 않고 있습니다.

그러므로 위 사안과 같이 의료인이 진료목적으로 채혈한
혈액을 수사기관에 임의로 제출하였다면 그 혈액의 증거
사용에 대하여도 환자 사생활의 비밀 기타 인격적인 법익
이 침해되는 등의 특별한 사정이 없는 한 반드시 환자의
동의를 받아야 하는 것은 아닙니다.

즉, 당시 간호사가 위 혈액의 소지자 겸 보관자인 병원 및 담당의사를 대리하여 혈액을 임의로 제출할 수 있는 권한이 없었다는 사정이 없는 이상, 그 압수절차가 귀하 및 귀하의 가족의 동의 또는 영장없이 행하여졌다고 하더라도 위법한 절차라고 할 수는 없을 것입니다(대법원 1999. 9. 3. 선고 98도968 판결).

결국 위 혈액을 이용한 혈액감정결과는 위법수집증거가 아니어서 증거능력이 있다고 할 수 있습니다.

◆ 무인장비에 의하여 제한속도위반차량의 차량번호 등을 촬영한 사
진의 증거능력유무

질문 ➡ 김갑돌은 자동차를 운전하고 국도상을 운행하다가 무인속도측
정기에 제한속도위반차량으로 촬영되어 범칙금이 부과되었습니
다. 그런데 김갑돌은 선행차량의 속도에 맞추어 주행하여 제한
속도위반을 한 것인지 정확히 기억되지 않는바, 이처럼 무인속
도측정기에 의하여 촬영한 사진도 증거능력이 인정되는지요?

답변 ➡ 무인속도측정기의 제한속도위반차량을 촬영한 사진도 증
거로 인정될 수 있습니다.

헌법 제12조 제1항에서는 "모든 국민은 신체의 자유를 가
진다. 누구든지 법률에 의하지 아니하고는 체포·구속·압수·
수색 또는 심문을 받지 아니하며, 법률과 「적법한 절차」
에 의하지 아니하고는 처벌·보안처분 또는 강제노역을 받
지 아니한다."라고 규정하고 있으며, 위 규정의 「적법한
절차」란 법률이 정한 절차 및 그 실체적 내용이 모두 적
정하여야 함을 말하는 것으로서 적정하다고 함은 공정하
고 합리적이며 상당성이 있어 정의관념에 합치되는 것을
뜻합니다. 그러므로 위법하게 수집된 증거는 증거로 인정
될 수 없습니다.

그런데 형사소송법 제199조 제1항 본문에서는 "수사에 관
하여는 그 목적을 달성하기 위하여 필요한 조사를 할 수
있다. 다만, 강제처분은 이 법률에 특별한 규정이 있는 경
우에 한하며, 필요한 최소한도의 범위 안에서만 하여야 한
다."라고 규정하고 있으며, 무인장비에 의하여 제한속도위
반차량의 차량번호 등을 촬영한 사진이 적법절차에 의한
증거로서 증거능력이 인정되는지에 관하여 판례를 보면, "
수사, 즉 범죄혐의의 유무를 명백히 하여 공소를 제기·유

지할 것인가의 여부를 결정하기 위하여 범인을 발견·확보하고 증거를 수집·보전하는 수사기관의 활동은 수사목적을 달성함에 필요한 경우에 한하여 사회통념상 상당하다고 인정되는 방법 등에 의하여 수행되어야 하는 것인바, 무인장비에 의한 제한속도위반차량단속은 이러한 수사활동의 일환으로서 도로에서의 위험을 방지하고 교통의 안전과 원활한 소통을 확보하기 위하여 도로교통법령에 따라 정해진 제한속도를 위반하여 차량을 주행하는 범죄가 현재 행하여지고 있고, 그 범죄의 성질·태양으로 보아 긴급하게 증거보전을 할 필요가 있는 상태에서 일반적으로 허용되는 한도를 넘지 않는 상당한 방법에 의한 것이라고 판단되므로, 이를 통하여 운전차량의 차량번호 등을 촬영한 사진을 두고 위법하게 수집된 증거로서 증거능력이 없다고 말할 수 없다."라고 하였습니다(대법원 1999. 12. 7. 선고 98도3329 판결).

따라서 무인속도측정기의 제한속도위반차량을 촬영한 사진도 증거로 인정될 수 있습니다.

◆ 형사재판에서 피고인이 출석하지 않은 상태에서도 형이 선고될 수
있는지?

질문 ➡️ 저의 남편은 선고기일에 출석하지도 않았는데 퇴거불응죄로 징
역 6월의 형을 선고받았습니다. 남편은 첫 번째 기일에는 출석
하여 공판을 받았으나 그 후 주소를 옮기면서 법원에 주소변동
사실을 신고하지 못하여 출석하지 않았는데도 형을 선고할 수
있는지? 이 경우 판결의 위법을 들어 다툴 수는 없는지요?

답변 ➡️ 절차위반은 아니며, 송달받지 못했음을 이유로 항소할 수
있을 것입니다.

형사소송법 제277조 및 제277의2에 의하면 다액 100만원
이하의 벌금 또는 과료에 해당하거나 공소기각 또는 면소
의 재판을 할 것이 명백한 사건, 장기 3년 이하의 징역
또는 금고, 다액 500만원을 초과하는 벌금 또는 구류에
해당하는 사건에서 피고인의 불출석허가신청이 있고 법원
이 피고인의 불출석이 그의 권리를 보호함에 지장이 없다
고 인정하여 이를 허가한 사건(다만, 제284조에 따른 절
차를 진행하거나 판결을 선고하는 공판기일에는 출석하여
야 한다), 제453조제1항에 따라 피고인만이 정식재판의
청구를 하여 판결을 선고하는 사건에 관하여는 피고인의
출석을 요하지 아니하고, 피고인이 출석하지 아니하면 개
정하지 못하는 경우에 구속된 피고인이 정당한 사유 없이
출석을 거부하고, 교도관리에 의한 인치가 불가능하거나
현저히 곤란하다고 인정되는 때에는 피고인의 출석 없이
공판절차를 진행할 수 있다고 규정하고 있습니다.

즉, 형사재판에서 다액 100만원 이하의 벌금 또는 과료에
해당하는 경우, 즉결심판에 의하여 피고인에게 벌금 또는
과료를 선고하는 경우, 피고인에게 유리한 재판 즉, 공소

기각 또는 면소의 재판을 할 것이 명백한 경우 및 구속된 피고인이 정당한 사유 없이 출석을 거부하고 교도관리에 의한 인치가 불가능하거나 현저히 곤란하다고 인정되는 경우 등 이외에는 원칙적으로 피고인이 출석하지 않은 상태로 진행할 수 없게 되어 있습니다.

그러나 소송촉진 등에 관한 특례법 제23조는 제1심 공판절차에서 피고인에 대한 송달불능보고서가 접수된 뒤 6월이 경과하도록 피고인의 소재를 확인할 수 없는 때에는 피고인의 진술없이 재판할 수 있도록 규정하고 있으며, 소송촉진 등에 관한 특례규칙 제18조, 제19조에서는 피고인에게 공판기일소환장이 송달되지 아니하면 재판장은 소재조사촉구, 구인장발부 등 필요한 조치를 취하여야 하고 그럼에도 불구하고 소재가 확인되지 아니하면 피고인에 대한 송달은 공시송달에 의하여 하고 공시송달을 2회 이상하여도 출석하지 아니할 때에는 피고인의 진술없이 재판할 수 있도록 규정하고 있습니다.

따라서 귀하의 경우에도 위와 같은 송달절차를 거쳐 출석없이 재판이 진행된 것으로 생각됩니다.

그런데 판례는 기록상 명백히 피고인의 진정한 주소가 표시되어 있는데도 그 곳으로 송달을 해보지도 않고 공시송달을 하고 피고인이 불출석한 상태로 재판을 진행하였다면 위법하고(대법원 1990. 9. 14. 선고 90도1297 판결), 주민등록표상의 주소가 불명하다는 우편집배원의 송달불능보고서만으로 피고인의 주거를 알 수 없다고 단정하여 한 공시송달결정이 위법하다 라고 하였습니다(대법원 1991. 1. 25.자 90모70 결정).

따라서 위 사안의 경우에 귀하의 남편은 불구속되어 재판

을 받은 것으로 보이는데, 첫 기일에 출석하여 공판을 받
았다고 하므로 인정신문을 마친 뒤에 주소의 변동이 있을
경우에는 그것을 법원에 보고할 것을 명 받았을 것임에도
불구하고 주소변동을 보고하지 않았던 것으로 보여지고,
법원이 위와 같은 절차를 거쳤음에도 귀하의 주소를 알
수 없어 귀하의 출석 없이 공판을 진행하여 형을 선고하
였다면 귀하는 이것을 절차위반이라고 다툴 수는 없을 것
입니다.

그러나 위 판례와 같이 송달을 제대로 해보지도 않고 공
시송달을 한 후 형을 선고하게 되었다면 항소를 제기하여
다투어야 할 것이며, 만약 항소제기 기간이 경과된 경우
라면 항소제기와 동시에 상소권회복청구를 하여야 할 것
인데, 상소권회복청구에는 귀하의 남편이 책임질 수 없는
사유로 인해 상소제기기간 내에 상소를 제기할 수 없었음
을 소명하여야 합니다(형사소송법 제345조).

◆ 실형복역 중 지병이 악화된 경우 형의 집행정지를 받을 수 있는 지?

질문 ➡ 지의 남편은 강도죄로 구속되어 징역 3년형을 선고받고 현재까지 형을 살고 있습니다. 그런데 남편은 지병이 있어 수형생활을 하기에는 무리였으나 형의 집행으로 더욱 악화되었습니다. 남편이 수술을 받을 수 있도록 형집행정지를 신청하려고 하는데 어떻게 하면 되는지? 또 이 경우 형의 집행정지가 가능한지요?

답변 ➡ 가족이 신청할 수 없으며, 교도소의 장에게 형집행정지를 검사에게 건의해 달라는 탄원서를 제출하면 됩니다.

자유형의 집행정지는 검사가 반드시 자유형의 집행을 정지하여야 하는 경우(필요적 집행정지)와 재량에 의하여 집행을 정지할 수 있는 경우(임의적 집행정지)가 있습니다.

필요적 집행정지는 징역·금고 또는 구류의 선고를 받은 자가 심신의 장애로 의사능력이 없는 상태에 있는 때에 형을 선고한 법원에 대응한 검찰청 검사 또는 형의 선고를 받은 자의 현재지를 관할하는 검찰청 검사의 지휘에 의하여 심신장애가 회복될 때까지 형의 집행을 정지하는 제도입니다(형사소송법 제470조 제1항).

임의적 집행정지는 징역·금고 또는 구류의 선고를 받은 자에 대하여 ① 형의 집행으로 인하여 현저히 건강을 해하거나 생명을 보전할 수 없을 염려가 있는 때, ② 연령 70세 이상인 때, ③ 잉태 후 6월 이상인 때, ④ 출산 후 60일을 경과하지 아니한 때, ⑤ 직계존속이 연령 70세 이상 또는 중병이나 불구자로서 보호할 다른 친족이 없는 때, ⑥ 직계비속이 유년으로 보호할 다른 친족이 없는 때, ⑦ 기타 중대한 사유가 있을 때에 형을 선고한 법원에 대응한 검찰청 검사 또는 형의 선고를 받은 자의 현재지를 관할하는 검찰청 검사의 지휘에 의하여 형의 집행을 정지하는 제도입니다(형사소송법 제471조 제1항).

그런데 형사소송법은 수형자의 가족이나 친족에게 형이 확정된 자의 형집행정지를 신청할 수 있는 권한을 부여하지 않고 있으므로, 귀하도 남편의 형집행정지를 신청할 수는 없습니다.

한편, 실무적으로 자유형의 집행정지는 형의 집행정지를 지휘할 수 있는 검사가 형집행중인 자에 대하여 위와 같은 형집행정지사유가 있는지 알 수 없으므로 자유형의 집행을 담당하고 있는 교도소의 장이 판단하여 형집행정지사유가 있을 경우에 이를 검사에게 공문서로 건의하도록 되어 있고, 검사는 이것을 토대로 하여 형집행정지 여부를 판단하고 있습니다.

따라서 위 사안에서 귀하는 형을 집행하고 있는 교도소의 장에게 남편의 집행정지를 검사에게 건의해주도록 하는 탄원서를 제출하여 보아야 할 것입니다.

◆ 2건의 징역형을 선고받은 때 형의 집행순서 및 가석방의 적용여부

질문 ➡ 저는 2건의 징역형을 선고받았는데 신청에 의해 이중 가벼운 형을 먼저 집행 받고 무거운 형을 집행하지 않은 상태에서 가석방을 받을 수 있는지요?

답변 ➡　2개의 형을 통산하여 그 3분의 1이 경과하여야 가석방이 가능할 것으로 생각됩니다.

　　　　형사소송법 제462조에 의하면 2이상의 형의 집행은 무거운 형을 먼저 집행하도록 되어 있습니다. 그러나 이에 대한 예외로서 검사가 소속장관의 허가를 얻어 무거운 형의 집행을 정지하는 경우에는 가벼운 형을 집행할 수 있습니다. 이 경우 무거운 형은 집행이 정지되어 있을 뿐이어서 가벼운 형의 집행을 마친 다음 나머지 형이 집행됩니다.

　　　　그리고 형의 집행정지사유로는 심신의 장애로 인하여 의사능력이 없는 경우, 건강의 악화, 노령, 잉태, 출산 등이 있습니다(형사소송법 제470조, 제471조).

　　　　그런데 이러한 형의 집행정지나 집행순서의 변경에는 따로 수형인의 신청절차가 규정되어 있지 않고 검사의 지휘에 의해 정지할 수 있음이 규정되어 있을 뿐입니다.

　　　　가석방은 징역 또는 금고형의 집행 중에 있는 자가 그 행장(行狀)이 양호하여 개전(改悛)의 정이 현저한 때에 행정처분으로 석방을 명하는 것으로서 귀하와 같은 유기징역형의 경우에는 그 형기의 3분의 1이 경과한 다음에 가능합니다(형법 제72조 제1항).

　　　　귀하는 2개의 형이 선고된 상태이므로 그 형기는 2개의 형을 통산하여 그 3분의 1이 경과하여야 가석방이 가능할

것으로 생각됩니다.

가석방절차는 형의 집행 및 수용자의 처우에 관한 법률 제119조 내지 제122조에 규정되어 있는데, 이 규정들에 의하면 가석방은 가석방심사위원회의 심사와 법무부장관의 허가에 의하도록 되어 있고 따로 수형인의 신청권에 대해서는 규정이 없습니다.

◆ 선박임차인이 밀수죄로 실형을 선고받으면서 선박몰수판결이 난 경우

질문 ➡ 지는 제 소유의 선박을 임차한 김갑돌이 그 선박을 이용하여 밀수를 하다가 검거되어 법원에서 실형선고를 받았습니다. 그런데 선박에 대한 몰수판결이 확정되었다는 사실을 며칠 전에 알게 되었는데, 이 경우 선박을 돌려 받을 수는 없는지요?

답변 ➡ 본인의 소유임을 증명한 후 돌려받을 수 있을 것으로 생각됩니다.

형사소송법 제484조 제1항은 "몰수를 집행한 후 3월 이내에 그 몰수물에 대하여 정당한 권리 있는 자가 몰수물의 교부를 청구한 때에 검사는 파괴 또는 제거할 것이 아니면 이를 교부하여야 한다."라고 규정하고 있으므로 귀하는 해당 검찰청 검사에게 몰수물교부청구를 하여 귀하 소유의 선박을 돌려받을 수 있을 것입니다.

그리고 몰수물교부청구에는 선박이 귀하의 소유임을 인정할 수 있는 자료를 첨부하여야 합니다. 귀하의 몰수선박 교부청구를 받은 검사는 몰수선박이 귀하의 소유라고 인정하는 때에는 그 선박을 귀하에게 교부합니다.

판례는 밀수사건으로 몰수선고된 선박의 소유자가 국가를 상대로 선박인도청구를 한 민사소송사건에 관하여 "선박을 관세법위반사건의 피고인으로부터 몰수한다는 판결이 확정되었다 하더라도 그 몰수판결의 효력은 몰수의 원인된 사실에 관하여 유죄재판을 받은 그 사건의 피고인에 대해서만 발생할 뿐이며, 그 형사사건의 피고인도 아니고 그 사건에 있어서 방어의 기회도 가질 수 없었던 몰수선박소유자에게 까지 그 효력이 미치지 아니한다."라고 하고 있으므로

(대법원 1966. 12. 20. 선고 66다2080 판결), 귀하는 몰수 판결이 확정된 위 선박을 돌려 받게 될 것입니다.

몰수물의 교부절차에 관해서는 검찰압수물사무규칙 제46 조 등에서 규정하고 있습니다.

◆ 사건과 관련이 없는 물건을 압수당한 경우 압수물환부 및 압수의
취소청구

질문 ➡ 님편이 사기혐의로 불구속수사를 받던 중 담당형사가 이 사건
과 전혀 관련 없는 저의 골동품을 영장 없이 압수해갔습니다.
저는 돌려줄 것을 요구하였으나 거절당하였는데, 이 경우 저의
골동품을 어떻게 하면 돌려 받을 수 있는지요?

답변 ➡ 수사시관에 압수물환부청구를 할 수 있으며, 관할법원에
압수의 청구를 취소하는 소를 제기할 수 있습니다.

압수물이 피의사건과 관련성이 없는 경우 그 압수물을 보
관하고 있는 수사기관에 대하여 압수물환부청구를 할 수
있으며, 압수를 계속할 필요가 없다고 인정되는 압수물은
환부하여야 합니다(형사소송법 제133조).

여기서 「압수를 계속할 필요가 없다고 인정되는 경우」 란
압수물이 피의사건과 관련성이 없는 경우, 몰수가 불가능
한 물건 또는 몰수할 필요가 없는 물건이라고 판정되는
경우 등을 말합니다. 위 사안의 경우 사기혐의사건과 관
련성 없는 귀하의 골동품을 영장 없이 압수할 수 없으므
로 담당형사의 이러한 압수는 불법압수라 할 것입니다.

그리고 형사소송법 제417조에 의하면 "검사 또는 사법경
찰관의 구금, 압수 또는 압수물의 환부에 관한 처분에 대
하여 불복이 있으면 그 직무집행지의 관할 법원 또는 검
사의 소속 검찰청 에 대응한 법원에 그 처분의 취소 또는
변경을 청구할 수 있다."라고 규정하고 있으며, 이 경우
청구는 서면으로 관할 법원에 제출하여야 한다고 규정하
고 있습니다(형사소송법 제418조).

이와 같이 압수처분에 대한 불복이 있으면 관할법원에 압

수의 취소를 청구할 수 있습니다. 이를 압수에 관한 처분에 대한 준항고(準抗告)라고 합니다.

따라서 귀하는 그 압수가 불법이라는 이유로 관할법원에 압수의 취소를 청구할 수 있고, 또한 그 압수물이 사기피의사건과 관련성이 없다는 점을 명시하여 그 압수물을 보관하고 있는 수사기관에 대하여 압수물환부를 서면(압수물환부신청서)으로 신청할 수 있으며, 수사기관은 압수를 계속할 필요가 없다고 인정되는 압수물은 반환하여야 합니다.

◆ 피고인 이외의 제3자 소유의 물건에 대하여 몰수를 선고한 판결의
 효력

> **질문** ➡ 김갑돌은 일본인으로부터 우리 문화재를 매수하였는데, 그 문
> 화재는 이을남이 일본국으로 밀반출한 것이었으므로 이을남에
> 대한 문화재보호법위반죄 사건에서 위 문화재를 몰수하는 판결
> 이 선고되었습니다. 이 경우 위 문화재를 몰수하는 위 형사판
> 결의 효력으로 인하여 김갑돌은 위 문화재에 대한 소유권을 상
> 실하는지요?

답변 ➡ 판결의 효력이 제3자(국내거주국민)에게는 미치지 않으므
로, 국가를 상대로 위 문화재에 대한 압수물반환청구를 해
볼 수 있을 것입니다.

문화재보호법 제90조(무허가수출 등의 죄)에서는 "① 제
39조제1항 본문(제59조제2항과 제74조제1항에 따라 준용
하는 경우를 포함한다)을 위반하여 지정문화재 또는 가지
정문화재를 국외로 수출 또는 반출하거나 제39조제1항 단
서 및 제2항(제59조제2항과 제74조제1항에 따라 준용하
는 경우를 포함한다)에 따라 반출한 문화재를 기한 내에
다시 반입하지 아니한 자는 5년 이상의 유기징역에 처하
고 그 문화재는 몰수한다. ② 제60조제1항을 위반하여 문
화재를 국외로 수출 또는 반출하거나 반출한 문화재를 다
시 반입하지 아니한 자는 3년 이상의 유기징역에 처하고
그 문화재는 몰수한다. ③ 제1항 또는 제2항을 위반하여
국외로 수출 또는 반출하는 정(情)을 알고 해당 문화재를
양도·양수 또는 중개한 자는 3년 이상의 유기징역에 처
하고 그 문화재는 몰수한다."라고 규정하고 있으며, 문화
재보호법 제39조(수출 등의 금지)에서는 "① 국보, 보물,
천연기념물 또는 중요민속문화재는 국외로 수출하거나 반

출할 수 없다. 다만, 문화재의 국외 전시 등 국제적 문화
교류를 목적으로 반출하되, 그 반출한 날부터 2년 이내에
다시 반입할 것을 조건으로 문화재청장의 허가를 받으면
그러하지 아니하다. ② 문화재청장은 제1항 단서에 따라
반출을 허가받은 자가 그 반출 기간의 연장을 신청하면
당초 반출목적 달성이나 문화재의 안전 등을 위하여 필요
하다고 인정되는 경우에 한정하여 2년의 범위에서 그 반
출 기간의 연장을 허가할 수 있다. ③ 제1항에도 불구하
고 다음 각 호의 어느 하나에 해당하는 경우에는 문화재
청장의 허가를 받아 수출할 수 있다. 1. 제35조제1항제1
호에 따른 허가를 받아 천연기념물을 표본·박제 등으로 제
작한 경우 2. 특정한 시설에서 연구 또는 관람목적으로
증식된 천연기념물의 경우"라고 규정하고 있습니다.

그런데 문화재보호법 제101조 제2항에 의하여 몰수할 문
화재가 피고인 이외의 제3자의 소유에 속하는 경우, 그의
선의·악의를 불문하고 필요적으로 몰수하여야 하는지에 관
하여 "문화재보호법 제80조 제2항은 문화재보호법 제76
조 제1항의 규정에 위반하여 문화재를 국외로 수출 또는
반출하거나 반출한 문화재를 다시 반입하지 아니한 자는
3년 이상의 유기징역에 처하고 그 문화재는 몰수한다고
규정하고 있는바, 위 규정에 의한 몰수는 형법총칙이 규
정한 몰수에 대한 특별규정으로서 몰수할 문화재가 피고
인 이외의 제3자의 소유에 속하더라도 그의 선의·악의를
불문하고 필요적으로 이를 몰수하여야 한다. 그러나 형사
법상 몰수는 공소사실에 관하여 형사재판을 받는 피고인
에 대한 유죄의 판결에서 다른 형에 부가하여 선고되는
형인 점에 비추어, 피고인 이외의 제3자의 소유에 속하는
물건에 대하여 몰수를 선고한 판결의 효력은 원칙적으로

몰수의 원인이 된 사실에 관하여 유죄의 판결을 받은 피고인에 대한 관계에서 그 물건을 소지하지 못하게 하는데 그치고 그 사건에서 재판을 받지 아니한 제3자의 소유권에 어떤 영향을 미치는 것은 아니다."라고 하였습니다(대법원 1999. 5. 11. 선고 99다12161 판결).

따라서 위 사안에 있어서 이을남에 대한 문화재보호법위반사건의 몰수를 선고한 판결의 효력이 김갑돌에게는 미치지 않으므로, 김갑돌은 국가를 상대로 위 문화재에 대한 압수물반환청구를 해볼 수 있을 것입니다.

◆ 수사단계 소유권포기한 압수물 몰수형이 선고되지 않은 경우 반환 청구가능한지?

> **질문 ➡** 김갑돌은 범죄와 관련된 물품을 수사도중에 수사관에게 소유권 포기각서를 제출하였습니다. 이 경우 수사기관의 압수물환부의 무가 면제되고 김갑돌의 압수물환부청구권도 소멸하는지요?

답변 ➡ 수사단계에서 소유권을 포기한 압수물에 대하여 형사재판에서 몰수형이 선고되지 않은 경우에는 국가에 대하여 민사소송으로 그 반환을 청구할 수 있다고 할 것입니다.

수사 도중에 피의자가 수사관에게 소유권포기 각서를 제출한 경우 수사기관의 압수물 환부의무가 면제되고, 피의자의 압수물환부청구권도 소멸하는지에 관하여 판례를 보면, "피압수자 등 환부를 받을 자가 압수 후 그 소유권을 포기하는 등에 의하여 실체법상의 권리를 상실하더라도 그 때문에 압수물을 환부하여야 하는 수사기관의 의무에 어떠한 영향을 미칠 수 없고, 또한 수사기관에 대하여 형사소송법상의 환부청구권을 포기한다는 의사표시를 하더라도 그 효력이 없어 그에 의하여 수사기관의 필요적 환부의무가 면제된다고 볼 수는 없으므로, 압수물의 소유권이나 그 환부청구권을 포기하는 의사표시로 인하여 위 환부의무에 대응하는 압수물에 대한 환부청구권이 소멸하는 것은 아니다. 압수물의 환부는 환부를 받는 자에게 환부된 물건에 대한 소유권 기타 실체법상의 권리를 부여하거나 그러한 권리를 확정하는 것이 아니라 단지 압수를 해제하여 압수 이전의 상태로 환원시키는 것 뿐으로서, 이는 실체법상의 권리와 관계없이 압수 당시의 소지인에 대하여 행하는 것이므로, 실체법인 민법(사법)상 권리의 유무나 변동이 압수물의 환부를 받을 자의 절차법인 형사소송법(공법)상 지위에 어떠한 영향을 미친다고는 할 수 없다. 그리고 형사사법권의 행사절차인 압수물처분에 관한 준항고질차에서 민사분쟁인 소유권 포기의사의 존부나 그 의사표시의 효력 및 하자의 유무를 가리는 것은 적절하지 아니하고 이는 결국 민사소송으로 해결할 문제이므로, 피압수자 등 환부를 받을 자가 압수 후에 그 소유권을 포기하는 등에 의하여 실체법상의 권리를 상실하는 일이 있다고 하더라도, 그로 인하여 압수를 계속할 필요가 없는 압수물을 환부하여야 하는 수사기관의 의무에 어떠한 영향을 미친다고 할 수는 없으니, 그에 대응하는 압수물의 환부를 청구할 수 있는 절차법상의 권리가 소멸하는 것은 아니다. 형사소송법 제133조 제1항, 제219조, 제486조 각 규정의 취지를 종합하여 보면, 압수물에 대하여 더 이상 압수를 계속할 필요가 없어진 때에는 수사기관은 환부가 불가능하여 국고에 귀속시키는 경우를 제외하고는 반드시 그 압수물을 환부하여야 하고, 환부를 받을 자로 하여금 그 환부청구권을 포기하게 하는 등의 방법으로 압수물의 환부의무를 면할 수는 없다. 법률이 압수물을 국고에 귀속시키는 절차와 방법에 관하여 엄격히 규정함과 아울러 압수된 범칙물이 범인에게 복귀되지 아니하도록 필요에 따른 준비를 하여 두고 있는데도, 법률이 정하고 있는 이러한 방법 이외에 피압수자 등으로 하여금 그 압수물에 대한 환부청구권을 포기하게 하는 등의 방법으로 압수물의 환부의무를 면하게 함으로써 압수를 계속할 필요가 없어진 물건을 국고에 귀속시킬 수 있는 길을 허용하는 것은 적법절차에 의한 인권보장 및 재산권 보장의 헌법정신에도 어긋나고, 압수물의 환부를 필요적이고 의무적인 것으로 규정한 형사소송법 제133조를 사문화시키며, 나아가 몰수제도를 잠탈할 수 있는 길을 열어 놓게 되는 것이다. 따라서 피압수자 등 압수물을 환부받을 자가 수사기관에 대하여 형사소송법상의 환부청구권을 포기한다는 의사표시를 한 경우에 있어서도, 그 효력이 없어 그에 의하여 수사기관의 필요적 환부의무가 면제된다고 볼 수는 없으므로, 그 환부의무에 대응하는 압수물의 환부를 청구할 수 있는 절차법상의 권리가 소멸하는 것은 아니다."라고 하였습니다(대법원 1996. 8. 16.자 94모51 전원합의체 결정, 1998. 4. 16.자 97모25 결정).

그리고 수사단계에서 소유권을 포기한 압수물에 대하여 형사재판에서 몰수형이 선고되지 않은 경우, 피압수자는 국가에 대하여 민사소송으로 그 반환을 청구할 수 있다고 본 원심의 판단을 수긍한 사례가 있습니다(대법원 2000. 12. 22. 선고 2000다27725 판결, 2001. 4. 10. 선고 2000다49343 판결).

그러므로 위 사안에서도 김갑돌이 수사단계에서 소유권을 포기한 압수물에 대하여 형사재판에서 몰수형이 선고되지 않은 경우 김갑돌으로서는 국가에 대하여 민사소송으로 그 반환을 청구할 수 있다고 할 것입니다.

◆ 형의 집행과 구속영장집행이 경합하고 있는 경우 미결구금일수의 본형에 산입가능한지?

질문 ➡ 김갑돌은 사기·절도죄로 체포영장에 의하여 체포되고 구속영장이 발부되어 구속된 후 순차 구속기간이 연장되어 구속기간이 만료될 때까지 구금되어 있었지만 한편, 그 사건과는 별도로 폭력행위 등 처벌에 관한 법률 위반죄 등으로 징역 1년의 형을 선고받고 그 형이 확정되어 검사의 집행지휘에 의하여 사기·절도사건 제1심판결 선고일인 현재까지 폭력행위 등 처벌에 관한 법률 위반죄 형의 집행을 받고 있습니다. 이 경우 김갑돌에 대한 형의 집행과 구속영장집행이 경합하고 있는 미결구금일수를 본형에 산입할 수 있는지요?

답변 ➡ 형의 집행과 구속영장의 집행이 경합하고 있는 기간은 미결구금일수의 본형에의 산입을 할 수 없다고 할 것입니다.

판결선고전 구금일수의 통산에 관하여 형법 제57조에서는 "① 판결선고전의 구금일수는 그 전부 또는 일부를 유기징역, 유기금고, 벌금이나 과료에 관한 유치 또는 구류에 산입한다. ② 전항의 경우에는 구금일수의 1일은 징역, 금고, 벌금이나 과료에 관한 유치 또는 구류의 기간의 1일로 계산한다."라고 규정하고 있습니다.

그런데 미결구금일수의 통산에 관한 형법 제57조의 규정취지 및 형의 집행과 구속영장의 집행이 경합하고 있는 경우, 미결구금일수의 본형에의 산입여부에 관한 판례를 보면, "미결구금은 공소의 목적을 달성하기 위하여 어쩔 수 없이 피고인 또는 피의자를 구금하는 강제처분이어서 형의 집행은 아니지만, 자유를 박탈하는 점이 자유형과 유사하기 때문에, 형법 제57조는 인권보호의 관점에서 미결구금일수의 전부 또는 일부를 본형에 산입한다고 규정하고 있는 것이나, 형의 집행과 구속영장의 집행이 경합하고 있는 경우에는 구속여부와 관계없이 피고인 또는 피의자는 형의 집행에 의하여 구금을 당하고 있는 것이어서, 구속은 관념상은 존재하지만 사실상은 형의 집행에 의한 구금만이 존재하는 것에 불과하므로 즉, 구속에 의하여 자유를 박탈하는 것이 아니므로, 인권보호의 관점에서 이러한 미결구금기간을 본형에 통산할 필요가 없고, 오히려 이것을 통산한다면 하나의 구금으로써 두 개의 자유형의 집행을 동시에 하는 것과 같게 되는 불합리한 결과가 되어 피고인에게 부당한 이익을 부여하게 되므로, 이러한 경우의 미결구금은 본형에 통산하여서는 아니 된다."라고 규정하고 있습니다(대법원 2001. 10. 26. 선고 2001도4583 판결).

그러므로 형의 집행과 구속영장의 집행이 경합하고 있는 기간은 미결구금일수의 본형에의 산입을 할 수 없다고 할 것입니다.

◆ 형사사건의 항소절차와 상고절차는 어떻게 되는지?

> **질문 ➡** 저는 폭력행위 등 처벌에 관한 법률 위반사건으로 제1심에서 징역 2년에 집행유예 4년이라는 판결을 선고받았습니다. 사건 당시 제가 술을 마시고 있을 때 피해자가 의도적으로 시비를 걸어왔고 술김에 맥주병을 던진 것이 피해자의 머리에 맞아 4주 진단의 상해를 입혔고 피해자와는 합의를 하였습니다. 제1심 판결결과가 너무 무겁게 나온 것 같아 항소를 제기하여 다시 심판을 받고자 하는데, 이 경우 항소제기절차는 어떻게 되며 항소제기시 제1심 판결보다 형량이 무거워질 수도 있는지? 그리고 대법원에 상고할 경우 그 절차는 어떻게 되는지요?

답변 ➡ 7일 이내에 제1심 판결법원에 항소장을 제출하여야 하고, 항소법원으로부터 기록접수통지를 받은 날로부터 20일 이내에 항소이유서를 항소법원에 제출하면 됩니다.

항소제기의 절차는 먼저 제1심 판결을 선고한 후 7일 이내에 항소장을 원심법원에 제출하여야 하며(형사소송법 제357조, 제358조), 항소장에는 항소의 대상인 판결과 항소를 한다는 취지를 기재하여야 합니다.

항소법원은 제1심 법원으로서 지방법원 단독판사가 선고한 것은 지방법원본원 합의부에, 지방법원 합의부가 선고한 것은 고등법원에 항소하는 것이지만 항소장은 원심법원에 제출합니다.

원심법원은 항소장을 심사하여 항소의 제기가 법률상 방식에 위반하거나 항소권 소멸 후의 것이 명백한 때에는 결정으로 항소를 기각할 수 있습니다(형사소송법 제360조 제1항).

항소기각결정을 하는 경우 이외에는 원심법원은 항소장을 받은 날로부터 14일 이내에 소송기록과 증거물을 항소법원에 송부하여야 하고, 항소법원이 기록송부를 받은 때에는 즉시 항소인과 상대방에게 그 사유를 통지하여야 하고, 기록접수통지 전에 변호인의 선임이 있는 때에는 변호인에게도 통지하여야 합니다(형사소송법 제361조의2).

항소인 또는 변호인은 항소법원의 소송기록접수통지를 받은 날로부터 20일 이내에 항소이유서를 항소법원에 제출하여야 하고, 항소이유서의 제출을 받은 항소법원은 지체 없이 그 부본 또는 등본을 상대방에게 송달하여야 하며, 상대방은 항소이유서를 송달받은 날로부터 10일 이내에 답변서를 항소법원에 제출하여야 합니다(형사소송법 제361조의3 제1항 내지 제3항).

항소인이나 변호인이 항소이유서 제출기간 내에 항소이유서를 제출하지 아니하면 결정으로 항소를 기각하게 되는데, 항소장에 항소이유의 기재가 있거나 항소법원의 직권으로 조사할 사유가 있는 때에는 그러하지 않습니다(형사소송법 제361조의4).

항소이유가 있다고 인정한 때는 항소법원은 원심판결을 파기하고 다시 판결하게 됩니다(형사소송법 제364조 제6항).

상고(上告)란 제2심 판결에 대하여 불복이 있는 경우 대법원에 상소하는 것으로서 예외적으로 제1심 판결에 대하여 상고가 인정되는 경우도 있습니다(형사소송법 제371조, 제372조). 이 경우 상고도 7일 내에 상고장을 원심법원에 제출하여야 합니다.

상고심은 일반적으로 법률문제를 심리·판단하기 때문에 변호인이 아니면 피고인을 위하여 변론하지 못하며, 변호인 선임이 없거나 변호인이 공판기일에 출석하지 아니한 때에도 필요적 변호사건을 제외하고는 검사의 진술만을 듣고 판결할 수 있습니다(형사소송법 제387조, 제283조).

또한, 상고장, 상고이유서 기타 소송기록에 의해 변론없이 서면심리만으로도 판결할 수 있습니다(형사소송법 제390조).

피고인이 항소 또는 상고한 사건과 피고인을 위하여 항소 또는 상고한 사건에 관하여 상소심은 원심판결의 형보다 중한 형을 선고하지 못하는데 이를 불이익변경금지원칙(不利益變更禁止原則)이라고 합니다(형사소송법 제368조, 제399조). 이를 인정하고 있는 이유는 피고인이 중형변경의 위험 때문에 상소제기를 단념함을 방지함으로써 피고인의 상소권을 보장함에 있는 것입니다. 그러나 검사가 형이 가볍다고 판단하여 상소한 경우는 이 적용이 배제됩니다(대법원 1964. 9. 30. 선고 64도420 판결, 1980. 11. 11. 선고 80도2097 판결).

그러므로 귀하의 경우 7일 이내에 제1심 판결법원에 항소장을 제출하여야 하고, 항소법원으로부터 기록접수통지를 받은 날로부터 20일 이내에 항소이유서를 항소법원에 제출하여야 하며, 검사가 형량이 가볍다고 항소한 경우 이외는 귀하의 항소만으로는 제1심 판결의 형보다 무거운 형이 선고되지는 않을 것입니다.

◆ 미성년자가 법정대리인인 부모의 동의없이 항소취하할 수 있는지?

> **질문** ➡ 저의 아들 김갑돌은 만18세의 미성년자로 절도죄로 구속·기소되어 징역 단기 10월, 장기 1년형을 선고받아 제가 항소를 제기하였으나 아들 김갑돌이 항소를 취하하였습니다. 이 경우 항소취하의 효력은 어떻게 되는지요?

답변 ➡ 미성년자가 법정대리인의 동의없이 단독으로 항소취하할 수 없습니다.

형사소송법 제350조에 의하면 "법정대리인이 있는 피고인이 상소의 포기 또는 취하를 함에는 법정대리인의 동의를 얻어야 한다. 단, 법정대리인의 사망 기타 사유로 인하여 그 동의를 얻을 수 없는 때에는 예외로 한다."라고 하여 법정대리인이 있는 미성년자는 법정대리인의 동의를 얻어 항소를 취하할 수 있음을 규정하고 있습니다.

그러므로 귀하의 아들 김갑돌이 항소의 취하를 함에는 법정대리인인 귀하의 동의를 얻어야 합니다.

따라서 귀하의 아들 김갑돌이 항소를 취하하는 것은 법률적 효력을 낼 수 없어 무효이므로, 귀하가 항소를 제기한 것은 여전히 유효하다 하겠습니다(대법원 1983. 9. 13. 선고 83도1774 판결).

참고로 형사소송법 제354조에서는 "상소를 취하한 자 또는 상소의 포기나 취하에 동의한 자는 그 사건에 대하여 다시 상소를 하지 못한다."라고 규정하고 있으므로 항소를 취하한 자 또는 항소의 취하에 동의한 자는 그 사건에 대하여 다시 항소를 제기할 수는 없는 것입니다.

◆ 피고인이 상소권을 포기한 후 변호인이 상소를 제기할 수 있는지?

질문 ➡ 저는 교통사고로 구속·기소되어 제1심에서 변호사를 선임하였고 징역 1년을 선고받은 후 성급하게 항소를 포기하였습니다. 이 경우 저의 상소포기에도 불구하고 변호인이 피고인을 위하여 상소를 할 수 있다고 하는데, 제가 선임한 변호인이 상소를 제기할 수 있는지요?

답변 ➡ 상소할 수 없습니다.

형사소송법 제341조 제1항에 의하면 "피고인의 배우자, 직계친족, 형제자매 또는 원심의 대리인이나 변호인은 피고인을 위하여 상소할 수 있다.."라고 하며, 형사소송법 제341조 제2항에서는 "전항의 상소는 피고인의 명시한 의사에 반하여 하지 못한다."라고 규정하고 있습니다.

위 조항에서 「원심의 변호인은 피고인을 위하여 상소할 수 있다」 라는 규정에 관하여 판례를 보면 "변호인은 독립한 상소권자가 아니고 다만 피고인의 상소권을 대리행사 할 수 있을 따름이므로 피고인의 상소권이 소멸한 후에는 상소를 제기할 수 없다 할 것인데, 피고인이 원심판결에 대하여 선고일에 상고를 포기하여 다시 상소할 수 없으므로 피고인의 변호인이 그 후에 한 상고는 피고인의 상소권포기로 상소권이 소멸한 후에 제기된 것이어서 부적법하고(대법원 1991. 4. 23. 선고 91도456 판결), 또한 변호인은 피고인의 상소권이 소멸된 후에는 상소를 제기할 수 없는 것이고, 상소를 포기한 자는 형사소송법 제354조에 의하여 그 사건에 대하여 다시 상소를 할 수 없다."라고 하였습니다(대법원 1998. 3. 27. 선고 98도253 판결).

따라서 귀하가 판결선고를 받고 상소권포기를 하였다면 동일사건에 대하여 다시 상소할 수 없다고 할 것이며, 원심변호인도 피고인의 상소권이 포기 등으로 소멸된 후에는 상소를 제기할 수가 없으므로, 위 사안의 경우에도 귀하의 제1심 변호인은 귀하가 상소를 포기한 후에는 상소할 수 없다고 봄이 타당할 것입니다.

◆ 항소이유서제출기간 경과 후 국선변호인선정됨으로써 항소이유서
  제출기간 도과한 경우

질문 ➡ 김갑돌은 제1심 법원으로부터 유죄판결을 받고, 빈곤 등을 이
유로 국선변호인의 선정을 청구하면서, 국선변호인의 조력을
받아 항소이유서를 작성·제출하는데 필요한 시간여유를 충분
히 두고 선정청구를 하였는데도 법원이 정당한 이유 없이 그
선정을 지연하여 항소이유서 제출기간이 경과한 후에야 비로소
국선변호인이 선정됨으로써 항소이유서의 작성·제출에 필요한
변호인의 조력을 받지도 못한 상태로 김갑돌에 대한 항소이유
서 제출기간이 도과해버렸습니다. 이 경우 항소기각 되는지요?

답변 ➡   법원은 국선변호인에게도 별도로 소송기록접수통지를 하
여 국선변호인이 그 통지를 받은 날로부터 기산하여 소정
의 기간 내에 항소이유서를 제출할 수 있는 기회를 주게
됩니다.

형사소송규칙 제156조의2(국선변호인의 선정 및 소송기록
접수통지)제1항에서는 "기록의 송부를 받은 항소법원은
법 제33조제1항제1호 내지 제6호의 필요적 변호사건에
있어서 변호인이 없는 경우에는 지체없이 변호인을 선정
한 후 그 변호인에게 소송기록접수통지를 하여야 한다.
법 제33조제3항에 의하여 국선변호인을 선정한 경우에도
그러하다."라고 하였습니다.

그런데 피고인의 빈곤 등을 이유로 한 국선변호인 선정청
구에 대하여 법원이 정당한 이유 없이 그 선정을 지연하
여 항소이유서 제출기간이 경과한 후에야 국선변호인이
선정됨으로써 항소이유서의 작성·제출에 필요한 변호인의
조력을 받지 못한 상태로 피고인에 대한 항소이유서 제출
기간이 도과해버린 경우, 법원이 취해야 할 조치에 관하
여 판례를 보면, "피고인이 빈곤 등을 이유로 국선변호인

의 선정을 청구하면서, 국선변호인의 조력을 받아 항소이
유서를 작성·제출하는데 필요한 시간여유를 충분히 두고
선정청구를 하였는데도 법원이 정당한 이유 없이 그 선정
을 지연하여 항소이유서 제출기간이 경과한 후에야 비로
소 국선변호인이 선정됨으로써 항소이유서의 작성·제출에
필요한 변호인의 조력을 받지도 못한 상태로 피고인에 대
한 항소이유서 제출기간이 도과해버렸다면 이는 변호인의
조력을 받을 피고인의 권리가 법원에 의하여 침해된 것과
다를 바 없으므로, 설사 항소이유서 제출기간 내에 그 피
고인으로부터 적법한 항소이유서의 제출이 없었다고 하더
라도 그러한 사유를 들어 곧바로 결정으로 피고인의 항소
를 기각하여서는 아니 된다고 할 것이며, 그와 같은 경우
에는 형사소송규칙 제156조의2를 유추적용하여 그 국선
변호인에게도 별도로 소송기록접수통지를 하여 국선변호
인이 그 통지를 받은 날로부터 기산하여 소정의 기간 내에
피고인을 위하여 항소이유서를 제출할 수 있는 기회를 주
어야 하며, 그와 같은 기회의 부여에도 불구하고 그 국선
변호인마저 정해진 기간 내에 항소이유서를 제출하지 아니
하는 경우에 한하여 비로소 결정으로 항소를 기각할 수 있
을 뿐이라고 보는 것이 형사피고인에 대하여 변호인의 조
력을 받을 권리를 국민의 기본적 권리로 규정한 헌법의 정
신에 합치하는 해석이다."라고 하였습니다(대법원 2000.
11. 28.자 2000모66 결정).

그러므로 위 사안에 있어서도 법원은 국선변호인에게도
별도로 소송기록접수통지를 하여 국선변호인이 그 통지를
받은 날로부터 기산하여 소정의 기간 내에 김갑돌을 위하
여 항소이유서를 제출할 수 있는 기회를 주어야 하며, 그
와 같은 기회의 부여에도 불구하고 그 국선변호인마저 정

해진 기간 내에 항소이유서를 제출하지 아니하는 경우에
한하여 비로소 결정으로 항소를 기각하게 될 것으로 보입
니다.

◆ 약식명령에 대하여 불복할 경우에는 어떻게 하여야 하는지?

답변 ➡ 약식명령등본을 송달 받은 날로부터 7일 이내에 약식명령을 한 법원에 서면(정식재판청구서)으로 정식재판을 청구하여야 합니다.

약식명령이란 약식절차에 의해 벌금·과료 또는 몰수를 과하는 재판을 말하는데, 약식절차는 공판절차 없이 서면심리만으로 진행되는 간이한 형사절차입니다.

이러한 약식명령은 형사재판의 신속을 기하여 공개재판에 따른 피고인의 심리적·사회적 부담을 덜어준다는 점에 그 의의가 있는바, 이 약식명령이 부당하다고 생각하여 불복하고자 하는 경우에 그 구제방법으로는 정식재판청구권(正式裁判請求權)이 인정되어 있습니다.

형사소송법 제453조에 의하면 검사 또는 피고인은 약식명령의 고지를 받은 날로부터 7일 이내에 정식재판의 청구를 할 수 있고, 정식재판의 청구는 약식명령을 한 법원에 서면으로 제출하여야 하며, 제1심 판결선고 전까지 취하할 수 있습니다.

그리고 약식명령은 정식재판의 청구에 의한 판결이 있는 때에는 그 효력을 잃고, 정식재판의 청구기간이 경과하거나 그 청구의 취하 또는 청구기각의 결정이 확정한 때에는 확정판결과 동일한 효력이 있습니다(형사소송법 제

456조, 제457조).

위 사안의 경우 귀하는 잘못이 없음을 이유로 약식명령에 불복하려고 하는 것으로 보이는데 이때에는 약식명령등본을 송달 받은 날로부터 7일 이내에 약식명령을 한 법원에 서면(정식재판청구서)으로 정식재판을 청구하여야 합니다.

정식재판의 청구가 법령상의 방식에 위반하거나 청구권의 소멸후인 것이 명백한 때에는 결정으로 기각하는데, 이 결정에 대해서는 즉시항고를 할 수 있습니다(형사소송법 제455조). 정식재판청구가 적법한 때에는 일반적인 형사재판절차인 공판절차에 의하여 심판하게 됩니다.

또한, 피고인이 정식재판을 청구한 사건에 대하여는 약식명령의 형보다 중한 형을 선고하지 못합니다(형사소송법 제457의2).

◆ 말다툼 중 폭행당하였는데 오히려 벌금예납고지를 받은 경우 어떻게 하여야 하는지?

質問 ➡ 저는 얼마 전 포장마차에서 친구와 술을 마시던 중 시비를 걸어온 옆사람에게 폭행당하여 고소한 후 경찰서에서 조사받은 사실이 있습니다. 그런데 저는 당시 일방적으로 맞기만 하였으나 그 사람이 허위의 진술을 하여 최근 검찰청으로부터 벌금예납통지서를 받았습니다. 일방적으로 맞은 것도 억울한데 벌금까지 내라고 하니 도저히 납득이 가지 않습니다. 이의제기를 하려고 하는데 어떻게 하면 되는지요?

答弁 ➡ 추후 약식명령등본을 송달 받은 날로부터 7일 이내에 약식명령을 한 법원에 서면(정식재판청구서)으로 정식재판을 청구하여야 합니다.

벌금은 형벌의 일종으로 대체적으로 사안이 경미하고 법률에 규정이 있는 경우에 과하게 됩니다. 벌금이 부과되는 경우는 정식재판절차에 따른 판결에 의하는 경우와 약식명령에 의하는 경우가 있게 되는데, 그에 대한 불복절차는 정식재판의 경우는 항소, 약식명령의 경우는 정식재판청구(형사소송법 제453조)의 방법으로 할 수 있습니다.

귀하의 경우에 아직 형벌이 부과된 것은 아니므로, 약식명령으로 될 가능성이 큰 경우이며 아직 법원의 결정이 나지 않은 것으로서 현재로서는 정식재판청구를 할 수 없고, 나중에 법원에서 약식명령이 오는 바, 그것을 받은 날로부터 7일 이내에 정식재판을 청구하면 정당한 재판절차에 따라서 귀하의 억울함을 다툴 수 있을 것입니다.

그리고 형사소송법 제457조의2에서 불이익변경금지의 규정을 신설하여 피고인이 정식재판을 청구한 사건에 대하여는 약식명령의 형보다 중한 형을 선고하지 못하도록 규정하고 있습니다.

따라서 귀하는 법원으로부터 약식명령이 내려지면 그것을 고지 받은 날로부터 7일 이내에 정식재판을 청구하여 이를 다툴 수 있고 그 경우 귀하는 위 불이익변경금지의 원칙상 최소한 약식명령에 의한 형보다 중한 형을 받지 않게 될 것입니다.

◆ 가정법원 소년부송치시 보호자가 지도·감독할 수 있도록 하는 위
   탁변경신청

질문 ➡ 만18세인 저의 아들 김갑돌은 폭력행위 등 처벌에 관한 법률
위반으로 구속되어 가정법원 소년부로 송치되었습니다. 이 경
우 보호자가 위탁받아 지도·감독함으로써 보호할 수 있는 방
법이 있다고 하는데 어떤 것인지요?

답변 ➡ 관할소년부에 위탁변경신청서를 제출하면됩니다.

검사가 소년부에 송치할 사건은 소년에 대한 피의사건 중
보호처분에 해당하는 사유가 있다고 인정하는 사건입니다
(소년법 제49조).

그리고 이 경우 소년부판사는 인도된 소년에 대하여는 도
착된 때로부터 24시간 이내에 사건의 조사심리에 필요하
다고 인정한 때에는 소년의 감호에 관하여 결정으로써 보
호자, 소년을 보호할 수 있는 적당한 자 또는 시설, 병원
기타 요양소, 소년분류심사원에 위탁하는 임시조치(실무
상 가위탁이라고 함)를 취하여야 합니다(소년법 제18조
제1항, 제2항).

또한, 소년부판사는 위 「가위탁(假委託)조치」를 취하고
난 후 직권 또는 보호소년이나 보호자 등의 신청에 의하
여 위탁취소 또는 변경의 결정을 할 수 있습니다(소년법
제18조 제6항). 실무상 가위탁취소의 예는 보기 힘들고
위탁변경신청이 많이 있습니다.

따라서 귀하는 관할소년부에 보호자인 귀하로 하여금 지
도·감독하도록 위탁을 신청하는 위탁변경신청서를 작성·제
출한 후 위탁변경이 결정되면 주민등록증과 인장을 지참
하고 출석하여 보호소년을 인수받으면 될 것입니다.

그러나 소년 또는 보호자의 위와 같은 신청은 직권발동을
촉구하는 것에 불과하여 그 신청을 들어주지 않았다고 하
여 이에 불복할 수는 없는 것입니다.

◆ 소년사건의 보호처분도 전과에 해당하는지?

질문 ➡ 저희 15세된 아들은 친구들과 싸워 「폭력행위 등 처벌에 관한 법률」 위반죄로 구속·기소되었으나 법원의 결정으로 소년부에 송치되어 서울가정법원 소년부에서 제1호 제4호 보호처분을 받고 석방되었습니다. 이 경우 제 아들은 전과자로 되는지요?

답변 ➡   전과에 해당하지 않습니다.

「소년법」은 10세 이상 19세 미만의 소년을 보호대상으로 규정하고 있습니다(소년 법 제2조 및 제4조 제1항). 그리고 같은 법 제32조 제1항은 소년에 대한 보호처분의 종류를 규정하고 있는데, 제1호는 보호자 또는 보호자를 대신하여 소년을 보호할 수 있는 자에게 감호를 위탁 하는 것이고, 제4호는 보호관찰관의 단기보호관찰을 받게 하는 것으로서 귀하의 자녀의 경우에는 부모의 보호와 법원의 보호관찰을 함께 받는 처분을 받은 셈입니다. 소년에 대한 보호처분은 형벌법령에 저촉되는 행위를 하거나, 죄를 범한 소년 중 범행동기, 장래개선 가능성 등을 고려하여 형사처벌을 하는 것보다 보호관찰을 통하여 선도를 하는 것이 좋다고 생각되는 소년에게 내려지게 됩니다. 법원의 소년부판사는 보호처분을 내린 후 소정기간 중 소년이 지시사항을 어겼을 경우 또는 기타 사정변경이 있을 경우 소년원에 송치하는 등 다른 조치(처분의 변경)를 취할 수 있으므로 보호처분기간 중 다른 잘못을 저지르지 않도록 주의하여야 하며, 법원의 지시사항에 잘 따라야 할 것입니다. 같은 법 제32조 제6항은 "소년의 보호처분은 그 소년의 장래의 신상에 어떠한 영향도 미치지 아니한다."라고 규정하고 있는바, 법원 소년부의 보호처분은 형사처벌과 달라서 소년원에 송치된다 하더라도 전과자가 되는 것은

아닙니다. 아울러 형사사건에서 일반적으로 벌금형 이하
에 해당하는 전과는 크게 문제되지 않는 것으로서 장래에
범죄를 범하여 실형을 선고할 때 주로 참작되는 전과는
종진의 실형진과 또는 집행유예 진과라고 할 것입니다.
참고적으로 소년법상의 보호처분도 절도죄 등에서의 상습
성 인정의 자료로는 사용될 수 있습니다. 판례도 "절도죄에
있어 상습성의 인정은 여러번 행하여진 전과사 실과의 관
계에서 판시범행이 절도습성의 발현이라고 인정될 수 있
는 경우에만 상습성의 인정이 가능하다 할 것이고 소년법
상의 보호처분을 받은 사실도 상습성 인정의 자료가 된
다."라고 하였습니다(형법 제332조, 대법원 1987. 2. 24.
선고 86도2725 판결, 1990. 6. 26. 선고 90도887 판결).

◆ 판결선고시 성년이 된 경우 소년법 제60조 2항의 감경을 받을 수 있는지?

질문 ➡ 김갑돌은 18세 5개월인 자로서 강도상해 등의 죄를 범하여 조사를 받고 있습니다. 그런데 소년형사사건은 그 형을 감경할 수 있다고 하는데, 甲은 얼마 있지 않으면 19세가 되므로 「소년법」상의 소년인지의 여부는 어느 시점을 기준으로 판단하는지요?

답변 ➡ 사실심(항소심까지) 판결선고시 이전에 성년이 된다면 소년법 제60조 제2항에 의한 감경(減輕)을 할 수 없을 것입니다.

소년법 제2조에서는 「소년」이라 함은 19세 미만의 자를 말한다고 규정하고 있으며, 소년법 제60조 제2항에서는 "소년의 특성에 비추어 상당하다고 인정되는 때에는 그 형을 감경할 수 있다."라고 규정하고 있습니다.

그런데 소년법 제60조 제2항 소정의 「소년」인지 여부를 어느 시점을 기준으로 판단하여야 하는지에 관하여 판례를 보면, "소년법 제60조 제2항에서 소년이라 함은 특별한 정함이 없는 한 소년법 제2조에서 말하는 소년을 의미한다고 할 것이고, 소년법 제2조에서의 소년이라 함은 20세 미만자로서 그것이 심판의 조건이므로 범행시뿐만 아니라 심판시까지 계속되어야 하는바, 이는 소년법 제38조 제1항, 제7조 제2항, 제51조의 규정에 비추어 보아도 명백할 뿐만 아니라, 소년의 인격은 형성도중에 있어 그 개선가능성이 풍부하고 심신의 발육에 따르는 특수한 정신적 동요상태에 놓여 있으므로 이러한 소년의 특성 때문에 현재 소년이라는 상태를 중시하여 소년의 건전한 육성을 기하려는 것이고, 소년법 제60조 제2항도 이러한 취지에서 나왔다고 볼 것이지, 소년법 제60조 제2항을 소년법 제59조, 형법 제9조와 같이 형사책임의 문제로서 파악하여야 하는 것은 아니고, 따라서 소년법 제60조 제2항의 소년인지 여부의 판단은 원칙으로 심판시 즉 사실심 판결선고시를 기준으로 한다."라고 하였습니다(대법원 1997. 2. 14. 선고 96도1241 판결, 2000. 8. 18. 선고, 2000도2704 판결).

따라서 위 사안에서 김갑돌이 범행당시 소년이었다고 하여도 사실심(항소심까지) 판결선고시 이전에 성년이 된다면 소년법 제60조 제2항에 의한 감경(減輕)을 할 수 없을 것입니다.

◆ 부정기형을 받은 소년범의 항소심판결시 성년이 되면 정기형을 선고받는지?

> **질문** ➡ 저는 피해자의 돈을 강취하던 중 피해자가 반항하여 주먹으로 얼굴을 3회 정도 때려 그에게 2주의 치료를 요하는 상해를 가하였습니다. 저의 죄는 형법 제337조에 규정된 강도상해죄로 무기 또는 7년 이상의 징역형에 해당하는 법정형에 처해지도록 되어 있었으나, 제1심 판결이 선고될 당시 18세 10개월의 소년으로서 소년감경과 작량감경을 받아 징역 장기 2년 6월, 단기 2년의 부정기형을 선고받았습니다. 저는 선고된 형이 무겁다고 생각하고 항소하였으나 항소심 판결 당시 19세를 넘겨 더 이상 소년감경을 받을 수 없다고 하는데, 그렇다면 저는 징역 2년 6월 이상의 형으로 처벌받아야 하는지요?

답변 ➡ 정기형을 선고하게 됩니다.

형사소송법 제368조는 "피고인이 항소한 사건과 피고인을 위하여 항소한 사건에 대하여는 원심판결의 형보다 중한 형을 선고하지 못한다."라고 규정하고 있습니다.

그런데 위 사안에서 귀하만이 항소한 경우라면 귀하는 형사소송법 제368조가 규정하고 있는 「불이익변경의 금지원칙」에 의하여 제1심에서 선고한 형보다 무거운 형벌을 받지 않습니다. 그러나 항소심판결선고 당시 귀하는 더 이상 소년이 아니어서 부정기형을 선고받을 수 없고 정기형을 선고받게 되어 있습니다.

그런데 불이익변경금지규정을 적용함에 있어 정기형과 부정기형간에 그 경중을 비교할 경우에는 부정기형 중 최단기형과 정기형 자체와를 비교하여야 합니다(대법원 1969. 3. 18.선고, 69도114 판결). 예컨대, 징역 단기 6월, 장기 1년에 처하여진 피고인만이 항소를 한 경우에 항소심은 단기형인 징역 6월보다 중한 정기형을 선고하지 못합니다

(대법원 1959. 8. 21.선고, 59형상242 판결).

따라서 위 사안에서도 항소심에서는 부정기형을 선고한 제1심 판결이 취소되고 정기형을 선고하게 될 것이지만, 그 형은 제1심판결의 단기형(징역 2년)보다 무거워서는 안될 것입니다.

◈ 소년법상의 보호처분 받은 사건과 동일사건에 대하여 다시 공소를
제기할 수 있는지?

질문 ➡️ 김갑돌은 17세의 소년으로서 절도, 사기, 도로교통법위반으로
형사입건되어 법원 소년부에서 보호처분(9호-단기 소년원송
치)을 받았습니다. 그런데 이러한 보호처분을 받은 사건과 동
일한 사건으로 다시 형사문제가 되지는 않는지요?

답변 ➡️ 공소제기가 되지는 않을 것입니다.

소년법 제32조 제1항 제9호에서는 소년원에 송치하는 보
호처분의 결정에 관하여 규정하고 있는데, 소년법 제53조
본문에서는 "제32조의 보호처분을 받은 소년에 대하여는
그 심리결정된 사건은 다시 공소를 제기하거나 소년부에
송치할 수 없다."라고 규정하고 있습니다.

그리고 소년법상의 보호처분을 받은 사건과 동일한 사건에
대하여 다시 공소를 제기할 수 있는지에 관하여 판례를
보면, "소년법 제32조의 보호처분을 받은 사건과 동일(상
습죄 등 포괄일죄 포함)한 사건에 관하여 다시 공소제기
가 되었다면, 이는 공소제기절차가 법률의 규정에 위배하
여 무효인 때에 해당한 경우이므로 형사소송법 제327조
제2호의 규정에 의하여 공소기각의 판결을 하여야 한다."
라고 하였습니다(대법원 1996. 2. 23. 선고, 96도47 판
결).

따라서 김갑돌에 대하여 소년법 제32조의 보호처분과 동일
한 사건에 관하여 다시 공소제기가 되지는 않을 것입니다.

◆ 형사재판절차에서 상해로 인한 치료비를 받을 수 있는지?

질문 ➡ 저는 김갑돌로부터 12주의 치료를 요하는 상해를 입었으며 김 갑돌은 그 사건으로 구속·기소되어 현재 재판 중에 있습니다. 저는 개인사정상 치료비 등 손해배상에 대하여 김갑돌을 상대 로 민사소송을 제기할 형편이 못되어 형사재판절차에서 바로 치료비 등을 청구하려고 하는데 그 절차가 어떻게 되는지요?

답변 ➡ 배상명령제도를 통하여 청구할 수 있습니다.

소송촉진 등에 관한 특례법은 피해자에 대한 손해배상의 편의와 신속을 도모하려는 취지에서 일정한 범죄에 대하 여 유죄판결을 선고할 경우, 법원은 직권 또는 피해자의 신청에 의하여 피고사건의 범죄행위로 인하여 발생한 직 접적인 물적 피해 및 치료비의 손해의 배상을 명할 수 있 는 제도를 마련하고 있는데, 그것이 바로 「배상명령제도 (賠償命令制度)」 입니다.

배상명령은 모든 형사사건을 그 대상으로 하는 것은 아니 고 존속폭행치사상의 죄를 제외한 상해죄, 중상해죄, 상해 치사죄, 폭행치사상죄와 과실사상의 죄, 장물죄를 제외한 재산에 관한 죄에 대한 형사사건에 있어서만 적용되며, 그 이외의 죄에 대한 형사사건에 있어서는 피고인과 피해 자 사이에 손해배상액에 관한 합의가 이루어진 경우에 한 하여 적용됩니다(소송촉진 등에 관한 특례법 제25조 제1 항, 제2항).

또한, 배상명령신청을 할 수 있는 손해배상의 범위는 피고 인과 피해자 사이에 손해배상액이 합의된 경우 이외에는 피고사건의 범죄행위로 인하여 발생한 직접적인 물적 손 해 및 치료비손해 외 위자료청구도 가능합니다. 그리고

① 피해자의 성명·주소가 분명하지 아니한 때, ② 피해금액이 특정되지 아니한 때, ③ 피고인의 배상책임의 유무또는 그 범위가 명백하지 아니한 때, ④ 배상명령으로 인하여 공판절차가 현저히 지연될 우려가 있거나 형사소송절차에서 배상명령을 함이 상당하지 아니하다고 인정한때에는 법원은 배상명령신청을 각하하게 될 것입니다(대법원 1996. 6. 11. 선고 96도945 판결).

이러한 배상명령의 신청방법은 소송촉진 등에 관한 특례법 제26조에 규정하고 있는데, 피해자나 그 상속인이 제1심 또는 제2심 공판의 변론종결시까지 배상명령신청서를사건이 계속된 법원에 제출하여야 합니다(다만, 피해자가증인으로 법정에 출석할 때에는 피해자는 구술로 배상신청을 할 수 있으므로 별도로 신청서를 제출할 필요는 없습니다).

이와 같이 피해자는 신청서를 제출하여야 하는데, 이 신청서에는 배상의 대상과 그 내용, 배상을 청구하는 금액 등일정사항을 기재하여야 하며 필요한 경우 증거서류를 첨부할 수 있습니다.

그리고 이 신청서를 제출할 때에는 상대방 피고인의 수에상응한 신청서 부본을 제출하여야 하는데 신청서에 인지는 첨부하지 않아도 됩니다.

그리고 확정된 배상명령 또는 가집행선고 있는 배상명령이 기재된 유죄판결서의 정본은 민사집행법에 의한 강제집행에 관하여는 집행력 있는 민사판결의 정본과 동일한효력이 있습니다(소송촉진 등에 관한 특례법 제34조 제1항). 그런데 배상명령신청을 각하하거나 그 일부만을 인정한 재판에 대하여 신청인은 불복을 신청하지 못하며 다시 동일한 배상신청을 할 수 없습니다. 다만, 민사소송절차에 의하여 손해배상을 청구할 수는 있습니다(소송촉진 등에 관한 특례법 제32조 제3항).

◆ 구속된 형사피고인이 무죄판결을 받은 경우 형사보상을 받을 수 있는 지?

질문 ➡ 저는 절도죄로 구속·기소되어 징역 10월에 집행유예 2년의 형을 선고받고 석방된 후 항소하였습니다. 항소심에서 공소사실에 대한 증명이 없다는 이유로 제1심 판결을 파기하고 무죄를 선고하였으며, 이에 검사가 상고하였으나 대법원에서 상고가 기각되어 무죄판결이 확정되었습니다. 이 경우 저는 국가에 대하여 보상을 청구할 수 있는지요?

답변 ➡ 형사보상을 받을 수 있습니다.

형사상의 재판절차에서 억울하게 구금 또는 형의 집행을 받은 사람에 대하여 국가가 그 손해를 보상해주는 제도가 있는데 이를 형사보상이라고 합니다. 이에 관하여는 헌법 제28조가 명문으로 규정하고 있으며 또한 형사보상 및 명예회복에 관한 법률이 이를 구체적으로 규정하고 있습니다. 다만, 적극적 요건을 충족하는 경우에도 ① 형사책임능력 없음을 이유로 무죄판결을 받은 경우, ② 본인이 수사나 심판을 그르칠 목적으로 허위자백을 하거나 다른 유죄의 증거를 만듦으로써 기소, 미결구금, 유죄재판을 받았다고 인정된 경우, ③ 경합범의 일부에 대하여 무죄, 나머지에 대하여 유죄재판을 받은 경우에는 보상청구의 전부 또는 일부를 기각할 수 있습니다(형사보상 및 명예회복에 관한 법률 제4조).

그리고 보상내용으로는 구금에 대한 보상에 있어서는 그 일수에 따라 1일당 보상청구의 원인이 발생한 연도의 최저임금법상 일급최저임금액의 5배 이하의 비율에 의한 보상금을 지급합니다(형사보상 및 명예회복에 관한 법률 제5조 제1항, 형사보상 및 명예회복에 관한 법률 시행령 제

2조), 형집행에 대한 보상은 형사보상 및 명예회복에 관한 법률 제5조 제3항 이하에서 규정하고 있습니다.

보상청구는 확정된 무죄판결을 한 법원에 무죄의 판결을 받은 자 본인 또는 그 상속인이 보상청구를 할 수 있습니다. 보상결정에 대하여는 불복할 수 없고, 보상의 청구를 기각하는 결정에 대하여는 즉시항고를 할 수 있습니다. 청구기간은 무죄판결이 확정된 날로부터 1년내에 서면으로 청구하여야 합니다.

보상지급청구는 보상의 결정을 한 법원에 대응한 검찰청에 하여야 하며, 청구서에는 법원의 보상결정서를 첨부하여야 합니다. 보상결정이 도달된 후 1년 이내에 보상지급청구를 하지 아니한 때에는 권리를 상실합니다.

한편, 피의자로 구금되었던 자가 기소유예 이외의 불기소처분을 받은 때에는 일정한 요건하에 구금에 관한 보상을 청구할 수 있습니다. 이를 「피의자보상」 이라 하는데, 피의자보상의 청구는 불기소처분의 통지를 받은 날로부터 1년 이내에 그 보상청구서에 보상의 사유에 관한 소명자료를 첨부하여 관할지방검찰청에 설치된 피의자보상심의회에 신청하면 됩니다(형사보상 및 명예회복에 관한 법률 제27조).

◆ 폭행으로 사망하였으나 가해자들을 알 수 없는 경우 범죄피해자구 조제도는?

> **질문 ➡** 저의 남편은 귀가길에 불량배들과 시비가 붙어 집단폭행을 당한 후 병원으로 옮겨졌으나 다음날 사망하였습니다. 가해자들 모두가 도주하여 현재까지 검거되지 않고 있어 손해배상금을 한푼도 받지 못하였는데 이 경우 어떻게 하면 되는지요?

답변 ➡ 범죄피해자보호법에 의하여 국가에 청구할 수 있겠습니다.

타인의 범죄행위와 같은 불법행위로 인하여 피해를 입은 경우에는 그 가해자를 상대로 손해배상을 청구하는 것이 원칙이라고 하겠습니다.

그러나 범죄피해자보호법에 의하면 구조피해자가 피해의 전부 또는 일부를 배상받지 못하는 경우, 자기 또는 타인의 형사사건의 수사 또는 재판에서 고소·고발 등 수사단서를 제공하거나 진술, 증언 또는 자료제출을 하다가 구조피해자가 된 경우에는 국가로부터 일정금액의 구조금을 지급 받을 수 있습니다.

다만, ①해당 범죄행위를 교사 또는 방조하는 행위 ②과도한 폭행·협박 또는 중대한 모욕 등 해당 범죄행위를 유발하는 행위 ③해당 범죄행위와 관련하여 현저하게 부정한 행위 ④해당 범죄행위를 용인하는 행위 ⑤집단적 또는 상습적으로 불법행위를 행할 우려가 있는 조직에 속하는 행위(다만, 그 조직에 속하고 있는 것이 해당 범죄피해를 당한 것과 관련이 없다고 인정되는 경우는 제외한다) ⑥ 범죄행위에 대한 보복으로 가해자 또는 그 친족이나 그 밖에 가해자와 밀접한 관계가 있는 사람의 생명을 해치거나 신체를 중대하게 침해하는 행위를 한 때에는 구조금을 지급하지 않을 수 있습니다(범죄피해자보호법 제19조).

유족구조금은 구조피해자의 사망 당시(신체에 손상을 입고 그로 인하여 사망한 경우에는 신체에 손상을 입은 당시를 말한다)의 월급액이나 월실수입액 또는 평균임금에 18개월 이상 36개월 이하의 범위에서 유족의 수와 연령 및 생계유지상황 등을 고려하여 대통령령으로 정하는 개월 수를 곱한 금액으로 합니다. 장해구조금과 중상해구조금은 구조피해자가 신체에 손상을 입은 당시의 월급액이나 월실수입액 또는 평균임금에 2개월 이상 36개월 이하의 범위에서 피해자의 장해 또는 중상해의 정도와 부양가족의 수 및 생계유지상황 등을 고려하여 대통령령으로 정한 개월 수를 곱한 금액으로 합니다(범죄피해자보호법 제22조). 구조금지급신청은 신청인의 주소지·거주지 또는 범죄발생지 관할지방검찰청 내에 설치되어 있는 범죄피해구조심의회에 하면 됩니다.

다만, 피해발생을 안 날로부터 3년, 발생일로부터 10년이 경과하면 구조금의 지급신청을 할 수 없음을 유의하여야 합니다(범죄피해자보호법 제25조 제2항).

◈ 친고죄 공범 1인 제1심판결선고 후 제1심판결선고 전 타공범자에
 대한 고소취소가부

질문 ➡ 김갑돌은 처인 이을녀와 최병수가 부정행위를 하여 이혼소송을
제기한 후 간통죄로 고소하였는데, 이을녀는 도피하였고 최병
수는 이미 제1심 판결의 형이 선고되어 복역 중에 있습니다.
그런데 이을녀가 붙들려 조사를 받고 있는바, 자녀들을 생각하
여 이을녀의 처벌은 원하지 않으므로 공소제기가 되기 이전에
고소를 취하하면 이을녀는 처벌을 받지 않게 되는지요?

답변 ➡ 고소취하는 효력이 없다고 할 것입니다.

형사소송법 제232조 제1항에서는 "고소는 제1심판결선고
전까지 취소할 수 있다."라고 규정하고 있으며, 형사소송
법 제233조에서는 "친고죄의 공범 중 그 1인 또는 수인
에 대한 고소 또는 그 취소는 다른 공범자에 대하여도 효
력이 있다."라고 규정하고 있습니다.

그런데 필요적 공범인 상간자의 한 사람에 대하여 이미
제1심 판결이 선고된 후에 다른 한 사람에 대하여 한 고
소취소의 효력에 관하여 판례를 보면, "간통죄와 같은 친
고죄에 있어서는 그 고소의 취소는 제1심 판결선고 전까
지 이를 할 수 있다고 형사소송법 제232조 제1항이 규정
하고 있고, 또 형사소송법 제233조의 이른바 고소와 그
취소에 관한 불가분의 원칙이 적용되는 결과 필요적 공범
인 상간자의 한 사람에 대하여 이미 제1심 판결이 선고되
어 그 사람에 대하여 고소취소의 효력이 미칠 수 없는 경
우에는 비록 다른 한 사람에 대하여 아직 공소의 제기나
제1심 판결이 선고되기 이전이라 하더라도 벌써 그 고소
를 취하할 수가 없다."라고 하였으며(대법원 1975. 6. 10.
선고 75도204 판결), "친고죄의 공범 중 그 일부에 대하

여 제1심 판결이 선고된 후에는 제1심 판결 선고전의 다른 공범자에 대하여는 그 고소를 취소할 수 없고, 그 고소의 취소가 있다 하더라도 그 효력을 발생할 수 없으며, 이러한 법리는 필요적 공범이나 임의적 공범이나를 구별함이 없이 모두 적용된다."라고 하였습니다(대법원 1985. 11. 12. 선고 85도1940 판결).

따라서 위 사안에서 이미 최병수가 제1심 판결의 형이 선고되어 복역 중에 있는 상태에서는 김갑돌이 이을녀에 대한 고소를 취소한다고 하여도 그 고소취하는 효력이 없다고 할 것입니다.

◆ 위드마크공식에 의한 운전시점의 혈중알코올농도 산출결과 형사사건에서의 증명력여부

> **질문 ➡** 음주측정이 운전시점으로부터 상당한 시간이 경과된 후 이루어진 경우 위드마크공식에 의하여 역추산(逆推算)방식을 이용하여 운전시점의 혈중알코올농도를 산출할 경우 그 결과가 형사사건에서 증명력이 인정될 수 있는지요?

답변 ➡ 위드마크(Widmark)공식에 따라 혈중알코올농도를 산출한 결과 혈중알코올농도가 처벌기준치를 근소하게 초과하는 것이 아니라 상당히 초과하는 경우에는 그 결과가 증거로 인정될 수도 있을 것으로 보입니다.

사람이 술을 마신 경우 소화기관이 알코올을 흡수하면서 일정기간 동안 혈중알코올농도가 상승하다가 간의 분해작용이 이를 상쇄해 나가면서 혈중알코올농도가 감소하게 되는바, 섭취한 알코올의 양과 혈중알코올농도의 상관관계에 관하여 1930년대 독일의 위드마크에 의하여 제안된 소위 위드마크 공식은 「$C=a/(p\times r)$」로 표시되는데, 여기서 「C는 혈중알코올농도」, 「a는 섭취한 알코올의 양」, 「p는 체중」, 「r은 위드마크 상수」로서 그 중 r은 우리 몸이 알코올을 흡수하는 혈액만으로 이루어져 있는 것이 아니고 그렇지 않은 고형물질이나 체지방으로도 이루어져 있기 때문에 이러한 요소를 고려한 계수인데, 위드마크의 1932년 연구결과에 의하면 r의 값이 남자의 경우 0.52부터 0.86까지 분포되어 그 평균치가 0.68이고 여자의 경우 0.47부터 0.64까지 분포되어 그 평균치가 0.55입니다.

한편, 위드마크공식에 시간개념을 도입하여 음주 후 일정 시간이 지난 뒤의 혈중알코올농도를 산출할 경우 「$Ct=$

{a/(p×r)}-b×t」라는 등식이 성립하고, 여기서 「b는 시간당 알코올분해량」을 표시하고 「t는 음주 후 경과된 시간」을 표시하는데, b의 값 또한 개인에 따라 시간당 0.008%부터 0.030%까지 분포되어 있고 그 평균치는 0.015%인 것으로 알려져 있습니다.

그런데 위드마크(Widmark) 공식을 사용하여 주취정도를 계산함에 있어 그 전제사실을 인정하기 위한 입증정도에 관하여 판례를 보면, "음주운전에 있어서 운전 직후에 운전자의 혈액이나 호흡 등 표본을 검사하여 혈중알코올농도를 측정할 수 있는 경우가 아니라면, 소위 위드마크 공식을 사용하여 수학적 방법에 따른 계산결과로 운전 당시의 혈중알코올농도를 추정할 수 있으나, 범죄구성요건사실의 존부를 알아내기 위해 과학공식 등의 경험칙을 이용하는 경우에는 그 법칙 적용의 전제가 되는 개별적이고 구체적인 사실에 대하여는 엄격한 증명을 요한다 할 것이고, 위드마크 공식의 경우 그 적용을 위한 자료로는 섭취한 알코올의 양, 음주시각, 체중 등이 필요하므로 그런 전제사실을 인정하기 위해서는 엄격한 증명이 필요하다 할 것이며, 나아가 위드마크 공식에 따른 혈중알코올농도의 추정방식에는 알코올의 흡수분배로 인한 최고 혈중알코올농도에 관한 부분과 시간경과에 따른 분해소멸에 관한 부분이 있고, 그 중 최고 혈중알코올농도의 계산에 있어서는 섭취한 알코올의 체내흡수율과 성(性), 비만도, 나이, 신장, 체중 등이 그 결과에 영향을 미칠 수 있으며 개인마다의 체질, 음주한 술의 종류, 음주속도, 음주시 위장에 있는 음식의 정도 등에 따라 최고 혈중알코올농도에 이르는 시간이 달라질 수 있고, 알코올의 분해소멸에 있어서는 평소의 음주정도, 체질, 음주속도, 음주 후 신체활동의

정도 등이 시간당 알코올분해량에 영향을 미칠 수 있는
등 음주 후 특정 시점에서의 혈중알코올농도에 영향을 줄
수 있는 다양한 요소들이 있는바, 형사재판에 있어서 유
죄의 인정은 법관으로 하여금 합리적인 의심을 할 여지가
없을 정도로 공소사실이 진실한 것이라는 확신을 가지게
할 수 있는 증명이 필요하므로, 위 각 영향요소들을 적용
함에 있어 피고인이 평균인이라고 쉽게 단정하여서는 아
니 되고 필요하다면 전문적인 학식이나 경험이 있는 자의
도움을 받아 객관적이고 합리적으로 혈중알코올농도에 영
향을 줄 수 있는 요소들을 확정하여야 한다."라고 하면서,
"피고인 甲이 경찰에서 19:00경부터 22:00경까지 乙과
소주 2홉들이 5병을 나누어 마셨는데, 甲이 마신 술의 양
은 소주 2홉들이 2병 반(900ml)이고 몸무게가 54kg이라
고 진술하였고, 검찰에서도 음주량, 음주시각에 관하여 같
은 내용의 진술을 하였으며, 또한 당시 甲으로부터 강간
상해의 피해를 당한 丙은 경찰에서 피고인으로부터 술냄
새가 많이 났으며 취한 상태이었다고 진술한 사실을 알
수 있는바, 사정이 이러하다면 이 경우에는 위드마크 공
식을 적용하기 위한 전제사실인 음주량, 음주시각, 체중에
대한 엄격한 증명이 있었다고 보아야 할 것이고, 위에서
본 혈중알코올농도에 영향을 줄 수 있는 다른 요소들에
대하여는 이미 알려진 신빙성 있는 통계자료 중 甲에게
가장 유리한 것을 대입하여 위드마크 공식에 따라 甲의
운전 당시 혈중알코올농도를 추정할 경우, 즉 성, 비만도,
나이, 신장, 체중 등에 의한 영향을 받는 위드마크 상수를
0.86으로, 섭취한 알코올의 양계산에 있어서는 가장 낮은
수치인 70만이 체내에 흡수되며, 음주개시시각부터 곧바
로 생리작용에 의하여 분해소멸이 시작되는 것으로 보고,

평소의 음주정도, 체질, 음주속도, 음주 후 신체활동의 정
도 등에 좌우되는 시간당 알코올분해량을 0.03%로 하여
계산하더라도 그 결과가 0.1177%[={900㎖×0.7894g/㎖
(알코올의 비중)×0.25(소주의 알코올노수)×0.7(제내흡수
율)}/{54㎏×0.86×10}-0.03%×5시간]가 되어 甲은 운
전 당시 혈중알코올농도 0.05%를 상당히 초과하는 정도
의 술에 취한 상태에 있었음이 인정되므로, 공소사실은
충분한 증명에 이르렀다고 볼 여지가 있다."라고 한 사례
가 있습니다(대법원 2000. 11. 10.선고, 99도5541 판결).
또한, "음주운전에 있어서 운전 직후에 운전자의 혈액이나
호흡 등 표본을 검사하여 혈중 알코올농도를 측정할 수
있는 경우가 아니라면 소위 위드마크 공식을 사용하여 수
학적 방법에 따른 결과로 운전 당시의 혈중 알코올농도를
추정할 수 있고, 이때 위드마크 공식에 의한 역추산 방식
을 이용하여 특정 운전시점으로부터 일정한 시간이 지난
후에 측정한 혈중 알코올농도를 기초로 하고 여기에 시간
당 혈중 알코올의 분해소멸에 따른 감소치에 따라 계산된
운전시점 이후의 혈중 알코올분해량을 가산하여 운전시점
의 혈중 알코올농도를 추정함에 있어서는, 피검사자의 평
소 음주정도, 체질, 음주속도, 음주 후 신체활동의 정도
등 다양한 요소들이 시간당 혈중 알코올의 감소치에 영향
을 미칠 수 있으나 그 시간당 감소치는 대체로 0.03%에
서 0.008% 사이라는 것은 이미 알려진 신빙성 있는 통계
자료에 의하여 인정되는바, 위와 같은 역추산 방식에 의
하여 운전시점 이후의 혈중 알코올분해량을 가산함에 있
어서 시간당 0.008%는 피고인에게 가장 유리한 수치이므
로 특별한 사정이 없는 한 이 수치를 적용하여 산출된 결
과는 운전 당시의 혈중 알코올농도를 증명하는 자료로서

증명력이 충분하다(그 이상의 시간당 감소치를 적용하기 위하여는 이를 정당화할 만한 특별한 사정에 대한 입증이 있어야 한다)"라고 한 바 있습니다(대법원 2001. 8. 21. 선고 2001도2823 판결).

그러나 "피고인에게 가장 유리한 감소치를 적용하여 위드마크(Widmark) 공식에 따라 사후 측정수치에 혈중알코올농도의 감소치를 가산하는 방법으로 산출한 혈중알코올농도가 처벌기준치를 근소하게 초과하는 것에 그치고 있을 뿐만 아니라, 음주운전 시점이 혈중알코올농도의 상승시점인지 하강시점인지 확정할 수 없는 상황에서 사후 측정수치에 혈중알코올농도 감소치를 가산하는 방법으로 산출한 혈중알코올농도가 처벌기준치를 약간 넘는다고 하여 음주운전시점의 혈중알코올농도가 처벌기준치를 초과한 것이라고 단정할 수 없다."라고 한 사례가 있습니다(대법원 2001. 7. 13. 선고 2001도1929판결).

따라서 위드마크공식을 적용함에 있어서 그 전제사실에 엄격한 증명이 있었다고 볼 수 있고, 피고인에게 가장 유리한 수치를 대입하여 위드마크(Widmark)공식에 따라 혈중알코올농도를 산출한 결과 혈중알코올농도가 처벌기준치를 근소하게 초과하는 것이 아니라 상당히 초과하는 경우에는 그 결과가 증거로 인정될 수도 있을 것으로 보입니다.

◆ 불기소처분의 종류에는 어떤 것이 있는지?

질문 ➡ 불기소처분이란 무엇이며, 그 종류와 의미에 대해서 알고 싶습니다.

답변 ➡ 불기소처분에는 ① 기소유예, ② 혐의 없음, ③ 죄가 안됨, ④ 공소권 없음, ⑤ 기소중지, ⑥ 공소보류 등이 있습니다.

현행법상 수사종결처분권은 검사에게만 인정되고 검사가 피의사건에 대하여 공소를 제기하지 않는 처분을 불기소처분(不起訴處分)이라고 합니다(형사소송법 제247조).

불기소처분에는 ① 기소유예, ② 혐의 없음, ③ 죄가 안됨, ④ 공소권 없음, ⑤ 기소중지, ⑥ 공소보류 등이 있으며 그 중 혐의 없음, 죄가 안됨, 공소권 없음을 협의의 불기소처분이라고 하는데 이를 살펴보면 다음과 같습니다.

① 기소유예 : 피의사실이 인정되나 형법 제51조(범인의 연령, 성행(性行),지능과 환경, 피해자에 대한 관계, 범행의 동기·수단과 결과, 범행 후의 정황)의 사항을 참작하여 공소를 제기하지 않는 것을 말합니다(형사소송법 제247조 제1항).

② 혐의 없음(무혐의) : 피의사실이 인정되지 아니하거나 피의사실을 인정할 만한 충분한 증거가 없는 경우 또는 피의사실이 범죄를 구성하지 아니하는 경우에 하는 처분을 말합니다. 검사가 혐의 없음 결정시 고소인 또는 고발인의 무고혐의의 유·무에 관하여 판단하여야 합니다(검찰사건사무규칙 제70조).

③ 죄가 안됨(범죄 불성립) : 피의사실이 범죄구성요건에

해당하나 법률상 범죄의 성립을 조각하는 사유가 있어
범죄를 구성하지 아니하는 경우로 피의자가 형사미성
년자나 심신상실자인 경우, 정당행위, 정당방위, 긴급
피난에 해당되는 경우입니다(형법 제20조).

④ 공소권 없음 : 확정판결이 있는 경우, 통고처분이 이행
된 경우, 소년법 또는 가정폭력범죄의 처벌 등에 관한
특례법에 의한 보호처분이 확정된 경우(보호처분이 취
소되어 검찰에 송치된 경우를 제외한다), 사면이 있는
경우, 공소의 시효가 완성된 경우, 범죄 후 법령의 개
폐로 형이 폐지된 경우, 법률의 규정에 의하여 형이 면
제된 경우, 피의자에 관하여 재판권이 없는 경우, 동일
사건에 관하여 이미 공소가 제기된 경우(공소를 취소
한 경우를 포함한다. 다만, 다른 중요한 증거를 발견한
경우에는 그러하지 아니하다) 친고죄 및 공무원의 고
발이 있어야 논하는 죄의 경우에 고소 또는 고발이 없
거나 그 고소 또는 고발이 무효 또는 취소된 때, 반의
사불벌죄의 경우 처벌을 희망하지 아니하는 의사표시
가 있거나 처벌을 희망하는 의사표시가 철회된 경우,
피의자가 사망하거나 피의자인 법인이 존속하지 아니
하게 된 경우입니다.

⑤ 각하 : 고소 또는 고발이 있는 사건에 관하여 고소인
또는 고발인의 진술이나 고소장 또는 고발장에 의하여
혐의 없음 또는 공소권 없음이 명백한 경우, 형사소송
법상의 고소·고발의 제한이나 고소불가분규정에 위반한
경우, 새로운 증거없는 불기소처분사건인 경우, 고소권
자 아닌 자가 고소한 경우, 고소·고발 후 고소·고발인이
출석에 불응하거나 소재불명으로 진술청취 불가능한

경우에는 각하 할 수 있습니다(검찰사건사무규칙 제69
조 제3항 제5호).

⑥ 기소중지 : 피의자의 소재불명 또는 검찰사건사무규칙
제74조 참고인중지결정 사유외의 사유로 수사를 종결
할 수 없는 경우에는 그 사유가 해소될 때까지 기소중
지결정을 할 수 있습니다(검찰사건사무규칙 제73조).
피의자의 소재불명을 이유로 기소중지하는 경우에는
피의자를 지명수배 하게 됩니다. 피의자의 소재가 판
명되는 등 기소중지사유가 해소되면 다시 수사를 진행
합니다.

⑦ 참고인중지 : 참고인·고소인·고발인 또는 같은 사건 피
의자의 소재불명으로 수사를 종결할 수 없는 경우에는
그 사유가 해소될 때까지 참고인중지결정을 할 수 있
습니다(검찰사건사무규칙 제74조). 이 경우에는 참고
인 등에 대한 소재수사지휘를 하는 경우가 있습니다
(검찰사건사무규칙 제77조).

⑧ 공소보류 : 국가보안법위반 피의자에 대하여 형법 제
51조의 사항을 참작하여 공소제기를 보류하는 것으로
국가보안법 제20조에 규정하고 있습니다.

◆ 검사의 불기소처분에 대하여 고소인이 불복할 수 있는 방법은 어떤 것인지?

질문 ➡ 김갑순은 제가 결혼을 조건으로 2,600만원을 편취하여 행방불명되었다는 허위내용의 소장과 불거주사실확인서를 법원에 제출하여 공시송달방법으로 승소판결을 받아 제 소유 부동산을 강제집행 하였습니다. 그래서 저는 김갑순을 사기죄로 형사고소 하였으나 「혐의 없음」으로 불기소처분되었습니다. 이에 대하여 제가 불복(不服)할 수 있는 방법은 무엇인지요?

답변 ➡ 항고(抗告)와 재정신청(裁定申請)이 있습니다.

검사가 고소 또는 고발에 의하여 범죄를 수사할 때에는 고소 또는 고발을 수리한 날 로부터 3개월 이내에 수사를 완료하여 공소제기여부를 결정하여야 하고, 이러한 사건에 대해 공소를 제기하거나 제기하지 아니하는 처분 등을 한 때에는 그 처분을 한 날 로부터 7일 이내에 서면으로 고소인 또는 고발인에게 그 취지를 통지하게 되어 있습니다(형사소송법 제257조, 제258조 제1항). 그리고 검사가 불기소처분을 한 경우에 고소인 또는 고발인의 청구가 있는 때에는 7 일 이내에 고소인 또는 고발인에게 그 이유를 서면으로 설명하여야 하며, 이러한 검 사의 불기소처분에 대해 고소인이 불복하는 방법에는 재정신청(裁定申請)이 있습니다 (형사소송법 제260조). 고소인은 검사로부터 공소를 제기하지 아니한다는 통지를 받은 때에는 먼저 (검찰) 항고를 하여야 하고, 당해 지방검찰청 또는 지청의 검사는 항고가 이유있다고 인정하는 때에는 그 처분을 경정하게 됩니다(검찰청법 제10조). 그러나 항고가 이유 없다고 기각 결정을 하게되면 고소인은 기각 결정의 통지를 받은 날부터 10일 이내에 지방검찰청 검사장 또는 지청장에게 재정신청서를 제출할 수 있습니다. 다만'항고 이후 재기수사가 이루어진 다음에 다시 공소를 제기하지 아니 한다는 통지를 받은 경우','항고 신청 후 항고에 대한 저분이 행하여지시 아니하고 3개월이 경과한 경우','검 사가 공소시효 만료일 30일 전까지 공소를 제기하지 아니 하는 경우'에는 항고를 거치지 않고 곧바로 재정신청을 할 수 있습니다(형사소송법 제260조 제2항, 제3항). 재정 신청서를 제출받은 지방검찰청검사장 또는 지청장은 재정 신청서를 제출받은 날부터 7일 이내에 재정신청서·의견 서·수산관계서류 및 증거물을 관할 고등검찰청을 경유하 여 관할 고등법원에 송부하여야 하고, 법원은 재정신청서 를 송부받은 날부터 3개 월 이내에 신청이 법률상의 방식 에 위배되거나 이유 없는 때에는 신청을 기각하고, 신청 이 이유 있는 때에는 사건에 대한 공소제기를 결정하게 됩니다(형사소송법 제261조, 제262조). 재정신청사건의 심리는 특별한 사정이 없는 한 공개하지 아니하며 법원의 기각 또는 인용 결정에 대하여는 불복할 수 없습니다(형 사소송법 제262조 제3항, 제4항).

◈ 피고소인이 기소중지되면 그 사건은 어떻게 되는지?

질문 ➡ 저는 김갑돌에게 1,000만원을 빌려주면서 차용증서를 받았으나 김갑돌은 타인에게 수차에 걸쳐 발행하여 준 당좌수표를 부도를 낸 후 잠적했습니다. 김갑돌의 현재 재산이 전혀 없어 사기죄로 형사고소 하여도 「기소중지(起訴中止)」로 되어 아무런 소용이 없을 것이라고 하는데 기소중지란 무엇이며 도대체 어떤 효력이 있는지요?

답변 ➡ 기소중지처분은 수사중지처분의 성격을 갖고 있다고 할 것입니다.

기소중지(起訴中止)란 피의사건에 대하여 소송조건이 구비되고 범죄의 객관적인 혐의가 충분한 경우에도 피의자의 소재불명 또는 참고인·고소인·고발인 또는 같은 사건 피의자의 소재불명으로 인한 참고인중지 이외의 사유로 인하여 수사를 종결할 수 없는 경우에 검사가 그 사유가 해소될 때까지 수사를 중지하는 처분을 말합니다(검찰사건사무규칙 제73조).

귀하의 경우 피의자 김갑돌의 소재불명으로 기소중지결정이 나면 김갑돌에 대하여는 지명수배가 내려지게 되고 일정한 경우 출국금지 등의 조치가 취해질 수 있으며, 검사는 기소중지결정된 사건에 관하여 수시로 그 중지사유의 해소유무를 검토하게 됩니다.

따라서 기소중지처분이 있다고 하여 곧바로 수사종결되는 것이 아니며, 소재발견 등으로 기소중지사유가 해소될 경우 수사를 재개하게 되므로 기소중지처분은 수사중지처분의 성격을 갖고 있다고 할 것입니다.

◆ 기소중지자도 출국할 수 있는지?

> **질문 ➡** 저는 2년 전 회사인사이동 송별모임에서 친구들과 싸우던 중 종업원의 신고로 경찰서에 연행되어 조사를 받았고 쌍방간 큰 피해가 없어서 처벌을 원하지 않는다는 합의서를 작성하고 나왔습니다. 그런데 최근 해외지점으로 발령이 나서 출국절차를 밟던 중 위 사건이 기소중지 되어있다는 것을 알게 되었습니다. 하루 속히 출국을 해야 하는데, 어떻게 하면 되는지요?

답변 ➡ 사건처리에 지장이 없다고 판단될 경우에는 출국가능사실 증명원이 발급되므로 그것을 교부받아 출국절차를 밟는 것이 좋겠습니다.

폭력행위 등 처벌에 관한 법률 제2조 제2항에 의하면 2인 이상이 공동하여 형법 제260조 제1항 폭행죄를 범한 때에는 형법 제260조 제1항에서 정한 형(刑)의 2분의 1까지 가중하도록 규정하고 있으며, 폭력행위 등 처벌에 관한 법률 제2조 제2항에서는 2인 이상이 공동하여 죄를 범한 경우에는 형법 제260조 제3항 즉, 피해자의 명시한 의사에 반하여 공소를 제기할 수 없다는 규정을 적용하지 아니한다고 정하고 있습니다.

그리고 친고죄나 반의사불벌죄가 아닌 경우에 있어서 피해자의 고소취하는 형량을 정함에 에 있어서 참작할 사유에 지나지 않습니다(대법원 1967. 2. 7. 선고 66도1761 판결).

그러므로 귀하의 경우 집단으로 싸움을 하여 폭력행위 등 처벌에 관한 법률 위반죄에 해당하는 범죄를 범하였고, 이 죄는 반의사불벌죄(피해자의 명시한 의사에 반하여 공소를 제기할 수 없는 범죄)가 아니므로 당사자간에 합의가 있었다 하더라도 양형(量刑)에 참작사유가 될 뿐 처벌을 면할 수 있는 것은 아닙니다.

위 사안의 경우 귀하의 직업이 뚜렷하고 다른 전과사실이 없고 취중의 우발적 사고로 보여져 기소유예 또는 벌금형 정도의 처분이 내려질 듯한 사안이나, 귀하의 주소지변경 등으로 검사가 피의자 소재불명 등의 사유로 수사를 종결할 수 없어 수사중지 의미의 기소중지처분을 했다고 보여집니다.

그러므로 귀하는 기소중지처분을 결정한 관할 검찰청 또는 지청에 출두하여 기소중지사건의 재기신청을 하여 수사가 진행되도록 한다면 사건이 종결될 수 있을 것입니다.

또한, 사건이 기소중지 되었다고 하여 모두 출국이 금지되는 것은 아닙니다. 즉, 귀하가 관할 검찰청 또는 지청에서 출국가능사실증명원의 발급신청을 하면 귀하의 위 사건이 출국하여도 사건처리에 지장이 없다고 판단될 경우에는 귀하에 대한 출국가능사실증명원이 발급되므로 그것을 교부받아 출국절차를 밟는 것이 좋으리라 생각됩니다.

참고로 법원에 소송진행중인 사건의 경우에도 모두 출국이 불가능한 것은 아니므로 관할법원에 출국가능사실확인신청을 하여 확인서가 발부된다면(이것은 담당재판부에서 결정할 것임) 그 확인서를 관할 검찰청 또는 지청에 제출하여 출국가능사실증명원을 발급받을 수도 있을 것입니다.

◈ 검사의 기소중지처분이 공소시효를 정지시키는 효력이 있는지?

질문 ➡ 저는 8년 전 부산에 거주하고 있는 김갑돌에게 사기를 당한 후 그를 사기죄로 경찰서에 고소하였고 그 후 검찰로부터 김갑돌이 기소중지 되었다는 통지를 받았습니다. 사기죄는 공소시효가 7년이라고 하던데, 이 경우 공소시효는 언제부터 진행되는지요?

답변 ➡ 검사의 기소중지처분은 공소시효의 정지효력이 없습니다.

수사종결권은 검사가 갖고 있으므로 검찰사건사무규칙 제73조, 제74조에 의하여 수사를 종결시킬 수 없는 경우에는 그 사유가 해소될 때까지 기소중지 또는 참고인중지의 결정을 할 수 있습니다.

기소중지결정은 피의자 소재불명 등의 사유로 수사를 종결시킬 수 없을 경우에 하게 되며, 참고인중지결정은 고소인·고발인 또는 중요한 참고인의 소재가 불명인 경우 등에 하게 됩니다.

공소시효(公訴時效)란 검사가 일정한 기간동안 공소를 제기하지 않고 방치하는 경우에 국가의 공소제기권을 소멸시키는 제도입니다. 공소시효의 기간은 법정형의 경중에 따라 형사소송법 제249조 제1항에 의하여 결정되며, 공소시효의 기산점은 범죄행위를 종료한 때로부터 진행하게 됩니다(형사소송법 제252조 제1항).

그리고 공소시효기간의 진행을 정지시킬 수 있는 사유가 있는 경우에는 그 시효가 정지하게 되는데, 그 사유로는 공소의 제기(형사소송법 제253조 제1항), 재정신청(형사소송법 제262조의 4), 소년보호사건의 심리개시(소년법 제54조), 범인이 형사처분을 면할 목적으로 해외에 있는

경우 그 기간동안 등이 있습니다(형사소송법 제253조 제3
항).

따라서 형사소송법 제253조에 의한 공소시효 정지사유 이
외에는 공소시효가 정지되지 아니하므로, 결국 기소중지
는 검사의 처분이므로 공소시효정지의 효력이 없으며 위
범죄를 완료한 날로부터 7년이 경과하면 공소시효가 완료
되었다고 하겠습니다.

◈ 사기죄의 공소시효는 어느 정도 되는지?

> **질문 ➡** 저는 중소기업사장 김갑돌에게 형이 경영하고 있는 기계제작소 사장이라고 속이면서 기계납품대금으로 1,000만원을 수령하고 납품계약서를 작성·교부한 후 신병관계로 잠시 잠적하였습니다. 그러나 한달 뒤 김갑돌이 사기죄로 고소한다고 하여 민·형사상 일체의 합의금조로 위 금 1,000만원에 100만원을 추가로 지급하였습니다. 그런데 최근 김갑돌은 술자리에서 말다툼한 것에 감정을 가지고 저를 수사기관에 사기죄로 고소하였고 경찰서로부터 출석요청을 받았습니다. 위 사건은 10년이 경과하였고 상대방과 합의도 하였는데 이제 와서 처벌을 받아야 한다고 생각하니 너무 억울합니다. 제가 처벌을 받아야 하는지요?

답변 ➡ 사기죄의 공소시효는 10년입니다.

질문의 내용으로 보아 타인 소유의 기계제작소를 귀하의 것으로 속이고 기계납품계약을 한 후 위 대금을 수령하고 잠적하였다면 그로써 형법상 사기죄가 성립될 여지가 있는 것이며, 만일 사기죄로 볼 수 있다면 그 후 피해자와 민·형사상 일체의 배상에 관한 합의를 하였다고 하더라도 이미 성립한 범죄가 소멸하는 것은 아니며, 그 범죄의 성립에는 지장이 없는 것입니다.

그러나 각 범죄에는 공소시효(公訴時效)라는 제도가 있는데(형사소송법 제249조 제1항), 이는 범죄성립 후 확정판결 전까지 일정한 기간의 경과에 의하여 범인에게 가해지는 국가형벌권이 소멸되는 제도입니다.

위 공소시효제도가 인정되는 이유는 일정한 기간의 경과로 인하여 생긴 사실상의 상태를 존중하는데 그 취지가 있는 것입니다. 즉, 시간의 경과로 인하여 범죄의 사회적 영향이 약화되었다는 실체법상의 의미에서 공소시효제도

가 존재하는 것이고, 동시에 시간경과로 인하여 유죄 또
는 무죄의 증거가 희미해짐으로써 공정한 재판을 기대하
기 어렵다는 것도 존재이유의 하나입니다.

귀하의 경우 조사결과 사기죄가 성립된다고 하면 형법 제
347조 제1항에 의해 10년 이하의 징역에 해당하는 형벌
을 받게 되는데, 형사소송법 제249조 제1항 제3호에 의
하면 "장기 10년 이상의 징역 또는 금고에 해당하는 범죄
는 10년으로 공소시효가 소멸한다."라고 규정하고 있는바,
귀하는 10년이 만료되는 날로 위 공소기간이 만료되었기
때문에 경찰서에 가서 사실대로 진술을 하면 불이익이 없
을 것입니다(귀하의 경우 1,000만원을 수령한 때부터 공
소시효가 진행함).

위 사안의 수사검사는 조사결과 위와 같은 사실이 인정되
면 공소권 없음으로 불기소처리를 할 것이고, 설사 그것
을 간과하여 기소되더라도 법원은 공소시효가 만료되었다
는 사유로 면소판결을 하게 되어 처벌을 받지 아니할 것
으로 보여집니다(형사소송법 제326조 제3호).

참고로 형사소송법 제249조의 공소시효기간을 살펴보면,
① 사형에 해당하는 범죄에는 25년, ② 무기징역 또는 무
기금고에 해당하는 범죄에는 15년, ③ 장기 10년 이상의
징역 또는 금고에 해당하는 범죄에는 10년, ④ 장기 10년
미만의 징역 또는 금고에 해당하는 범죄에는 7년, ⑤ 장
기5년미만의 징역 또는 금고, 장기10년이상의 자격정지
또는 벌금에 해당하는 범죄에는 5년, ⑥ 장기 5년 이상의
자격정지에 해당하는 범죄에는 3년, ⑦ 장기5년미만의 자
격정지, 구류, 과료 또는 몰수에 해당하는 범죄에는 1년입
니다. 그리고 공소가 제기된 범죄는 판결의 확정이 없이

공소를 제기한 때로부터 25년을 경과하면 공소시효가 완성한 것으로 간주하게 됩니다.

또한, 2개 이상의 형을 병과(並科)하거나 2개 이상의 형에서 그 1개를 과(科)할 범죄에는 중한 형에 의하여 위 규정을 적용하게 되고, 형법에 의하여 형을 가중 또는 감경할 경우에는 가중 또는 감경하지 아니한 형에 의하여 위 규정을 적용합니다(형사소송법 제250조, 제251조).

◈ 소송사기미수죄의 공소시효의 기산점인 범죄행위의 종료시기는 어
　느 시점인지?

질문 ➡ 김갑돌은 이을남로부터 금원을 차용하면서 김갑돌소유 부동산
에 근저당권을 설정해주었고, 집행력있는 공증에 소요되는 서
류도 교부하였습니다. 그런데 이을남은 김갑돌이 위 차용금을
모두 변제하자 근저당등기는 말소해주었으나, 근저당권설정일
로부터 15일 후에 작성된 약속어음공정증서는 반환하지 않고
있다가 지급일로부터 3년이 지난 후 대여금청구의 소송을 제기
하였으나 김갑돌이 근저당권설정된 채무와 동일채무임을 주장
하여 패소하였고, 항소심에서도 패소하자 상고까지 하였으나
상고기각 되었습니다. 이 경우 김갑돌은 이을남을 소송사기미
수죄로 고소하려고 하는데, 소송사기미수죄의 공소시효기간은
어느 시점을 기산점으로 하여 계산하여야 하는지요?

답변 ➡　대여금청구소송이 종료된 때 즉, 상고심이 기각된 때부터
　　　　기산하여 10년이 경과되면 공소시효가 완성되었다고 할
　　　　것입니다.

　　　　사기죄에 관하여 형법 제347조 제1항에서는 "사람을 기망
　　　　하여 재물의 교부를 받거나 재산상의 이익을 취득한 자는
　　　　10년 이하의 징역 또는 2,000만원 이하의 벌금에 처한
　　　　다."라고 규정하고 있으며, 형법 제352조는 사기미수도
　　　　처벌한다고 규정하고 있습니다. 그리고 사기미수죄의 공
　　　　소시효는 사기죄의 공소시효와 마찬가지로 10년입니다.

　　　　소송사기죄에 관한 실행의 착수시기 및 기수시기에 관한
　　　　판례를 보면, "소송사기는 법원을 기망하여 자기에게 유
　　　　리한 판결을 얻음으로써 상대방의 재물 또는 재산상 이익
　　　　을 취득하는 것을 내용으로 하는 범죄로서, 이를 처벌하
　　　　는 것은 필연적으로 누구든지 자기에게 유리한 주장을 하
　　　　고 소송을 통하여 권리구제를 받을 수 있다는 민사재판제

도의 위축을 가져올 수 밖에 없으므로, 피고인이 그 범행을 인정한 경우 외에는 그 소송상의 주장이 사실과 다름이 객관적으로 명백하거나 피고인이 그 소송상의 주장이 명백히 허위인 것을 인식하였거나 증거를 조작하려고 한 흔적이 있는 등의 경우 외에는 이를 쉽사리 유죄로 인정하여서는 안되고, 적극적 소송당사자인 원고뿐만 아니라 방어적인 위치에 있는 피고라 하더라도 허위내용의 서류를 작성하여 이를 증거로 제출하거나 위증을 시키는 등의 적극적인 방법으로 법원을 기망하여 착오에 빠지게 한 결과 승소확정판결을 받음으로써 자기의 재산상의 의무이행을 면하게 된 경우에는 그 재산가액 상당에 대하여 사기죄가 성립한다고 할 것이고, 그와 같은 경우에는 적극적인 방법으로 법원을 기망할 의사를 가지고 허위내용의 서류를 증거로 제출하거나 그에 따른 주장을 담은 답변서나 준비서면을 제출한 경우에 사기죄의 실행의 착수가 있다고 볼 것이다."라고 하였으며(대법원 1998. 2. 27. 선고 97도2786 판결), "소송사기의 경우 그 기수시기는 소송의 판결이 확정된 때이다."라고 하였습니다(대법원 1983. 4. 26. 선고 83도188 판결).

그렇다면 소송사기미수죄에 있어서 범죄행위의 종료시기는 언제로 볼 것인지에 관하여 판례를 보면, "공소시효는 범죄행위가 종료한 때로부터 진행하는 것으로서, 법원을 기망하여 유리한 판결을 얻어내고 이에 터잡아 상대방으로부터 재물이나 재산상 이익을 취득하려고 소송을 제기하였다가 법원으로부터 패소의 종국판결을 선고받고 그 판결이 확정되는 등 법원으로부터 유리한 판결을 받지 못하고 소송이 종료됨으로써 미수에 그친 경우에, 그러한 소송사기미수죄에 있어서 범죄행위의 종료시기는 위와 같이 소송이 종료된 때라고 할 것이다."라고 하였습니다(대법원 2000. 2. 11. 선고 99도4459 판결).

따라서 위 사안에서 이을남의 소송사기미수죄의 공소시효 기간은 이을남이 제기한 대여금청구소송이 종료된 때 즉, 상고심이 기각된 때부터 기산하여 10년이 경과되면 공소시효가 완성되었다고 할 것입니다.

◆ 범죄증명없어 공범이 무죄판결받은 경우 진범(眞犯)에게 공소시효 정지의 효력여부

질문 ➡️ 김갑돌과 이을남은 공문서위조죄 등의 공범으로 수사를 받던 중 이을남은 도주하였고, 김갑돌은 공소가 제기되었으나, 범죄의 증명이 없다는 이유로 무죄의 확정판결을 선고받았습니다. 이 경우 이을남에 대한 공소시효가 정지되었다가 김갑돌에 대한 무죄의 판결이 확정된 때로부터 다시 진행되는지요?

답변 ➡️ 진범의 범죄에 대한 공소시효기간은 정지되지 않고 범죄행위가 종료한 때로부터 진행되게 될 것입니다.

형사소송법 제253조에서는 공소시효의 정지와 효력에 관하여 "① 시효는 공소의 제기로 진행이 정지되고 공소기각 또는 관할위반의 재판이 확정된 때로부터 진행한다. ② 공범의 1인에 대한 전항의 시효정지는 다른 공범자에게 대하여 효력이 미치고 당해 사건의 재판이 확정된 때로부터 진행한다. ③ 범인이 형사처분을 면할 목적으로 국외에 있는 경우 그 기간동안 공소시효는 정지된다."라고 규정하고 있습니다. 그리고 판례는 "형사소송법 제253조 제2항의 규정에 의하면, 공범의 1인에 대한 시효의 정지는 다른 공범자에 대하여 효력이 미치고 당해 사건의 재판이 확정된 때로부터 다시 진행하도록 되어 있으므로, 피고인과 공범관계에 있는 자가 같은 범죄사실로 공소제기가 된 후 대법원에서 상고기각됨으로써 유죄판결이 확정된 사실이 명백하다면, 공범인 피고인에 대하여도 적어도 그 공범이 공소제기된 때부터 그 재판이 확정된 때까지의 기간 동안은 공소시효의 진행이 정지되었음이 명백하고, 형사소송법 제253조 제2항의 규정이 헌법에 규정된 평등의 원칙에 위배되는 조항이라고 볼 수 없다."라고

하였습니다(대법원 1995. 1. 20. 선고 94도2752 판결).

그런데 위 사안과 같이 공범 중 1인이 범죄의 증명이 없다는 이유로 무죄의 확정판결을 선고받은 경우, 그에 대하여 제기된 공소로써 진범(眞犯)에 대한 공소시효정지의 효력이 발생하는지에 관하여 판례를 보면, "형사소송법 제253조 제1항, 제2항에 의하면 공소시효는 공소의 제기로 진행이 정지되고, 공범의 1인에 대한 공소시효의 정지는 다른 공범자에 대하여 효력이 미치고 당해 사건의 재판이 확정된 때로부터 진행한다고 규정하고 있는바, 위 제2항 소정의 공범관계의 존부(存否)는 현재 시효가 문제되어 있는 사건을 심판하는 법원이 판단하는 것으로서 법원조직법 제8조(상급심재판의 기속력)의 경우를 제외하고는 다른 법원의 판단에 구속되는 것은 아니라고 할 것이고, 위 형사소송법 제253조 제2항 소정의 재판이라 함은 종국재판이면 그 종류를 묻지 않는다고 할 것이나, 공범의 1인으로 기소된 자가 구성요건에 해당하는 위법행위를 공동으로 하였다고 인정되기는 하나 책임조각을 이유로 무죄로 되는 경우와는 달리 범죄의 증명이 없다는 이유로 공범 중 1인이 무죄의 확정판결을 선고받은 경우에는 그를 공범이라고 할 수 없어 그에 대하여 제기된 공소로써는 진범(眞犯)에 대한 공소시효정지의 효력이 없다."라고 하였습니다(대법원 1999. 3. 9. 선고 98도4621 판결).

따라서 위 사안에서 이을남의 범죄에 대한 공소시효기간은 정지되지 않고 범죄행위가 종료한 때로부터 진행되게 될 것입니다.

◆ 무혐의불기소처분이 위법하더라도 기소유예사건이라고 인정되는 경우 재정신청기각가부

질문 ➡ 재정신청사건에 있어서 검사의 무혐의 불기소처분이 위법하다 하더라도 기소유예를 할 만한 사건이라고 인정되는 경우에는 재정신청이 기각되는지요?

답변 ➡ 재정신청을 기각할 수 있다고 할 것입니다.

형사소송법 제260조(재정신청)에서는 "① 고소권자로서 고소를 한 자(「형법」 제123조부터 제126조까지의 죄에 대하여는 고발을 한 자를 포함한다. 이하 이 조에서 같다)는 검사로부터 공소를 제기하지 아니한다는 통지를 받은 때에는 그 검사 소속의 지방검찰청 소재지를 관할하는 고등법원(이하 "관할 고등법원"이라 한다)에 그 당부에 관한 재정을 신청할 수 있다. 다만, 「형법」 제126조의 죄에 대하여는 피공표자의 명시한 의사에 반하여 재정을 신청할 수 없다. ② 제1항에 따른 재정신청을 하려면 「검찰청법」 제10조에 따른 항고를 거쳐야 한다. 다만, 다음 각 호의 어느 하나에 해당하는 경우에는 그러하지 아니하다.

1. 항고 이후 재기수사가 이루어진 다음에 다시 공소를 제기하지 아니한다는 통지를 받은 경우

2. 항고 신청 후 항고에 대한 처분이 행하여지지 아니하고 3개월이 경과한 경우

3. 검사가 공소시효 만료일 30일 전까지 공소를 제기하지 아니하는 경우 ."라고 규정하고 있으며, 형사소송법 제262조(심리와 결정)에서는 "① 법원은 재정신청서를 송부받은 때에는 송부받은 날부터 10일 이내에 피의자

에게 그 사실을 통지하여야 한다. ② 법원은 재정신청
서를 송부받은 날부터 3개월 이내에 항고의 절차에 준
하여 다음 각 호의 구분에 따라 결정한다. 이 경우 필
요한 때에는 증거를 조사할 수 있다.

1. 신청이 법률상의 방식에 위배되거나 이유 없는 때에
   는 신청을 기각한다.

2. 신청이 이유 있는 때에는 사건에 대한 공소제기를 결
   정한다.

③ 재정신청사건의 심리는 특별한 사정이 없는 한 공개
하지 아니한다. ④ 제2항의 결정에 대하여는 불복할 수
없다. 제2항제1호의 결정이 확정된 사건에 대하여는 다
른 중요한 증거를 발견한 경우를 제외하고는 소추할 수
없다. ⑤ 법원은 제2항의 결정을 한 때에는 즉시 그 정
본을 재정신청인·피의자와 관할 지방검찰청검사장 또는
지청장에게 송부하여야 한다. 이 경우 제2항제2호의 결
정을 한 때에는 관할 지방검찰청검사장 또는 지청장에
게 사건기록을 함께 송부하여야 한다. ⑥ 제2항제2호의
결정에 따른 재정결정서를 송부받은 관할 지방검찰청
검사장 또는 지청장은 지체 없이 담당 검사를 지정하고
지정받은 검사는 공소를 제기하여야 한다." 라고 규정하
고 있습니다. 그런데 검사의 무혐의 불기소처분이 위법
하다 하더라도 기소유예를 할 만한 사건이라고 인정되
는 경우, 재정신청을 기각할 수 있는지에 관하여 판례
를 보면, "공소를 제기하지 아니하는 검사의 처분의 당
부에 관한 재정신청이 있는 경우에 법원은 검사의 무혐
의 불기소처분이 위법하다 하더라도 기록에 나타난 여
러 가지 사정을 고려하여 기소유예의 불기소처분을 할

만한 사건이라고 인정되는 경우에는 재정신청을 기각할
수 있다."라고 하면서, 후보자가 기부행위 제한기간 중
에 정가 5,000원인 책자를 권당 1,000원에 판매한 행위
는 공직선거법이 금지하는 기부행위에 해당하므로 검사
가 그 점에 대하여 무혐의 불기소처분을 한 것은 잘못
이나, 후보자의 홍보부장이 선거관리위원회에 질의한
결과 위 책자를 무료로 배포하면 문제의 소지가 있다는
회답을 듣고 이를 유료로 판매하기만 하면 되는 것으로
오해하여 그와 같은 행위에 이르게 된 것이라는 점을
참작하면 기소유예를 할 만한 사안이라고 보아 재정신
청을 기각한 원심결정을 수긍한 사례가 있습니다(대법
원 1997. 4. 22. 선고 97모30 결정).

따라서 검사의 무혐의 불기소처분이 위법하다 하더라도
기소유예를 할 만한 사건이라고 인정되는 경우, 재정신
청을 기각할 수 있다고 할 것입니다.

◆ 재소자가 소정기간내 교도관에게 재정신청서제출했으나 기간내 검사장에게 도달않은 경우

> **질문** ➡재소자가 형사소송법 제260조 제3항 소정의 기간 안에 교도관에게 재정신청서를 제출하였으나 위 기간 안에 불기소처분을 한 검사소속의 지방검찰청 검사장 또는 지청장에게 도달하지 않은 경우, 적법한 재정신청서의 제출로 볼 수 있는지요?

답변 ➡ 적법한 재정신청서의 제출이라고 할 수 없습니다.

형사소송법 제260조(재정신청)에서는 "① 고소권자로서 고소를 한 자(「형법」 제123조부터 제126조까지의 죄에 대하여는 고발을 한 자를 포함한다. 이하 이 조에서 같다)는 검사로부터 공소를 제기하지 아니한다는 통지를 받은 때에는 그 검사 소속의 지방검찰청 소재지를 관할하는 고등법원(이하 "관할 고등법원"이라 한다)에 그 당부에 관한 재정을 신청할 수 있다. 다만, 「형법」 제126조의 죄에 대하여는 피공표자의 명시한 의사에 반하여 재정을 신청할 수 없다. ② 제1항에 따른 재정신청을 하려면 「검찰청법」 제10조에 따른 항고를 거쳐야 한다. 다만, 다음 각호의 어느 하나에 해당하는 경우에는 그러하지 아니하다.

1. 항고 이후 재기수사가 이루어진 다음에 다시 공소를 제기하지 아니한다는 통지를 받은 경우

2. 항고 신청 후 항고에 대한 처분이 행하여지지 아니하고 3개월이 경과한 경우

3. 검사가 공소시효 만료일 30일 전까지 공소를 제기하지 아니하는 경우"라고 규정하고 있습니다.

그리고 형사소송법 제344조(재소자에 대한 특칙)에서는 "① 교도소 또는 구치소에 있는 피고인이 상소의 제기기

간 내에 상소장을 교도소장 또는 구치소장 또는 그 직무를 대리하는 자에게 제출한 때에는 상소의 제기기간 내에 상소한 것으로 간주한다. ② 전항의 경우에 피고인이 상소장을 작성할 수 없는 때에는 교도소장 또는 구치소장은 소속 공무원으로 하여금 대서하게 하여야 한다."라고 규정하고 있습니다.

그런데 재소자가 형사소송법 제260조 제3항 소정의 기간 안에 교도관에게 재정신청서를 제출하였으나 위 기간 안에 불기소 처분을 한 검사 소속의 지방검찰청 검사장 또는 지청장에게 도달하지 않은 경우, 적법한 재정신청서의 제출로 볼 수 있는지에 관하여 판례를 보면, 재정신청서에 대하여는 형사소송법에 제344조 제1항과 같은 특례규정이 없으므로, 재정신청서는 형사소송법 제260조 제2항이 정하는 기간 안에 불기소처분을 한 검사가 소속한 지방검찰청의 검사장 또는 지청장에게 도달하여야 하고, 설령 구금중인 고소인이 재정신청서를 그 기간 안에 교도소장 또는 그 직무를 대리하는 사람에게 제출하였다 하더라도 재정신청서가 위의 기간 안에 불기소처분을 한 검사가 소속한 지방검찰청의 검사장 또는 지청장에게 도달하지 아니한 이상 이를 적법한 재정신청서의 제출이라고 할 수 없다."라고 하였습니다(대법원 1998. 12. 14.자 98모127 결정).

그러므로 재소자가 재정신청을 할 경우에는 형사소송법 제260조 제3항이 정하는 기간 안에 불기소처분을 한 검사가 소속한 지방겸찰청의 검사장 또는 지청장에게 도달하여야 적법한 재정신청서의 제출이라고 할 것입니다.

책 명	저 자	정 가
신간·개정판 안내(법문북스·법률미디어)		
1. 형벌형법의 실제와 정해	이 상 범	140,000
2. 형벌형사특별법의 실제와 정해	이 상 범	140,000
3. 부동산제문제와 법률적 연구	대한부동산법률문제연구회	85,000
4. 민사소송실제와 법원유해(전2권)	김 만 길	340,000
5. 상거래시 수표·어음의 법률적 문제와 이해	김 창 범	65,000
6. 민사소송실제와 법원유해(전2권)	김 만 길	340,000
7. 채권 총론·각론의 조문분석과 법리	이 기 옥	85,000
8. 형사특별법 형벌문제분석과 조사기법	김 정 수	130,000
9. 형법 형사문제문제분석과 조사기법	김 정 수	130,000
10. 형벌의 이해와 실제연구	김 창 범	80,000
11. 법률학지식입문대사전	이 상 범 외	160,000
12. 실용법인등기요설	김 만 길	160,000
13. 토지건물소송과 법원처리절차	김 용 한	160,000
14. 형벌법 2010 (전2권)	이 상 범	280,000
15. 물권법·민법총칙의 이해와 분석	이 기 옥	85,000
16. 친족상속의 이해와 분석	이 기 옥	85,000
17. 정석상업등기실무해설 (전2권)	정 재 영 외	340,000
18. 정석부동산등기실무해결 (전2권)	김 만 길 외	340,000
19. 가사(가족관계)소송과 실무정해	박 근 영 외	160,000
20. 민법주석대전(전3권)	경 수 근 외	450,000
21. 민사소송집행실무이론절차(전4권)	김 만 길 외	560,000
22. 법률종합서식	오 시 영 외	150,000
23. 최신계약실무이론총서(전2권)	박 종 훈 외	320,000
24. 민사집행·경매 실무이론	이 재 천	140,000
25. 공탁 이론·절차 분석총람	이 기 옥 외	140.000
26. 국가소송과 행정심판 사례실무(상, 하)	이 순 태	300,000
27. 형사수사의 이론정석	이 상 범	140,000
28. 가족관계의 실무·소송총람	정 주 수	160,000
29. 법률학사전	이 병 태	180,000
30. 채무자 회생 파산 분석 요해	이 상 범	160,000
31. 가압류가처분경매총서	김 만 길 외	320,000
32. 채무자 회생 및 파산에 관한 법률 실무	정 주 수 외	160,000
33. 법인등기실무이론	김 용 환 외	160,000
34. 법률법원규정특별연구(전2권)	이 상 범	320,000

대한민국 법률서적 최고의 인터넷 서점과
법률정보를 무료 제공하는

인터넷, 법률서적 종합 사이트
www.lawb.co.kr
모든 법률서적 특별공급

대표전화 (02) 2636 - 2911

◆ 편저. **대한형사법 실무연구회** ◆

형사사건, 스스로 해결한다 정가 **30,000원**

2012년 2월 5일 1판 인쇄
2012년 2월 10일 1판 발행
　편　저 : 대한형사법실무연구회
　발행인 : 김 현 호
　발행처 : 법문 북스
　공급처 : 법률미디어

1 5 2 - 0 5 0
서울 구로구 구로동 636-62
TEL : 2636-2911~3, FAX : 2636-3012
등록 : 1979년 8월 27일 제5-22호
Home : www.lawb.co.kr

❚ ISBN 978-89-7535-231-7 93360
❚ 파본은 교환해 드립니다.
❚ 본서의 무단 전재·복제행위는 저작권법에 의거. 3년 이하의 징역 또는
　3,000만원 이하의 벌금에 처해집니다.